本书由国家自然科学基金项目（41771157）、国家重点研发计划项目（2018YFB0505400）、全国统计科学研究重点项目（2018LZ27）、北京市长城学者资助项目（CIT&TCD20190328）、首都师范大学交叉科学研究院引导课题、首都师范大学青年燕京学者项目资助。

农村贫困及其时空分布的多尺度多维度探测

王艳慧　赵文吉　迟　瑶　齐文平　著

科学出版社

北　京

内 容 简 介

本书针对国家"精准扶贫"战略实施进程中对贫困农户、贫困村和贫困县的多维多尺度贫困精准识别、度量与监测的业务需求,结合空间贫困视角下的多维贫困理论,研究空间贫困视角下的农村贫困及其时空分布的多尺度多维度探测的关键技术与方法体系,通过大数据空间信息技术在扶贫领域的创新性应用,在贫困对象及其贫困特征的探究方面,充分体现从区域到人的多尺度度量和探测的协调统一;在贫困本质与成因分析方面,综合揭示从收入到能力的内生性及从个体到环境的外延性,并为脱贫的导向选择及扶贫政策普惠与精准的动态均衡把握提供较为科学的决策依据,对克服动态贫困、巩固稳定脱贫效果及扶贫资源的有效瞄准与优化配置具有较好的应用参考价值。

本书既可为扶贫与乡村振兴相关部门的技术与管理人员提供业务相关参考,也可供从事地理学、资源环境与可持续发展科学、人口学、社会经济学、地理信息应用、信息管理等学科领域的研究开发者、管理者、大学高年级学生和研究生阅读参考。

图书在版编目(CIP)数据

农村贫困及其时空分布的多尺度多维度探测/王艳慧等著. —北京:科学出版社,2021.6
ISBN 978-7-03-069186-6

Ⅰ. ①农… Ⅱ. ①王… Ⅲ. ①农村–扶贫–研究–中国 Ⅳ. ①F323.8-39

中国版本图书馆 CIP 数据核字(2021)第 111442 号

责任编辑:刘 超/责任校对:樊雅琼
责任印制:吴兆东/封面设计:无极书装

科学出版社 出版
北京东黄城根北街 16 号
邮政编码:100717
http://www.sciencep.com

北京虎彩文化传播有限公司 印刷
科学出版社发行 各地新华书店经销

*

2021 年 6 月第 一 版 开本:787×1092 1/16
2021 年 11 月第二次印刷 印张:18 1/4
字数:430 000

定价:258.00 元
(如有印装质量问题,我社负责调换)

前　言

自习近平总书记于 2013 年 11 月提出"精准扶贫"重要思想以来，精准扶贫是 21 世纪初以来全社会都积极参与、共同关注的重大话题，是全面建成小康社会的重要保障。精准扶贫是否"精准"，前提和关键在于底数——扶贫对象及其贫困特征（贫困程度、贫困分布、致贫机理）的识别是否精准。精准识别是开展精准扶贫、精准脱贫的前提与基础，是落实习近平总书记"六个精准"扶贫要求的重要内容，其最终目的在于通过精准施策来实现贫困陷阱的破解。要寻找贫困破解之道，首要的是要找准贫困对象及其贫困产生的根本原因。而传统的仅针对单一贫困对象（贫困县、贫困村、贫困农户个体）的贫困识别，很难做到既把握"面上"的贫困全局特征又准确刻画"点上"的贫困微观特征，进而可能引发对贫困状况了解不全面、扶贫对象不准确、扶贫政策制定及落实不到位的新问题，也无法满足对贫困对象"扶真贫，真扶贫"及分类实施精准扶贫的国家战略需求。精准扶贫战略实施之前关于中国农村贫困的研究往往是较大尺度数据（如省级/县级层面）或个别样本村的数据为研究基础，掩盖了宏观与微观相结合的贫困的真实地理分布状况。贫困现象在空间上究竟是如何分布的？贫困与地理环境之间关系究竟是怎样的？是不是空间地理位置造成了贫困？是不是贫困者"物以类聚、人以群分"？这些多年来困扰人们思绪的问题还依然存在。仅从宏观分析上讨论所有地区贫困发生的影响因素是不够的，还必须从微观层面上，有针对性地定量研究区域间的自然地理资源禀赋的基本特征。因此，相比于传统的扶贫开发，结合宏观和微观、粗放和精准的贫困对象多尺度贫困识别与度量仍是全面打赢消除绝对贫困的脱贫攻坚战后防止返贫、巩固脱贫成果和减缓相对贫困的重要问题。

对此，本书基于多年的研究积淀，从回顾性有视角，系统梳理了国家精准扶贫进程中户-村-县多尺度贫困对象识别、减贫与发展监测的关键技术方法，通过大数据空间信息技术在扶贫领域的创新性应用，结合空间贫困视角下的多维贫困理论，研究了多尺度多维度农村贫困对象精准度量与识别的关键技术与方法体系，力图在贫困研究对象探究方面，体现从区域到人的微观化；在贫困本质与成因分析中，体现从收入到能力的内生性及从个体到环境的外延性；为提高扶贫开发举措的针对性和监测评估扶贫开发规划的实施效果提供辅助决策支持，进而在脱贫导向选择上，辅助实现普惠与精准的动态均衡。

本书共分 9 章。第 1 章首先系统阐述了国家精准扶贫战略实施前农村贫困及其时空分布的多尺度多维度探测的研究背景与选题意义，提出了本书的研究目标，整体研究内容与总体技术路线。第 2 章系统剖析了精准扶贫战略实施时多尺度多维度贫困度量及其时空分布探测的研究现状与存在问题，进一步明确了本书的研究切入点和研究重点。第 3 章和第 4 章针对研究期内贫困人口贫困现状特征及贫困人口贫困脆弱性特征多维度识别的需求，分别构建了多维贫困理论指导下的贫困度量和分析模型，并结合空间统计方法和典型研究区进行了多尺度多维度的系统实证解析。第 5 章则面向区域贫困背景下的"整村推进"区域脱贫需求，结合空间贫困的内涵，构建村级多维贫困度量模型进行贫困村多维贫困的定量度量，并从全国–片区–省市自治区–县域多个尺度分析了贫困村贫困特征和贫困类型差异，揭示了贫困村分布的空间格局，以及空间贫困陷阱区域的空间分布特征。第 6 章则在厘清贫困人口和贫困村特征的基础上，从深挖个体性致贫和结构性致贫因素的视角，分别构建多尺度数理模型，探测影响贫困人口和贫困村发展的显著性致贫因素，结合典型研究区解析了各致贫因素的多尺度作用强度和作用机理。第 7 章则结合贫困县的综合减贫发展与监测需求，构建体现经济状态、社会状态和自然环境状态的县级多维贫困度量模型，多尺度多维度剖析了贫困县的贫困状况、演化机理和时空过程，多尺度多角度系统揭示研究区内连片特困区及贫困县的多维贫困程度和致贫原因。第 8 章则是从农村基本公共服务水平与多维贫困的相辅相成的密切关系出发，研究了基本公共服务视角下的贫困县减贫与发展现状、时空发展格局及其与经济发展间的关系，从全国–片区–省–县尺度出发系统评价研究区农村基本公共服务综合发展水平，多角度评价研究区基本公共服务与县域经济二者间的协调及同步发展程度，以期为促进农村基本公共服务与县域经济协调发展提供技术支持与辅助决策参考，为后续指导县域发展、缩小区域发展差距、制定差异化扶贫政策及优化配置扶贫资源提供瞄准贫困对象贫困特征的前瞻性依据。最后在第 9 章，总结了本书的主要研究内容，并指出了目前研究的不足及下一步的研究重点。

  本书可作为人文地理、地理信息科学方向的高年级学生及研究生的参考书，也可作为从事相关研究和业务工作者的参考用书。

  由于作者水平有限和时间仓促，书中难免存在一些不足之处，敬希读者批评指正。

作　者

2021 年 3 月

目　　录

前言
1　绪论 ·· 1
　　1.1　研究背景与意义 ·· 1
　　1.2　研究目标与研究内容 ·· 4
　　1.3　拟解决的关键科学问题 ··· 5
　　1.4　研究区与数据源选取原则 ·· 7
　　1.5　总体研究思路和技术方案 ··· 10
　　1.6　本章小结 ··· 13
2　多维贫困的基本理论与研究进展 ·· 14
　　2.1　多维贫困理论及其研究视角 ·· 14
　　2.2　空间贫困度量的基本理论依据 ··· 17
　　2.3　多维贫困度量的研究进展 ··· 19
　　2.4　贫困脆弱性度量的研究进展 ·· 23
　　2.5　贫困形成机制探测的研究进展 ··· 31
　　2.6　多尺度贫困时空分异分析的研究进展 ·· 36
　　2.7　本章小结 ··· 38
3　贫困人口测算及分析 ·· 40
　　3.1　研究区与数据 ··· 40
　　3.2　多维贫困研究方法 ·· 41
　　3.3　研究区县级测算结果分析 ··· 46
　　3.4　研究区村级测算结果分析 ··· 58
　　3.5　多维度综合测算结果 ··· 58
　　3.6　脆弱性生态环境与多维贫困的关系 ··· 66
　　3.7　本章小结 ··· 74
4　多维贫困人口脆弱性度量与空间分布 ··· 75
　　4.1　研究区与数据 ··· 75
　　4.2　多维贫困脆弱性研究方法 ··· 77
　　4.3　研究区贫困脆弱性测度结果 ·· 91
　　4.4　研究区多维贫困脆弱性多尺度空间分布特征分析 ································· 98
　　4.5　本章小结 ··· 104

5 贫困村度量及其空间分布格局的探测 106
5.1 研究区与数据 106
5.2 贫困村度量与分析的总体技术路线 107
5.3 贫困村多维贫困度量与分析 110
5.4 贫困村空间分布特征分析 122
5.5 贫困村贫困类型划分 130
5.6 本章小结 145

6 致贫因素的多尺度探测及尺度效应分析 147
6.1 农户致贫因素的多尺度探究 147
6.2 贫困村影响因素的多尺度探测方法 158
6.3 研究区贫困村空间分布特征研究 174
6.4 贫困村致贫因子探测结果及分析 179
6.5 研究区贫困村贫困综合类型分析 187
6.6 对策建议 195
6.7 本章小结 198

7 贫困县多维贫困度量与减贫发展监测 199
7.1 研究区与数据 199
7.2 研究方法 200
7.3 基于截面数据的贫困县度量与分析 204
7.4 基于面板数据的贫困县监测与分析 213
7.5 总体减贫与发展特征 220
7.6 本章小结 221

8 基本公共服务视角下的贫困县减贫与发展监测 222
8.1 研究区与数据 222
8.2 研究思路与技术流程 223
8.3 模型构建与分析方法 224
8.4 连片特困区农村基本公共服务综合发展水平评价 235
8.5 连片特困区农村基本公共服务时空分异分析 243
8.6 连片特困区农村基本公共服务与县域经济关系分析 252
8.7 本章小结 258

9 总结与展望 259
9.1 总结 259
9.2 不足与展望 260

参考文献 263

后记 284

1 绪 论

1.1 研究背景与意义

贫困是一个全球性的重大社会问题和现实问题，包括人口贫困和区域贫困。消除贫困、缩小城乡差距是人类实现可持续发展的重要目标之一（Hayati et al.，2006；Okwi et al.，2007；Liu et al.，2015）。中国作为世界上最大的发展中国家，各个发展时期曾经存在当时标准下的规模庞大的绝对贫困人口。其中，农村贫困问题一直以来都是中国政府制定扶贫开发规划及系列扶贫政策的重点（Duvlos and Abdelkrim，2010；Lu，2012）。改革开放以来，中国农村反贫困实践取得了举世瞩目的成绩。由《中国扶贫开发年鉴2017》可知，农村贫困人口从1978年的2.5亿人减少到2016年底的4575万人，贫困发生率相应地从30.7%下降到2016年底的4.5%，标志着《中国农村扶贫开发纲要（2011—2020年）》提出的中期目标顺利实现。尤其是党的十八大以来，农村脱贫人口累计减少8000多万人，平均每年减贫1300万人以上，创造了我国减贫史上的最好成绩。到2020年底，中国如期完成新时期脱贫攻坚目标任务。区域性整体贫困得到解决，完成消除绝对贫困的艰巨任务。

但是，成绩的背后，还应充分地认识到，以城乡收入差异、基本公共服务获取不平等、多维贫困等为主要特征的农村相对贫困问题依然存在，仍是当前实施乡村振兴战略的首要任务。如截至2018年底全国还有1600多万农村贫困人口需要脱贫，大多是老弱病残，以及缺乏技能、自我发展能力弱的群众。建档立卡贫困人口中，因病、因残致贫率分别超过40%和14%，65岁以上老年人占比达到了16%。而长期影响农村发展的自然环境和经济约束因素依然存在。由于生态环境、区位交通、历史文化等因素制约，户、村、县的稳定脱贫免不了会遭遇各种现实困境，如脱贫环境积弱、持续增收困难的经济困境，脱贫后帮扶力度递减、内生动力不足的能力困境，以及抗风险能力不强、返贫风险系数高的风险困境。自然条件恶劣、地理位置偏远、生态环境差、基础设施薄弱的黄土高原区、荒漠区、高寒山区、深山区、石山区等，存在明显的"空间贫困陷阱"，即呈现出显著的经济劣势、社会管理劣势、生态劣势的地理资本缺乏型空间贫困特征（刘小鹏等，2014a）。本书实证研究期（2010~2018年）内，农村贫困空间分布由原来的"大面积"向"区域性、大分散小集中"转变，贫困的分布存在较严重的空间不均衡性（Wang and Chen，2017），依然总体表现为"贫困深、成因杂、分布广、聚集强"的态势（刘彦随等，2016；陈烨烽等，2016；Wang and Qian，2017）。尤其是自然资源、生态环境、气候变化的影响，越来越成为影响扶贫效果的新的挑战。贫困地区生态环境脆弱带的空间范畴和脆弱程度，都表现出明显增长的态势（曹诗颂等，2016）。而在以往的扶贫过程中，扶贫政策的制定往往针对过往已经发生的贫困，即对现有贫困状况进行测算并分析贫困的原因，而后针对分析出的贫困原因进行扶贫政策的制定并实施扶贫工作，但很大程度上忽略了贫困的动态性和风险性。其实，一旦家庭遇到突发事件或额外的重大开销等状况，即使家庭人均收入位于贫困线之上，仍然有可能在未来陷入贫困。为了从根本上消除和预防贫困，不应该只锁定既有的贫困的农户，还要考虑那些面临不同风险、缺乏抗风险能力的家庭，即存在贫困脆弱性的家庭。对于巩固脱贫成果，要做到"防贫于未然"，在真正的贫困发生之前将贫困遏制在"摇篮"中，这将比贫困发生后再战胜贫困更有意义。

2011年11月国务院颁布《中国农村扶贫开发纲要（2011—2020年)》，明确提出未来10年要将保持生态环境与经济建设的协调可持续发展作为扶贫开发工作的首要任务之一。分析判断贫困地区生态环境与经济贫困之间的关系，成为统筹地区扶贫开发与生态环境保护、帮助当地农民脱贫致富、实现资源环境与社会经济可持续发展的重要前提（李静怡和王艳慧，2014）。同时，在致贫原因方面，中国农村贫困已不再是由国家经济总体欠发达、制度和政策缺失等普遍性因素造成的"面上"的贫困，而是由特殊的区域环境、生产条件以及人口素质等一系列带有明显地域性特征约束条件导致的"点上"的贫困（陈烨烽等，2016；Wang and Qian，2017）。相应地，扶贫政策也需要进行战略性的调整，需要从瞄准较大尺度向瞄准微观尺度转变。另外，有必要在精准识别出已有贫困对象的同时，也精准识别出未来可能陷入贫困的家庭或群体，制定有针对性的预防措施，在真正的贫困发生前将其遏制在"摇篮"中。

这种贫困对象的瞄准需求，实际上也体现在国家扶贫政策的演变上。为了准确地识别并定点消除贫困对象，中国政府不断完善扶贫开发的政策体系，扶贫开发策略经历了全国全域扶贫、区域重点扶贫和扶贫到村到户的过程，国家对贫困对象的识别与监测也不再仅限于贫困县，贫困村、贫困农户个体的识别也已经越来越受到各级政府重视（Deng，2014）。扶贫开发的对象趋向于细化和精准（Wang and Qian，2017），"一村一品""一户一策"等策略的实施充分反映了这种趋势。2015年11月中共中央、国务院印发《中共中央　国务院关于打赢脱贫攻坚战的决定》，系统提出了"精准扶贫"国家战略，针对贫困县、贫困村、贫困农户个体三级扶贫对象，从"大水漫灌"式粗放扶贫转入"精准滴灌"式精准扶贫，力争做到精准识别、精准帮扶、精准管理。习近平总书记在2017年2月也反复强调，更好推进精准扶贫，精准脱贫，让农村贫困人口如期脱贫、贫困县全部摘帽、解决区域性整体贫困，是全面建成小康社会的底线任务。全面建成小康社会的任务日渐紧迫，"不容一个人掉队"的"全面建成"目标的实现与否与扶贫成败有巨大的关联。因此，精准扶贫意味着中国扶贫战略的深刻变化，迫切期待一系列"超常规"举措和政策"组合拳"取得看得见的成效。

精准扶贫是否"精准"，前提和关键在于底数——扶贫对象及其贫困特征（贫困程度、贫困分布、致贫机理）的识别是否精准。要寻找贫困破解之道，首先需要找准贫困对象是谁、在哪、为什么贫困；其次需要精准施策，实现"靶向精准"帮扶。精准识别是开展精准扶贫、精准脱贫的前提与基础，而进行动态调整则是保证扶贫对象动态精准的内在要求，其最终目的在于通过精准施策来实现"空间贫困陷阱"的破解。构建长效动态脱贫管理机制，动态监测全方位跟进扶贫进程，不断加强数据分析以满足贫困者的动态需求，提高资源配置效率，可有效避免出现"富人继续戴穷帽或返贫无人问津而更贫困"的现象。而传统的仅针对单一贫困对象（贫困县、贫困村、贫困农户个体）的贫困识别，彼此之间缺少交互梳理，很难做到既把握"面上"的贫困全局特征又准确刻画"点上"的贫困微观特征，进而可能引发对贫困状况了解不全面、扶贫对象不准确、扶贫政策制定及落实不到位的新问题。而传统的贫困识别主要依据收入这一单一指标，忽视了生活水平、教育、医疗等反映社会发展"不平等"的因素对贫困造成的影响。随着贫困内涵的变化，贫困的测度也由单一对收入/消费层面的考量拓展到包含经济和健康、教育、资源禀赋等非经济维度的多维综合考量。另外，已有相关研究对中国农村贫困精细尺度上空间分布变化的判断还很粗糙，农村贫困研究往往是以较大尺度数据（如省级/县级层面数据）为研究基础，掩盖了贫困的真实地理分布状况。至于对农村贫困与空间地理位置、环境因素之间的关系更没有展开科学、可视化的研究。因此，考点贫困的相对性，发展的不均衡性，空间贫困现在乃至以后的很长时间内依然存在，展开空间贫困的研究非常必要，特别是小范围地区的精细尺度贫困绘图工作很紧迫。贫困空间究竟是如何分布的？贫困与地理环境之间的关系究竟是怎样的？是不是空间地理位置造成了贫困？是不是贫困者"物以类聚，人以群分"？仅从宏观分析上讨论所有地区贫困发生的影响因素是不够的，还必须从微观层面上，有针对性地定量研究区域间的差别化特征。因此，结合宏观和微观、粗放和精准的贫困对象多尺度贫困监测是仍是新阶段农村扶贫需要解决的首要问题。

因此，随着精准扶贫理念的进一步明确与拓展，精准机制的要求更为具体细致，大数据技术因其数据化、网格化与动态化等特点与精准扶贫的机制要求相契合。自国务院 2015年 9 月印发《促进大数据发展行动纲要》以来，信息技术与经济社会的交汇融合引发了数据迅猛增长，应用大数据扶贫成为实现精准脱贫目标的可行路径之一。与此同时，经济学、社会学、地理学等视角下的多维贫困度量和分析也日渐丰富。贫困的多视角衡量为研究空间因素提供了最初依据，而贫困的发生更强化了研究空间因素或者空间分布的必要性。显然，从地理学视角研究农村贫困有助于增进对农村贫困空间分布和形成机理的理解，为农村扶贫政策的制定提供依据。因此，考虑自然地理环境因素等非人为因素对反贫困的影响，研究贫困的空间分布、贫困与地理环境之间关系的空间贫困理论日益受到政府和学者的重视。空间贫困视角下的贫困对象可持续发展也成为当前及今后很长一段时间内国内外反贫困战略的重要出发点（Maasoumi and Xu，2015；Wang and Chen，2017）。而 3S大数据空间信息技术的发展，使我们在扶贫开发工作中可以采用先进的大数据技术，帮助政府部门的决策人员多维度识别贫困地区的致贫原因，可以及时全面监测扶贫对象的家庭基本情况、生产生活条件、致贫原因、帮扶措施及帮扶责任人等精准扶贫全过程的动态信息，可以更科学、更直观、更全面地从多个维度综合推进扶贫开发工作，实现精准扶贫工作的实时动态管理，提高精准帮扶的效率精度。

综上所述，在贫困问题更加复杂、致贫原因更为多元综合、扶贫手段急需更新等新时期的扶贫开发新形势下，为了缓解严峻的扶贫形势并有效解决贫困问题，有必要进行大数据空间信息技术驱动下的农村贫困多尺度动态监测及其致贫原因的精准探析。在贫困精准帮扶、巩固成效减缓相对贫困的不同阶段，都需要高效整合扶贫开发资源，深化大数据应用，这不仅仅是推动政府治理能力现代化的内在需要和必然选择，也是学术界和业务界精准扶贫议题和实践亟待解决的现实问题。在此背景下，基于空间贫困视角，借助大数据空间信息技术，对户-村-县不同层级贫困对象及其贫困特征的多尺度有效度量与监测作为新阶段国家扶贫战略格局的重要组成部分，可以有效解决"贫困对象是谁、在哪、为什么贫困"的实际问题,有助于克服扶贫对象瞄准的偏离和扶贫资源无法合理有效利用的不足(Thongdara et al., 2015;陈烨烽等,2016),对后续扶贫资源的有效瞄准与优化配置、精准脱贫政策响应的效率和精度提升具有重要意义。

因此,本书针对扶贫开发瞄准机制对贫困特征监测方法及监测精度的业务需求,通过大数据空间信息技术在扶贫领域的创新性应用,结合空间贫困视角下的多维贫困理论,研究多尺度多维度贫困对象精准度量与监测的关键技术与方法体系,力图在贫困研究对象探究上,体现从区域到人的微观化;在贫困本质与成因分析中,体现从收入到能力的内生性及从个体到环境的外延性;为提高扶贫开发举措的针对性和监测评估扶贫开发规划的实施效果提供辅助决策支持,进而在脱贫导向选择上,辅助实现普惠与精准的动态均衡。

1.2 研究目标与研究内容

1.2.1 研究目标

针对国家"精准扶贫"战略对户-村-县的多维多尺度贫困精准识别和动态监测的迫切需求,基于大数据空间信息技术,研究空间贫困视角下的农村多尺度贫困度量及其时空分布影响因素作用机制探测的关键技术,力图在贫困研究对象探究上,体现从区域到人的微观化;在贫困本质与成因分析中,体现从收入到能力的内生性及从个体到环境的外延性;进而在脱贫导向选择上,辅助实现普惠与精准的动态均衡。研究目标主要包括:①基于可持续生计-脆弱性-社会排斥三维贫困分析框架,构建瞄准区域与瞄准人口相结合的、综合考虑资源环境与社会经济条件的农村多尺度贫困度量模型,保证模型的稳健性;②设计空间多层线性综合模型,系统挖掘不同尺度层面上的贫困显著性影响因素,揭示户-村-县各层变量之间的交互作用,实现贫困影响因素作用方向和作用强度的多尺度探测;③研究区域贫困时空差异的尺度效应分析方法和空间分解方法,剖析贫困分布的多尺度时空分异及耦合效应,探讨不同因素在不同尺度层面上对自然-社会-经济耦合形成的"空间贫困陷阱"的作用机制。在此基础上,实现贫困的多尺度精准度量、贫困影响因素的多尺度探测及致贫因素作用机制的精准把握,从实用性和前瞻性的角度服务于贫困对象的精确瞄准和贫困特征的全面把握,提升各级扶贫开发主管部门精确瞄准贫困对象的决策能力,为提高扶贫开发举措的针对性和监测评估扶贫开发规划的实施效果提供辅助决策支持。

1.2.2 研究内容

1.2.2.1 农村贫困的多尺度度量

针对现有多维贫困度量模型在指标选择、权重设置、指数集成、建模稳健性等方面的不足,利用时空数据建模和多维贫困理论,发展和完善可持续生计-脆弱性-社会排斥三维贫困分析框架,研究空间贫困视角下的、集成社会、经济、自然环境的农户-村-县多维多尺度贫困度量模型，力图解决模型中指标体系选取、贫困阈值设定、权重设计、贫困综合指数集成等关键技术问题，力求模型的实用性、前瞻性和稳健性，为全面精准把握贫困状况提供数据支撑。

1.2.2.2 农村贫困多尺度形成机制分析

针对传统空间回归模型只能揭示单一尺度层面贫困影响因素而多层线性综合模型无法考虑影响因素空间滞后效应的不足，研究设计贫困影响因素的候选指标体系，通过构建空间多层线性综合模型，综合挖掘不同尺度层面上的贫困显著性影响因素，借助多层次固定效应、随机效应等的探测，揭示户-村-县各层变量之间的交互作用，揭示不同尺度层面影响因素的作用方向和作用强度，以及由个体自身特征所造成的变异和由个体所处环境所造成的变异。通过综合分析各种因素尤其是地理因素对"空间贫困陷阱"形成与变动的作用方向、作用强度及其作用机制，探寻跳出"空间贫困陷阱"的理论途径，为克服"空间贫困陷阱"提供区域发展调控的政策导向建议。

1.2.2.3 农村贫困分布的多尺度时空分异特征分析

针对现有"空间贫困陷阱"研究仅考虑单一时空尺度空间自相关性和分异特征的不足，以及较少考虑贫困户-贫困村-贫困县分布耦合效应导致缺少跨层级联动反贫机理研究的不足，分别从空间格网尺度和行政尺度的角度，选取微观、中观、宏观三种尺度层次下的显著性尺度，研究区域贫困差异的尺度效应分析方法和空间分解方法，分析研究区户-村-县-省-片区的多尺度多维度贫困分布空间格局及其时空分异特征，判断各研究对象的贫困分布动态演变趋势及时间累计下的空间效应。围绕地理贫困陷阱形成要素展开地理因素和农村贫困不同尺度间耦合关系的研究，剖析不同尺度间贫困分布的集聚尺度和格局差异形成原因，揭示同一尺度不同贫困影响因子，以及同一贫困影响因子在不同尺度层面间对自然-社会-经济耦合形成的贫困问题的作用机制，以此揭示"空间贫困陷阱"的结构演变特征，破解地理贫困陷阱路径，改善地理贫困陷阱形成要素，促进经济发展、社会进步、环境优化，最终达到精准扶贫效果。

1.3 拟解决的关键科学问题

1.3.1 多尺度多维度贫困度量模型构建技术

一直以来，人们对反贫困中到底是贫困户瞄准还是地区瞄准争论不休。理论上讲，扶贫的最佳方式是将有限的资金（或资源）都转移给贫困人口。然而，由于较高的行政管理成本和数据收集成本、个人反应和激励效果以及政治经济的考虑，该方案往往难以实施。鉴于贫困人口通常集中于特定的区域，区域瞄准作为引导社会项目削减贫困的常用机制，但随瞄准的地理单元尺度不同，其扶贫效率也不一样。而中国农村贫困已不再是国家经济总体欠发达、制度和政策缺失等带有普遍性的因素造成的"面上的"贫困，取而代之的是由特殊的区域环境、生产条件以及人口素质等一系列带有明显地域性特征的约束条件导致的"点上的"贫困。因此，结合宏观和微观、粗放和精准的贫困对象多尺度贫困识别和动态监测仍是新阶段农村扶贫需要解决的首要问题。

户–村–县多尺度贫困的精准度量也是精准扶贫战略实施过程中国政府正在执行的瞄准区域与瞄准人口相结合的精准扶贫政策的迫切需求。而过往仅针对单一贫困对象（贫困县、贫困村、贫困农户个体）的贫困度量，很难做到既把握"面上"的贫困全局特征又突出"点上"的贫困微观特征。与此同时，空间贫困视角下的贫困对象可持续发展成为当前乃至今后很长一段时间内国内外反贫困战略的重要出发点。因此，贫困的测度也由单一对收入/消费层面的考量拓展到包含经济维度和健康、教育、资源禀赋、区位、环境等非经济维度的多尺度多维度综合度量，但目前这方面的研究较为少见。如何构建一个统一建模框架将户–村–县度量有机集成？多尺度贫困度量指标体系如何选取？模型如何构成和实现？这些都是贫困多尺度度量的关键所在，因此，本研究将对此展开探索性研究。

另外，贫困特征不仅包括贫困对象的贫困程度、贫困深度等属性特征，贫困脆弱性也是贫困属性特征的一个重要表征维度。传统的基于特定时间点的贫困现状度量没有考虑到家庭户在未来和风险相联系的福利状况，而贫困脆弱性因考虑了风险冲击对家庭福利的影响而富有政策含义，因此成为贫困度量领域内的一个不可忽略的研究视角和热点。在中国反贫困背景下，贫困脆弱性如何抽象并量化表达，如何设计合适的度量模型监测其表现特征，这些也是本研究需要面对的问题。

1.3.2 多尺度贫困形成机制的探测方法

在时间、空间以及人们思想观念、社会经济发展水平不同的情况下，贫困的表现也可能不同。两个地理环境相似的村落，其发展政策不同也可能导致其贫困特征不同；同一个县内的两个村落经济发展能力相似，也有可能因为地理环境的不同导致不同的贫困特征。贫困的这种复杂性不仅在量化问题方面给人带来了难题，也在如何研究户–村–县多尺度贫困成因方面带来了困扰。贫困问题的广泛特征和顽固特质及其社会影响早已促使世界各国学者从不同层面对其成因进行探究和诠释。关于贫困发生原因确实存在着致贫因子多元化因素。而过往的扶贫政策中，瞄准贫困户，是基于贫困发生的家庭或个体因素分析的；瞄准地区，是基于地理空间分析的。贫困与地理环境之间的关系究竟是怎样的？是不是空间地理位置造成了贫困？是不是贫困者"物以类聚，人以群分"？尽管学者们已经认识到生态环境要素在贫困成因中的重要性，并将其融入贫困描述分析中，然而这些研究大都仍处于定性或单一尺度的定量分析阶段。

究其原因，贫困对象之所以贫困，既受自身个体特征的影响，也受其所处环境的影响。而在贫困分析研究中，更为重要的和令人感兴趣的正是关于农户个体层的变量与村或县等背景变量之间的交互作用，多过程耦合和跨尺度关联是探讨贫困分异机制不可回避的关键词，尺度的不同常常引起主要贫困形成因素的差异，导致贫困特征及其演变规律的质的区别。若只考虑单个尺度上某个贫困形成因素的作用机制，不可能描述整个系统的复杂现象。而传统的贫困影响因素分析，如方差分析和回归分析，只能对涉及一个社会行政尺度或空间尺度数据的问题进行分析。考虑到背景效应的影响不可忽视，有学者在影响因素的研究中引入多层线性回归模型,试图将个体效应与组效应(背景效应或环境效应)区分开来,该模型有助于校正个体观察间的邻域内相关性,从而调整标准误差,对个体和邻域水平的预测变量进行有效的估计,但仅使用分层设置忽视了"空间溢出"效应,未考虑潜在的邻域相关性,这可能导致邻域效应统计意义的夸大。而空间回归模型考虑到了贫困具有空间依赖性,但未考虑到环境对自变量影响产生的变异,只能揭示单一尺度层面贫困影响因素。

因此,为了综合挖掘不同尺度层面上的贫困显著性影响因素及其作用机制,揭示户–村–县各层变量之间的交互作用,有必要构建新的影响机制探测模型,集成考虑个体效应、背景效应和空间溢出效应,以弥补传统空间回归模型只能揭示单一尺度层面贫困影响因素而多层线性综合模型无法考虑影响因素空间滞后效应的不足,揭示不同层面影响因素的作用方向和作用强度,以及由个体自身特征所造成的变异和由个体所处环境所造成的变异。存在的具体问题包括:如何筛选个体层面和背景层面的贫困影响因素候选集?如何构建面向户–村–县贫困影响因素的多层线性模型?如何集成考虑贫困影响因素的空间溢出效应?

1.3.3 多尺度贫困时空分异分析方法

农村贫困研究越来越重视地理和空间的作用,尤其是"空间贫困陷阱"概念的提出,丰富了地理学对农村贫困形成机理的研究。而绘制不同精细尺度上的贫困地图,分析贫困分布"面上"的贫困全局特征和"点上"的贫困微观演变特征,把握"空间贫困陷阱"的形成和结构特点,是空间贫困研究的一个重要预期成果。而在现有关于"空间贫困陷阱"的研究中,"空间贫困陷阱"的识别、政策评估与设计已经较多,但大多仅考虑单一空间尺度的空间自相关性和分异特征,而对多维贫困的空间动态演进特征的研究还处于初级阶段。另外,尺度效应具有临界性,是造成空间分析结果不确定性的重要原因之一。户–村–县不同尺度上的贫困究竟是如何分布的?不同尺度上贫困分布格局、聚集特征有何规律和差异?不同维度不同尺度间的减贫与发展特征有何关联与差异关系?如何探测贫困分布的演变趋势?关于上述这些问题,目前公开出版的研究成果还不足以提供明确的参考信息。

因此,本研究拟对上述这些问题,研究贫困差异的尺度效应分析方法和空间分解方法,借助探索性空间数据分析、相关性分析、耦合协调度模型等相关分析工具,从不同侧面分析研究区户–村–县–省–片区的多尺度多维度贫困分布空间格局及其时空分异特征,以此探究空间贫困陷阱的形成与演化机理,揭示空间贫困陷阱的结构演变特征,剖析不同尺度间贫困分布的集聚尺度和格局差异形成原因,判断各研究对象的贫困分布动态演变趋势及时间累计下的空间效应,探讨不同因素在不同尺度层面间对自然–社会–经济耦合形成的贫困问题的作用机制,从而探寻跳出贫困陷阱的理论途径,为克服空间贫困陷阱提供区域发展调控的政策导向建议。

1.4 研究区与数据源选取原则

1.4.1 研究区选取方法

面向国家"精准扶贫"战略中关于贫困县监测,贫困村和贫困农户精准识别、动态监测及致贫机理分析的具体需求，结合数据可获取性、完备性及宏观-中观-微观的多尺度分析需求，拟采用点线面结合（面上宏观趋势分析与线上中观分析、点上微观实证分析相结合）方式嵌套选取典型研究区。

（1）面上宏观趋势分析研究区

面上宏观趋势分析研究区包括全国14个片区、21个省、680个片区县、51 461个贫困村。根据国务院2011年颁布的《中国农村扶贫开发纲要（2011—2020年）》精神，按照"集中连片、突出重点、全国统筹、区划完整"的原则，考虑对革命老区、民族地区、边疆地区加大扶持力度的要求，国家在全国共划分了11个集中连片特困地区，加上已明确实施特殊扶持政策的西藏、四省藏族聚居地、新疆南疆三地州，共14个片区作为新阶段扶贫攻坚的主战场。分别位于胡焕庸线两侧，地域跨度大、致贫因素复杂，相较全国平均水平而言，贫困发生率高，教育资源整体滞后，医疗卫生条件差，基础设施落后，社会保障体系不完善，扩面提质困难。本研究根据数据获取性，拟选取上述全国14个片区、21个省、680个片区县、51 461个贫困村作为研究区，从国家层面上揭示全国-省-市-县-村的多尺度贫困特征。

（2）线上中观比对研究区

以胡焕庸线沿线典型片区（图1-1）为例，基于构建的多尺度度量模型，具体剖析胡焕庸线沿线周边贫困县在片区-省-县上的贫困特征及形成差异。

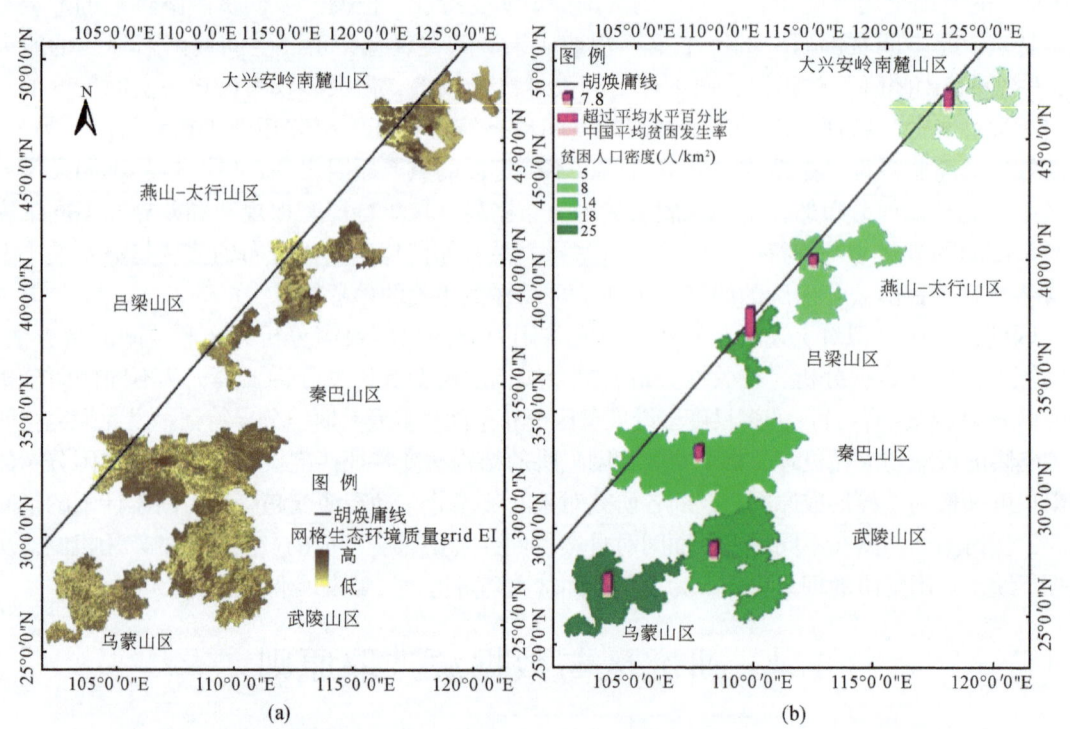

图1-1　线上中观比对研究区自然条件（a）和社会经济条件（b）分布概况

（3）点上典型实证研究区

结合数据完备性和资源环境典型性目标，选择典型片区的典型市、县、村进行多尺度建模实证和比对分析。

（4）点线面结合的嵌套研究区选取

为了详尽剖析村–县–省–片区的多尺度贫困耦合特征，结合数据完备性条件，从上述点线面研究区中嵌套选取不同地貌条件、不同发展类型的典型研究区，集成宏观–中观–微观视角剖析贫困分布的多尺度时空效应及耦合特征。点线面结合研究区嵌套选取示意图如图 1-2 所示。

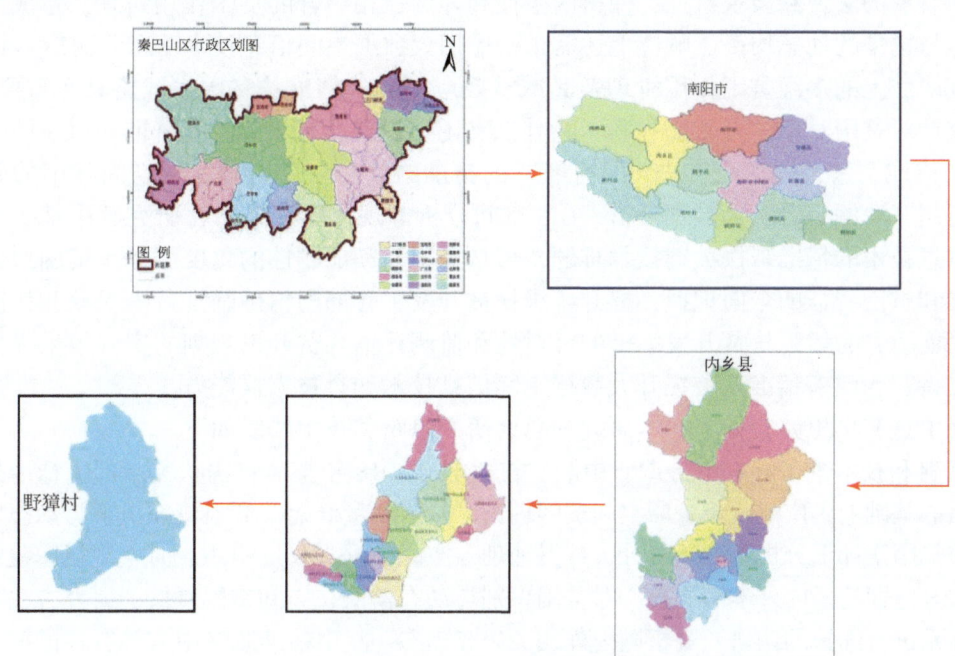

图 1-2　点线面结合研究区嵌套选取示意图

1.4.2　数据源获取方法

本研究所用的数据包括两部分：间接收集数据和直接乡村调查数据。

间接收集数据：本研究所用的社会经济数据主要来源于国务院扶贫办①及地方各级扶贫办提供的 2011~2018 年的户–村–县建档立卡数据和贫困监测数据（2011~2018 年）、《中国扶贫开发年鉴》（2012~2018 年）、国家及研究区各省市县统计年鉴（1995~2018 年）。

资源环境数据主要来自本研究组积累的 1∶25 万~1∶1 万基础地理信息数据及专题空间数据，以及部分社会共享空间数据。贫困村矢量点数据先基于百度地图 API 的地址解析方法获取贫困村经纬度，再利用 ArcGIS 软件可视化获得。

乡村调查数据：依据选取的典型点上研究区，采点实地调查，获取该地的资源环境

---

① 现为国家乡村振兴局。

和社会经济、人口发展的第一手资料，用以佐证研究区贫困度量精度和贫困形成机理分析。

1.5 总体研究思路和技术方案

贫困具有多维性、区域性、动态性、相对性的特点，致贫原因错综复杂。需要有效兼顾贫困对象的宏观和微观特征，探析内生性和外延性相结合的贫困作用机理，达成帮扶政策普惠与精准的动态均衡。响应上述需求，应用大数据空间信息技术动态监测户-村-县不同尺度层面上的多维贫困作用机理及其减贫效应对实施精准扶贫国家战略具有重要意义。本研究针对贫困对象"是谁、在哪、为什么贫困"的贫困精准识别业务问题以及帮扶过程中"扶持谁、怎么扶、谁来扶、如何退"的精准施策和管理问题，从空间贫困的研究视角，运用互联网平台、大数据分析、GIS空间分析等现代信息技术，研究解决基于大数据空间信息技术的精准帮扶关键技术难题，可从实用性和前瞻性的角度服务于贫困对象的精确瞄准和贫困特征的全面把握，提升各级扶贫开发主管部门精确瞄准贫困对象和精准帮扶的决策能力，为增强扶贫开发举措的针对性和监测评估扶贫开发规划的实施效果提供辅助决策支持，为政府精准扶贫提升大数据空间信息技术的科技支撑能力。

在上述基本思路指导下，本研究的总体研究思路和技术路线如下。

资料和技术准备：在充分调研中国农村2011~2018年整体贫困状况与国家精准扶贫实施策略的基础上，广泛收集查阅空间贫困理论、贫困度量框架、贫困精准识别与动态监测技术、致贫因素计量分析、数理统计、计量地理、空间数据多尺度组织、时空数据库建模理论与方法等方面的国内外学术文献，对贫困识别与动态监测、空间贫困领域的研究方法与技术发展体系进行细致的调研，分析国内外相关研究动态，找出精准脱贫中实际存在的问题，并提炼实际问题所折射出的科学问题，对其进行准确客观的描述，综合利用社会学、经济学、地理学、计算机科学、人工智能科学等多学科交叉知识，以及3S技术、数理统计技术、时空数据库技术、认知技术、决策支持技术等，为关键技术研究提供相应的理论和技术基础。

研究思路和总体技术方案围绕从测度到识别再到干预的扶贫业务工作流程展开，拟采用的总体技术流程如图1-3所示。针对贫困识别对象，即户-村-县不同尺度层面上的贫困

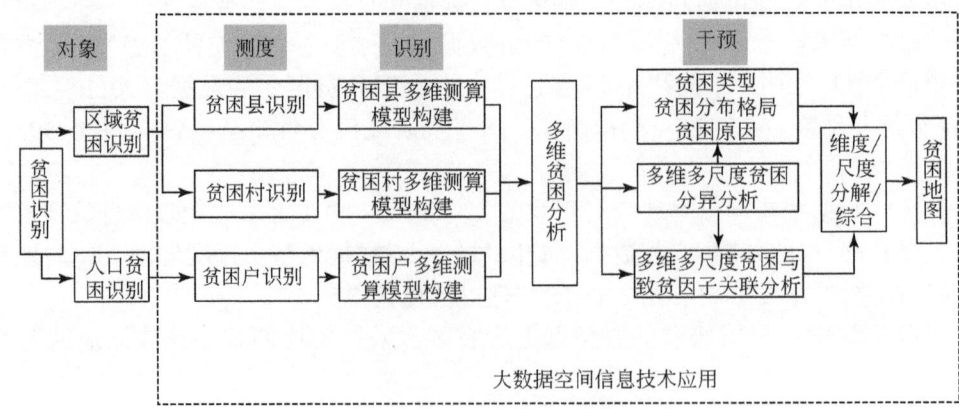

图1-3 总体设计示意图

区域和贫困人口，在测度环节，构建户-村-县不同尺度层面上的多维贫困测度指标体系；在识别环节构建户-村-县不同尺度层面上的多维贫困测算模型，从空间尺度、教育、社保、收入、资源、环境、生态等维度综合识别贫困地区和群体，结合运用空间信息技术实现贫困识别指标因子的提取、量化表达与测算，为前瞻性扶贫政策瞄准提供依据；在干预环节，基于数理统计、地统计方法分析贫困的时空分布特征、产生根源和影响因素，剖析贫困形成因素在不同尺度上的作用方向和强度，最后开发多维贫困识别信息系统进而生成贫困地图，为差别化扶贫开发政策的设计提供依据。最终建立户-村-县不同层面上的、瞄准区域与瞄准人口相结合的、综合考虑资源环境与社会经济条件的多尺度多维度贫困度量技术体系。

1.5.1 多尺度贫困度量

要精准测度贫困对象，首先需要构建一个全面描述贫困状况的综合性多维贫困指标体系。指标的选择需考虑全面性、目的性、科学性、层次性、可操作性等基本要求，同时需能够满足全国范围贫困测度的公平性、多维综合性、研究对象的针对性以及评价标准的可获得性等。

因此，运用空间贫困视角下的多维贫困理论，从自然环境和社会经济综合可持续发展的角度，根据中国精准扶贫的国家战略需要以及指标的科学性、动态性、政策相关性、典型性、可比性、数据可获取性和可操作性等原则，构建面向精准扶贫瞄准机制的户-村-县农村多维贫困识别与监测指标体系。在实际指标设计过程中，各地实际情况不同，指标数据的敏感性、表征性可能有所不同，因此，需要通过对指标进行预处理。本书通过主观初选、主观精选、客观精选3个步骤来构建该度量指标体系。

在主观初选阶段，三级指标体系的设计均基于空间贫困视角下的多维贫困理论，基于社会排斥-脆弱性-可持续生计分析框架展开，既相互关联又有所区别。其中贫困县识别指标体系主要是为了满足片区实施规划贫困县扶综合发展监测的需要，需要收集国务院扶贫办原贫困县核心监测指标、《中国农村扶贫开发纲要（2011—2020年）》监测指标及生态贫困关联指标；贫困村识别指标体系主要满足目前扶贫办"整村推进"的贫困村扶贫开发业务需求，因此要整合扶贫办原贫困村核心监测指标、《中国农村扶贫开发纲要（2011—2020年）》监测指标及生态贫困关联指标；贫困农户识别指标体系主要满足目前扶贫办对贫困户"两不愁三保障"的扶贫业务核心需求，因此要集成扶贫办贫困农户核心监测指标及《中国农村扶贫开发纲要（2011—2020年）》监测指标。在主观精选阶段，确定各指标的重要性序列及重要程度，进而在客观精选阶段进一步精选指标，对候选指标进行共线性检测与筛选，剔除鉴别能力小的指标以避免同类指标信息重复。

因此，在村域、县域的区域贫困度量层面上，拟通过借鉴相关文献，以及中国区域贫困的实际情况，以空间贫困理论和人地关系系统理论为指导，考虑自然环境等非人为因素对反贫困的影响，以及贫困与地理环境、资源、社会经济各要素之间相互影响、相互作用的动态关系，构建包括自然、生态环境、经济、社会保障等指标在内的多维贫困评价指标体系候选集。其中，自然地理条件可看作当地社会经济发展的自然基础，地理区位特征可看作影响当地经济发展机会的重要因素，公共服务设施可达性可看作影响当地贫困的潜在因素，政策因素则可看作影响当地贫困的助推因素。在此基础上，利用指标主观初选-主观精选-客观精选方法对候选指标进行筛选得到最终的区域多维贫困测度指标体系。

而在人口测算指标体系方面，尽管国内外已有各种度量指标，但各国国情不同，关注重心不同，选取的贫困评价指标更是相差甚远。所以针对不同研究区贫困人口识别维度与指标的选取，本研究拟以全球性多维贫困维度与指标体系为框架，贫困户建档立卡入户调查数据为基础，参考国内国际上各类发展指标体系，以及其他学者提出的指标体系，建立反映中国精准扶贫国家战略背景的贫困人口多维测算指标体系，从而将抽象的贫困人口识别命题具体化为可以测度的指标体系，为进一步全面识别和分析研究区贫困人口的贫困机理提供可行性。

该户-村-县多尺度指标体系力图体现贫困测度框架方面的全面性和系统性，保证其从逻辑上具有严密性，从架构上具有新颖性，从扶贫对象的精准瞄准上具有实用性和前瞻性。基于这些指标体系，则可进一步充分借鉴现有贫困度量方法进行指标的综合集成和分析测度，分别从维度综合/维度分解的视角，深入测度和剖析研究对象的综合贫困特征。

1.5.2 多尺度贫困形成机制探测

针对传统空间回归模型只能揭示单一尺度层面贫困影响因素而多层线性综合模型无法考虑影响因素空间滞后效应的不足，本书将空间贫困视角纳入 HLM 多层次线性模型设置，研究设计空间多层线性综合模型，从个体效应、背景效应和空间依赖性三方面综合考虑影响因素，综合挖掘不同尺度层面上的贫困显著性影响因素，揭示户-村-县各层变量之间的交互作用，揭示不同层面影响因素的作用方向和作用强度，以及由个体自身特征所造成的变异（个体效应）和由个体所处环境所造成的变异（也称为组效应/池塘效应或背景效应/环境效应）。

实现流程为：先从空间贫困视角，筛选户-村-县贫困影响因素指标体系候选集。然后将数据带入模型进行计算，具体如下：首先构建零模型，判断是否具有背景效应。零模型不加入任何变量，计算邻域水平的方差，判断是否需要考虑邻域水平的影响。若通过，构建第二层随机效应模型。将本级层面的影响因素依次代入零模型，查看是否通过显著性检验。若通过，则是对本层贫困对象产生显著性影响的因素，将其代入之后的完整模型；若不通过，则筛掉。最后构建完整模型，将上级层面的影响因素和通过检验的本级层面的影响因素代入完整模型，进行显著性检验，通过检验的即为对本层贫困对象贫困程度产生显著性影响的因素。最后将通过检验的模型汇总，即为户-村-县影响因素。

在探明显著性影响因素的基础上，进一步解析各影响因素对贫困对象减贫与发展状况的作用机制，探讨贫困背后的自然、社会、经济等资本条件对贫困对象可持续发展的综合影响。

1.5.3 多尺度时空分异特征分析

本书针对现有空间贫困陷阱研究仅考虑单一时空尺度空间自相关性和分异特征的不

足，拟以空间自相关理论为基础，选择空间自相关、加权核密度等合适的地统计函数，从不同侧面分析研究区农户-村-县-省-片区的多尺度多维度贫困分布空间格局及其时空分异特征，以此揭示空间贫困陷阱的结构演变特征，判断各研究对象贫困分布动态演变趋势及时间累计下的空间效应。

同时，针对现有研究较少考虑贫困户-贫困村-贫困县分布耦合效应导致缺少跨层级联动反贫机理研究的不足，围绕空间贫困陷阱形成要素展开地理因素和农村贫困不同尺度间耦合关系的研究。在识别不同尺度空间贫困陷阱的基础上，分别从空间格网尺度和行政尺度的角度，选取微观、中观、宏观三种尺度层次下的显著性尺度，选用合适的区域贫困差异的尺度效应分析方法和关联分析方法，揭示同一尺度不同贫困影响因子的作用方向和强度，以及同一因子在农户-村-县级不同尺度上的作用力度和方向，进而剖析不同尺度间贫困分布的集聚尺度和格局差异形成原因，探讨不同因素在不同尺度层面间对自然-社会-经济耦合形成的贫困问题的作用机制。

1.6 本章小结

本章在总结研究背景与意义的基础上，结合新阶段"精准扶贫"扶贫工作重心，拟以户、村、县为多尺度评价单元，研究农村贫困及其时空分布的多尺度多维度探测方法与关键技术，系统剖析农村贫困对象的多尺度多维度贫困特征及其时空分异模式，为各级政府科学决策和科学管理提供更加全面与翔实的基础数据和辅助决策支持信息。

在总体研究目标、研究内容和研究方案的指导下，本书的后续章节内容安排如下：第二章综合介绍贫困测度、贫困形成机制、贫困分析各块研究内容相对应的相关专题的研究现状，在此基础上第三章到第八章分别响应拟解决的关键技术问题，设计并细化研究方法和技术路线，并结合数据完备性，选择典型研究区从不同专题、不同尺度、不同维度进行验证和分析，最后在第九章对全书进行系统的总结。

2 多维贫困的基本理论与研究进展

扶贫与可持续发展一直是国际上诸多学科领域的研究热点。以联合国开发计划署、牛津大学人类贫困中心为代表的研究团队多年来一直在推动国际上多维贫困理论的拓展与实证方面的研究。随着空间贫困理论的进一步深化及国家精准扶贫、全面脱贫战略的实施，近年来国内也涌现出一批核心著者，共同在多维贫困度量及其分布、贫困形成及致贫机理分析等热点领域展开研究。

2.1 多维贫困理论及其研究视角

2.1.1 多维贫困内涵及其分析框架

贫困由最早的仅仅依靠收入/消费水平等方面的经济短缺内涵，到20世纪80年代，诺贝尔经济学奖获得者阿马蒂亚·森第一次提出了能力贫困和权利贫困的概念（Sen，1982；Sen，1985），贫困的内涵开始包括对机会、社会服务的准入/排斥以及风险/脆弱性等社会剥夺的内容。贫困的测度也由最初单一的收入/消费度量拓展到包括经济领域和教育、健康、营养、资源禀赋、环境、区位、脆弱性等非经济领域的综合度量。而多维贫困理论在对贫困成因与脱贫方式的理论解析中，为精准扶贫理论发展提供了一个学术史的视角（岳映平，贺立龙，2016）。因此，以阿马蒂亚·森的多维贫困理论为基础，代替传统的经济贫困，从多维的角度把握贫困的实质并进行综合度量分析已经成为当今学术界和业务界的一个共识，并成为国内外有关领域研究的焦点（阿马蒂亚·森，2002，2006）。

随着贫困的内涵从收入扩展到多维贫困，研究视角从经济学扩展到社会学和发展学、地理学等学科，研究层面逐渐从宏观的国家贫困和区域贫困向微观的个体贫困转变，一些新的贫困分析框架也开始得到广泛运用，其中有代表性的三种是社会排斥分析框架、脆弱性分析框架和可持续生计分析框架，这三种框架从不同的角度来研究贫困群体的贫困成因和所处的生活状态，都可以单独用来对贫困问题进行分析。但它们之间在研究对象、分析视角等方面也存在一些区别：从出发点和研究对象来看，社会排斥分析框架则从分析对象（如个体、农户、社区）所处的环境出发，强调分析对象在常态下所处的状态；脆弱性分析框架则从分析对象面临的风险出发，强调不同类型的风险对于分析对象的影响，研究的是一种突发情境下贫困发生的情况；可持续生计分析框架虽然也将脆弱性作为贫困分析的重要背景条件，但是从分析对象拥有的各种资产出发，强调的是内在要素在贫困过程中的主导作用。从研究对象的个体特征来看，社会排斥分析框架可用于贫困个体的研究，而脆弱性分析框架和可持续生计分析框架则更适合以家庭为单元的贫困分析。可持续生计和贫困的脆弱性研究主要集中于个体和家庭的尺度上，从人的谋生能力和消除贫困的角度分析脆弱性。生计能力评价侧重对谋生技能、资产状况、生态风险和生态服务等多方面内容进行分析。而在可持续发展领域，关注焦点则在区域尺度，研究重点为区域面临外部扰动时的应对能力。

总体而言，三种分析框架从不同层面展现了贫困的多维度性，却未能阐明清楚结构性致贫因素与个体性致贫因素相互建构的机理。而在我国扶贫开发的过程中，连片特困地区一度成为我国扶贫开发主战场，其具有结构性贫困与个体性贫困相互交织的典型特征。而国内多数学者多采用单一分析框架研究连片特困地区贫困问题，并不足以挖掘该类区域的贫困复杂性。因此有必要研究如何将这三个分析框架按照一定的机理整合，以便更能有效和系统地对贫困问题进行分析。

2.1.2 贫困的空间特征

（1）贫困对象空间化

空间化是指将贫困对象通过空间化手段进行处理后，采用贫困地图（poverty maps）的形式进行直观的可视化表达。这里的贫困对象是广义的对象，也可以是具体的贫困对象，如贫困村、贫困县等，还可以是某些贫困信息、贫困要素，如贫困发生率、综合贫困指数等。传统的研究通常按照行政区划的划分作为贫困研究单元，如贫困村、贫困县等。随着研究的深入，人们尝试将研究尺度进一步细分。一些研究将研究单元聚焦到贫困户，使研究结果更加精准。贫困空间化的方法很多，如分层设色法、空间插值方法、统计建模方法等方法。

（2）贫困研究尺度

尺度有多种划分方式。中国学者主要按照行政区划进行划分。国内研究大多围绕全国、省、县等大中尺度展开。例如，王艳慧（2013）、丁建军（2014a）、袁媛等（2016）以贫困县作为基本研究单元，对全国、片区等贫困状况进行度量。有学者从更小尺度对贫困进行研究，如刘春芳（2017）、王士军（2017）、郑品芳（2018）等人基于农户角度对致贫因素及贫困特征进行探究。微观数据获取具有一定的难度，大多数的数据通过小范围调查问卷或入户调研的形式获取，因此在贫困村等微观尺度上的研究较少。而行政村作为中国最基层的农村行政单元，统计数据的数据量和统计范围较农户尺度数据而言相对丰富。因此在该尺度上的研究有助于准确捕捉区域内贫困分布的精细特征，弥补大中尺度贫困相关研究的不足。

在贫困的多尺度研究方面，主要基于定性和定量两个角度，近年来以定量分析为主。定量的多尺度研究主要围绕土地利用、人口、区域经济等领域展开。在研究方法上，最初将空间划分为多个尺度，分别运用探索性空间分析与 GIS 相结合的方法（康江江等，2016）、多元统计回归及地理加权回归方法（王珂靖等，2016）、马尔科夫链（吴连霞等，2016）等方法进行结果对比，并分析贫困的分布特征及其致贫因素影响。后来有学者注意到多水平模型，并将其引入地理问题相关研究中，如二层 Logistic 回归模型（袁磊和杨昆，2016）、多尺度建模（党云晓等，2019）等。

总体来讲，由于区域经济发展的聚集特性和空间邻近性，在考虑致贫因素时必须注意到贫困在空间上存在的一定特性。目前已有学者在地学、经济学等领域将数据的"嵌套"结构以及空间效应纳入建模考虑范围，并得到一些实例验证，但是这方面的理论探讨与模型应用仍然较少。在扶贫领域，综合考虑多尺度背景效应与空间效应的多尺度空间效应模型构建及应用尚未见到，有必要尝试在扶贫领域引入新的研究方法。

(3) 贫困空间分布

空间分布模式主要包括集聚特征、分布趋势和相互作用等。集聚特征包括集聚、离散和随机分布。分布趋势表示贫困在空间上的主要走向。相互作用即基于贫困存在的内部联系而在空间上表现出来的性质，如空间溢出、空间贫困陷阱等。对贫困分布的研究最初是基于数理统计的方法，利用不同数学模型，将不同地区贫困统计数据反映出的贫困特征进行比较。之后由于 GIS、RS 等新技术的产生与广泛使用，人们主要利用空间自相关、Ripley's K 函数、核密度分析等地统计方法来分析中国部分地区贫困的空间分布模式（Chen and Ge，2015；Chen et al.，2015；暴向平等，2015；陈烨烽等，2016；罗庆等，2016；田宇等，2017；杜国明等，2108）。

总体而言，对贫困空间分布特征的研究是贫困问题研究的基本步骤，只有对总体贫困特征有初步的把握，对贫困分布模式有准确的理解，才能更加有针对性地对某个贫困具体问题深入挖掘，并为接下来的扶贫攻坚提出更加有效的解决对策，提供更具实际意义的参考价值。

2.1.3 空间贫困及其测度

一些学者将空间引入贫困问题研究中，形成了比较有影响力的空间贫困理论（Gina，2014）。空间贫困理论是研究贫困的空间分布、贫困与地理环境之间关系的一项专门理论，是空间经济学和新经济地理学视野上的多维贫困概念，它将一系列的指标合成地理资本（geographic capital），通过研究地理资本的空间聚集特征和规律，并以贫困地图的形式来判定是否存在空间贫困陷阱，据此设计减贫策略（Gina，2014）。其主要目标之一促进人们更好地了解一个区域的贫困和不平等现状，提供"看得见的政策建议"（Luo，2006；Wang and Qian，2017）。贫困在地理空间上会发生空间集聚（spatial clustering），Jalan 和 Ravallion（1997）通过对中国贫困的研究，发现由一系列指标合成的地理资本的缺失会导致贫困地区产生持续性贫困现象，因此提出了概念——空间贫困陷阱。中国地区差距和城乡差距的事实揭示了空间在贫困问题上的重要作用。从传统贫困，到多维综合贫困，再到空间贫困，其对贫困内涵的解释作为 3 个视角的递进层次，分别代表了贫困的经济劣势、社会经济劣势、生态劣势（刘小鹏等，2014a）。更多贫困问题研究专家将空间因素纳入贫困发生的分析体系中，并概括了空间贫困的四大基本特征（位置劣势、生态劣势、经济劣势、政治劣势），以及主要衡量指标（Barbier，2010；刘小鹏等，2014b）。

空间贫困理论更好地诠释了区域自然地理环境与贫困发生之间的必要非充分关系（Barbier，2010；曲玮等 2012；欧海燕和黄国勇，2015；黄承伟和周晶，2016）。因此，空间贫困视角下的贫困对象可持续发展也成为当前贫困研究和国家反贫困战略的重要出发点

(Deng，2014；Wang and Chen，2017；刘彦随等，2016；陈烨烽等，2016）。研究方法上，学术界普遍采用了 GIS 技术或者和 Avenue 集成技术，并结合抽样调查法、参与性农村评估法，以及空间自相关分析、回归分析、模糊数学与 Satscan 软件或 M-quantile 模型分析等方法。研究内容上，很多学者从经济、社会和环境的综合空间视角分析了行政区划单元的地理空间特征、地理资本条件、空间依赖性、贫困空间陷阱等（Epprecht et al.，2011；刘小鹏等，2014；罗庆和李小建，2014；刘艳华和徐勇；2015；赵莹等，2015）。但是，目前的空间贫困研究整体上尚处于探索阶段，空间依赖性的判定尚少考虑尺度效应，空间贫困陷阱的形成机制还需要进一步探究。

2.2 空间贫困度量的基本理论依据

2.2.1 多尺度空间贫困度量的概念模型

由于经济学、社会学、政治学、发展学等学科视角的不同，人们从不同的角度对贫困进行定义，贫困的内涵也随着人类社会的发展而不断完善。《新华字典》将"贫"定义为"收入少，生活困难"，将"困"定义为"陷在艰难痛苦或无法摆脱的环境中"，因此，"贫"主要是收入或财份过少，"困"是指一种处境。"贫困"主要指收入或财份过少，而使人陷在艰难痛苦或无法摆脱的环境中。由此可见，中文"贫困"一词比英文"poverty"对贫困内涵的表达更加深刻而准确。2015 年联合国提出的《2030 年可持续发展 2030 议程》设定的第一个可持续发展目标就是"消除一切形式的贫困"，既包括收入不能满足基本需要的"贫"，也包括不能获得基本的教育、医疗卫生服务、住房、就业等带来的"困"。收入可以测量"贫"，而非收入的其他维度可以捕获"困"。多维贫困度量作为对收入贫困度量的一个重要补充，它也和中国政府全面"精准脱贫"战略不谋而合。从以收入作为单一的贫困度量标准转变到考虑自然、社会、经济等多个维度的综合评判也符合国际上倡导的多维贫困分析和多维减贫战略的趋势，以努力防止对人的生存和发展条件的剥夺，系统地提高区域综合发展能力。因此，本书从上述"贫"和"困"的概念建模出发，系统度量贫困的多维度特征。

另外，贫困包括人口贫困和区域贫困。区域贫困度量指标体系与人口贫困度量指标体系又有所不同：农村贫困人口度量指标体系主要关注的是个人的可行为能力是否被剥夺，除了自身的人口学特征和住房、收入、土地等财产拥有情况，其对周围的关注更多体现在个体的基本养老、教育和医疗保障度、生活环境优美度和交通方便度等福祉方面；区域贫困度量指标体系更多的是关注区域的可持续发展能力。很多学者验证了中国农村贫困的发生与空间地理位置有关，地理因素导致了"空间贫困陷阱"。更多贫困问题研究专家将空间因素纳入贫困发生的分析体系中，并概括了空间贫困的位置劣势、生态劣势、经济劣势、政治劣势四大基本特征以及主要衡量指标，并且认为，由于自然或地理禀赋是不容易改变和缓和的，空间特征（包括地理特征、公共服务和协变冲击）在贫困的发生过程中占决定性和统治性地位。因此，全面深刻的区域贫困度量分析需从经济、社会、自然环境三个方面入手，需要以逐步递进的系统性框架层次，以分别体现贫困区域经济发展、人类（社会）发展、可持续发展向度的指标为基础（表2-1），系统表征区域的贫困表象——经济状态（硬现状）、生活保障能力的拥有现状——社会状态（软现状）和区域发展的潜在能力——自然环境状态（潜在状态）（刘小鹏等，2014）。

表2-1　空间贫困视角下的区域多维贫困基本特征与主要衡量指标

基本特征	主要衡量指标
偏远与隔离（位置劣势）	地形地貌、村庄到基础设施（如公路、卫生服务等）的距离、社会保障（保险、养老）的可获得性、教育的可获得性（包括学校距离、成本）等
贫乏的生态环境（生态劣势）	土地的可利用性和质量、生态环境质量及其脆弱性、自然灾害风险
脆弱的经济整合（经济劣势）	农业经济组织/集体经济规模、与市场的连通性（包括自然连通，如到最近农资市场的距离；人为连通，如财政、进入市场的机会成本）等
缺乏政治性优惠（政治劣势）	缺少专项扶持政策的地区，或者低投资少而回报低的地区等

2.2.2　可持续生计-脆弱性-社会排斥三维贫困集成分析框架

如前文综述所言，贫困内涵的不断扩展直接引起了分析框架的不断更新，从经济维度的一元视角逐步发展成为多元视角。其中有代表性的是社会排斥分析框架、脆弱性分析框架和可持续生计分析框架，这三种框架从不同的角度来研究微观贫困群体的贫困成因和所处的生活状态，都可以单独用来对贫困问题进行分析，在当前的贫困研究中运用比较广泛。但这三种框架在研究对象、分析视角等方面各有侧重：可持续生计分析框架以微观农户或社区生计资本动员为切入点，致力于阐释生计过程中的能动性与结构化机制，但存在对脆弱性关注不足、忽略制度不平等因素的缺陷；脆弱性分析框架以生计过程中的风险分析为切入点，关注贫困的动态变化，却未清晰阐释风险应对能力的形成机制；社会排斥分析框架以福利分析为切入点，聚焦于制度性排斥机制，但是对社会排斥与贫困的因果关联机制解析不充分。总体而言，三种框架从不同层面展现了贫困的多维度性，却未能阐明结构性致贫因素与个体性致贫因素相互建构的机理。但如果将这三种框架集成起来，可以更能有效和系统地对贫困问题进行分析，较好地解决传统多维贫困度量模型在用于本研究的户-村-县多尺度贫困度量时所存在的度量体系不统一的问题。

因此，本书基于可持续生计、脆弱性、社会排斥三种框架核心观点的糅合与拓展，尝试利用并完善多维贫困"行动-结构"三维贫困集成分析框架。该框架由社会排斥、生计风险、农户生计资本、区域交换系统4个部分组成，力图呈现结构性致贫因素与个体性致贫因素相互建构的人-地内在逻辑关系。如图2-1所示，在三维贫困集成分析框架中，以研究对象的资产禀赋和结构为出发点，分析其在日常社会生活及区域中面临外部扰动时受到的来自社会、自然、经济结构的排斥情况，以及这种排斥下其应对策略的选择和实施及其带来的反贫困后果；同时分析在暴露于各种脆弱性生态环境等风险情境的机会，以及应对风险冲击的策略及其产生的结果。

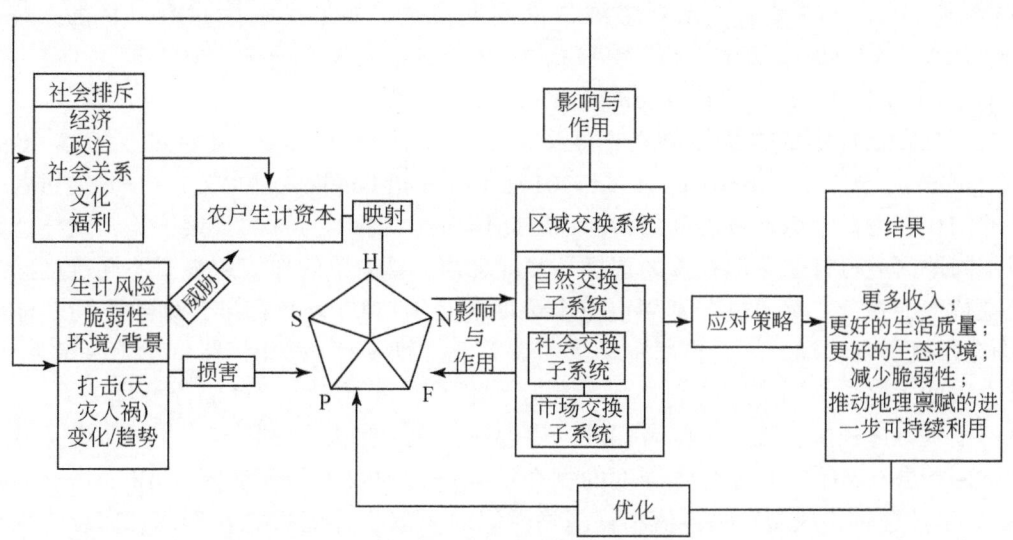

图 2-1 可持续生计–脆弱性–社会排斥三维贫困集成分析框架总体设计示意图
H：人力资本；S：社会资本；N 自然资本；P 物质资本；F：财力资本

其与已有的三种框架的差异性在于：其一，与可持续生计框架相比，强调通过生计资本转换以获得生计资本福利是生计可持续的内在动力；其二，与脆弱性分析框架相比，阐明了生计风险应对能力的内核为生计资本转换能力，并受到结构性的交换条件规制以及国家社会政治政策的影响；其三，与社会排斥分析框架相比，强调了生计资本转换路径依赖维系了社会分层及由此导致的社会排斥，而政策的公平正义性对于维系社会排斥或促进社会融合具有十分关键的意义。

这种"行动–结构"三维分析视角也与"区域发展带动扶贫开发，扶贫开发促进区域发展"的基本思路相吻合，能够对研究不同尺度贫困对象的贫困状态、致贫原因以及自身应对机制有全面系统的把握，从而提供有效的帮助其脱离贫困陷阱的扶持措施和手段，促进区域发展与扶贫开发相衔接以进入区域良性循环发展轨道。

2.3 多维贫困度量的研究进展

贫困对象的精准度量与监测是全面脱贫的先决条件。针对人口贫困和区域贫困，不同的学者基于上述不同的多维贫困分析研究框架和分析视角，展开多维贫困度量模型的理论或实证研究，从模型设计、指标选取、数据处理、权重设计、综合集成等方面丰富多维贫困的理论延伸及实证应用。

2.3.1 贫困人口度量

在贫困人口度量方面，国际上构造多维贫困指数的方法大致有以下几种：公理化方法、投入产出效率方法、信息理论方法、A-F"双临界值"方法以及主成分分析、多元统计分析等。由此发展出了一系列多维贫困测度指数，如人类贫困指数（human poverty index，HPI）（UNDP，2011）、MPI 指数（Alkire and Foster，2011）、QoL 指数（Dadashpoor and Khalighi，2016；Bhatti et al.，2016）等。

在多维度指标集成方面，学者们主要采取两个途径（Cavapozzi et al.，2015；Ceriani and Gigliarano，2015；Babones et al.，2016；Yang and Pundarik，2016）：一是通过各个维度值的加权获得一个综合贫困度量指标，以此作为评判贫困与否的直接依据，这样就很容易对不同地区进行排序，但权重的选择是关键难题，且简单的加权忽视了不同维度间的不可完全替代关系。二是通过分别划定每个维度的贫困/剥夺划分标准，确定不同个体的贫困/剥夺维度组合状况，然后再确定最少需要有几个维度存在贫困/剥夺才能认定为贫困。这种方法便于比较不同维度的剥夺状况，但忽略了不同维度间的可部分替代关系。后来，在这两个基本途径的基础上，学者们进一步创新，如牛津大学贫困与人类发展中心的 A-F 多维贫困指数（MPI）通过对各维度的剥夺情况进行加权来测度贫困（Alkire and Foster，2011）。虽然这种集成剥夺临界值和贫困临界值的"双临界值法"在泰国、印度、南非及拉美不同国家和地区得到很多学者的应用（Alkire and Seth，2013；Yu，2013；Battiston et al.，2013），但该法也存在剥夺临界值和贫困临界值缺少理论基础和客观标准、指标选择不统一、主观权重赋值无法客观度量指标相对重要性等不足。如在多维贫困临界值（贫困线）确定方面，由于确定贫困临界值的方法缺少明确的形式化定义或理论基础，缺少一个单一的明确的贫困线，不同的研究分别主观选择了不同的指标剥夺比例，如 1/4、1/3、1/2，而这些方法忽略了贫困的相对性的本质，无法动态调整。尤其在做贫困动态监测时，生活在贫困线以下的群体遭受的社会排斥会随着时间和不同的社会群体背景的推移发生变化，很难得到客观结果。农户的贫困脆弱性研究迫在眉睫。

另外，各个维度的异质性使得权重模式成为多维贫困测量中的重要组成部分。众多研究表明，不同的权重赋值方法可能带来不同的测量结果，导致模型结果的不稳健（Cavapozzi et al.，2015；Yang et al.，2016）。对此，相关学者提出了基于熵值法、多元相关分析、模糊集方法的对策，在多维贫困度量方法推进方面已经取得了一些进展。

国内的相关研究大都是采用经典的 A-F 多维贫困测量方法（王小林，Alkire，2009；郭建宇等，2012；王艳慧等，2013；丁建军，2014a；裴银宝等，2015；孙林等，2016；Wang and Wang，2016），基本属于国际研究的后续跟进，研究成果大多停留在国外已有方法在国内的小尺度案例应用阶段。另外，由于数据获取限制等，过往的贫困人口测算大多还存在样本数据量过少（如县单元仅有 120 户抽样数据）难以表征全局、度量指标难以体现多维贫困内涵等问题；此外，由于区域贫困人口分布的地域相关性，还需进一步加强贫困人口脆弱性及其空间分布特征分析，以响应新阶段各级政府差异化扶贫政策制定与实施的需求。

而对于相对贫困的识别，部分学者从经济维度将农村居民或城乡居民的人均收入平均水平或按照一定比例作为相对贫困的标准，并基于基尼系数（张庆红，2015）、FGT 指数（夏春萍等，2019）、ELES 模型（孙久文和夏添，2019）等方法对相对贫困进行识别，并提出应根据不同区域提出不同的划分标准，但相关研究主要针对经济收入的单一标准度量。苏昕和赵琨（2019）认为相对贫困是个人或家庭基本生存需要得到满足但未达到社会平均生活水平，表现为教育、医疗、生活水平等多个维度的不平等，因此，相对贫困的测度也相应转向多维度、多目标的度量和识别，但整体研究还处于初步的探索阶段。另外，从已有的研究来看，目前研究以单一目标下的识别评价为主，相对贫困与绝对贫困之间、长期目标与短期目标之间缺少衔接和结合，目前现有的模型难以适应精准扶贫、乡村振兴、可持续发展等多情境目标下的动态监测需求，不能直接反映多目标下的农户贫困程度和发展差距。

2.3.2 区域贫困度量

县（或县级市）作为中国国民经济和社会发展进行组织与管理的最基本的行政单位，是国家扶贫工作的重点组织单位。相比于国外在划分贫困郡县方面常采用加权指数、多元统计分析和量图分析等方法，国内过往大量已发表的成果多围绕 GDP、居民收入等经济单一指标，采用基尼系数、泰尔指数、综合熵指数、变异系数等方法，对全国大区或省级单元开展贫困测度及影响因素分析。但"十二五"时期以来，随着国家新一轮扶贫开发战略规划的实施，越来越多的研究着手于县域尺度的多维贫困监测。研究方法上，部分学者运用数理统计方法、GIS 技术和人工神经网络技术进行区域贫困综合评价与分析。丁建军（2014b）基于发展与贫困之间的对应关系，通过构建涵盖经济、社会和生态 3 个维度 24 项指标的综合发展指标体系，测算和比较分析了 11 个集中连片特困地区的片区层面上的贫困程度。刘艳华和徐勇（2015）采用多边形面积法对全国农村开展了县域尺度的贫困地理识别和类型划分。徐勇等（2016）利用 6 个维度 12 个指标，建立了多面体法区域多维发展综合测度方法及模型，按县级、地级和省级单元对中国的区域多维贫困发展状况进行了综合测度实证研究。王艳慧等（2017）基于综合加权法构建了生态贫困视角下的县级多维贫困监测模型，并在秦巴、乌蒙等 6 个集中连片特困特区的贫困县进行了实证研究。但在此阶段县域贫困度量究竟应包括哪些指标，如何度量尚缺少权威性的理论指导。

另外，行政村作为中国行政管理体系的最基本单元，也是农村扶贫战略实施的最小空间单元。而对于贫困村的识别和监测，过往度量体系的研究大都基于定性或半定量的方法，且主要集中于社会学和经济学领域。对村域贫困程度的划分大多停留在定性比较层面，贫困分类尺度较为笼统，尚不能定量精细刻画各村的相对贫困差异。在定量研究方面，部分文献在定量评价贫困村时仅考虑了生活状况、生产生活条件和卫生教育等社会经济指标，且均是基于研究者的主观意愿赋权，未能让贫困识别对象本身参与进来，这就忽略了"不同因素对不同贫困村的影响权重可能是不一样的"这一现实，往往会造成识别结果与实际情况存在偏差。

随着国家贫困精准识别战略的实施，空间贫困视角下的贫困村的多维识别指标体系和监测方法开始得到更多的关注。刘小鹏等（2014b）系统研究了村域空间贫困测度指标体系的设计理念和选取依据，但尚未进行实证研究。Chen 和 Ge（2015）利用 Ripley's K 函数分析了中国贫困村的点模式空间分布，但未进行多维综合度量。Wang 和 Chen（2017）提出了基于 PPI-SVM 的参与式贫困村综合贫困指数，并进行了实证研究。陈烨烽等

(2016)从人-地可持续协调发展的角度设计了行政村贫困识别指标体系,并构建了VPI多维贫困度量模型,实现了村域贫困程度的定量瞄准和空间分布分析,是该阶段较为系统的中国贫困村度量文献。

而在减贫与发展的重要切入视角和抓手——基本公共服务的评价与监测方面,研究视角从社会学、政治学、财政学、行政学等逐步过渡到地理学科,随着地理信息系统的发展,公共服务供给已成为地理相关学科的重要研究热点。部分研究利用GIS空间分析技术构建公共服务的时空可达性模型,以客观评价基础设施(Neutens et al., 2012)、体育设施(Higgs et al., 2015)、邮政通信(Higgs and White, 1997)、教育(Wang et al., 2014)等公共服务设施的供给能力与空间布局,通过公共服务体系的重组以提供更加高效和地理位置上更加便利的服务。较多学者曾使用潜能模型来研究不同地区医疗卫生设施的可达性(Radke and Mu, 2000;宋正娜, deng, 2010),用以评价不同群体对于特定社会服务设施接近程度的公平性的感知。许多学者着眼于探究不同维度或视角下的研究区社会基本公共服务供给水平的发展差异(迟瑶等,2016)。中国公共服务发展的大量研究几乎都集中在城乡统筹协调发展的均衡问题上(王晓玲,2013;Liu et al., 2013;Ye et al., 2013),主要测度中国教育和医疗卫生公共服务的区域不均等性(Zhang and Kanbur, 2005;Chou and Wang, 2009;Feng et al., 2010;Li Y, Wei, 2014)。Wang和Nie(2011)从财政转移支付制度和税收制度的角度探讨公共服务非均衡因素的成因。陈昌盛和蔡跃洲(2007)利用综合绩效指标法对政府公共服务绩效进行评估。韩增林等(2015)利用信息熵和探索性空间数据分析方法评估中国31个省级行政单位(不含港、澳、台)城乡基本公共服务均等化极其空间格局。马慧强等(2011)在探讨基本公共服务内涵的基础上分析中国286个地级市基本公共服务水平的空间分异特征。但这些研究多集中在省市规模公共服务的城乡协调发展,通常采用行政区域城乡统筹的社会经济统计指标测算既定的公共服务维度指标的发展差异,由于缺乏基本公共服务的定量评价方法,难以揭示公共服务的演变机制,掩盖了不同区域基本公共服务发展的差异性。同时,较少有针对《中国农村扶贫开发纲要(2011—2020年)》精准扶贫背景下连片特困区农村扶贫开发规划的农村基本公共服务发展质量的深入评价;无法反映中国城市和农村公共服务之间的发展差异,难以揭示农村区域基本公共服务发展的地域性,影响区域扶贫效果的稳固性和持续性。

随着基本公共服务理论研究的成熟发展,学界开始大量引入经济学研究方法。从整体上看,以往研究侧重于不同视角下单一经济评价指标体系设计。例如,廖翼等(2014)采用单一的经济指标测度湖南省88个县域经济差异及其影响因素。周扬等(2014)基于人均GDP指标考察了2352个县域经济发展的时空变化,并深入探讨了影响县域经济发展变化的演变机制。由于经济发展受到多方面因素的制约,单一指标不足以全面地衡量区域经济发展的实际情况,且仅有部分研究围绕连片特困区的县域经济发展评价展开(Wang and Chi, 2017)。从定性决策的角度来看,过往国内外相关研究主要集中在基于公共服务支出结构影响经济增长的角度,探究不同视角下基本公共服务单一维度与经济社会发展的相关性,分析经济增长与基本公共服务内在机制的相互作用路径及关系,评价省、市级规模尺度上经济发展与基本公共服务供给间的相互影响及其协调发展程度。李敏纳等(2009)在综合测度 1990~2005 年中国各省区社会性公共服务水平的基础上，深入探讨公共服务与经济发展区域差异的特征及变化机制。方茜（2014）基于 ISM 静态结构系统评价了 2000~2010 年全国基本公共服务作用于区域经济的直接或间接路径；高军波和颜俊（2015）借助熵权 TOPSIS 方法量化评价了 2000~2010 年河南省公共服务供给与经济发展的协调性；杨颖和穆荣平（2012）通过 Granger 因果关系检验对 1995~2009 年全国基本公共服务与经济增长的关系进行了理论和实证两方面的系统研究。虽然这些探讨经济与基本公共服务关系的研究已经取得很大成果，但大多数研究都针对大尺度区域行政单元展开整体分析，数据源大都来自当地政府统计年鉴，所构建的指标体系和评价模型多是围绕城市或城乡一体化发展，不足以体现当前由城乡发展巨大差距而导致的农村社会经济基本公共服务关注重心的不同，忽略了大尺度评价单元内部基本公共服务及经济发展的非均质性。迄今更少有针对《中国农村扶贫开发纲要（2011—2020 年）》精准扶贫开发规划目标，以连片特困区这类特殊区域为研究对象探讨农村基本公共服务与经济关系的相关研究，也很少对其协同关系的空间结构进行系统的时空特征分析。

整体而言，国内外的多维贫困度量研究多侧重于社区人口层面的理论设计与验证。而随着对贫困研究的深入和数据精细程度的增加，国内由省域、县域等较为宏观尺度转向乡镇和行政村等微观尺度。但由于中国农村贫困统计数据的缺乏，研究仍然主要以较大尺度（如省级和县域）为研究单元，难以揭示贫困的真实地理分布状况（罗庆等，2016；Wang and Chen，2017；陈烨烽等，2016）。而空间贫困测度究竟应该包括哪些指标、各指标临界值及权重如何确定等均缺乏统一规范与理论指导（Fu et al.，2014；Wang and Chen，2017）。另外，与大尺度和中尺度相比，村级单元的研究更有助于反映点上贫困问题的本质和发展的不平衡，但在该阶段，村域空间贫困测度研究却较少报道，也罕见国家层面上的全方位度量与分析。因此，为了顺利开展对集中连片特困地区各级贫困对象的精准贫困监测，需要建立一套涵盖经济、社会和环境（生态）的多维度空间贫困测度指标体系和度量模型，尤其需要理清贫困村的整体贫困特征及其分布格局，以此制定并实施针对性扶贫策略，这对减贫与反贫困有着更加直接的推动作用和具体的指导意义。

2.4　贫困脆弱性度量的研究进展

从脆弱性概念的提出到现在，虽然研究的时间不长，却涉及了很多领域，包括经济学、社会学、环境科学等。20 世纪 70 年代人们在对自然灾害的研究中，首次提出了"贫困脆弱性"的概念，研究认为那些非贫困或者暂时贫困的家庭，在遭受自然灾害后，由于一部分家庭抵御风险冲击的能力比较脆弱，所以非贫困的家庭会陷入贫困，而暂时贫困的家庭则会加深贫困（Sumner and Mallett，2013）。

国外对贫困脆弱性的关注比较早，已经形成比较成熟的相关理论。我国对贫困脆弱性的研究开始得比较晚，研究大多集中在国外理论在中国的应用、脆弱性根源探究及脆弱性影响因素分析等。接下来将从贫困脆弱性的内涵、贫困与贫困脆弱性的区别与联系、贫困脆弱性的测度方法、贫困脆弱线的选取、贫困脆弱性的影响因素方面对国内外学者关于贫困脆弱性研究的相关文献进行梳理。

2.4.1 贫困脆弱性的内涵

世界银行（2001）研究发现80%以上的穷人并不是一直处于贫穷状态，而是间歇性地处于贫穷状态，大都是因为他们不能有效应对风险冲击，从而落入贫困线以下。在此背景下，"贫困脆弱性"的概念在2000年的《世界发展报告》中被正式提出，并被定义为：受到风险冲击时，因为家庭或个人应对能力不足或不能通过有效的管理或抵御手段来应对风险以降低风险冲击对福利水平的影响，从而陷入或保持贫困的状态。联合国开发计划署（The United Nations Development Programme，UNDP）在《2014年人类发展报告》中进一步强调了人类发展与贫困脆弱性的重要关系。由此，贫困脆弱性成为学者们研究贫困的另一个角度。从世界银行对贫困脆弱性的定义可知，贫困脆弱性和风险是紧密相连的，用来评价未来某一时间，由风险冲击导致家庭或个人福利、生活水平下降到贫困线以下而陷入贫困的可能性。由此可见，贫困脆弱性考虑了未来可能出现的风险和冲击，且在评估家庭或个人未来是否可能陷入贫困的过程中，融入了家庭或个人自身的能力水平，所以研究贫困脆弱性不但结合了家庭自身的特征，也包含了外界影响因素，是对家庭或个人未来状况的预测，具有防患于未然的前瞻性。统计数据表明，有贫困脆弱性特征的家庭普遍收入水平低，缺乏可以管理和抵御风险的措施（李小云等，2005，2007）。因此，研究贫困脆弱性对消除贫困具有重要意义。

最初，研究者只是在自然灾害方面对贫困脆弱性进行研究，认为暴雨、干旱、冰雹、蝗灾等自然灾害会给家庭收入、资产等方面带来波动，严重时会导致家庭陷入贫困或更贫困状态。随着经济的发展与政治、自然环境的变化，家庭面临的外界环境已不仅仅是自然环境，还受到政策、经济制度、法律等方面的影响，家庭受到越来越多的外在风险因素的影响，所面临的贫困脆弱性因素也越来越多（Benson and Clay，2000；Cyr，2005；李响等，2019）。

当前，将贫困脆弱性与家庭面临的风险相关联，得到了学者的普遍认可，其普遍认为风险冲击导致了家庭福利水平的波动。在具体如何定义贫困脆弱性方面，最受学者们认可的是世界银行（2000）对贫困脆弱性的定义：在遭遇风险冲击时，如收入低、犯罪、重大疾病、自然灾害等，家庭或个人因其自身应对或管理风险能力的不足，导致家庭福利水平受损而陷入贫困或更贫困状态。其实质是将贫困脆弱性视为风险冲击和家庭抵御能力之间的抗衡，若受到的风险冲击大于家庭抵御能力，则会给家庭带来福利水平的波动，使家庭的贫困脆弱性高；若受到的风险冲击小于家庭抵御能力，则家庭受到的冲击小，带来的福利水平的波动也小，家庭的贫困脆弱性就低（世界银行，2001）。

此外，也有其他学者对贫困脆弱性进行新的定义。例如，Pritchett等（2010）认为贫困脆弱性是指家庭在接下来的几年中，至少遭遇一次贫困的风险概率。Chaudhuri和Christiaensen（2002）认为：在给定时间内，家庭生活水平下降到贫困线以下的概率就是贫困脆弱性，并将贫困脆弱性定义为不确定因素对未来贫困造成威胁的事前预测，且这种威胁在不确定因素来临之前会一直存在。Kühl（2003）则认为："贫困脆弱性是一种倾向，即家庭遭受重大冲击后引起福利下降到最低水平的倾向。"从以上定义中，我们很容易看出学者们对贫困脆弱性的定义与家庭所面临的风险及家庭抵御能力息息相关，并将贫困脆弱性视为对未来家庭可能陷入贫困的概率的一种估计，是对未来家庭可能面临的贫困状态的估计，具有前瞻性和预测性（Chaudhuri，2003）。

国内学者在国外学者定义的基础上，将贫困脆弱性的定义本土化，但对贫困脆弱性的定义及其内涵理解也因为观测的角度不同而有所不同。徐志明（2009）参考国情民意调查小组的调查结果，把家庭所遭受的风险和家庭抵御能力的结果定义为贫困脆弱性，认为家庭遭到的风险冲击强、家庭抵御能力弱，则贫困脆弱性就高，反之贫困脆弱性降低。黄承伟等（2010）将贫困脆弱性与风险、农户自身的贫困状况相联系，认为家庭所面临的风险导致了脆弱性，而贫困脆弱性的强弱则由风险的强度和家庭抵御能力共同决定。这些学者对贫困脆弱性的定义，与世界银行对贫困脆弱性的定义基本一致，是对国外研究的继承和发展。除了对国外贫困脆弱性研究的继承，我国学者还根据本国的具体国情，对贫困脆弱性定义进行了本土化的拓展。陈传波（2005）在结合中国实际的前提下，对贫困脆弱性的内涵进行了扩展，他以资产风险—收入风险—消费风险—资产风险的循环圈为基本思路，建立了风险与贫困脆弱性的分析框架，并在此基础上对贫困农户面临的风险进行探究，认为多种不同风险的共同作用是产生农户贫困脆弱性的根本原因。沈小波和林擎国（2005）将脆弱性范式作为四类贫困范式之一，强调穷人易于暴露在冲击、压力和风险之下，且缺乏相应的防御能力；同时认为家庭的贫困脆弱性由内外因素共同决定，内因是农户或家庭自身对风险的抵抗能力，外因是农户或家庭所面临的各种风险及风险的强弱。

综上所述，当前国内外学者对贫困脆弱性定义和内涵的理解并不完全一致，但本质是一致的，都围绕风险和抵御风险的能力出发。所以对贫困脆弱性的定义可以概括为：由风险事件的存在或家庭风险响应能力的低下，导致家庭可能在未来承受某种不良结果，即贫困脆弱性的高低取决于两者的大小。但是，需要说明的是：贫困脆弱性的本质是未来福利的表征，具有前瞻性；贫困脆弱性具有时间特性，会随时间发生变化。如某个家庭在未来1~2年都不会出现贫困脆弱状况，但却不能保证它在未来的5~10年依然不会出现贫困脆弱。根据家庭贫困脆弱性定义的描述，总结为图2-2来描述家庭/农户贫困脆弱性的生成机制。概括起来，家庭/农户的福利状况随时间的变化决定了家庭的贫困脆弱性，而福利状况又由家庭未来应对风险和消费后的最终收入状况所决定。所有这些都是与家庭自身的生计资产（人力资本、社会资本、物质资本、金融资本、自然资本）、家庭所处的风险性环境（打击/动荡、天灾人祸、趋势和变化）、变革中的组织机构和程序规则（政策、机构、程序规则）、农户生计策略及家庭对抗风险冲击的行为有关。

由图2-2可以看出，风险暴露程度高和长期收入低下是产生贫困脆弱性的直接原因。风险暴露程度高是由大的潜藏风险和低的应对能力造成的，在减贫过程中应该直接把目标放在导致风险暴露程度高和长期收入低下的潜藏因素上，找出潜在风险，并采取积极的预防措施。

2.4.2 贫困与贫困脆弱性的区别与联系

对于贫困和脆弱性，两者之间既存在紧密的联系又存在本质的区别，我国学者在这方

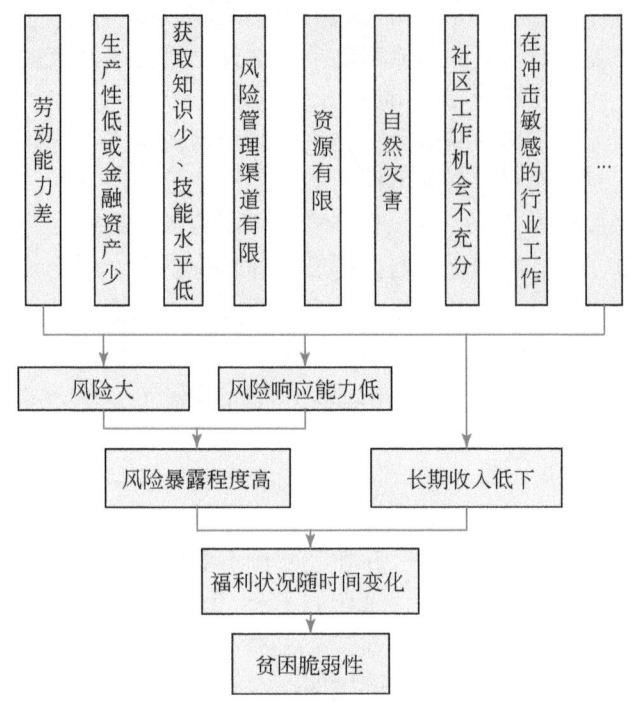

图 2-2 贫困脆弱性的生成机制

面做了大量研究。韩峥较早从概念出发讨论两者关系，认为贫困和脆弱性是相互依存、相互影响的，且贫困是脆弱性高的重要原因，而脆弱性则是贫困的表现形式之一（韩峥，2004）。后来的国情调查小组通过对江苏李庄村的实证分析认为两者之间互为因果关系，并建议国家和政府在扶贫和反贫困斗争中从消除贫困脆弱性着手，为国家的反贫困斗争提供了新的思路（徐志明，2009）。黄承伟等对不同学科中脆弱性的定义进行了总结梳理，认为脆弱性是造成家庭贫困或长时间无法脱贫的重要因素，两者既有很大的内在联系又存在很大的不同之处（黄承伟等，2010）。随着研究的不断深入，李丽和白雪梅（2010）基于 CHNS 微观数据的实验研究，对我国城乡居民家庭贫困脆弱性进行测度和分解，认为贫困只是风险冲击等过后的事后结果测度，而脆弱性则是事前具有预测性的测度，脆弱性是不能直接被观测出来的，但在数据足够的情况下，脆弱性是可以通过各种方法被估计和测算出来的。李伯华等（2013）通过对湘西土家族苗族自治州少数民族贫困地区的研究，也得出了与国情调查小组一致的结论，即贫困和脆弱性两者互为因果关系。胡洁怡和岳经纶（2016）从时间维度探讨了贫困和贫困脆弱性之间的区别与联系，认为贫困和贫困脆弱性都是针对家庭福利而言的，但是两者的区别在于贫困是确定性的，即贫困是对家庭福利随时间变化后的事后的确定性表达；而贫困脆弱性则是前瞻性的，即贫困脆弱性是对家庭福利随时间发生变化前的事前的预测性表达。

从以往的研究可以看出，两者既有联系又有区别，贫困不等于贫困脆弱性。两者的联系表现为：一方面，贫困脆弱性是引起家庭贫困的重要原因，也是导致家庭长时间持续贫困的重要因素。很多目前看似"丰衣足食"的家庭，由于其存在潜藏的贫困脆弱性，在风险冲击来临时，家庭没有抵抗风险冲击的能力或抵御能力低，就会导致家庭陷入困境，从而陷入贫困或更贫困状态。另一方面，相对于不贫困或贫困程度较小的家庭，贫困或贫困程度较大的家庭会更脆弱，贫困家庭大多处于边远山区或地理位置不佳的地方、自身拥有的可以抵御风险冲击的资产和能力不足、贫困家庭的社会资本有限等，导致贫困家庭所暴露的脆弱性风险（如自然灾害等）更突出（李丽，2010；崔新新，2017）。正如世界银行所发布的报告中所说的"穷人面临的风险只是他们脆弱性的外在原因，更深层的原因是没有能力减少、转移和应对风险"（世界银行，2001）。

两者的区别表现为：一个是静态概念，一个是动态概念；贫困是对事后结果的测定，而贫困脆弱性则是对未来的预测和估计；贫困家庭也不总是脆弱的。世界银行在报告中指出：贫困是一个静态概念，是时间上的一个节点，贫困脆弱性是动态概念，是对随时间发生的变化的响应（世界银行，2001）。贫困脆弱性不但是对随时间发生变化的事件的响应，其本身也是随时间不断变化的，在一段时间内，某个贫困的家庭可能很脆弱，但是经过一段时间的风险管理后，该家庭可能脱离贫困也不再脆弱，但也可能依然处于脆弱状态。贫困脆弱性的动态特征还表现在它是一种事前状态，是事件发生的一个隐藏条件，预示着如果发生可能会带来的某些后果，且贫困脆弱性会随着家庭对风险冲击应对能力、管理能力的提升而发生变化。最后，两者的区别还表现在贫困家庭不一定总是脆弱的。对于由政策、市场价格等波动导致的脆弱性，那些生活在偏远地区本身就处于贫困线附近或低于贫困线的家庭，他们的福利水平很大程度上不会受到来自外部政策变化和市场不稳定的冲击，也就不会因此而造成相关方面的脆弱；相反那些不贫困但处于城市中的家庭，则容易受到外部政策变化、市场不稳定等方面的冲击，反而更容易脆弱（李丽，2010；崔新新，2017）。

2.4.3 贫困脆弱性的测度方法

贫困脆弱性研究的目的是提前识别容易受到风险冲击影响而陷入贫困或持续贫困、贫困加深的目标群体，从而制定事前的防范措施，减少贫困家庭出现或贫困加深的概率。所以，准确测算出家庭或个人贫困脆弱性的大小是贫困脆弱性研究的基础。而将可能的风险转化为贫困脆弱性的方法，目前最具代表性且被学者普遍接受的有三种，也是应用最广泛的定义贫困脆弱性的方式：预期贫困的脆弱性（vulnerability as expected poverty, VEP）、低期望效用的脆弱性（vulnerability as low expected utility, VEU）、风险暴露的脆弱性（vulnerability as uninsured exposure to risk, VER）（Chaudhuri et al., 2002; Celidoni, 2012; Gaiha and Katsushi, 2008; Indranil et al., 2011; Ligon and Schechter, 2004; 黄承伟等，2010）。

预期贫困的脆弱性（VEP），表示未来家庭或个人可能陷入贫困或保持贫困状态的可能性大小，是一种概率。Christiaensen 和 Subbarao 将可观测的前 t 期的贫困脆弱性定义为未来 $t+1$ 期消费低于贫困线的可能性，其测算公式可表示为（Chaudhuri et al., 2002）：

$$V_{ht} = P(c_{h,t+1} < z) \tag{2-1}$$

式中，V_{ht} 表示家庭 h 在 t 时期的脆弱性；z 表示贫困线；$c_{h,t+1}$ 表示未来 $t+1$ 时期的消费；

$P(c_{h,t+1}<z)$ 表示家庭 h 在 $t+1$ 时期的消费低于贫困线的概率。

低期望效用的脆弱性（VEU）。主要的代表是 Ligon 和 Schechter，他们在效用函数的基础上，将脆弱性定义为福利损失的风险，在定量分析中，用未来的消费水平和贫困线之间的效用差定量分析贫困脆弱性，具体测算公式为（Ligon and Schechter，2004）：

$$V_{ht} = U_h(z) - E[U_h(c_{h,t})] \tag{2-2}$$

式中，$U_h(z)$ 表示家庭 h 在给定的贫困线 z 时的均衡效用水平；$E[U_h(c_{h,t})]$ 表示家庭 h 在目前 t 期所期望得到的效用水平，均衡效用水平和当前期望得到的效用水平之差为 V_{ht}，即家庭 h 在当前 t 时期的脆弱性。

风险暴露的脆弱性（VER），将贫困脆弱性描述为由于缺少有效的风险管理工具或手段，家庭受到风险冲击后，消费水平发生负向波动，则说明家庭或个人是脆弱的（Dercon and Krishnan，2000；Amin et al.，2003）。

在这三种方法中，VER 是一种事后的测量方法，测量的是家庭对已经发生的风险冲击的承受能力，而 VEP、VEU 均是事前的测量方法，都具有前瞻性。三种方法中，现实中最容易实现的是 VEP，因为这种测度方法的数据容易获得。事实上，这一定义也是现在最常用的一种定义贫困脆弱性的方法。其中，在对贫困评估时常采用 FGT 贫困指数（Foster，1984）：

$$P_\alpha = \frac{1}{nz^\alpha}\sum_{i=1}^{q} g_i^\alpha \tag{2-3}$$

式中，α 表示贫困转移的敏感度，α 越大，转移敏感度就越强。n 为贫困区总人口，q 为多维贫困人口，z 为贫困线。当 $\alpha=0$ 时，$P_0 = \frac{q}{n}$，即为贫困发生率。此时 VEP 等价于收入低于贫困线的概率，这是一个很直观的概念。

我国大部分学者实证测度我国贫困脆弱性的方法主要是借鉴上述三种方法：预期贫困的脆弱性（VEP）、低期望效用的脆弱性（VEU）及风险暴露的脆弱性（VER）。由于三种方法在基本理论上存在着差异，所以不同学者根据研究地区、数据等因素的不同，侧重使用不同的方法。黄承伟等（2010）认为研究贫困脆弱性的目的是进行事前的预测行为，而风险暴露的脆弱性（VER）测度方法则着重体现了对风险冲击后的福利损失的测量，所以该方法本身的侧重点不符合脆弱性前瞻性的本质。万广华（2011）利用中国农户 1995～2005 年的一组面板数据，将不同方法的预测结果与后续三年的实际贫困发生情况对比，对预期贫困的脆弱性（VEP）的测算方法进行准确性评估。杨文（2012）强调预期贫困的脆弱性（VEP）这一测度方法的前提是对未来事件进行假设，假设往往会加入研究者的主观判断，所以如果假设不准确将会与研究的结论产生误差。林文和邓明（2014）通过研究发现，未知的家庭效用函数对低期望效用的脆弱性（VEU）测度方法具有限制作用，所以使用低期望效用的脆弱性（VEU）方法进行测度的前提是数据维度要能很好地描述家庭的偏好和家庭消费的变化。

此外，由于每个地方的特征都存在很大差异，很多学者也尝试探究用其他方法测度我国贫困脆弱性，以求更符合我国的实际。李小云等（2005）研究者以英国国际发展署（UK Department for International Development，DFID）提出的可持续生计发展框架为基础，建立贫困脆弱性测度的指标体系框架，并以广西、宁夏、云南和江西的贫困农户为研究数据，对其贫困农户在农户生计资本，即自然资本、物质资本、金融资本、人力资本及社会资本上的特点进行了分析，定性地分析了贫困农户的贫困脆弱性。在后续研究中，李小云等（2007）又在前期定性分析的基础上，对研究区贫困农户进行定量测算及分析，对贫困脆弱性测度指标体系中的各项指标进行量化和赋值，得出各个指标的综合值，最终用测算的总值反映家庭的贫困脆弱性。杨云彦和赵锋（2009）也以可持续生计发展框架为理论基础，通过实地调查整理后得到的数据，对农户生计资本特点进行选取，利用实测数据算出南水北调工程库区农户的贫困脆弱性。张国培和庄天慧（2010）在研究自然灾害对贫困脆弱的影响时，以农户生计框架为基础，从风险因素和抵御风险因素两个方面选取指标，并用因子分析的方法测度农户的脆弱性。后续研究中，张国培和庄天慧（2011）在以往研究的基础上，采用主成分分析和因子分析的方法对云南省16个州市的截面数据进行定量分析，结论证明了灾害因子、社会经济因子和地理因子是影响农户脆弱性的重要因素，自然灾害对农户家庭的贫困脆弱性影响与地理位置和保障水平有关，地理位置以及海拔会直接影响贫困脆弱性的高低，保障水平不完善及基础设施建设相对滞后也是贫困脆弱性高的重要原因。

根据以往学者对贫困脆弱性测算的研究，可以看出目前对贫困脆弱性的研究主要采用预期贫困的脆弱性（VEP）的测度方法，原因是这种测度方法符合贫困脆弱性预测性和前瞻性的特征，测度结果更准确、应用范围广且易于实现。鉴于上述总结，本研究也采用预期贫困的脆弱性（VEP）的度量方法对研究区进行贫困脆弱性的测算，并进行后续分析。

2.4.4 贫困脆弱线的选取

在运用预期贫困的脆弱性（VEP）对家庭贫困脆弱性进行测度时，除了测算家庭的贫困脆弱性值外，还要确定贫困脆弱线，用以评价家庭是否为贫困脆弱性家庭。对于贫困脆弱线的研究，Chaudhuri（2003）给出了两条标准线：一是把研究区当年的整体贫困发生率作为贫困脆弱线，家庭贫困脆弱性值高于贫困发生率的识别为脆弱性家庭，否则为非脆弱性家庭；二是把0.5的贫困脆弱线值作为贫困脆弱线，家庭贫困脆弱性值大于0.5的被识别为脆弱性家庭，否则为非脆弱性家庭。现在国内大部分的研究都是借鉴国外的研究成果，如万广华和章元（2009）利用上述两条贫困脆弱线对研究区进行验证，表明贫困脆弱线对贫困脆弱性研究结果的准确性会产生一定的影响。解垩（2014）选用了0.5的贫困脆弱线值作为脆弱性与否的临界值，利用中国健康与营养（CHNS）调查数据对老年家庭的经济脆弱性进行研究。林文和邓明（2014）也利用0.5贫困脆弱线值作为标准，研究开放贸易对我国农村贫困脆弱性的影响。李丽（2010）在研究中对贫困脆弱线做了更细致的划分，将贫困脆弱线分为低贫困脆弱线和高贫困脆弱线，并利用家庭平均贫困脆弱性的值作为低贫困脆弱线，0.5的贫困脆弱线值作为研究中的高贫困脆弱线值，证明了用整体的贫困发生率作为低贫困脆弱线的值更合适。

只有确定好贫困脆弱线的值，才能利用预期贫困的脆弱性（VEP）的测度方法对家庭脆弱性状况进行判断。国内外学者们对贫困脆弱线的选择也主要集中在上述两种选择，但使用贫困发生率作为脆弱性判断标准的稳定性会受贫困发生率的影响，随着政府对贫困区的金融输入，贫困发生率会发生很大的变化，从而导致贫困脆弱线的变化，所以不稳定。而以0.5的贫困脆弱线值作为判断脆弱性的临界值则具有较好的稳定性，在短时间内它不会随着时间的变化而有较大的波动，但是它的不足在于主观因素较强。我国目前用得最多的是第二种，故本书也将采取第二种方法，将0.5的贫困脆弱线值作为判断家庭是否具有贫困脆弱性的临界值。

2.4.5 贫困脆弱性的影响因素

对贫困脆弱性影响因素的研究，是识别影响家庭贫困脆弱性的主要因素并实施有针对性的事前干预措施的前提。对于贫困脆弱性影响因素的研究，学者们多从家庭自身特征、国家政策、社会资产、自然环境等方面的因素进行讨论。

李伯华等（2013）通过对欠发达地区农户贫困脆弱性的研究发现，农户贫困脆弱性的主要因子是相对落后的经济状况、不完善的社会保障以及恶劣的自然环境等因素。邰秀军等（2009）通过对我国西部山区外出务工农户家庭收入、疾病、受教育程度等因素对贫困脆弱性影响的研究，发现外出务工带来的收入增加可以有效抵御农业上的风险冲击，从而降低家庭贫困脆弱性，而疾病对家庭贫困脆弱性并没有明显的影响，相反，外出务工农户因其受教育程度的限制，会给家庭带来很大的不稳定性，所以建议政府加大农村地区技能培训以增强其抵抗风险的能力，降低家庭贫困脆弱性。杨文（2012）通过研究发现，家庭之间互换礼金的行为也会影响农村家庭的贫困脆弱性，且礼金的额度越大，家庭对风险的抵御能力越强；另外，研究结果还指出，家庭规模及家庭中长者的性别也对农村家庭的贫困脆弱性产生一定的影响。邹薇和方迎风（2013）在缓解贫困脆弱性的关键性因素的研究中，指出健康因素对个体或家庭的劳动所得产生很大的影响，但是对于非劳动所得家庭的影响不大，从而提出应该保证城乡基础教育、基本医疗等方面的"无空间差"供给，从而降低由健康造成的脆弱性。周君璧和施国庆（2017）运用VEP方法，结合中国家庭收入调查数据对中国农村家庭的贫困脆弱性进行估计，发现食品支出、医疗支出及子女教育是家庭脆弱性升高的主要因素。胡金焱（2015）对借贷和社会网络与贫困脆弱性之间的关系进行了探索，结果证明借贷对家庭贫困脆弱性没有影响，因为借贷只是增加了当期的收入，而社会网络可以通过扩展家庭的社会关系来提高收入，从而降低家庭贫困脆弱性。李齐云和席华（2015）通过对新型农村社会养老保险新政策进行研究，发现该政策能平滑家庭的收入，增强抵御风险冲击的能力，从而降低家庭陷入贫困的概率。韩静舒和谢邦昌（2016）对疾病在家庭贫困脆弱性中的作用进行了研究，结果表明不同家庭中医疗支出带来的影响是不同的，但是就医行为对家庭贫困脆弱性的影响是正向的，即会增加家庭贫困脆弱性。

从上述研究可以看出，尽管各国学者已经对贫困脆弱性进行了大量的研究，但是贫困脆弱性的研究依然存在不足。首先，从贫困脆弱性的研究视角来看，大多数研究只是从货币的角度出发，即单纯地使用收入/消费或能够用货币来代替的维度对家庭贫困脆弱性进行度量，但是有些因素用货币代替是不准确的，如家庭成员的健康状况、公共设施、医疗保障等，因为这些因素不仅受家庭收入状况的影响，也与国家和政府的政策有关。所以，应该对度量的角度进行扩展，不能仅仅局限于货币的角度。其次，目前对贫困脆弱性的测度大都是从单一的维度来进行，即目前多数研究只是停留在收入/消费的维度，但是家庭不仅只面临收入/消费带来的影响，在住房、健康、教育等方面也有可能存在脆弱性，所以应该扩展测算贫困脆弱性的维度，尽可能全面地整合家庭所面临的各种脆弱性因素，从多维的角度对家庭贫困脆弱性进行测度。对不同维度存在脆弱性的家庭提前识别，并提供针对性的帮扶措施，既能降低家庭未来陷入贫困或加深贫困的可能，又能有效利用资源，提高有限资源的利用率，实现"有效地预防"。最后，现在对贫困脆弱性的研究多是经济学领域，还很少有学者将贫困脆弱性与地理学进行结合。贫困是一种地理现象（李双成和许月卿，2005；高鸿欣，2015）。贫困脆弱性作为贫困的重要影响因素，也具有地理特征，揭示贫困脆弱性的空间分布特征及其成因，从地理空间分布的角度对贫困脆弱性的空间分布特征进行分析，可以很好地辅助减贫政策的制定和扶贫资源的分配。所以，本研究将借鉴"多维贫困"研究中的地统计分析方法，利用 GIS 的空间分析技术，对脆弱性家庭的地理空间特征、空间异质性分布格局、空间依赖性分布格局特征进行分析，从地理学的角度分析贫困脆弱性，因地制宜地为贫困脆弱性家庭的度量与有效瞄准提供方案。

2.5　贫困形成机制探测的研究进展

在致贫因素日益多元化的情况下，深入研究贫困陷阱的形成机理，探寻走出贫困陷阱的突破口，是 2011~2020 年扶贫开发与区域发展过程中亟待解决的新问题。人们对贫困影响因素的研究随着贫困理论的扩充而更加深入，从单一化贫困到多维贫困、空间贫困，越来越多的致贫因子被研究者纳入考虑范围。基于致贫因子的多元化特征，研究者试图从多维度多角度对贫困影响因素进行挖掘。

2.5.1　致贫因素作用机制描述框架

致贫因素作用机制描述框架随着贫困研究角度的不同而各有侧重。贫困问题的广泛特征和顽固特质及其社会影响早已促使世界各国学者从不同层面对其成因进行探究和诠释。归纳起来主要包括：历史与环境说、要素短缺说、文化贫困说、政策制度诱惑说、权利贫困说及家庭和个人因素影响等。从贫困概念的角度，贫困可以分为贫困文化论、权力贫困理论、人力资本理论、相对剥夺理论、社会不平等理论等（李林玲，2012）。根据贫困的分类，研究者建立不同的致贫原因框架。近年来，一些研究者根据中国贫困与研究区的实际情况，构建适用于中国国情的理论框架。例如，刘艳华（2015）基于脆弱性-可持续生计框架模型多维度识别农村贫困并划分贫困类型；刘小鹏等（2017）构建空间贫困三维结构分析框架对宁夏泾源县域内的空间贫困进行识别；王进（2017）基于权利贫困视角探究在旅游扶贫背景下贫困人口的权利。近年来，中国学者借鉴国外先进思想理论并与中国实际情况相结合，对致贫因素的研究日益丰富，框架也得到不断改进与扩充。

同时，众多相关研究突出了对自然生态因素的强调，认为贫困的产生与自然环境因素密切相关。从这一视角出发，多数学者都把此类贫困归纳界定为生态贫困。研究也发现

"劳动者个人素质技能低下是贫困内在的、本质的根源"的观点已经得到更多学者的关注。社会资本、人力资本等针对贫困主体的概念也被更多学者不断强调。贫困的判定不再只是缘于经济收入的低下,更多的受自然、社会、生态等资源禀赋的约束,是多种因素综合作用的结果(李小云等,2011;赵莹,2015;Jiang et al.,2020)。欧海燕和黄国勇(2015)研究表明,由一系列指标合成的地理资本(geographic capital)对农村家庭消费增长有显著影响,是地理因素导致了"空间贫困陷阱"。但目前国内外对贫困陷阱形成机制的研究还处于分散的解释性分析状态:一是所选择的分析因素因研究者的"偏好"和具体的分析案例而异;二是因素选择缺乏扎实的理论依据;三是即使发现了某些因素对贫困陷阱有作用,但是对其如何发生作用了解甚少。

2.5.2 基于单层回归模型的贫困影响因素探测

在研究尺度和方法上,传统有关致贫因素的国内外研究大多仅涉及单一尺度,即仅考虑到研究对象自身的个体效应(由个体自身特征所造成的变异)。从这个视角,很多国内外专家学者尝试采用不同的方法从不同角度对贫困人口的致贫因素进行探究(郭熙保等,2016;Ibrahim et al.,2016;Skare et al.,2018;Sun et al.,2018;曾勇等,2017)。

单一尺度上的致贫因素研究多数主要是基于单层统计回归和考虑空间依赖性的空间回归分析方法,如传统单层回归方法的最小二乘回归、多元线性回归等(胡芳肖等,2012;Du et al.,2018;Guo et al.,2018)。国内研究中,胡芳肖等(2012)以国家级贫困县——陕西省淳化县的问卷调查结果为基础,运用 Logistic 回归分析法,从个人、家庭、社区和国家政策四个层面分析了陕西农村家庭的致贫因素;赵莹(2015)根据地理资本理论与方法,结合 TOPSIS 模型和障碍度模型对连片特困地区的空间贫困陷阱影响因素进行分析;张建辰等(2014)基于 GWR、MGWR、SL-MGWR 三种模型研究人口空间化影响因素并将拟合结果进行比较;刘丽娜等(2015)运用线性回归模型对湖北武陵民族地区行政村的致贫因素进行了挖掘,并提供了多项发展对策建议;罗庆等(2016)利用泊松回归模型对其影响因素进行了定量分析;杨慧敏等(2016)以三个村为例,借鉴 MPI 方法,从个体、家庭、村庄等方面对农户处于多维贫困状态的影响因子进行分析;李平(2019)以黑龙江省的实地调研数据为例,利用主成分分析方法和 OLS 回归模型分析了东北贫困地区的致贫因素;舒展等(2019)基于 2012 年 CFPS 成人数据库中的 35 719 个样本数据,以国家贫困线作为判断低收入的标准,以自评健康状况作为健康标准,采用 Logistic 回归分析法探测了健康贫困风险的社会因素和疾病因素。

在国外研究中,Olivia 等(2011)结合中国普查数据与家庭调查数据,对陕西农村地区的贫困与环境变量之间的关系进行了探讨;DHAMIJA(2013)利用多元线性回归方法研究了印度农村地区长期贫困的动态,分析了影响贫困发生率和流动性的因素以及这些因素的影响随着时间的变化。Kumara1 等(2017)利用多种相关分析方法证明了残疾家庭的贫困发生率高于非残疾家庭。Park 等(2020)利用相关分析方法探测了残疾家庭的多维贫困原因。

在评价尺度和时序方面,受数据获取限制,国内外多数研究大都以省、市、县等地理单元尺度为评价对象（Bailey et al., 2019；陈烨烽等，2017；杜丽，2017；刘川林，2017；刘小鹏等，2017；张梦楠，2017）。例如，Chen等（2012）从2005年健康与安全社会发展趋势调查中，对台湾成年人群样本进行横断面分析，采用集成了地理加权回归的多级模型来分析区域劣势与肥胖之间的空间变化关联，发现各地域肥胖的地方决定因素存在异质性。袁媛等（2014）利用《河北经济年鉴2010》统计数据，以河北省136个县作为研究单元，从经济、社会、自然三个维度进行了多维贫困度聚类分析。Canavire等（2017）基于秘鲁2002~2011年的重复横断面年度数据开展非参数持续时间分析，表明至少在最近十年（经济高速增长）中，在贫困中生活的可能性低于在非贫困中生活的可能性，重新陷入贫困的可能性高于在非贫困中生活的可能性。Chen等（2019）分别使用Alkire-Foster方法和多层次建模技术来检验多维贫困和多层次因素，发现台湾四个地区的多维贫困状况截然不同，且微观层次的因素（包括年龄、社会经济地位、婚姻状况、家庭收入和家庭规模）和宏观层次（城市化水平和服务业与制造业的比例）的因素与多维贫困水平显著相关。

综上，关于贫困发生原因确实存在着致贫因子多元化因素，如自然、制度、结构等外在因素在很大程度上影响着贫困的形成，但若仅仅强调这些因素，并不利于反贫困问题的最终解决。这是由于摆脱贫困和陷入贫困的影响因素并不相同。个体处于大环境中，个体的行为既受自身特征的影响，也受其所处环境的影响。一个社区的社会经济和政治资源可能与一个更大的社区系统内的邻近社区相联系，这可能反过来导致各个社区个体结果的结构分化为不同的空间模式。但上述的单层统计回归，如OLS最小二乘法回归、多元线性回归、地理加权回归（GWR）模型等，却只考虑了单一层面上的影响因素，即由个体自身特征对自身贫困产生的影响。

因此，很多研究者一直试图将个体效应（由个体自身特征所造成的变异）与组效应（也称背景效应、环境效应或池塘效应，表示由个体所处环境所造成的变异）区分开来。在影响因素的研究中引入多层线性回归模型，用于校正个体观察间的邻域内相关性，从而调整标准误差，对个体和邻域水平的预测变量进行有效的估计。但这些研究仅仅从人口-社区层面基于人口学特征考虑影响变量，尚少考虑生态环境变量及不同层级影响因素之间的交互作用。

2.5.3 基于多层回归模型的贫困影响因素探测

在多层回归模型的建模发展方面，国内外很多学者从模型本身出发对多层回归模型进行阐述分析和改进（Chakraborty et al., 2019；Guanpeng Dong et al., 2019；Hyungsik et al., 2018；Schmid et al., 2000；Wang et al., 2020；Yang, 2015）。例如，雷雳等（2002）对多层线性模型的理论缘起、应用范围以及应用原理进行了阐述，在指出经典统计技术处理多层数据结构上的局限的同时，表明了多层线性模型在研究多层嵌套数据方面的优越性，并指出多层线性模型仍以线性和正态假设为基础的局限性。刘红云等（2002）从多层线性模型的基本假设入手，较为系统地介绍了模型参数估计和假设检验的方法，并通过具体例子将多层线性模型和传统回归分析方法相比，进一步说明了其在分析具有层次结构数据时的优越性。Tate（2004）基于分层线性模型（HLM）和分层广义线性模型（HGLM）的结果描述通常不完整的问题，分别针对两层和三层 HLM 和 HGLM 关系描述和说明了所需的过程，以完整描述最终的交互模型。Gelman（2006）指出多层建模是一种越来越流行的用于建模层次结构数据的方法，在预测准确性方面优于经典回归，且多层建模能够分别估计单个预测变量的预测效果及其组水平均值的能力，这些能力有时被解释为预测变量的"直接"和"上下文"效应。Lee（2012）指出双层次广义线性模型（DHGLM）允许针对随机效应的方差和残差方差使用随机效应模型，展示了如何使用该通用模型类进行数据分析，并讨论了如何使用可能性和各种模型检查图来选择最佳拟合模型。Loy 等（2014）指出分层线性模型缺乏诊断程序的可用性的不足限制了其在统计实践中的采用，R 包 HLMdiag 提供了针对连续响应分层线性模型的所有方面和级别的诊断工具，这些模型具有严格嵌套的依存结构，可以使用 lme4 包中的 lmer（）函数进行拟合，并讨论了在 HLMdiag 中实现的用于残差和影响分析的工具。董冠鹏等（2015）将空间依赖效应纳入传统多层线性回归模型中，开发了一种空间随机效率多层回归模型以解决同一区域内个体之间的组内依赖性以及区域间的空间依赖性问题。赵芸等（2019）针对传统多元线性回归（multiple linear regression，MLR）分析在处理大数据，特别是具有层次结构的数据时，提出了基于层次结构数据的偏回归系数计算模型，从理论研究和实际数据试验验证了在计算回归系数时，新模型不但与传统 MLR 模型具有等效性并且能有效解决隐私数据的保护问题，实现计算的并行处理，提高了大数据处理能力。

在多层回归模型的应用方面，国内外很多学者利用多层回归模型进行了不同领域的研究（何深静等，2016；蒋丽等，2017；Juan et al.，2007；Skerdi et al.，2018；尹超英等，2018；赵必华等，2019）。例如，张娜（2018）利用中国健康与养老追踪调查 2011～2012 年的基线调查数据，运用多层回归模型，从个人层次和社区层次上分析了农村老年人获得家庭照料的影响因素。Ren 等（2018）采用多层回归模型从连片贫困特区尺度和县级尺度两个水平探测贫困县的贫困动态。胡涤非等（2019）利用全国性的调查数据建立多层线性模型进行跨层级分析，从集体层次和个人层次剖析了在特定的社会关系中驱动个人慈善参与的影响因素，并揭示了集体层次的解释变量对个体层次解释变量的差异性影响。

而在致贫因素日益呈现多元化的情况下，已有相关研究证明致贫因素不但存在个体效应（由个体自身特征所造成的变异），还存在个体所处的背景效应（也称组效应或池塘效应，即由个体所处环境所造成的变异），即致贫因素来自多个尺度（Ma et al.，2018；Park and Nam，2018；Wang et al.，2019；梁晨霞等，2019；Jiang et al.，2020）。多尺度上的致贫因素研究多数采用多层线性回归模型来实现。多个学者考虑到贫困地区的经济、社会、生态环境等背景因素可能会对其贫困产生间接影响，于是引入多层线性回归模型，试图将贫困个体自身因素影响与周围环境影响区分开来进行探索（Ibrahim et al.，2016；Cao et al.，2016；Ward，2016；Kim et al.，2016；Ren et al.，2017）。

黎洁（2009）利用分层模型探究影响西部山区农户贫困脆弱性的因素；何深静等（2014）建立多层模型分析中国大城市居民的贫困现象及影响因素；梁凡等（2018）基于秦巴山区 40 个村庄 638 户农户的调查数据，在对农户的贫困脆弱性水平测度的基础上，运用分层线性模型探测了户–村尺度上资源禀赋对农户贫困脆弱性的影响；梁晨霞等

（2019）以乌蒙山片区为研究区域、以贫困村为研究对象，运用多层线性回归模型从村-县两个尺度综合定量剖析了贫困影响因素；高军波等（2019）基于分层线性模型和多维贫困数据，从户-村-县三级尺度研究了河南省及其平原、丘陵、山地三种地理环境下农户致贫因素的尺度差异及作用机理。在国外研究中，Chen等（2015）利用此模型以家庭因素作为个体效应、区域级因素作为背景效应探究了台湾家庭贫困的影响因素；Ren等（2017）利用此模型将县级因素作为个体效应、片区因素作为背景效应探究了中国连片贫困地区县级贫困发生率的影响因素；Wang等（2019）利用此模型以村级因素作为个体效应、县级因素作为背景效应探究了中国武陵山片区的致贫因素；Jiang等（2020）利用此模型以户级因素作为个体效应、村级和镇级因素作为背景效应探究了云南省福贡县在多尺度上的致贫因素及其交互作用机制。总体来讲，以贫困户为研究对象，基于户级微观尺度的多层级定量探测研究相对宏观尺度较少。

尽管传统多层线性回归模型在被不断改进，并广泛应用于多个领域以探测具有嵌套结构数据的多水平上的影响因素，并且也适用于具有嵌套结构数据的致贫因素探测领域。但实际上，多层模型和单层空间回归分别存在一定的局限性：①多层线性模型仅使用分层设置考虑个体效应和背景效应的影响，但未考虑潜在的邻域相关性，这可能导致邻域效应统计意义的夸大；由于不能解决空间依赖性问题，其被认为是非空间和不现实的。②单层空间回归只考虑到研究对象由于地理位置而产生的空间分布不均衡性和区域性，而未考虑到环境对自变量影响产生的变异。有相关研究表明，贫困状态可能会存在空间效应，即贫困的发生会受到区域内其他空间上相邻的对象发展程度的辐射影响而产生空间上的聚集现象，同时这些影响会随着贫困对象之间的空间临近距离不同呈现出减贫发展程度不同的异质性，这种空间效应可能会对致贫因素的探测产生一定的影响（毛婧瑶等，2016；文琦等，2018；武鹏等，2018；Wu et al.，2019；梁晨霞等，2019；苏世亮，2019）。

显然，在此情况下，基于传统多层线性回归模型的致贫因素探测研究，由于忽略了空间效应（空间依赖性和空间异质性），其结果的科学性和可靠性需要进一步商榷。因此为了更加准确地锁定致贫因素，有人尝试将多层模型与空间模型的优势结合，构建新的数学模型。例如，Chen和Truong（2012）在地区肥胖的研究中开发了带有地理加权回归的多层模型；Xu（2015）在儿童死亡率的实验中比较了以二值结果为因变量的空间模型和多层回归模型，发现和二者的混合模型相比，两个模型都高估了变量的相关随机效应。但在致贫分析的相关研究中，由于研究对象影响因素的复杂性，虽然多层线性回归模型考虑到多尺度背景效应的影响，但是未顾及空间因素，无法处理空间效应。例如，Dong等（2015）提出HSAR模型并用地价数据进行验证；李丽辉等（2018）对贝叶斯空间计量模型在理论及应用方面进行总结；滕德雄（2016）构建了基于贝叶斯的空间多层线性回归模型并揭示了不同层次空间相关对经济现象的影响等。

但整体来说，综合考虑空间依赖性和背景效应的空间多层回归模型的研究尚少见到，现有文献的方法也很难直接借鉴应用。因此，有必要开发新的多层空间分析模型，系统挖掘致贫机理。另外，由于受到数据获取的限制，在已有的相关致贫因素的定量研究中，尚少将行政村或农户作为研究单元。然而，农户和行政村作为中国最小的空间行政单元和社会单元扶贫对象，相对于其他较大较宏观的县级或省级行政尺度，其政策的实施对区域脱贫的影响更为直接和有效。例如，以贫困户作为研究单元，不但能够更准确地捕捉贫困特征，还更有助于相关部门进行精准帮扶、因户施策（何仁伟等，2019；侯亚景等，2017）。此外，大多数相关贫困研究只涉及截面数据的致贫因素探测，较少有研究探测致贫因素在时序系列上的变化情况（陈在余等，2017；乔家君等，2014；Ren et al.，2018）。因此，有必要对传统多层线性回归模型进行改进，并将其与面板模型相结合，使其不但能更准确地从多尺度解析贫困对象的致贫因素，也能够探测出致贫因素和作用机制随时间的演化情况。

2.5.4 贫困驱动类型划分

扶贫开发工作的成效不仅要考虑到扶贫开发工作的有效性，还必须把握扶贫开发工作的针对性，做到精准施策，这也正是"精准扶贫"政策的内在要求。因此，开展扶贫开发工作时必须将具有不同特征的贫困个体区分，即进行贫困分类（邓维杰，2013）。同时，基于不同地理空间尺度（如行政尺度）实施不同的扶贫政策（刘慧，2016）。

贫困驱动类型划分主要基于定性和定量两种方式。定性的方法，如任晓东（2010）以人地关系理论为基础，分析地貌与贫困的关系并划分贫困类型；黄开腾（2018）从政策角度将贫困驱动类型划分为收入型贫困和支出型贫困。在定性的基础上，学者结合中国实际，加入定量的研究方法来对贫困驱动类型进行划分。谢玲等（2017）利用分级和聚类方法对西南地区贫困乡村地域类型进行划分；刘艳华等（2015）将多维贫困县按扶贫相似性进行类型划分；赵显蕊（2015）结合村庄发展差异因素构建村庄评价标准，对村庄进行分类；朱姝等（2018）建立了脱贫潜力评价指标体系，划分脱贫潜力类型。

总而言之，对贫困驱动类型划分的方法逐步从定性分析转向定量探测，分析方法不断丰富，贫困驱动类型划分也更加多样化和具有针对性。但是这些方法大多是从单一尺度角度进行划分，基于多尺度划分贫困驱动类型的案例尚未见到。

2.6 多尺度贫困时空分异分析的研究进展

2.6.1 贫困时空分异的研究方法

贫困空间分异的研究方法上，已有学者大都采用传统的 Moran's I 指数、基尼系数和泰尔指数等传统探索性空间分析方法来分析贫困的空间分布特征（王艳慧等，2013；孙林等，2016；陈烨烽等 2016；Dadashpoor and Khalighi，2016；Bhatti et al.，2016；Reinhold et al.，2016）。但作为研究地理空间单元之间分布关联的核心理论方法之一，传统的 Moran's I 指数只适用于空间特性分析，但大量贫困数据不仅仅包含空间维度特征，还同时包含时间维度特征，因此对空间相关性分析方法进行时间维度的拓展是十分必要的。

同时，传统的基尼系数和泰尔指数都不能描述子样本的分布状况，不能有效解决样本之间的交叉重叠问题，也难以揭示贫困地区差距的来源。从样本时期跨度上，已有研究的时期跨度较短，也无法展示贫困地区差异的动态演变态势。随着贫困空间分布研究的深入，以截面数据为基础的空间分布特征已经不能满足乡村振兴战略的实施要求，更需要从时间维度和空间维度综合把握贫困的分布特征。例如，郑长德和单德朋（2016）分别从风险与机会视角对多维贫困和各贫困维度的时空演变与结构变迁特征进行分析；邱雨菲（2019）运用标准差、变异系数、探索性空间分析方法及重心转移轨迹模型等方法从多个角度分析了中国农村贫困人口分布的时空演变特征。但这些研究对时空数据分析方法的应用存在不足，仍以传统的 Moran's I 指数、核密度统计、Getis-Ord G* 统计等方法进行时间维度上的描述性分析为主。在贫困空间分析中引入时空地统计学方法，实现在时间维度上的扩展是十分必要的。相关研究中，陈绍宽等（2013）、代侦勇等（2014）、许剑辉等（2014）分别基于时空 Moran's I 指数分析了道路交通状态、降雨量、雪灾的时空演变特征；夏四友等（2018）基于 LISA 时间路径、LISA 时空跃迁分析了喀斯特生态脆弱区贫困化的时空动态特征，上述时空统计模型能够定量揭示贫困的时空分布格局，但是在贫困空间分析领域的应用存在明显不足。

2.6.2 贫困时空分布的动态演进

在贫困时空分布的动态演进方面，相关研究在县级尺度上围绕贫困县交通优势度（谯博文和王艳慧，2014）、农村基本公共服务（迟瑶和王艳慧，2015）、资源环境综合承载力（宁方馨和王艳慧，2016）等研究专题选择三个时间节点进行了综合评价并对比分析了不同年份的发展差异，但没有较好地定量揭示时间轴上的动态演进特征。而很多区域经济和社会文化发展方面的研究采用马尔可夫链揭示研究主体时间轴上的发展变化规律。马尔可夫链是一种时间和状态均为离散的马尔可夫过程，通过构造马尔可夫转移矩阵，描述各区域经济发展水平分布的动态演进特征。虽然传统的马尔可夫链方法能够分析各区域趋同（分异）的演变特征，但存在一个问题：其往往将不同区域视为"孤岛"，忽视了区域之间的相互作用。

因此，部分学者将空间因素加入模型中，利用空间马尔可夫链进行演化分析和预测。例如，薛亮（2014）基于空间马尔可夫链对关中地区经济水平时空演变规律进行了分析；周丽和谢舒蕾（2016）通过空间马尔可夫链对四川省的农村经济发展水平进行了分析；赵一哲和赵慧珍（2015）基于马尔可夫链对陕西省县域金融效率的时空演变特征进行了分析。空间马尔可夫链建模框架还被应用于制造、金融、环保等领域（张爱真，2011；王贝贝等，2016；岳彩军，2018）。

但上述这些绝大多数相关研究都是以省级或地级市作为研究对象，对更细化的地域单元的研究较少。在精准扶贫的战略背景下，需要更加精细尺度的时空分析来揭示农户、行政村、县域减贫与发展的时空演变过程及演变模式。

2.6.3 贫困时空分布的多尺度分析

尺度效应是造成空间分析结果不确定性的重要原因之一。对于空间分辨率来说，过粗或者过细的粒度都不利于得出合理、科学的评价结论。相关自然科学领域及人文社会科学领域人口、GDP等方面的研究已经表明：空间相关的模型、方法具有明显的空间尺度敏感性，而区域经济发展不平等特征对空间尺度也高度敏感，但目前国内外空间贫困领域的相关研究尚不多见。

在贫困度量及其影响因素的尺度作用机制方面，由于数据获取及扶贫机制的限制，大部分学者以局部地州或县市为基本单元，分析了经济贫困与脆弱生态环境的相关性及生态贫困的发生机制，并从实证的角度建立生态贫困影响因素测度指标体系框架，对研究区生态贫困的影响因素及形成机制进行分析，但并没有进行影响因素的尺度效应分析。而针对连片特困区的交通优势度与经济发展的协同水平（谯博文和王艳慧，2014）、生态环境质量与经济发展水平的耦合协调水平（王艳慧和李静怡；2015）、生态环境脆弱性与经济发展的协调水平（曹诗颂等，2016），相关研究分别在片区-省-市-县尺度上进行了定量统计，但这些分析仅限于单一行政尺度的独立度量和比对，均未进行跨尺度分析，也没有考虑时间轴的尺度分异演变特征。对贫困空间尺度效应及贫困影响因素的尺度作用机制较少涉及，而这方面的研究对辅助不同层级政府认清贫困机理、制定扶贫策略、优化配置各方扶贫资源是至关重要的。

2.7 本章小结

本章系统分析了空间贫困视角下的多尺度农村贫困测度及其时空分异特征的研究现状。可以看出过去一段时间内减贫与可持续发展的相关研究整体上呈现以下特点。

从研究尺度和研究对象来看，国外研究涵盖了大、中、小尺度，基本做到了宏观与微观相结合。相对于国际上贫困研究体现出的"多维化、空间化、精确化"趋势，国内虽然县域、市域、省域等较大尺度上的研究已经相对较多，但对更细化的微观地域单元的研究较少。由于数据的相对匮乏，以点带面的抽样研究难以客观真实地反映贫困群体的多维多尺度贫困特征及其分布格局。尤其是面对以行政村作为评价单元的微观贫困度量及致贫因素分析案例仍大多是从社会学领域基于特定研究区的小范围田野调查方式，所讨论的致贫因素更多的是定性的或半定量的描述，缺乏针对各维度尤其是地理环境维度致贫机理的深入探测。面向国家"整村推进"全面脱贫战略层需求的区域贫困区划研究仍缺少基于微观区域致贫因素的全局计量分类，更缺少县-村-农户的多尺度空间贫困特征、贫困格局分布、贫困机理的度量和分析。

从研究内容来看，国外学者高度认可了区域贫困和人口贫困研究的必要性。对贫困的评估、驱动因素及适应性应对措施进行了深入研究，并做到了理论探讨与实证研究相结合，其概念的引入、学科的交融、方法的尝试、案例的运用都对我国的同类研究具有很好的借鉴和参考意义。国内研究突出了国外理论的本土化应用性研究，基于规范研究的实践总结较少。从单一尺度的贫困的成因、反贫对策等角度出发的研究成果已经初步形成体系，但尚缺少一套权威的表征农户-村-县多尺度贫困的指标体系和定量评价方法。不同尺度上地理环境影响因素的作用方向和作用强度未知，不同尺度间影响因素的交互作用不知。在致贫因素日益多元化的情况下，深入研究多尺度空间贫困陷阱机理，分析探索微观、中观和宏观多个尺度层面的贫困动态传导机理，探寻走出空间贫困陷阱的突破口，是新十年扶贫开发与区域发展过程中亟待解决的新问题，多尺度的贫困测量、致贫原因、致贫机理以及反贫困策略途径研究等都需要系统地加强。

研究方法上，国内外学者大都采用多学科方法联合研究，既有单纯描述与建模，也有实证测度。虽然多维贫困理论框架基本成型，但国内的相关研究大多还停留在理论探讨或对国外已有方法的小区域范围实验应用阶段，空间贫困视角下的农户-村-县多维贫困分析框架需要整理和继续完善；与中国精准脱贫、全面脱贫战略相适应的多尺度贫困测度指标体系需要继续修正和完善；对应的多维贫困测度方法需要适应贫困的相对动态性和界限模糊性本质，响应指标、权重、集成等方面的客观性、稳健性、精准性等诉求。贫困的时空分异规律和尺度效应探测方法需要进一步挖掘，更需要发展和完善多尺度贫困影响因素及其时空作用机制的定量探测方法。

从研究视角与研究方法相结合来看，贫困多维度多尺度测量还难以看出系统的动态变化及各个系统独特的作用机理。学者们研究较多的是对这种空间贫困视角的定性理论描述以及个案的观察与测量，多维空间贫困测度与分析研究的整体性和系统性还不够充分。基于空间视角或多维角度对贫困的空间动态特征及演进进行的研究还处于初级阶段。

因此，本书针对国家"精准扶贫"战略对农户-村-县的多维多尺度贫困精准度量的需求，研究空间贫困视角下的农村多尺度贫困度量及其影响因素作用机制探测的关键技术。从实用性的角度服务于贫困对象的精确瞄准和贫困特征的全面把握，提升各级政府部门规划评估扶贫举措的决策能力。

3 贫困人口测算及分析

传统的依据经济收入单一标准的识别方法，忽视了人们在住房、健康、教育等方面的贫困，且农户收入数据获取的真实性和可靠性受限（Labar and Bresson，2011；邹薇和方迎风，2011），已无法满足国家《中国农村扶贫开发纲要（2011—2020年）》精准扶贫的战略需求。在此背景下，将住房、健康、教育等指标纳入评价体系，从"能力贫困和权利贫困"的角度全面反映贫困并进行具体量化测算分析，逐渐成为国内外研究的热点。虽然多维贫困的研究已经取得很大成果，但仍有很多不足：多维贫困评价指标体系还不完整，没有统一标准，常因追求指标的"多""全"造成对研究区贫困的研究不深入；常用的每县120户的样本测算数据量较少，往往以点代面对抽样数据进行研究，使测算值和实际值之间存在误差，难以真实地反映贫困群体的贫困状况；此外，以往研究中所建立的贫困指标体系多以社会经济的某一方面或几方面为维度进行分析，且多从数据统计的角度切入，而很少从空间分布的角度对贫困进行深入研究，往往地理环境、地形地势等因素的不同也会在很大程度上导致贫困的不均匀分布。与传统的统计图表结果相对比，地理专题图能对贫困地区基础设施及扶贫政策的有效实施提供辅助性决策。

针对以上问题及《中国农村扶贫开发纲要（2011—2020年）》精准扶贫的战略要求，利用GIS空间分析方法结合RS数字影像处理技术，以河池市11个贫困县（区、县，简称县）贫困农户建档立卡数据为测算样本，尝试以农户为测算单元建立权利贫困视角下的住房、教育、健康、获得社会保障的能力贫困维度4个维度上的测算模型，并结合研究区地形地貌特征分析各县贫困程度及致贫因素，为精确瞄准贫困县域范围内的农村贫困人口及其分布、为后续扶贫资源优化配置及差异化扶贫决策提供瞄准贫困对象的前瞻性依据，从而实现国家全面建成小康社会背景下的扶贫人口"两不愁三保障"的脱贫目标。

3.1 研究区与数据

本书选择河池市作为研究区。河池市隶属于广西壮族自治区，曾是国家14个重点扶贫片区中滇桂黔石漠化片区的一部分，当时是一个集"老、少、边、山、穷、库"于一体的欠发达地区，位于广西壮族自治区西北边陲、云贵高原南麓，地处东经106°34′~109°09′、北纬23°41′~25°37′。东西长为228 km，南北宽为260 km，总面积为3.35万 km^2，总人口约为450万人，以壮族为主。少数民族人口约占总人口的83.67%。河池市以山区为主，地势西北高东南低，山脉多分布于边缘地带，市内地形多样，岩溶广布，石漠化土地面积达72.26万 hm^2，是我国严重的石漠化区和喀斯特地形破碎区。人口-资源-环境之间的矛盾突出。

河池市下辖金城、宜州①、罗城、巴马等 11 个县，其中 7 个县当时属于全国扶贫开发工作重点县，其他 4 个县为自治区级贫困县；少数民族自治县有 5 个；一级革命根据地县有 4 个（图 3-1）。针对该地区展开系统分析，不仅可为我国众多贫困地区的扶贫方法提供参考，而且对于减少顽固的连片贫困地区也具有借鉴意义。

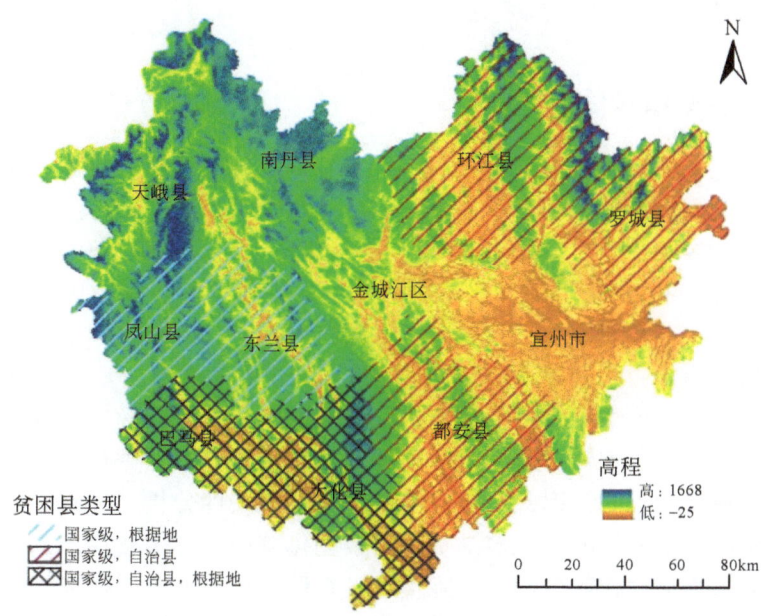

图 3-1　研究区范围

图例中"国家级"指该县属于国家级贫困县；"根据地"指该县属于一级革命根据地；"自治县"指少数民族自治县。宜州市于 2016 年 12 月 14 日改为宜州区

研究采用社会经济数据和基础地理数据，前者来自河池扶贫办公室提供的 2013 年贫困农户建档立卡数据和实际入户调研数据，数据包括农户的家庭成员信息、住房建材信息、生产状况、生活水平等信息，总计 1578 个村约 110 万人；基础地理数据是研究区 1∶25 万基础地理数据、全国 90m DEM 数据和研究区 2014~2015 年 Landsat 8 数字影像数据。数据使用前先进行预处理，对社会经济数据进行处理，形成数据矩阵；对空间地理数据进行坐标配准、图像校正、裁剪等预处理工作。

3.2　多维贫困研究方法

由于河池市贫困特征的复杂性，本研究在 Sen（2002）的权利贫困理论基础上，以国内外多维贫困指标测算体系为基础，结合研究区实际情况构建权利贫困视角下的多维贫困测算模型，创建多维贫困度量指标体系，以贫困农户为计算单元，以县为输出单元，利用"A-F"双临界值法与维度"加总–分解"对农户贫困特征及其致贫原因进行研究（Alkire

---

① 县级宜州市于 2016 年 12 月 14 日改为宜州区。

and Foster，2011；孙林等，2016）。利用空间地统计方法分析研究区的贫困空间集聚特征，利用泰尔指数对比不同分类体系下的贫困特征差异，客观揭示不同自然环境条件与差异化社会经济条件下的农户贫困特征。

3.2.1 多维贫困测算模型

3.2.1.1 多维指标体系的建立

面向《中国农村扶贫开发纲要（2011—2020 年）》对扶贫监测指标的需求，以入户调查数据为基础，依据指标是否科学、是否典型及获取的难易程度、与当地政策的相关性和可操作性等原则，参考各类研究学者提出的指标体系（Ravallion，2011；Lu，2012；王小林，Alkire，2011；王艳慧等，2013），从权利贫困的视角下契合《中国农村扶贫开发纲要（2011—2020 年）》中"不愁吃、不愁穿，保障其教育、住房与医疗"的扶贫、减贫需求，为建立的各项指标确立一条剥夺线（剥夺临界值），建立表3-1所示的河池市县级多维贫困测算指标体系，共4个维度、10项基础指标，将抽象的多维贫困测算转变为可以进行具体测算的指标体系。考虑到每个维度对贫困的作用大小不同，在进行多维贫困加总时应注意各维度和指标权重的不同，因此对研究数据进行了相关性分析、一致性检验等论证，结果显示在选择不同权重的情况下，多维贫困指数变化较小，属于较稳定的指数。此外，由于不同维度和多项指标的权重分配在国际上还没有形成统一的参考标准，研究结合研究区的实际状况，利用等分法和熵值法相结合，对各维度指标的权重进行赋值。

表3-1 多维贫困测算指标体系

维度	维度权重	基础指标	指标权重	剥夺临界值 Z	组合权重
住房条件	1/4	住房材料类型	1/4	砖木及钢筋混凝土结构不属危房，赋值为0，否则为1	1
健康状况	1/4	家庭成员健康	1/4	农户家庭成员中若有一个成员重病，赋值为1，否则为0	1
教育状况	1/4	成人是否为文盲	1/8	农户家庭成员中有一个成人为文盲，赋值为1，否则为0	0.681
		6～16岁学龄儿童入学率	1/8	农户家庭成员中有儿童失学，赋值为1，否则为0	0.319
生活条件	1/4	不安全饮水	1/24	浅井水、深井水、自来水为安全水，赋值为0，否则为1	0.102
		饮水困难	1/24	若农户饮水困难，赋值为1，否则为0	0.119
		卫生设施	1/24	农户有厕所为非贫困，赋值为0，否则为1	0.265
		通电情况	1/24	若农户通电，赋值为0，否则为1	0.132
		是否通广播	1/24	若农户通广播，赋值为0，否则为1	0.101
		燃料类型	1/24	若农户使用柴草、秸秆等非清洁燃料，赋值为1，否则为0	0.281

3.2.1.2 多维贫困测算方法

研究基于 Alkire 和 Foste（2011）提出的 A-F 双临界值法（剥夺临界值和贫困临界值）进行多维贫困测算。利用剥夺临界值确定农户的各项指标是否被剥夺，利用贫困临界值确定农户是否为多维贫困户。A-F 双临界值法在计算多维贫困指数（multidimensional poverty index，MPI）时可以概括为四步：单维度贫困的识别；多维度剥夺的识别；维度加总；维度分解。根据维度加总、分解，识别出农户被剥夺的可行能力，测算多维贫困发生率（H）、平均剥夺份额（A）、多维贫困指数（MPI）、指标贡献度（C）。测算步骤见图 3-2，具体变量释义见表 3-2。

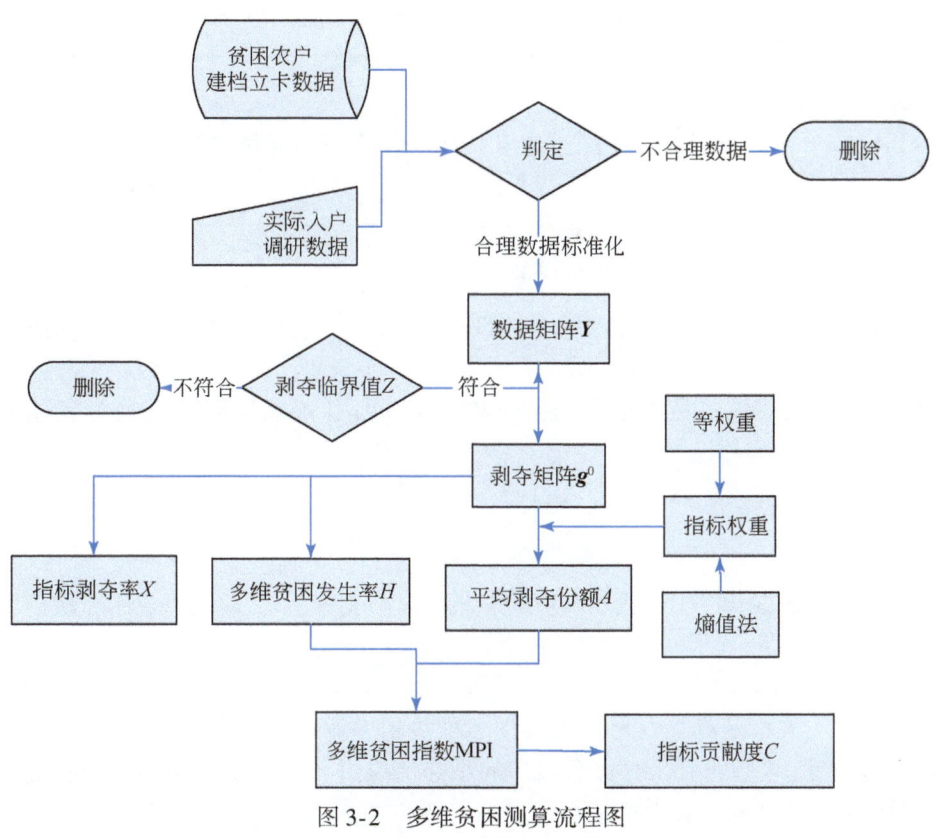

图 3-2　多维贫困测算流程图

表 3-2　具体变量释义表

变量名	释义
数据矩阵 Y	$Y(n×d)$ 用来存储农户个体的指标信息。n 表示测算个体数量，d 表示指标数量
剥夺矩阵 g^0	$g^0(n×d)$ 用来存储农户个体被剥夺的情况。如果农户在某一指标下是被剥夺的，赋值为 1，否则赋值为 0
剥夺临界值 Z	判断在某指标下农户是否贫困的指标临界值，判定为贫困户则称该指标被剥夺
贫困临界值 K	判断农户是否为多维贫困，农户被剥夺指标数量大于等于 K 则该农户为多维贫困

续表

变量名	释义
多维贫困发生率 H	多维贫困人口占研究区总人口的比例,计算公式为 $H = \dfrac{q}{n}$,其中,q 表示多维贫困人口,n 表示研究区总人口
平均剥夺份额 A	多维贫困人口平均被剥夺指标数量(含权重)$A = \dfrac{\sum_{i=1}^{n} c_i(k)}{q}$,其中,$c_i(k)$ 表示在贫困临界值为 K 的情况下个体 i 被剥夺的指标数量;q 表示多维贫困人口
多维贫困指数 MPI	描述某区域贫困程度的综合指标,计算公式为 $\text{MPI} = H \times A$
指标贡献度 C	表示某指标对 MPI 的贡献程度,计算公式为 $C = \dfrac{w_i CH_i}{\text{MPI}} \ast 100$,其中 CH_i 表示指标 i 被剥夺的人口率,w_i 表示指标 i 的权重
指标剥夺率 X	某一指标被剥夺人数占总人口百分比

(1)单维度贫困的识别

以户为研究单元,根据表 1 中的维度和指标,建立观测矩阵 $\boldsymbol{X}$:

$$\boldsymbol{X} = \begin{pmatrix} X_{11} & \cdots & X_{1d} \\ \cdots & X_{ij} & \cdots \\ X_{n1} & \cdots & X_{nd} \end{pmatrix} \tag{3-1}$$

矩阵每一行代表一户的信息,每一列代表一个维度,所以 X_{ij} 代表第 i 户的第 j 维度状况,$i = 1, 2, \cdots, n$,$j = 1, 2, \cdots, d$。

设 $Z_j(Z_j > 0)$ 为维度的贫困临界值,即贫困线。利用 Z_j 将矩阵 $\boldsymbol{X}$ 转换为剥夺矩阵 $\boldsymbol{g}^0$。

$$\boldsymbol{g}^0 = \begin{pmatrix} g_{11}^0 & \cdots & g_{1d}^0 \\ \cdots & g_{ij}^0 & \cdots \\ g_{n1}^0 & \cdots & g_{nd}^0 \end{pmatrix} \tag{3-2}$$

若 $X_{ij} > Z_j$,则 g_{ij}^0 赋值为 0,表示 i 户的 j 维度未被剥夺;若 $X_{ij} < Z_j$,则 g_{ij}^0 赋值为 1,表示 i 户的 j 维度被剥夺。

(2)多度维度剥夺的识别

剥夺临界值(K)是对某农户是否属于多维贫困进行判断的临界值。

在剥夺矩阵 $\boldsymbol{g}^0$ 的基础上,对每个农户的剥夺情况进行计数求和为 h_i,若 $h_i > k$,则农户 i 为多维贫困户,反之不是多维贫困户。最终获得调整剥夺矩阵 $\boldsymbol{g}^0(k)$:

$$\boldsymbol{g}^0(k) = \begin{pmatrix} g_{11}^0(k) & \cdots & g_{1d}^0(k) \\ \cdots & g_{ij}^0(k) & \cdots \\ g_{n1}^0(k) & \cdots & g_{nd}^0(k) \end{pmatrix} \tag{3-3}$$

(3)维度加总

多维贫困发生率定义为 H,则:

$$H = q/n \tag{3-4}$$

式中,q 为多维贫困户数;n 为地区总户数。

平均剥夺份额定以为 A,则:

$$A = \frac{\sum_{i=1}^{n} c_i(k)}{q} = \frac{\sum_{i=1}^{n} c_i(k)}{dq} \qquad (3-5)$$

由此可得每个村多维贫困指数 MPI：

$$\mathrm{MPI} = H \times A \qquad (3-6)$$

（4）维度分解

设两个维度 W_1 和 W_2 所包含的指标个数分别为 F_1 和 F_2，那么多维贫困指数 MPI 可以表示为两个维度多维贫困指数的加权平均值：

$$\mathrm{MPI}(W) = \frac{F_1}{F}\mathrm{MPI}(W_1) + \frac{F_2}{F}\mathrm{MPI}(W_2) \qquad (3-7)$$

按照式（3-7）对多维贫困指数 MPI 进行分解，得到指标贡献度 C_i 为

$$C_i = \frac{\frac{F_i}{F}\mathrm{MPI}(W_i)}{\mathrm{MPI}(W)} \qquad (3-8)$$

同理，可计算出各地区的贡献度。

3.2.2 研究区贫困聚集特征分析方法

空间自相关是对于一个变量而言的，指一个变量处在不同空间位置上的相关性，表示空间单元属性值聚集程度。常用的自相关指标有全局 Moran's I 指数和局部 G 系数。全局 Moran's I 指数对聚集区中心的识别较准确，而局部 G 系数则对聚集区域探测较准确。为了准确反映贫困的空间聚集状况，本书采用结合两种指标的方式及贫困指标模糊值法对研究区贫困空间分布特征进行研究。

模糊贫困指数计算公式如下所示。

$$I_i = \frac{\sum_{j=1}^{n} U(C_{ij})^* X_j}{\sum_{i=1}^{n} X_i} \qquad (3-9)$$

式中，X_i 代表空间单元 i 的属性值，即某区县贫困指标测算值；C_{ij} 为空间单元 i 和 j 之间的影响程度；n 代表研究区域行政单元的个数。如果 I_i 为正数，表示该空间单元的属性值与相邻单元的属性值相似；若为负数，则表示两相邻单元属性值不相似。

局部 G 系数是基于距离权重矩阵的局部空间自相关指标，能探测出高值聚集和低值聚集，计算公式为式（3-11），标准化公式为式（3-12）：

$$G_i^* = \frac{\sum_{j}^{n} W_{ij} x_j}{\sum_{j}^{n} x_j} \qquad (3-10)$$

$$Z(G_i^*) = \frac{G_i^* - E(G_i^*)}{\sqrt{\mathrm{VAR}(G_i^*)}} \qquad (3-11)$$

式中，W_{ij} 表示单元 i 和 j 之间距离权重的大小。正值 $Z(G_i^*)$ 越显著，表示与第 i 单元邻近的单元的观测值越高，为较大值集聚的区域；负值 $Z(G_i^*)$ 越显著，表示与第 i 单元邻近的单元的观测值越低，为较小值集聚的区域。$E(G_i^*)$ 表示 G_i^* 的理论期望；$VAR(G_i^*)$ 表示 G_i^* 的理论方差。

3.2.3 研究区多维贫困差异分析方法

根据河池市现状，将 11 个县分类，进行类间、类内差异分析，研究相同区域不同类型对贫困的影响。与基尼系数、变异系数等差异分析法相比，泰尔指数模型可将研究区域的总差异分解为区域间差异和区域内差异，能更好地揭示不同类型县际间的差距或不平等度。故本书利用各项综合指标对 Gini 系数和泰尔指数进行配置，并利用泰尔指数的可分解性，分别测算不同贫困指标下的总差异（$T_{总}$）、区域间差异（$T_{间}$）、区域内差异（$T_{内}$），计算公式如式（3-12）~式（3-15）所示。

$$\text{Gini 系数公式：} G = \sum_{i=1}^{n} P_i Y_i + 2 \sum_{i=1}^{n-1} P_i (1 - V_i) - 1 \tag{3-12}$$

$$\text{区域总差异：} T_{总} = T_{间} + T_{内} \tag{3-13}$$

$$\text{区域间差异：} T_{间} = \sum_{i=1}^{n} Y_i \log \frac{Y_i}{P_i} \tag{3-14}$$

$$\text{区域内差异：} T_{内} = \sum_{i=1}^{n} Y_i \left(\sum_j Y_{ij} \log \frac{Y_{ij}}{P_{ij}} \right) \tag{3-15}$$

式中，n 表示对研究区各县进行分类后最终的总类数；Y_i 代表某项基础指标所属的第 i 类对应的各个县的加和总数占整个研究区该项基础指标总和的比例；P_i 代表某一类多维贫困人口总数占整个研究范围内多维贫困人口总数的份额；P_{ij} 表示某一个县的多维贫困人口总数占该类型县的多维贫困人口总数的份额；Y_{ij} 表示某项基础指标在第 i 类县中的第 j 个县总的份额占该类型县总份额的比例。泰尔指数 T 的值越大，代表各项贫困特征之间的差异越大；泰尔指数 T 的值越小，代表各项贫困特征之间的差异也越小。

3.3 研究区县级测算结果分析

根据前面所述方法，测算得到河池市各项综合贫困指数，即多维贫困发生率（H）、平均剥夺份额（A）、多维贫困综合指数（MPI），在各项综合贫困指数及各指标贡献度的基础上对河池市的多维贫困特征进行深入分析，利用统计学中的统计分析方法、地理学中的空间聚集分析方法及差异化分析等准确分析河池市各县的贫困结构特征和贫困分异特征。

3.3.1 研究区县级多维贫困特征整体分析

K 是用来判断是否为多维贫困的临界值，K 值的大小表示农户指标被剥夺的数量，

K 值大小不同,农户贫困差异很大,各项指标的剥夺率也会呈现不同的变化趋势,本书有 10 项基础指标,故 K 可取 1~10。测算出不同 K 值下研究区 H、MPI、A 值的变化情况并进行贫困特征分析,选出合理的 K 值,再根据各项指标贡献度对农户致贫因素进行分析。

3.3.1.1 多维贫困特征

如表 3-3 所示,从左到右依次为 MPI、A、H,分别表示测算对象的贫困程度、贫困深度和贫困强度,后面各项为基础指标对整体贫困的贡献度。随着 K 的增加,H 和 MPI 呈现减小趋势。当 $K=9$ 时,H 和 MPI 为 0,表明研究区不存在超过 9 项基础指标都被剥夺的极端贫困县。

表 3-3 研究区不同 K 值各项贫困基础表征指标及贡献度测算结果

K	多维贫困基础表征指标			指标贡献度								
	MPI	A	H	6~16岁学龄儿童入学	成人文盲	家庭健康	是否危房	饮水安全	饮水困难	卫生设施	燃料类型	是否通电	是否通广播
1	0.285	0.262	0.986	0.031	0.087	0.287	0.252	0.051	0.046	0.068	0.140	0.011	0.034
2	0.287	0.342	0.846	0.033	0.079	0.305	0.261	0.049	0.045	0.076	0.125	0.012	0.032
3	0.246	0.391	0.635	0.033	0.075	0.279	0.276	0.051	0.049	0.075	0.114	0.012	0.029
4	0.187	0.452	0.421	0.035	0.076	0.256	0.304	0.056	0.058	0.079	0.085	0.014	0.028
5	0.132	0.524	0.254	0.028	0.074	0.246	0.321	0.062	0.046	0.068	0.083	0.019	0.036
6	0.069	0.55	0.124	0.026	0.075	0.235	0.329	0.061	0.049	0.067	0.074	0.026	0.049
7	0.028	0.67	0.004	0.039	0.101	0.265	0.307	0.060	0.037	0.059	0.059	0.028	0.045
8	0.006	0.810	0.001	0.046	0.116	0.264	0.286	0.054	0.026	0.046	0.049	0.026	0.047
9	0	0.819	0	0.057	0.118	0.246	0.248	0.040	0.035	0.041	0.036	0.042	0.036
10	0	0.175	0	0.019	0.015	0.047	0.050	0	0	0	0	0	0

由表 3-3 可知,不同 K 值下 6~16 岁学龄儿童入学、饮水安全、饮水困难、卫生设施、通电和通广播的指标贡献度变化较小,表明 K 取不同值时农户的这几项指标被剥夺份额稳定。成人文盲指标贡献度在 $K\in[1, 6]$ 时较小,$K>6$ 时有增大趋势,表明受成人文盲指标影响的农户同时受其他至少 5 项指标影响,由于该类农户数量少,且低维贫困农户数量大,因而 K 取值小时,该指标贡献度低;燃料类型指标贡献度与成人文盲相反,表明受燃料类型指标影响的农户数量多。住房和家庭健康 2 项基础指标的贡献度都很大,但在不同 K 值下变化不大,始终维持在 30% 左右,表明 K 取低值时(即低维贫困),住房和家庭健康 2 项基础指标的农户数量所占比例较大;K 取高值时(即高维贫困),住房和家庭健康 2 项基础指标农户数量所占比例较小,说明处于高维贫困状态的农户,各项指标都很贫困。

综上,较小的 K 值,导致贫困指标对维度的覆盖不全面;较大的 K 值,导致过少的多维贫困农户数量,不能体现研究区贫困特征的整体状况。故书究沿用 UNDP(2011)设定的标准，把30%左右指标被剥夺的农户定义为贫困户。因此，下面对 $K=10/3\approx 4$ 时所测结果进行分析。

3.3.1.2 多维贫困程度

MPI（多维贫困综合指数）、A（平均剥夺份额）、H（多维贫困发生率），整体上分别标识了研究区贫困人口群体综合贫困状况、贫困深度、贫困个体多维贫困状况。具体来说，MPI可以反映不同个体或家庭在不同维度上的贫困程度，其取值越小，说明该个体或家庭贫困程度越低，相反则越高。A反映了贫困人口平均被剥夺程度，也可以判断农户是否在多方面陷入了贫困。A数值越大，说明所考察的农户群体的贫困指标越多，即这个群体在很多方面都陷入了贫困。H反映了研究区多维贫困人口占总人口的比例。

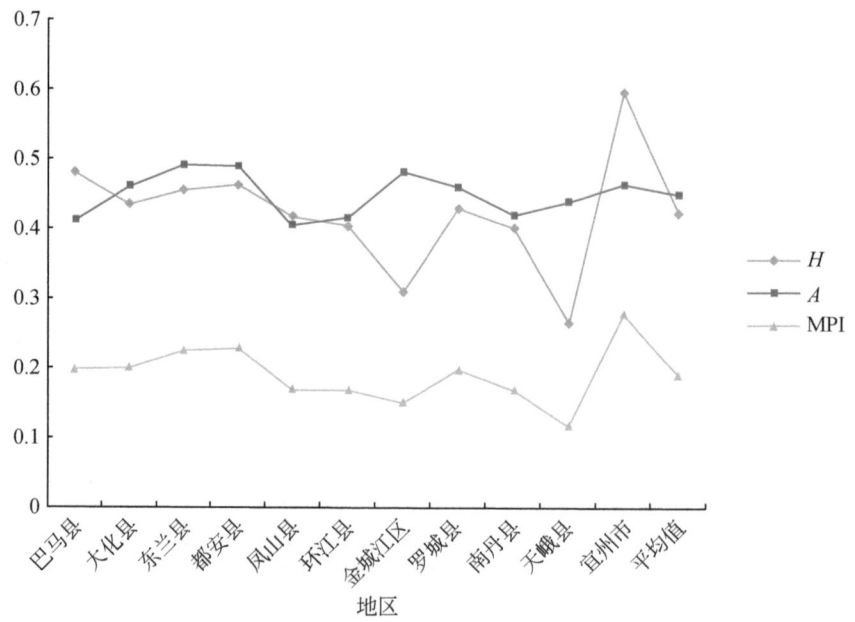

图3-3　$K=4$时研究区各县H、A、MPI值

如图3-3所示，在县级尺度上，MPI从大到小排名为：凤山>东兰>环江>罗城>巴马>都安>大化>南丹>天峨>宜州>金城江。研究区各县H的均值为0.42，最小值约为0.26，最大值约为0.60，均值、最小值、最大值差异较大，这些数值间的差异反映出多维贫困人口所占比例之间的较大差异。河池市11个县的A值均分布在0.40~0.50，平均值为0.45，不同县之间变化稳定，差异较小，反映了各县在贫困人口指标剥夺程度上的差异较小；从图中还可以看出，较高的H值往往伴随着高MPI值，表明贫困程度较严重的县，贫困人口所占比例也高。

根据MPI值的大小，借助ArcGIS等间隔分类法将研究区贫困县分为3类，如图3-4所示。从整体上看，MPI呈现"周边高中间低"的趋势，以金城江区为中心，周边地区贫困较严重，中心地区贫困程度较轻；其中凤山、东兰和环江属于重度贫困区，金城江区、宜州属于轻度贫困区。从南北方向看，北部贫困状况比南部严重；从东西方向看，西部贫困状况比东部严重。此外，少数民族自治县（环江、都安、罗城、大化、巴马）都属于中重度贫困区。

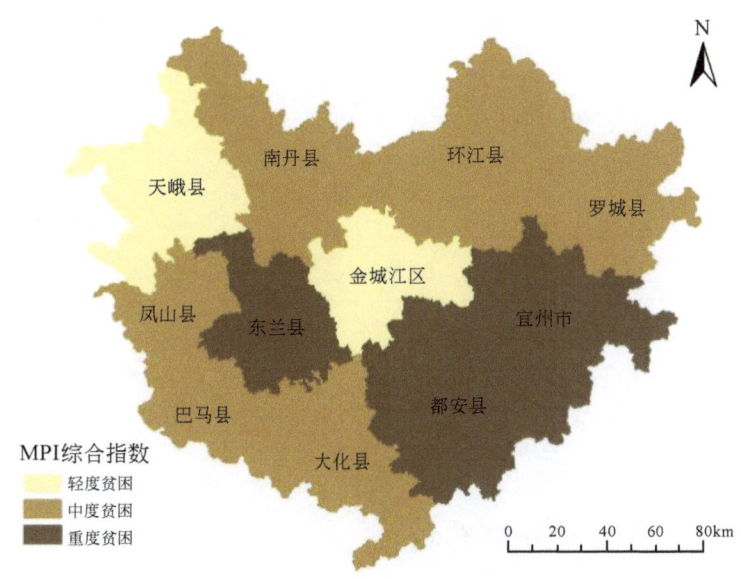

图 3-4　$K=4$ 时研究区的 MPI 分布状况

3.3.1.3　研究区多维度贫困致贫原因

河池市各县之间的 MPI 指数不同，同一个县内部的致贫因素也可能存在很大差异。通过对各个维度进行"分解"，得到各项基础指标对各县综合贫困指数的指标贡献度 C，计算出各项基础指标贡献度的平均值，并按由大到小排序，排序结果如表 3-4 所示，并将致贫因素排序结果分为主要、一般、次要三等。图 3-5 可以反映出各项基础指标贡献度的分布状况。

表 3-4　指标贡献度均值统计表

指标	主要致贫因素				一般致贫因素				次要致贫因素	
	是否危房	家庭健康	成人文盲	燃料类型	6~16岁学龄儿童	卫生设施	饮水安全	饮水困难	是否通广播	是否通电
均值	0.398	0.357	0.059	0.029	0.028	0.017	0.015	0.014	0.011	0.009

从表 3-4 和图 3-5 中可以看出，危房、家庭健康、成人文盲 3 项指标的贡献度明显较高，划分为主要致贫因素，危房指标贡献度多在 [0.3~0.4]，家庭健康指标贡献度多在 [0.2~0.3]，成人文盲指标贡献度多在 [0.05~0.15]，整体指标贡献度大小为：危房>家庭健康>成人文盲；燃料类型、6~16 岁学龄儿童、卫生设施、饮水安全、饮水困难五项指标贡献度多在 [0.05~0.1]，无显著差异，划分为一般致贫因素；通广播和通电两项指标多在 [0~0.05]，划分为次要致贫因素。

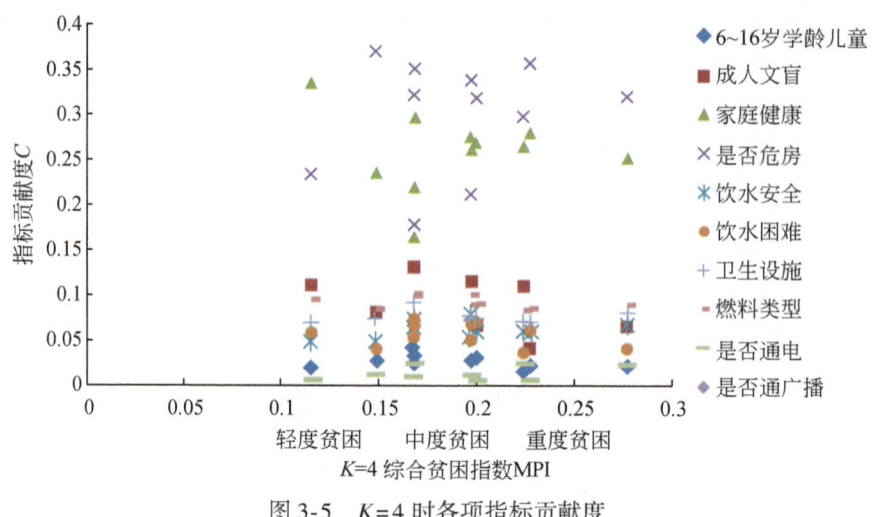

图 3-5　$K=4$ 时各项指标贡献度

3.3.2　多维贫困空间分布特征

为了研究河池市各县贫困状况空间分布格局，本节利用上述全局 Moran's I 指数和局部 G 系数对各项指标进行空间自相关测算。由于通电和通广播 2 项指标贡献率在各县贡献度基本为零，即在各县均匀分布，不存在空间集聚效应，故不对这 2 项指标进行测算。表 3-5 为其他指标测算后的结果。

表 3-5　贫困指标模糊值 I

贫困指标	H	A	MPI	6~16岁学龄儿童	成人文盲	家庭健康	是否危房	饮水安全	饮水困难	卫生设施	燃料类型
模糊值 I	0.139	0.055	0.102	0.076	0.302	0.037	0.105	0.135	0.387	0.076	0.136
Z	2.256	3.221	3.304	2.546	8.048	1.457	2.861	3.652	9.715	2.361	3.946
$P(\alpha)$	0.05	0.01	0.01	0.10	0.01	0.01	0.01	0.01	0.01	0.05	0.05

表中 $P(\alpha)$ 是标准化 Z 值计算得到的 P 值所通过的显著性水平检验，如 $P(\alpha)=0.05$，表示 P 值通过 $\alpha=0.05$ 的检验。从表中看出，除 6~16 岁学龄儿童入学率显著性较弱外，其余贫困指标均表现出较强的显著性。该指标显著性较弱的原因应在于中国政府实施的九年制义务教育在研究区各县均为统一标准，因此各县差异较小，空间集聚效应较弱。

全局 Moran's I 指数揭示了贫困指标整体空间集聚程度，而局部 G 系数则表现出空间集聚效应具体位置的分布。图 3-6 为各指标局部 G 系数测算结果，依据显著性水平将测算结果分为 5 类。

图 3-6(a)~图 3-6(c) 为 H、A、MPI 的局部 G 系数测算结果，在研究区中部、东南部 3 项指标均无显著的空间聚集，在西部则呈现显著的空间异质性，其中 H 与 MPI 在西部凤山、东兰、巴马存在显著高值聚集，A 与 MPI 则在中部和东南部存在较显著低值聚集，此外 A 值在南丹、罗城、大化存在显著高值聚集。表明河池市中部和东南部呈中等贫困程

3 贫困人口测算及分析

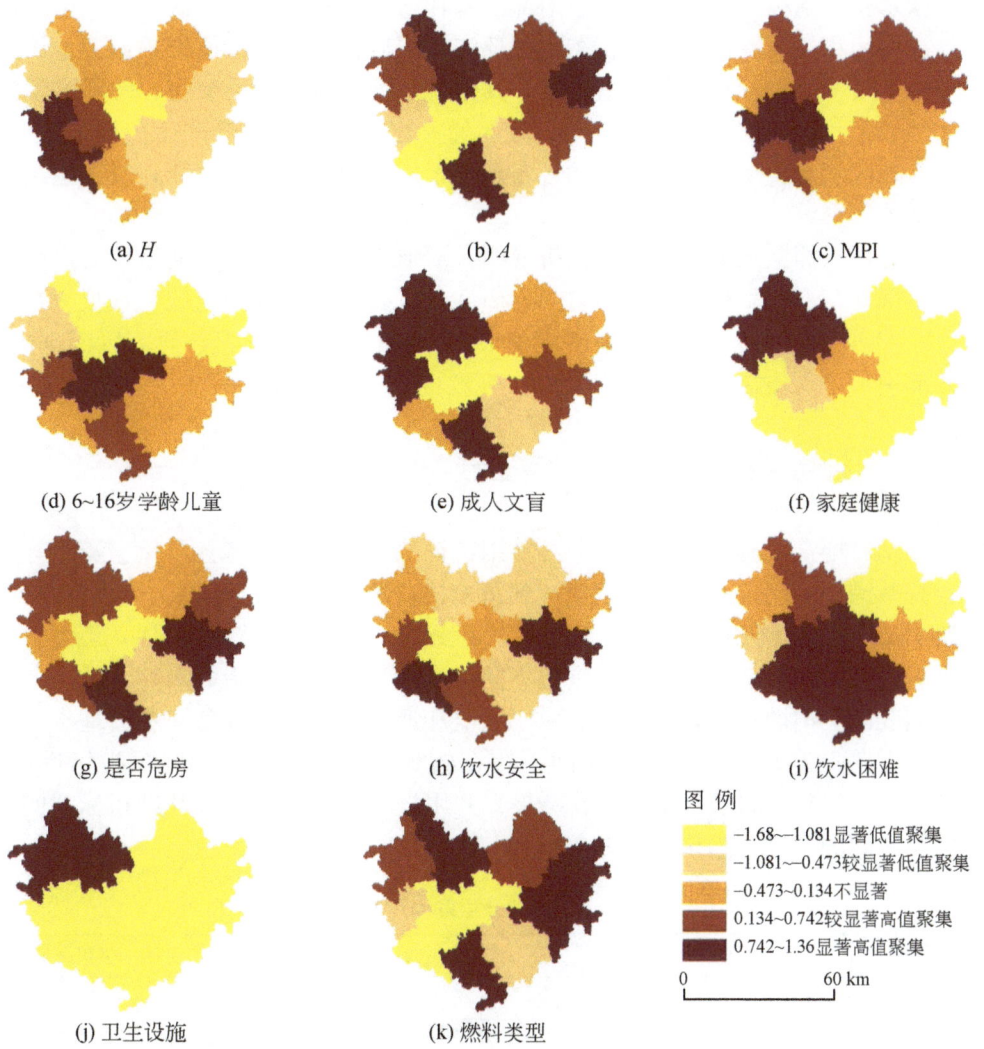

图 3-6 多维贫困指标局部 G 系数测算结果

度且各县单元间差异较小,西部凤山、北部南丹贫困程度较严重,中部及东南部地区贫困程度较轻。

图 3-6(d)、图 3-6(e) 为教育维度上基础指标贡献度的局部 G 系数测算结果,其中 6~16 岁学龄儿童指标贡献度在中部金城和东兰存在显著高值聚集,在边缘地区县存在低值聚集;成人文盲指标贡献度在南部大化存在高值聚集,在其他区县均为低值聚集,其中宜州为显著低值聚集。

图 3-6(f)、图 3-6(g) 为主要致贫因素的局部 G 系数测算结果,其中家庭健康指标贡献度在西北的天峨、南丹存在显著高值聚集,在其他区域为不显著低值聚集;住房指标贡献度在东部宜州和南部大化存在高值聚集,在中部及周边地区为低值聚集,尤其是中部的金城和东兰为显著低值聚集。

图 3-6(h)~图 3-6(k) 为生活条件维度上各项基础指标贡献度的局部 G 系数测算结

果，其中饮水安全指标在东部宜州、西南部巴马存在显著高值聚集；饮水困难指标在中部和南部存在大面积显著高值聚集，在东北部环江、罗城存在显著低值聚集；卫生设施指标在西北部的南丹、天峨存在显著高值聚集，其他区县均为显著低值聚集；燃料类型指标贡献度分散性较强，在东部的罗城、宜州，南部的大化和北部的南丹都存在显著高值聚集，尤其是北部地区燃料类型指标贡献度的分布范围很广，中部及西南大部燃料类型指标贡献度表现为低值集聚。

上述对各项指标空间分布状况的分析说明：河池市西部的贫困程度呈现出显著的集聚现象，而中部和东部则呈现出显著的空间异质性，主要是中东部的金城、宜州为较显著低值聚集，西部东兰、凤山、巴马为显著高值聚集；就致贫因素而言，研究区南部的大化、巴马，北部南丹呈现出显著的高值集聚。

3.3.3 社会经济多维贫困特征分类

扶贫攻坚时期，我国常常会依据各县贫困特征的差异并结合各县自然、资源等方面的优势进行扶贫措施的制定和实施，以期达到精准扶贫的目的。根据国家统计资料及《广西统计年鉴2012》，结合研究区实际状况，将各县分成：是否国家级贫困县、是否为少数民族自治县、是否一级革命老区县3类进行不同分类体系下的泰尔指数测算，反映各项基础指标在类间及同类内的贫困差异特征。由于通电和通广播指标贡献度在各县基本为零，即这2项指标在各区县均匀分布，各县间不存在较大差异，故不对这两项指标进行测算。表3-6 显示了3种分类的泰尔指数测算结果，并用折线图对比分析各基础指标在同一类内部和不同类之间的差异，结果如图3-7 所示。

表3-6 三种分类的泰尔指数

项目	是否国家级贫困县			是否少数民族自治县			是否一级革命老区县		
	$T_{总}$	$T_{间}$	$T_{内}$	$T_{总}$	$T_{间}$	$T_{内}$	$T_{总}$	$T_{间}$	$T_{内}$
是否危房	4.382	0.274	4.108	2.763	0.589	2.174	2.346	0.276	2.070
家庭健康	2.961	0.412	2.549	1.916	0.231	1.685	2.412	0.123	2.289
成人文盲	1.349	0.262	1.087	0.889	0.145	0.744	0.897	0.146	0.751
6~16 岁学龄儿童	0.897	0.129	0.768	0.826	0.149	0.677	0.657	0.126	0.531
饮水安全	0.796	0.177	0.619	0.821	0.132	0.689	0.524	0.124	0.400
饮水困难	0.882	0.207	0.675	0.947	0.134	0.813	0.735	0.135	0.600
卫生设施	2.013	0.263	1.750	1.024	0.134	0.890	0.816	0.146	0.670
燃料类型	2.109	0.241	1.868	0.896	0.153	0.743	0.948	0.152	0.796
H	0.697	0.071	0.655	0.595	0.143	0.452	0.479	0.128	0.351
A	0.785	0.091	0.766	0.434	0.133	0.301	0.593	0.130	0.463
MPI	0.751	0.068	0.646	0.546	0.130	0.416	0.569	0.125	0.444

由表3-6 和图3-7 对比分析可知：

1）根据是否国家级贫困县类别分析，类间差异除危房指标外均大于其他分类；类内差异除饮水困难、卫生设施外，其他指标均与其他两项分类基本相同，说明不同级别贫困

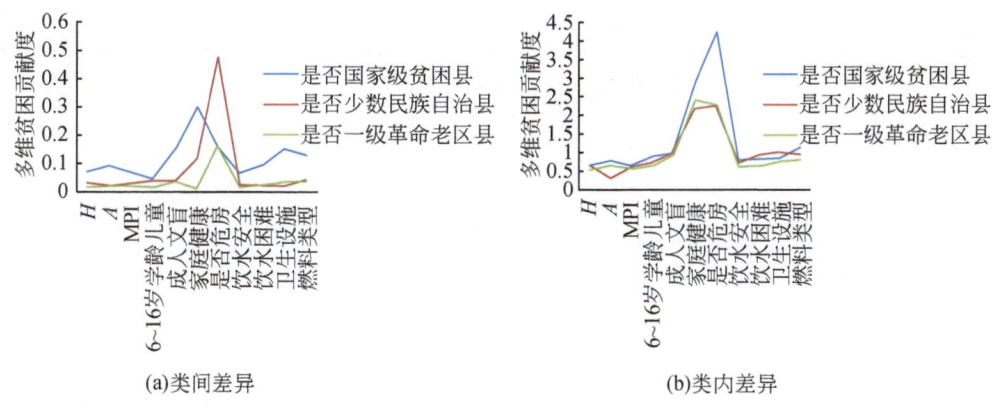

图 3-7 泰尔系数折线图

县之间多维贫困差异较大，同种级别县内部差异较小。

2）根据是否少数民族自治县类别分析，少数民族自治县和非少数民族自治县类间除成人文盲、饮水困难、卫生设施外，其他指标均显著大于按照是否重点革命老区县分类的计算结果；类内差异除饮水困难、卫生设施外，均与其他两项指标基本相同。表明少数民族自治县与非少数民族自治县类间多维贫困特征差异大，类内多维贫困特征差异小。

3）危房和成人文盲指标表现出了较大的类间差异，饮水困难、卫生设施指标在不同类型之间及同类型的内部都存在较大差异。结果表明饮水困难指标和卫生设施指标在三种分类体系中各县都有很大差异。

4）对比同种分类体系下各县类间、类内的 H、A、MPI，发现是否危房、家庭健康、成人文盲指标所占比值较大，是各县主要致贫因素。

3.3.4 研究区多维贫困特征与地形地貌相关性分析

河池市作为滇桂黔石漠化区中的一部分，其地形地貌特征及石漠化程度对当地社会经济发展起着明显的制约作用。分析不同自然环境下贫困的表现特征，有助于因地制宜地制定相关治理措施与扶贫开发模式。

3.3.4.1 不同地形地貌条件下的多维贫困特征

结合河池市多维贫困测算结果，分析地形地貌对多维贫困的影响。将河池市数字高程模型（DEM）按 90m 和 1000m 的空间尺度进行坡度差值运算，运算结果按自然间隔法进行分类，来表现地形破碎程度。同一区域，差值越大，局部地形变化越大，反之越小。分别将贫困与海拔和地表破碎进行对比分析，结果如图 3-8 所示。

如图 3-8 所示，从左到右依次为 MPI、H、A 与高程叠加图，图 3-8（a）中可以看出轻度贫困区金城江区、宜州地处海拔较低、地势较平坦的地区；地处西北地区海拔较高的南丹、天峨属于中度贫困，而地势相对较缓的凤山、东兰却属于高度贫困，说明综合贫困程度与海拔相关性不大；图 3-8（b）反映出金城江区、宜州地处海拔较低、地势平坦地区，

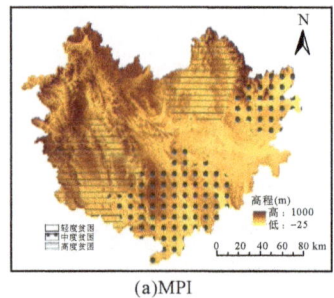 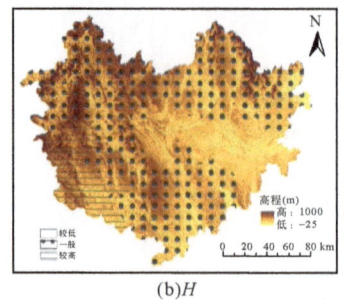 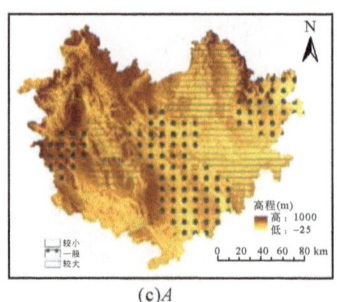

(a)MPI　　　　　　　　　(b)H　　　　　　　　　(c)A

图 3-8　MPI、H、A 与高程叠加图

多维贫困发生率最小，凤山多维贫困发生率最大，县内山脉纵横海拔较高，说明被剥夺指标数较少的农户多分布在地势较平坦地区；图 3-8(c) 反映了平均剥夺份额 A 与海拔之间的关系，其中东兰、环江、宜州平均剥夺份额最多，所处地区海拔相对平缓；金城江区、都安、罗城分布在中部和东北部海拔较低、地势相对平坦的地区，平均剥夺份额居中；南丹、天峨地处海拔最高、地势最复杂的地区，而平均剥夺份额却最低，说明平均剥夺份额和海拔呈负相关，即海拔越高，平均剥夺份额越低，说明地处高海拔的地区的农户致贫因素多集中在其中某项或某几项基础指标上。

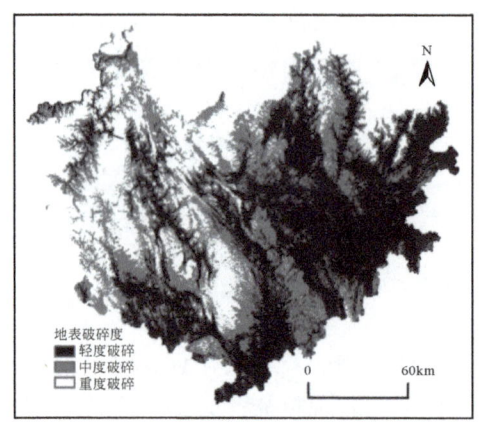 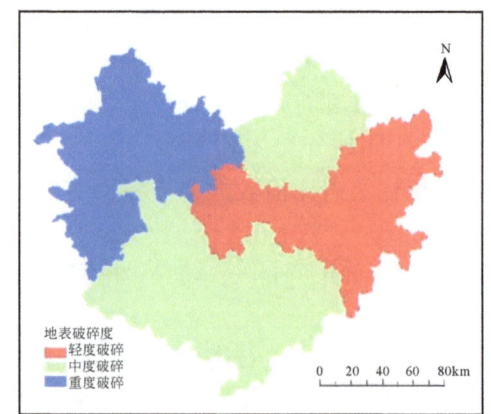

图 3-9　地表破碎遥感分级图与 ArcGIS 颜色渲染分级图

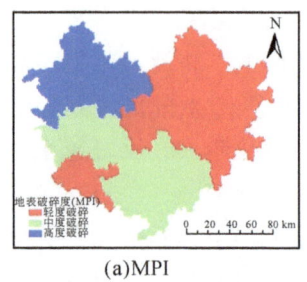 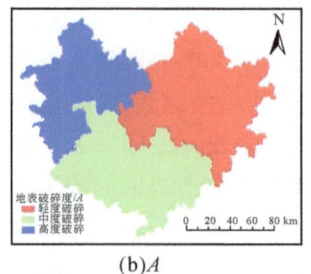 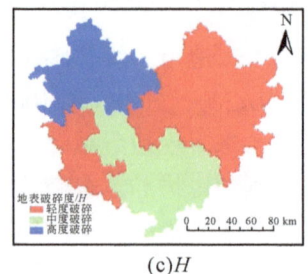

(a)MPI　　　　　　　　　(b)A　　　　　　　　　(c)H

图 3-10　地表破碎基础上 MPI、A、H 的空间分布图

由图 3-9 可知，河池市中东部地区地势相对平坦，破碎程度最低，属于轻度破碎；西南部及南部破碎情况较严重，属于中度破碎；西北部地区海拔最高，地势陡峭，属于高度破碎。整体上研究区地表破碎度和海拔大致呈正相关关系：海拔高，地表破碎严重；海拔低，地表破碎较轻。

在地表破碎基础上分析 MPI、A、H 的分布状况，如图 3-10 所示。从左到右依次为 MPI、A、H 在地表破碎基础上的空间分布图。图 3-10(a) 中，地表破碎对南丹、天峨、凤山、东兰及都安、大化的 MPI 值的影响都在中度以上，对东北部地区 MPI 值的影响较小，这与图 3-9 反映的地表破碎严重性相对应。整体上 MPI 值的大小和地表破碎度相一致，呈现正相关关系，即地表破碎度越高，贫困程度越深。图 3-10(b) 中，平均剥夺份额在西部及南部普遍较高，中东部较低，西北部的南丹、天峨、凤山属于平均剥夺份额值最大的地方，这与该地区较严重的破碎度相对应，说明研究区各农户被剥夺指标数的大小与地表破碎度呈正相关关系。图 3-10(c) 中，西部大部分地区多维贫困发生率较高，且西部地区整体破碎度也较东部地区严重，说明地表破碎严重的地区很容易发生农户多个指标被剥夺的现象。其中巴马多维贫困发生率较小，而此县地表破碎较严重，说明巴马县贫困受地表破碎影响较小而受其他致贫因素影响较大。

整体上，河池市多维贫困指数 MPI、A、H 随地表破碎程度加深而增大，地表破碎对 3 项指标影响较大的县多分布在西北地区，中部多为一般影响，这与前文多维贫困空间聚集特征相一致。

3.3.4.2　多维贫困特征与石漠化的关系

石漠化是喀斯特地貌脆弱的生态环境和人类不合理活动共同造成的，石漠化地区人口、资源、环境之间的矛盾突出，生态恶化与贫困严重制约研究区经济的可持续发展。用 ENVI 软件，将河池市 2014 年 1 月、7 月、8 月、9 月及 2015 年 4 月共 8 景 Landsat 8 遥感影像数据进行拼接，合并成河池市遥感影像图，并利用 4、3、2 波段进行假彩色合成，利用监督分类精度较高的优点，选取坡面形态、溶蚀地貌形态、基岩出露率、植被覆盖率、土壤厚度、土被覆盖度、土壤侵蚀度、土地利用类型等反映石漠化综合景观的代表性因子，通过野外调查、实地测量与观测、卫星遥感解译等手段，运用定性与定量分析相结合的方法以上述代表性因子的观测值或经验评判值作为石漠化分级的指标，将石漠化分为轻度、中度和重度 3 级，最后将分类后的图像导入 ArcGIS 软件对不同等级进行颜色填充，结果如图 3-11 所示。

图 3-11 反映出石漠化在河池市境内分布广泛，具有典型的区域分异特征。7 个国家级贫困县中有 6 个县分布在中度及重度石漠化地区。与图 3-12 对比分析，对于 MPI 指标：石漠化影响最小的是金城江区，其次是天峨和凤山，对其他县 MPI 指标的影响均为中度及以上，说明从综合贫困状况来看，研究区大部分贫困农户都受当地石漠化影响；对于 A 指标：在石漠化基础上，平均剥夺份额值最大分布在东北部的环江，西南部的巴马、大化，而这些县石漠化都较严重，说明受石漠化影响，这些地区农户被剥夺的指标数均较多，这与石漠化较轻的天峨、凤山、金城江区情况相反；对于 H 指标：巴马、大化、环江、宜州等高度石漠化县的 H 较高，天峨、凤山、金城江区等轻度石漠化区的 H 较低，说明多维

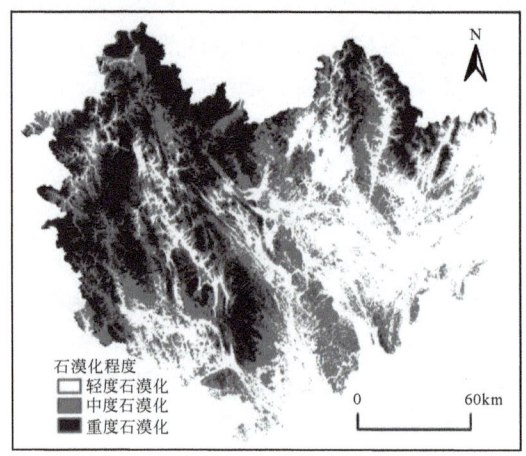
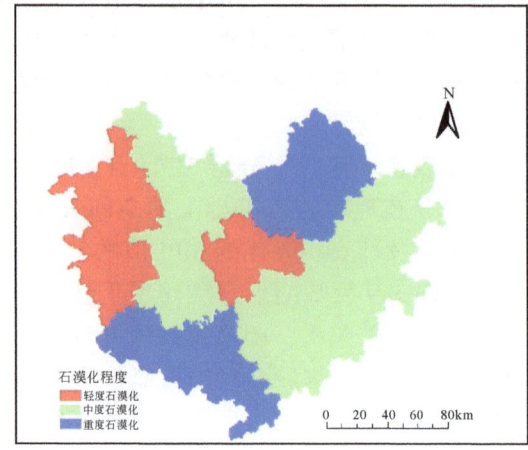

图 3-11 石漠化遥感分级图与 ArcGIS 颜色渲染分级图

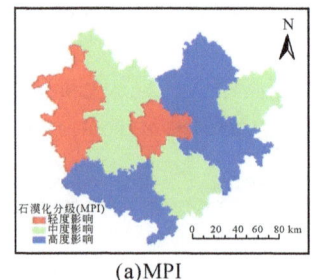
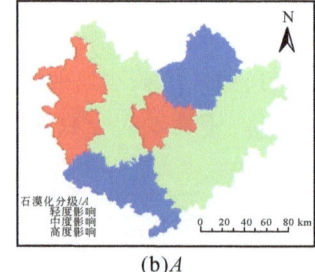
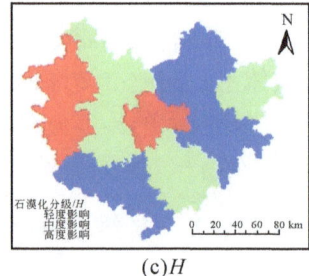

(a)MPI (b)A (c)H

图 3-12 石漠化分级基础上 MPI、A、H 空间分布图

贫困农户与当地石漠化程度有很大相关性,即高度石漠化地区的多维贫困发生率高,轻度石漠化地区的多维贫困发生率低,两者呈正相关关系。

总体上,H、A、MPI 3 项综合贫困指数随石漠化程度增大而增大,说明贫困县的地理分布与石漠化有很大的相关性,即喀斯特山区石漠化与贫困县有很大的地理耦合性。究其原因,石漠化与贫困之间存在内在的互动效应。由于河池市属于典型的喀斯特地貌,生态环境脆弱加上人类不合理地活动,造成了河池市地表石漠化的现状,而不合理的人为活动又与人们所面临的贫困状况有密切联系。贫困导致人们不合理的行为,这种行为又造成环境的恶化,使可利用资源减少,进一步加剧了贫困。因此扶贫开发时需要有针对性地根据各地的自然环境与社会经济发展状况,瞄准其主要致贫原因,实施差异化精准扶贫措施。

3.3.5 综合结果与政策启示

本书基于《中国农村扶贫开发纲要(2011—2020 年)》"精准扶贫"的国家战略需求,从河池市现有贫困农户建档立卡数据,系统设计了基于权利贫困视角的多维贫困测算模型,结合 ArcGIS 相关软件工具与计量地理学中相关方法,深入分析了河池市农户贫困特征及其不同自然与社会经济条件下的空间分布特征。研究结果显示：①河池市各县区市至少存在4个方面的贫困，整体看多维贫困综合指数MPI呈现"周边高中间低"趋势，其中凤山、东兰、环江MPI最大，金城江区最小；南北看，北部贫困程度大于南部；东西看，西部贫困程度大于东部。②研究区主要致贫因素为住房、健康、成人文化程度低，根据影响程度从大到小依次为：住房>健康>成人文化程度低；一般致贫因素为燃料类型、儿童入学率、卫生设施、饮水安全、饮水困难；次要致贫因素为通广播、通电情况，且两项基础指标的贡献度接近于零。③除儿童入学率显著性较弱外，其余贫困指标均表现出较强的显著性，就贫困程度而言，研究区西部呈现显著聚集效应，而研究区中东部则呈现显著空间异质分布，表现为中东部金城江区、宜州为显著低值聚集，西部东兰、凤山、巴马为显著高值聚集；就致贫因素而言，研究区南部大化、巴马，北部南丹呈现显著高值聚集。④三种特征分类中，按照贫困县不同级别分类的研究结果表明，多维贫困指标在不同类之间存在较大差异，而同种类型内部的差异则较小；按照是否为少数民族自治县分类，结果显示，少数民族自治县比非少数民族自治县多维贫困指标差异大，而同类之间的差异则较小；革命老区县比非革命老区县多维贫困状况更严重。3种分类体系下，饮水困难、卫生设施基础指标在类间和类内都存在较大差异。⑤研究区多维贫困指数MPI、A、H随地表破碎度增大而增大，地表破碎对3项指标影响较大的县多分布在西北地区，中部多为一般影响；MPI、A、H 3项综合贫困指数随石漠化程度增大而增大，说明石漠化地区与贫困县在地理分布上有很大的相关性，即喀斯特山区石漠化与贫困县有很大的地理耦合性，这与前文多维贫困空间聚集特征相一致。

  综合前述分析，在减贫过程中，各县区市可以根据自身贫困状况及主要致贫因素有针对性地实施扶贫措施。在教育维度上，大化县、巴马县、都安县属于成人文盲情况较严重的县，在这些县中应该多设立高等教育院校，来提高成年人教育水平；而金城江区、东兰县、大化县、凤山县属于6~16岁学龄儿童入学率较低的地区，对于这些地区应多创办幼儿园、小学等基础教育机构。对于健康维度，在天峨县和南丹县表现较严重，医疗建设是提高和改善人民生活水平不可缺少的环节，所以要在该县加大医疗建设，包括卫生机构的增加，医务人员比例的提升等。对于生活水平维度而言，包含饮水安全、饮水困难、燃料类型、卫生设施、通电情况和通广播情况，从空间上看，在各个县区市都有相应的贫困因素，若要改善农户在这些方面的弱势、剥夺情况，应该有针对性地在贫困县多打井并采集深水或将现有不安全的水进行安全处理，以解决农户的饮水安全和饮水困难问题；逐步实现燃料的转换；有针对性地开展公共基础设施、服务设施的建设。而且由于喀斯特地貌的影响，危房问题可能是河池市各县区市要解决的首要问题，从上文空间分布聚集状况及多维贫困综合分析，危房问题较严重地区主要分布在巴马县、罗城县、天峨县、南丹县、大化县及宜州市。首先要对这些严重地区进行危房的改造，逐渐改善农户的住宿条件，其次要在这些县市进行植树、种草，改善农户的居住环境，逐步实现人口-资源-环境的良性循环。

  本研究结果可为各县区市在减贫过程中提供相应参考，帮助各县区市找准问题，对症下药，有针对性地解决贫困问题，逐步实现脱贫，从而寻求发展和突破。但由于本研究区数据获取的限制，尚未能进行该研究区时空尺度的多维贫困变化监测。

3.4　研究区村级测算结果分析

图 3-13 展示了经过计算并标准化后的河池市村级单元农户四个维度贫困发生率的空间分布情况。教育维度贫困发生率呈现为西部地区和中间地带高、东北地区和东南地区低的空间分布格局。住房维度贫困发生率呈现为中部地带从北到南呈条状及东北部较高，中部偏东地带及靠近中部的西部次之，西部地带低的空间分布格局，高值区主要分布在罗城县、都安县和金城江区。健康维度贫困发生率空间分布格局图显示，除南丹县和大化县内部的少部分村庄值较低外，健康问题遍布河池市的大部分村庄，且健康维度贫困值都普遍偏高。生活水平维度贫困发生率空间分布格局显示，生活水平贫困发生率的值多为低值或较低水平，即河池市农户的生活水平多处在中等偏上的水平。

3.5　多维度综合测算结果

依据单维度贫困发生率进行加和得到多维贫困指数 MPI 的值，多维贫困指数 MPI 反映了四个维度的综合情况，MPI 值高说明该地区综合贫困程度高，反映出该地区存在某个维度或多个维度处于弱势或被剥夺状态；MPI 值低，说明该地区综合贫困程度低，反映出不存在维度被剥夺状况，或被剥夺程度较低。将 MPI 值进行标准化后，在 ArcGIS10.1 软件中运用自然间隔法，绘制空间分布格局图（图 3-14）。

各村的 MPI 值以东北—西南为界限。MPI 值最高组和次高组的村主要分布在东南大部，集中在大化县、都安县、宜州市和罗城县，但在大化县底部有小片集中分布村属于低值组，此外，在南丹县北部有小片区域多维贫困指数较高的村集中分布；MPI 值最低组和次低组主要分布在界限以西以北的地区，有零星分布在东南部。

与图 3-13 对比分析，图 3-14 反映出四个维度综合贫困指数在空间分布上存在较大的交集和聚集状况，所有维度的综合贫困指数值较大的主要集中在东部及东南部，而贫困程度较低则在西部、中部和西北部。具体来讲，综合贫困程度最严重的地区主要在大化县中部和北部，都安县的西南部、宜州的东部边缘地带和罗城县周边及南丹县东部与环江县交界处，此外巴马县和东兰县内部有零星分布。

图 3-15 展示的是根据各村四个维度的优势和剥夺情况计算得到的调整数最终分布及分组情况。从上面单维度分析中就可以看出，四个维度的优势、弱势和剥夺村的空间分布存在着较大的交集，各个维度的综合剥夺和弱势村主要以金城江区为中心集中分布在周边地区，而富裕区和优势区则零星分布在各个地区。具体而言，综合剥夺最严重的地区主要在大化县和都安县交界处，都安县内部、宜州市和罗城县内也有较多剥夺严重的村分布，南丹县和金城江区、环江县三个地区交界处有剥夺较严重和处于弱势村，环江县东北边界有小片剥夺较严重的村分布。综合而言，富裕区和优势区主要分布在天峨县和南丹县的交界处及大化县最南部，其他县有零星分布。

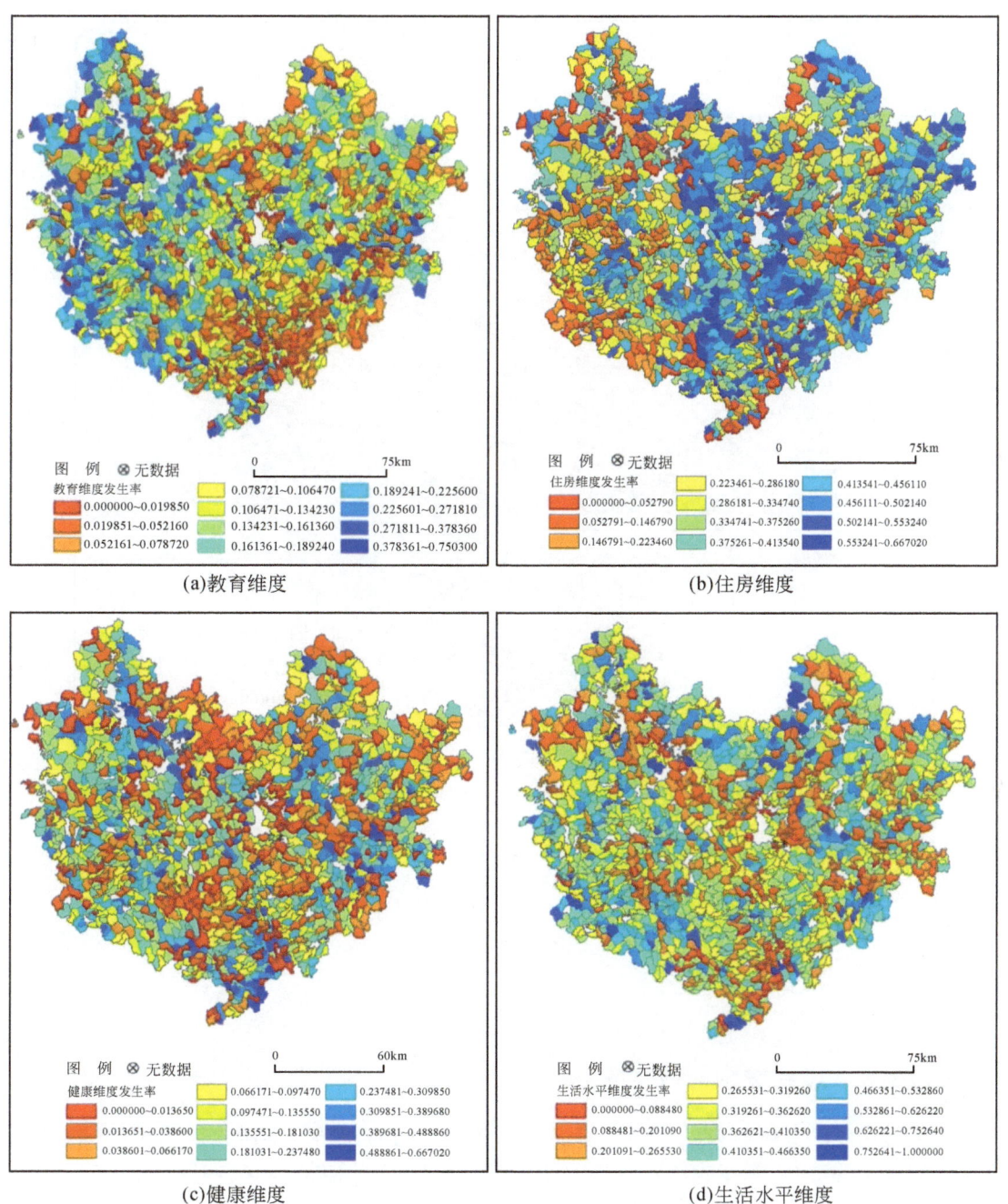

图 3-13 单维度贫困发生率空间分布图

图 3-15 中所展示的最低一级分组的 273 个村和次低一级分组的 396 个村即为识别出来的农村多维贫困村，河池市共有多维贫困村 830 个，涉及农村人口 623 846 人。从多维贫困村的空间分布上来看，主要分布在以金城江区为中心的周边县市区，集中在地势相对较平坦的东部及东南地区的大化县、都安县、宜州市、罗城县和南丹县，其他县市区有零星分布。

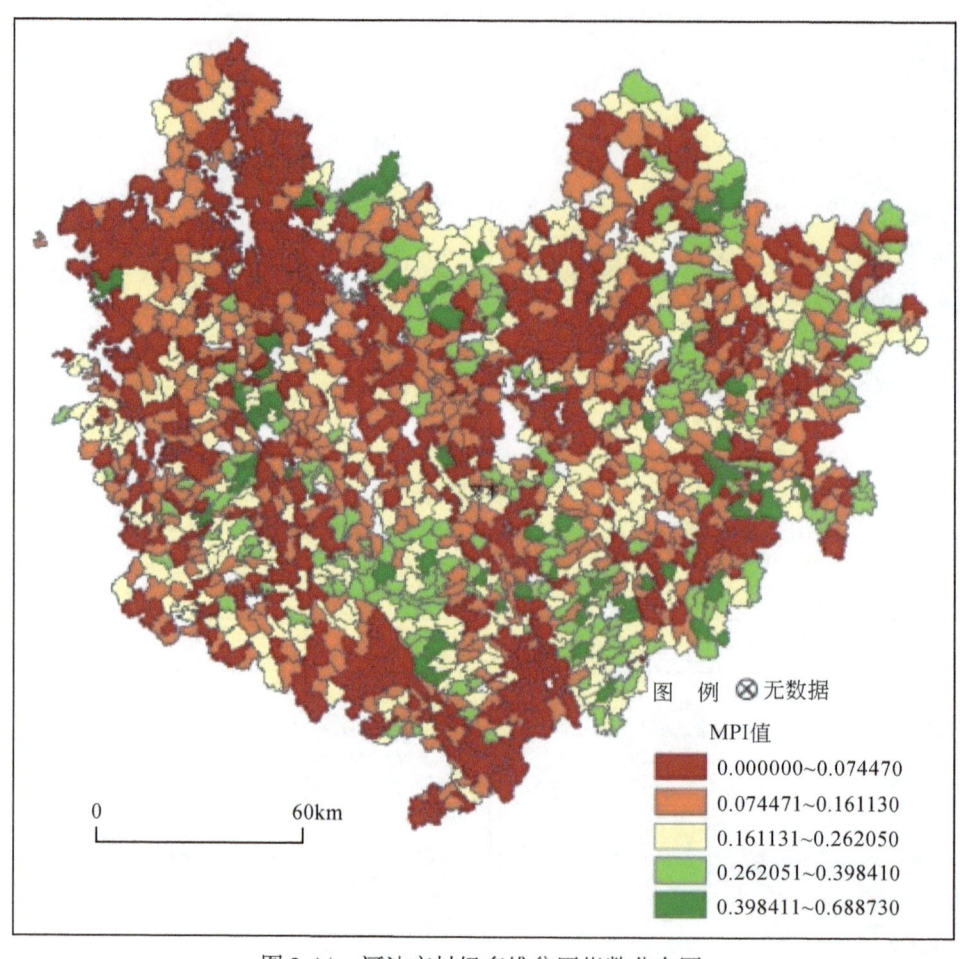

图 3-14 河池市村级多维贫困指数分布图

3.5.1 测算结果比较

3.5.1.1 多维贫困与收入贫困

为了对比多维贫困识别结果与单维度收入贫困之间的差别，本研究拟采用中国根据自己的国情规定的 2300 元作为绝对收入贫困标准，采用河池市 2013 年各县（市、区）农村居民人均纯收入中位数的 60% 作为相对收入贫困标准。经计算，相对收入贫困标准为 3119 元，低于这两个标准的村分别为绝对收入贫困村和相对收入贫困村。按以上标准对研究区 1837 个村进行绝对收入贫困和相对收入贫困的划分。经测算，绝对收入贫困村有 259 个，相对收入贫困村有 174 个，分别涉及农户人口 84 328 人和 130 107 人。

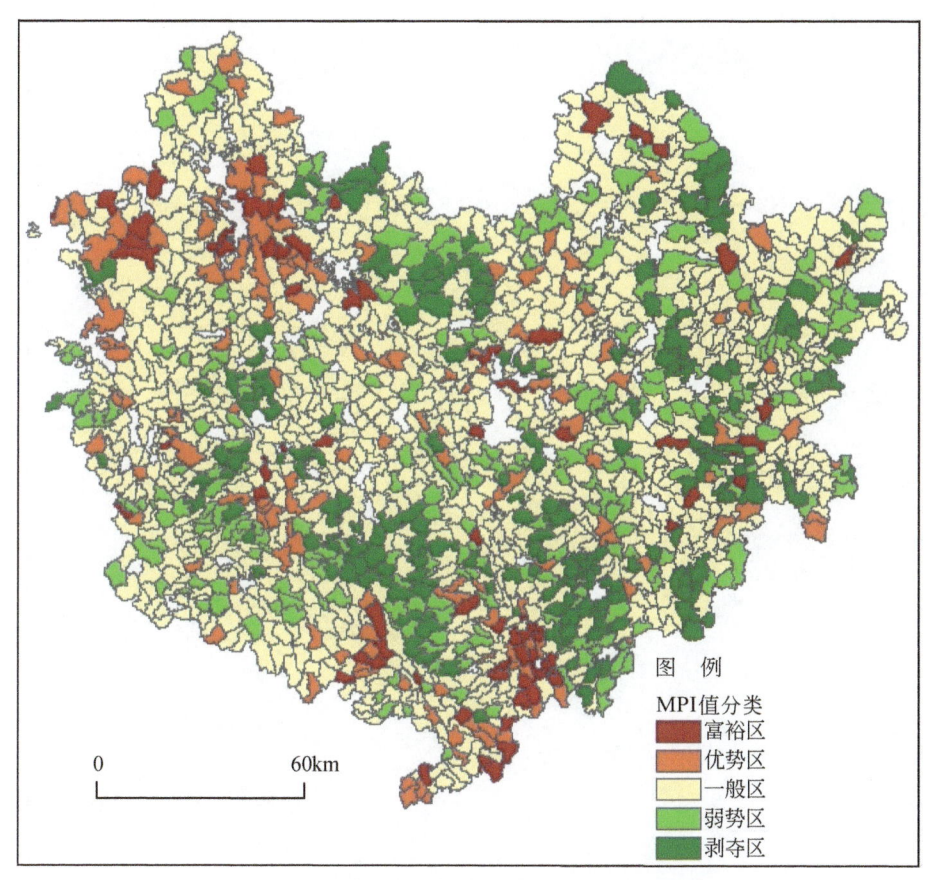

图 3-15 研究区农村多维贫困综合指数分类

经过对比（图 3-16），南丹县、环江县、罗城县、宜州市、都安县、大化县、巴马县等县区市的大多数收入贫困村多属于多维贫困村，且这些村的 MPI 值几乎都属于最高组。除宜州市庆远镇的六坡村、叶茂村、洛岩村、下维村和东兰县长江乡的板隆村、伦界村只存在一个维度的明显弱势/剥夺外，其他收入贫困村均被测算出来的多维贫困村覆盖，即存在两个以上维度的弱势/剥夺。如图 3-16 所示，天峨县和南丹县几乎没有贫困村的原因是，该地区属于高山地区，且天峨县森林覆盖率高达 82.6%，南丹县境内高山连绵起伏，峰峦叠嶂，海拔多在 600～900m，最高点和最低点相差 1116m，这两个县居住的村民较少，所以村庄较少，因此贫困村也较少。而金城江区是河池市政治、经济、文化和商贸中心，经济水平较高，所以贫困县也较少。

绝对收入贫困村中有 6 个村不属于多维贫困村，分别是宜州市庆远镇的六坡村、叶茂村、洛岩村、下维村和东兰县长江乡的板隆村、伦界村。绝对收入贫困村以外有 173 个村既属于相对收入贫困村又属于多维贫困村，主要分布在以金城江区为中心的周边县市中，主要集中在都安县、大化县、南丹县和宜州市。

多维贫困村中有 161 个村不属于收入贫困的范畴，它们主要分布在东部和南部各县交界处，集中在罗城、宜州、都安、大化、巴马和东兰县。这些村的农村居民人均纯收入介

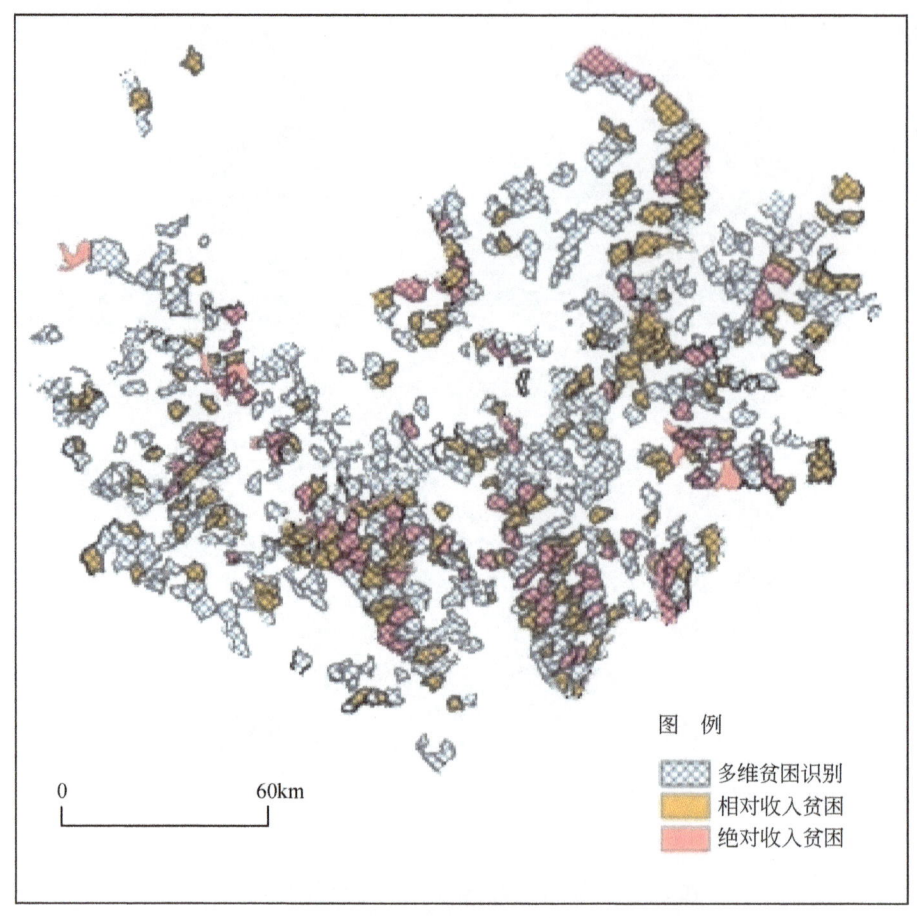

图 3-16 河池市多维贫困识别结果与收入贫困对比

于 3241~7987 元,虽然不在收入贫困的标准范围内,但其基本属于中等偏下水平;MPI 值较分散,多属于一般组、次低组和最低组。

这些多维贫困村都存在弱势/剥夺维度,其中分布在大化、都安、罗城、环江、南丹、宜州的多维贫困村都存在危房维度和生活水平维度两个维度的剥夺,大化县的多维贫困村在生活水平维度上的剥夺指标多集中在燃料类型和卫生设施上;都安县所有多维贫困村在生活水平维度上的剥夺指标均为燃料类型,但在东南乡、大兴乡、下坳乡和板岭乡还存在饮水困难和卫生设施差的问题;罗城县的多维贫困村在生活水平维度上主要是燃料类型指标;环江县在生活水平维度上主要是卫生设施和燃料类型指标,此外在长美乡和川山镇还存在饮水困难和饮水安全被剥夺的现象;南丹县在生活水平维度上卫生设施和燃料类型两项指标被剥夺严重;宜州市除了危房维度被剥夺外,在生活水平维度上主要是卫生设施和燃料类型,其中德胜镇在成人文盲和饮水安全、饮水困难上也存在剥夺现象,龙头乡、北山镇、祥贝乡在成人文盲和饮水安全两项基础指标上存在明显剥夺现象。

巴马、东兰、凤山、天峨县存在生活水平维度、危房维度、教育维度上存在剥夺现象。其中,巴马县在教育维度上成人文盲指标被剥夺严重,生活水平维度上卫生设施、燃料类型、饮水安全三项基础指标存在较大剥夺；东兰县在生活水平维度上被剥夺较严重的是燃料类型指标，教育维度上成人文盲较严重；凤山县在教育维度上存在成人文盲严重问题，生活水平维度上饮水安全、饮水困难、卫生设施、燃料类型指标都被严重剥夺，此外，砦牙乡贫困村还存在通广播问题；天峨县生活水平维度主要是饮水安全和燃料类型指标被剥夺，教育维度上成人文盲较严重。金城江区存在生活水平维度、危房维度和健康维度三个维度的剥夺，其中生活水平维度主要表现在燃料类型指标上。

3.5.1.2 测算结果与认定结果

2011年颁布的《中国农村扶贫开发纲要（2011—2020年）》所确定的集中连片特困地区重点开发县中，滇桂黔石漠化区中河池市的罗城县、环江县、东兰县、巴马县、凤山县、都安县、大化县被列入其中，成为国家扶贫攻坚的主要对象。将本研究所识别出的多维贫困区结果与国家确定的重点扶贫县进行对比（图3-17）。

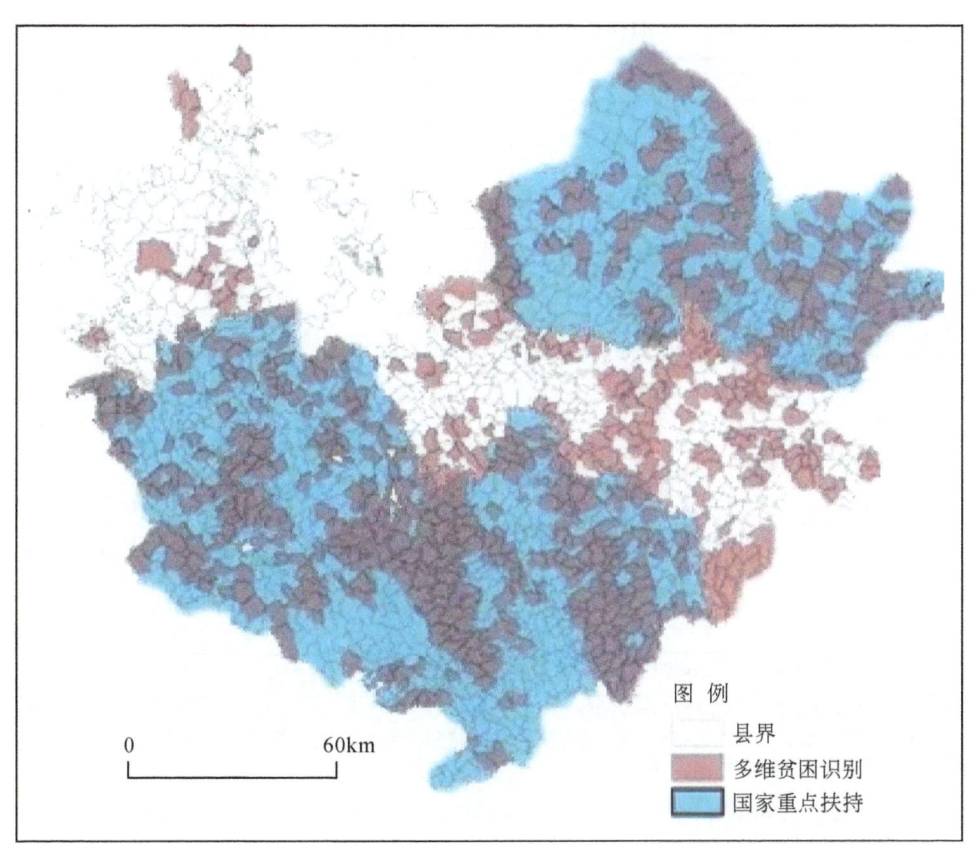

图3-17 河池市农村多维贫困识别结果与国家重点扶贫开发区对比图

从扶贫单元来讲，国家将扶贫对象深入到县级，但是县内不同的乡镇、不同乡镇的村经济条件都存在很大差异，本书对河池市重点贫困扶持县进行村级的研究，共识别河池市多维贫困村830个，涉及农村人口623 846人，其中有669个村位于国家重点扶贫县中，和国家重点扶贫开发重点地区相互重叠，占所有扶贫开发重点县所包含村的66.3%，经对比，大部分多维贫困村都被国家重点扶贫县所覆盖，但需要说明的是，在金城江区和宜州市也有很多村属于多维贫困村，其虽然是河池市经济较发达的地区，但是除经济外还有其他方面的贫困，因此被识别为多维贫困。此外，在天峨县虽然不属于国家重点扶贫县，但该县也存在少数村属于多维贫困村。可以看出本研究识别出来的农村多维贫困村表现得更为精准，更符合国家"精准扶贫"的要求。

3.5.2 贫困类型划分

在对多维贫困县各单维度的弱势、剥夺情况进行详细分析的基础上，按照各村的弱势/剥夺维度组合情况进行贫困村类型的划分。为了达到国家"精准扶贫"的要求、提高扶贫效率、更有针对性地实施扶贫政策和项目，本研究对各多维贫困村进行弱势/剥夺维度组合后进行归类，使扶贫措施更具有效性（表3-7）。最终分类结果如图3-18所示。

表3-7 不同扶贫措施（组合）下的贫困类型划分

扶贫措施	弱势/剥夺维度组合①归类	县个数	农村人口数（人）	类型名称
资助/贷款	F	433	214 798	金融资本缺乏型
医建③	H	1	68	医疗建设缺乏型
教育	E	0	0	教育资本缺乏性
基建②	Z、S、ZS	612	460 230	基础建设缺乏型
基建+医建	HS、ZH、ZSH	265	157 582	基建医建兼缺型
基建+教育	ZE、ES、ZSE	226	138 228	基建教育兼缺型
医建+教育	HE	33	13 762	医建教育兼缺型
资助/贷款+基建	FS、FZ、FZS	242	185 268	金融基建兼缺型
资助/贷款+医建	FH	0	0	金融医建兼缺型
资助/贷款+教育	FE	0	0	金融教育兼缺型
资助/贷款+教育+基建	FEZ、FES	7	5 217	金融教育基建兼缺型
医建+教育+基建	HES、HEZ	72	43 845	医建教育基建兼缺型
资助/贷款+医建+基建	FHZ、FHS	7	3 642	金融医建基建兼缺型
综合扶贫	FZSH、FZSE、ZSHE、FZSHE	66	43 109	发展条件缺乏型

注：①弱势/剥夺维度组合，即指同时存在的弱势/剥夺维度。F、Z、H、E、S分别代表金融资本、危房维度、健康维度、教育维度、生活水平维度。②基建，即包括住房、各种公共基础设施、服务设施及环境生态等项目的建设。③医建，即各种和健康有关的医疗设施建设。

需要说明的是，此处评价的单元是村级尺度，在实际生活中可以参考、执行这些减贫措施，但这些扶贫措施只是针对具体贫困村目前存在的贫困原因的最基础性的分析。若想真正实现有效脱贫、避免返贫，各村民众应该在这些基础性措施的基础上，根据本村的优势资源和区域经济资源，拓宽生计途径。

金融资本缺乏型的县指的是，只存在金融上的弱势、剥夺现象的贫困村，该类型的贫困村在空间分布上，以河池市东南部为主，在大化、都安、宜州和罗城县分布较集中，东南部和西北部在金融资本缺乏上存在着明显的界限。这些村人均收入水平较低，其若想脱

3 贫困人口测算及分析

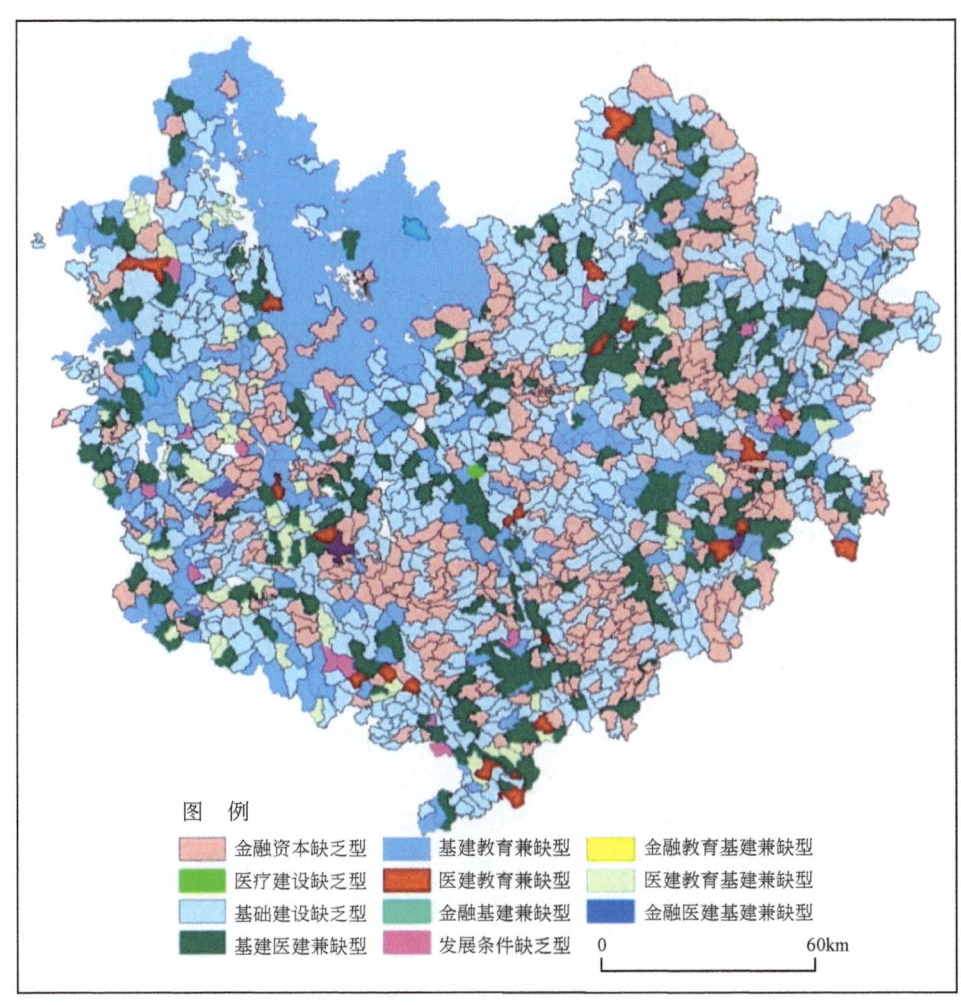

图3-18 河池市多维贫困村类型划分

贫,首先要得到外部资金的资助,或者采用贷款等形式来满足基本的生存需要。

医疗建设包括卫生机构的增加、医务人员比例的提升等,医疗建设是提高和改善人民生活水平的必要保障,结合医疗建设及医疗建设和其他组合情况分布可以看出,该类型在河池市缺乏较严重,各县均有分布。

基础建设缺乏型贫困村由住房维度和生活水平维度包含的饮水安全、饮水困难、燃料类型、卫生设施、通电情况和通广播情况构成,若要改善农户在这些方面的弱势、剥夺情况,应该有针对性地对各贫困村危房进行重建或改造,多打井并采集深水或将现有不安全的水进行安全处理,以保证农户的饮水安全和解决饮水困难问题。逐步实现燃料的转换,有针对性地开展公共基础设施、服务设施的建设。在空间上,该类型多分布在河池市各县的边缘地带,在天峨县、环江县、金城江区和宜州市有连片分布。

基建医建兼缺型是指同时存在基础建设和医疗建设的弱势/剥夺,主要零星分布在各县内,需要各村庄农户有针对性地采取措施,以改善他们的基本住房、医疗和生活水平。

基建教育兼缺型指的是基础建设和教育存在弱势/剥夺，对该类型的贫困村，应当通过工程建设和如学校等教育机构的建设来改善。该类型在空间上主要表现为零星分布，即各县市的贫困村都有基础建设和教育处在弱势或被剥夺的现象。

类似地，医建教育兼缺型、金融基建兼缺型、金融教育基建兼缺型、医建教育基建兼缺型、金融医建基建兼缺型都是各个类型弱势或被剥夺的组合，针对不同的贫困类型，各村农户应找准问题，对症下药，已逐步实现脱贫，在寻求发展和突破。

最后一种贫困类型是发展条件缺乏型，该类型是指金融资本缺乏型、医疗建设缺乏型、基础建设缺乏型、教育资本缺乏型四种类型均存在的状况，该类贫困村存在缺资金、基础建设较差、医疗设施不完善、教育水平低等问题。对于这种存在问题较多的村，要先进行资金上的补助，使其能达到生活的基本需求，在此基础上改善住房、完善公共设施建设、加大教育投资等，以此来逐步实现减贫。从空间分布来看，该类极端贫困村较少，多分布在巴马县和凤山县的交界处。

3.6 脆弱性生态环境与多维贫困的关系

河池市作为滇桂黔石漠化连片特困区的一部分，属于典型的生态环境脆弱和经济贫困区。极易陷入生态环境-贫困的恶性循环贫困陷阱中。生态环境脆弱性是生态系统在特定时空尺度中对内部和外界干扰所具有的敏感反应和恢复能力，是自然属性和人类活动行为共同作用的结果（李理，2014）。在生态环境脆弱性与贫困关系的揭示方面，以往研究者多从不同地理单元、尺度研究生态系统的脆弱性，并试图揭示研究区生态环境与扶贫模式的关系及自然地理环境对经济贫困的影响（李周和孙若梅，1994；赵跃龙和刘燕华，1996；涂勤，2012；祈新华等，2013；曲玮，2010；李理2014；王建平和杨辉平，2015）。研究表明自然资源、生态环境、气候变化的影响，越来越成为影响扶贫效果的新的挑战，贫困地区生态环境脆弱带的空间范畴和脆弱程度，都表现出明显增长趋势（曹诗颂等，2016）。

尽管很多研究已经认识到生态环境要素在贫困成因中的重要性，但大多是社会学角度的定性分析，或仅仅从经济贫困的角度出发进行实证研判，而对生态环境脆弱性与多维贫困的关联性以及两者互动机理的研究明显不足。此外，以往学者对生态环境脆弱性方面的研究多是从连片特困区域级、县级尺度出发，虽然能从大尺度整体反映生态环境与贫困之间的关系，但不能精细地反映各村镇自身特有情况在两者之间起的作用，这与精准扶贫战略实施所要求的到村到户策略存在一定的偏差。

考虑以往研究中的不足，本书尝试在区域最小扶贫行政单元——村级层面对河池市进行研究，试图从根源上解析研究区生态环境与贫困之间的关系，发掘两者之间的无关、单向决定作用还是互为依存的双向关系，生态环境退化与贫困之间是否存在一个恶性循环，从而帮助当地农民脱贫致富、实现贫困村资源环境与社会经济可持续发展，并响应新阶段各级政府差异化扶贫政策制定与实施的需求，为当地扶贫政策确立提供科学参考。

3.6.1 环境脆弱度与多维贫困的耦合模型

不同地区生态系统的构成要素及特征不同。因此，在对某一区域的生态系统进行脆弱性评价时，需要在参考相关标准和研究方法的同时，因地制宜地确定相应合理的评价体系。河池市是典型的喀斯特地形，其特殊的地形、地貌、气候条件等特性，使得其生态环境具有天然脆弱性，再加上乱砍滥伐、毁林造田、过度开发等不合理的人类生产活动，往往会使生态环境更加脆弱。参考研究区区位条件、相关环境脆弱性评价研究（于伯华和吕昌河，2011；窦玥等，2013；曹诗颂等，2016），以及精准扶贫国家战略对贫困区生态扶贫的指标与要求，按照可操作性、科学性、针对性及与多维贫困指标相关性最小等原则，对研究区生态敏感性、生态恢复力以及生态压力度进行分析，并按照生态敏感性（地形因子、地表因子、气象因子）-生态修复力（生态系统恢复能力）-生态压力度进行归类，建立表3-8所示的包括五个维度的11项环境指标的生态环境脆弱性指标体系。其中，地形因子包含海拔、坡度、起伏度；地表因子包含植被覆盖度和植被类型；气象因子包含多年平均降雨量、多年4~6月平均最高温度及干燥度，由于植被的生长季为4~6月，选取4~6月的最高温度和干燥度；生态系统在受到外界作用后自身的恢复能力是生态系统恢复能力，反映出生态环境自身内部结构的稳定性，本研究用植被第一净生产力来表示；生态压力度是指受到外界压力的大小，其中人为活动是外界压力的主要来源，故书究用人为活动（即人口密度和GDP密度指标）来表示。上述指标除了地表因子和生态系统恢复能力与生态环境脆弱性强弱呈正相关外，其他因子与其呈负相关。

表3-8 生态环境脆弱性指标体系

维度	指标	计算方法
地形因子	海拔	DEM计算
	坡度	DEM计算
	起伏度	DEM计算
地表因子	植被覆盖度	NDVI反演
	植被类型	NDVI反演
气象因子	多年平均降雨量	数据共享平台
	多年4~6月平均最高温度	数据共享平台
	多年4~6月平均干燥度	蒸发量/降雨量
生态系统恢复能力	植被净第一生产力	Tornthwaite经验模型
生态压力度	人口密度	统计年鉴
统计年鉴	GDP密度	

对上述指标采用空间主成分分析方法进行主成分提取，以消除各指标之间的共线性，并将空间主成分与其对应解释量的加权和定义为生态脆弱性指数（EVI），即生态环境脆弱度，公式如下：

$$\text{EVI} = \sum_{i=1}^{n} a_i \times \text{sp}_i \qquad (3\text{-}16)$$

式中，EVI为研究区评价单元（村级）的生态环境脆弱性指数，其数值越大表示脆弱强度越大，环境越恶劣；反之，越好；a_i为第i个因子对应的解释量；sp_i为第i项因子。

耦合的概念来源于物理学，用来反映两个及以上事物之间相互作用、相互影响的关系。以往学者利用该理念对生态环境质量与经济贫困、经济发展，生态资产与经济贫困等之间的交互关系进行分析研究（王艳慧和李静怡，2015；曹诗颂等，2015，2016），反映出较好的科学性和可行性。因此，为了反映生态环境脆弱性和多维贫困之间的交互关系，参考相关研究，本书选择耦合度模型计算生态环境脆弱性与多维贫困之间的整体协调发展水平，并采用标准化排名的方式计算耦合度，计算公式如下：

$$C = \left(\frac{U_1 \times U_2}{[\alpha \times U_1 + \beta U_2]^2} \right)^n \tag{3-17}$$

式中，C 为生态环境脆弱性与多维贫困的耦合度；U_1 表示多维贫困排名，U_1 越大表示贫困程度越低；U_2 表示生态环境脆弱性排名，U_2 越大表示生态环境脆弱性越低；n 为协调系数，取值 $n=3$ 以增加区分度。

耦合度反映出两者之间的差距大小，而耦合协调度则反映出二者之间的差距与共同发展水平。两者的耦合协调度高，说明该地区的生态环境保护对扶贫开发工作起促进作用；两者的耦合协调度低，说明一方对另一方起限制作用。耦合协调度计算方法如下（李静怡和王艳慧，2014）：

两者的综合得分（P）为

$$P = \alpha \times U_1(X) + \beta \times U_2(X) \tag{3-18}$$

式中，α 和 β 均为待定系数，本研究中将生态环境脆弱性和多维贫困认为同等重要，所以赋值均为 0.5。

耦合协调度（K）为

$$K = \sqrt{C \times P} \tag{3-19}$$

式中，K 为耦合协调度；C 为耦合度；P 为综合得分。

为了方便后期分级和分析，将耦合度 C 和耦合协调度 K 均控制在 0~1，并参考以往学者"相邻区间归并"的思想，将测算结果进行等级划分，最终得到耦合差异类型划分标准（表3-9）。

表3-9 耦合差异类型划分标准

划分依据	差异类型
$-0.1 \leqslant \text{EVI}-\text{MPI} \leqslant 0.1$	共损型
$\text{EVI}-\text{MPI} < -0.1$	生态环境受损型
$\text{EVI}-\text{MPI} > 0.1$	经济受损型
$-0.1 \leqslant \text{MPI}-\text{EVI} \leqslant 0.1$	同步型
$\text{MPI}-\text{EVI} < -0.1$	经济滞后型
$\text{MPI}-\text{EVI} > 0.1$	生态环境滞后型

3.6.2 研究区多维贫困与生态环境脆弱性的总体状况

在 ArcGIS10.1 软件中，将河池市村级生态环境脆弱性指数 EVI 输出成图，如图3-19 所示。

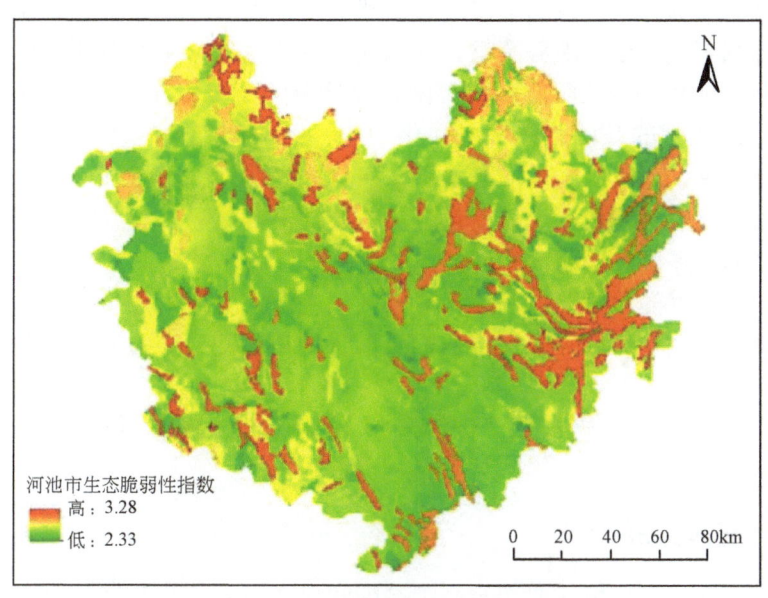

图 3-19　生态环境脆弱性指数空间分布图

对影响生态环境脆弱性指数的各因子进行主成分分析，发现对生态脆弱性影响程度由大到小分别为：海拔、坡度等地形因子，植被覆盖度等地表因子，人口密度，生态系统恢复能力及降雨、温度等气象因子。因此，地形、植被覆盖及人类活动是影响当地生态环境的主要因素。通过测算，河池市生态环境脆弱性指数变化范围为 0.38～0.76。从图 3-19 可以看出，生态环境脆弱性在空间分布上呈现"大分散、小聚集"的状态。从整体来看，生态环境脆弱性较严重的地区大多分布在东北地区，靠近西南边界的地区生态环境脆弱性也比较严重，而中部地区则相对较弱。生态环境脆弱性最差的区域主要分布在河池市北部及东北部的宜州市、南丹县和环江县境内。其中，宜州市植被覆盖度低且属于半山半丘的地形，植被净出产率较低，这些导致了生态环境脆弱性；多维贫困方面，该市农民人均纯收入较低，科教文卫事业严重落后，农村基础设施较差，这些地区想要脱贫开发以及实现生态环境的保护，需要国家资金政策的支持。南丹县地处云贵高原向桂西北丘陵过渡的斜坡地带，境内高山连绵起伏，峰峦叠嶂，海拔多在 600～900 米。位于罗富乡的罗屯村海拔 1321 米，为县境最高点，吾隘乡独田村海拔 205 米，为县境最低点，高低相差 1116 米，由此造成了这些地区耦合度低。环江县也是生态环境脆弱性较高的地区，这与它的地形地貌有很大关系，环江县地处黔中高原南部边缘的斜坡地带，四周山岭绵延，中部偏南为丘陵；西部和南部以岩溶山地为主，间有土山、半土半石山，嶙峋陡峭，县境内的地貌均受岩性、地质构造的控制。因此，在生态环境脆弱性方面，应对该地区进行绿化、种植，以减少由岩溶地貌造成的经济贫困。经济贫困评价一般，需要在农村基础设施上加大投入，并且大力发展科教文卫事业。

而由图 3-14 可知，河池市村级多维贫困状况与生态环境脆弱性指数的分布类似，总体依然呈现"大分散，小聚集"的分布特征，多维贫困状况零星分布在每个县内。罗城县、宜州市、都安县、大化县多维贫困状况分布广泛。通过上节的分析可知，线界以上各县的行政村多维贫困状况相对较弱。多维贫困状况较严重的行政村多分布在各县边界相交的地方，这些区域多为山地，地势崎岖，导致住房条件恶劣、交通不便、教育和医疗设施差、生态环境脆弱性高等，从而使多维贫困状况严重。而金城江区多维贫困状况则最弱，是因为该地区是河池市的政治、经济、文化中心，经济繁荣且地势平坦，交通便利，教育、医疗设施较完善，人民的生活质量水平普遍较高。此外，天峨县、南丹县的多维贫困状况也较弱，主要是因为该地区地势变化较大，植被覆盖率高，很少有人在此居住，生态环境相对较好，因而多维贫困状况较弱。

因此，从定性观察的角度可以看出，研究区的生态环境脆弱性与多维贫困状况的分布表现出一定的重叠性和相似性。下文将从定量探测的角度进一步揭示二者之间的关系。

3.6.3 生态环境脆弱性与多维贫困状况的耦合分析

3.6.3.1 整体关联特征

为了进一步论证生态环境脆弱性与多维贫困状况之间的关联程度，将两者综合指标在 Excel 中进行回归分析。同时考虑到 EVI 一般侧重宏观尺度分析，且村级层面数据量大，无法很好地在折线图中显示，故将测算的村级 EVI 进行加和，在乡镇层面进行 EVI 与 MPI 的相关测算。最终得到模拟方程：$y=0.002x+0.1188$，相关系数 $R^2=0.8761$，$0.9 \leqslant |R| < 1$（显著相关）说明两者存在显著相关性，生态环境脆弱性综合指数每变动 1 个单位，多维贫困综合指数相应变化 0.8761，说明该地生态环境脆弱性与多维贫困状况存在较强的正相关关系，如图 3-20 所示的曲线图。

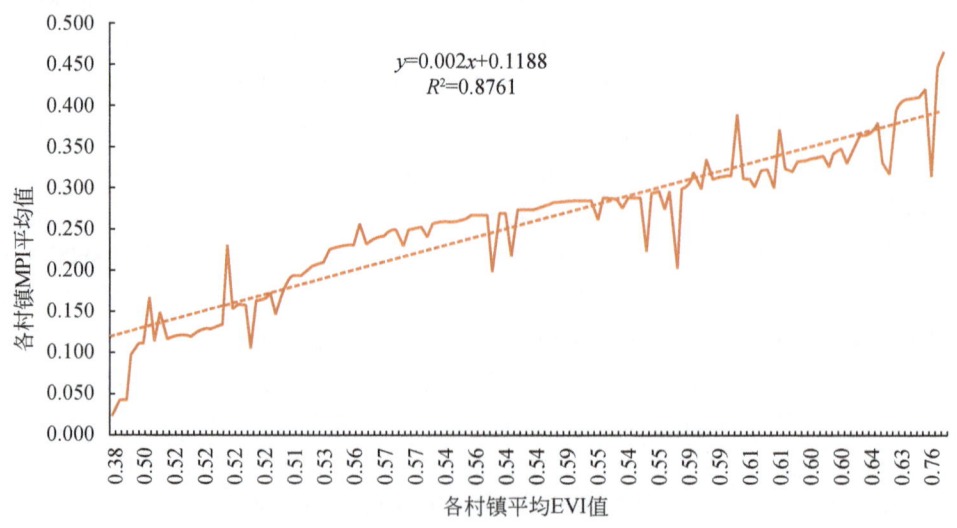

图 3-20　多维贫困指数与生态脆弱性散点图

为了进一步反映生态环境脆弱性与多维贫困之间的密切关系和依赖程度，对研究区所有行政村的这两项指标值进行耦合分析。得到两者的耦合关系、耦合协调度及耦合协调差异关系。

从总体来看，研究区生态环境脆弱性、多维贫困综合指数及生态与贫困的耦合协调度都表现出"大分散，小聚集"的状态，且整体从西北向东南呈现变差的趋势。随着河池市各行政村生态环境脆弱性的下降，研究区多维贫困状况及两者的耦合度和耦合协调度的变化趋势都从大到小，表明整体上河池市生态环境脆弱性较严重的区域所对应的多维贫困状况也越严重，即表明生态环境质量与多维贫困的协调情况及两者的综合发展较差。

3.6.3.2 耦合度特征

利用上面耦合度模型的计算结果表明：在河池市1586个行政村中，属于高度耦合、较高度耦合、中度耦合、较低耦合及低度耦合的行政村分别有283个、376个、324个、284个、319个。其中，耦合度在中度及以上的行政村约占全市行政村的61.98%；耦合度较好的区域主要分布在中部地区，耦合度较差的区域主要集中在东北部的环江县、罗城县及宜州市。具体分析如下。

1）高度、较高度耦合的地区有金城江区、都安县、东兰县、大化县，耦合度分别为73.2%、65.8%、56.8%、52.0%，这些地方的行政村多为生态环境与多维贫困协调发展型，即两者是同步发展的。其中，金城江区地处河池市中心地带，属于丘陵地带，海拔较低、地势平坦，且日照充足，气候温和，降雨充沛，全区森林覆盖率为44.42%，故该区生态环境脆弱度较低。此外，金城江区作为河池市唯一的市辖区，是河池市的政治、经济、文化和贸易中心，交通发达、医疗、教育等措施齐全，故该区所包含行政村的多维贫困程度较低。东兰县和大化县所包含的行政村，整体上雨量充沛，四季分明且地势起伏较缓，植被覆盖率均在50%左右，土地沙漠化、石漠化程度低，故生态脆弱性较低。在医疗、教育、生活水平、社会保障等综合的社会经济方面，医疗基础设施较好，农村道路入户及通班车、通柏油路均达到全县的40%以上，交通相对发达。以上三个地区的行政村是河池市综合贫困较弱的地区。这些区域属于生态环境与社会经济相互促进、低-低共同发展的类型。

虽然都安县内的行政村也是高度耦合，但属于生态环境脆弱程度高和综合贫困程度高的负向的高-高耦合类型。该区域的贫困村地处云贵高原向广西盆地过渡的斜坡脚上，境内洼地密布、石山连绵，年平均降雨量少；虽然全县森林覆盖率达到61.76%，大大提高了植被的净生产力，但整体上生态环境脆弱性较高。在社会经济方面，该县区域通班车、通油路的行政村，均未达到全县50%的比例，交通不发达；境内多山地，人均耕地少；水资源多为地下水，耕地多为岩缝地，且峡谷风害多，各种不利因素制约农业的发展，粮食难以稳产高产。为了保障正常的生活需求，大量的开垦、砍伐行为又进一步加剧境内生态环境脆弱性，反过来又降低了粮食产量和生活水平，陷入生态环境-生活水平的恶性循环圈，进而导致低的教育投资，最终形成了高的多维贫困综合程度。这些地区的耦合协调度为衰退失调型，耦合差异类型多为共损型，说明两者相互制约、恶性循环。

2）中度耦合的行政村主要分布在南丹县和天峨县境内。虽然这两个县内的多数行政村在生态环境脆弱性与多维贫困综合指数在排名上有较大的差距，但中度耦合的贫困村所占比例均为全县村的50%左右。两县境内生态环境脆弱性较大的贫困村所占比例较大。天峨县虽然境内森林覆盖率达82.6%，但天峨县地处广西丘陵与云贵高原的过渡地带，境内沟壑纵横，且地势为四周高、中间低的高峻地势；而南丹县地处云贵高原向桂西北丘陵过渡的斜坡地带，境内峰峦叠嶂，海拔多在600~900米。受地形因子的影响，两县生态环境脆弱性指数较高。而两县的多维贫困程度较低，属中度耦合。而在县界交界处的行政村则多维高度耦合，边界处的行政村多为海拔较高地区，且县域交界处时常有"三不管"现象发生，贫困现象比较严重。两个县耦合度较高的行政村多分布在四周地势较高的地区。

3) 耦合度较低、极低的地区为宜州市和环江县。这两个县内行政村的多维贫困综合指数和生态环境脆弱性指数差距较大。受地形、地貌因子的影响，这两个地区均属于生态环境脆弱性指数较高的类型。宜州市植被覆盖率低且属于半山半丘的地形，植被净出产率较低，生态环境脆弱性高，同时农民人均纯收入较低，科教文卫事业严重落后，农村基础设施较差。环江县也是生态环境脆弱性较高的地区，这与它的地形地貌有很大关系，其地处黔中高原南部边缘的斜坡地带，四周山岭绵延，中部偏南为丘陵；伴有土山、半土半石山，地貌均受岩性、地质构造的控制。因此，应对该地区进行绿化、种植，以减少由岩溶地貌造成的经济贫困，并在农村基础设施上加大投入，大力发展科教文卫事业。

3.6.3.3 耦合协调度特征

前述耦合协调度模型的计算结果，并参考李静怡和王艳慧（2014）的等间隔法协调发展类型分类依据，对耦合协调度D的数值以0.1为区间划分为4个大类10个小类。计算结果表明：河池市1586个行政村中，协调发展型、勉强协调发展型、濒临失调型及衰退失调型的行政村分别为476个、354个、463个、293个。其中，濒临失调型及衰退失调型行政村占总村数的47.7%。此外，耦合协调度差异类型计算结果表明，两者同步型行政村数量只有18.6%，进一步表明研究区大部分行政村的生态环境质量和多维减贫发展是不同步的。

从空间分布状况来看，研究区衰退失调型贫困村零星分布在各个县内，但多集中在各县交界处。整体来看，衰退失调型比例从西北向东南逐渐加强，协调发展型的贫困村集中分布在西北地区，而勉强协调发展型和濒临失调类型的贫困村则占河池市所有行政村的70%以上。将生态环境滞后型与受损型均视为生态环境落后型，将经济滞后型与受损型视为社会经济落后型。各县生态环境落后型水平由高到低排序为：都安县>大化县>宜州市>罗城县>金城江区>南丹县>东兰县>巴马县>天峨县>凤山县>环境县。社会经济落后型水平由高到低排序为：宜州市>都安县>东兰县>大化县>罗城县>巴马县>南丹县>凤山县>环江县>金城江区>天峨县。

3.6.3.4 耦合机理分析

整体来看，本研究区属于生态环境脆弱地区且初始经济基础薄弱。很大程度上行政村的生态环境与多维贫困之间是相辅相成、相互制约的。究其原因：首先，研究区脆弱的地理环境约束和不利的交通条件使得区域性市场发育先天受限，相对封闭与狭窄的市场范围导致农产品的市场化程度不高，农民工资性收入低下，财产积累匮乏。其次，其生产方式主要依赖小农经济，农业人口多，人均耕地少，农村就业机会较少，抗御风险能力低下，导致农民极易陷入贫困，而一旦陷入贫困后农户由于缺乏资产而难以脱贫，由此慢慢陷入环境贫困的陷阱。再次，农民低下的收入水平，制约了个人用于教育、卫生及培训的投资支出，导致劳动力再生产维持能力严重不足，可能造成劳动者营养不良、认知能力差，在竞争性劳动力市场上处于相对劣势，进而对该地区劳动力转移形成系统性冲击。最后，生态脆弱地区大部分处于"低劣自然资源"的地理环境，一些地区起初经济基础薄弱，就会通过对当地的资源开发来刺激经济增长，伴随着资源的过度开发，在污染加大、健康遭损的同时资源日趋枯竭，资源开发的代价增大，日积月累又将成为经济发展本身的阻碍。短期内，由于缺乏可持续发展的循环路径和基础条件，这些地区会采用更加激进的方法来刺激经济的发展，对具有强烈累积性和隐蔽性的生态环境带来更大的环境和社会代价，从而促使当地很容易陷入发展-生态环境破坏-再发展-生态环境再破坏的恶性循环中，即生态环境贫困陷阱（祁毓和卢洪友，2015）。

对此，针对经济落后型的贫困村，政府可以通过设立专项资金，支持相关地区科教事业的发展，帮助这些地区依靠科技进步和人力资本优化改善经济增长方式和实现经济结构的转型，使资源依赖型贫困村跳出传统的过度依赖资源的惯性，走上发展旅游业等新兴产业的道路。对生态环境落后型和共损型的行政村，政府可以借助新型城镇化的国家发展大潮，引导构建生态环境和市场指导型的新型城镇，通过移民搬迁等形式减小"生态环境脆弱-贫困"陷阱。此外，当地政府可建立多元化的资源环境保障体制，在行业扶贫-社会扶贫-专项扶贫三位一体的大扶贫格局下，进一步建立政府与群众、社会组织、企业单位相互协调、相互约束的"生态环境利益共同体"。在加强政府监督力度的前提下，尝试建立实施生态补偿机制，明确可自由开采和交易的生态环境产品，帮助当地农民在维护好生态环境的条件下实现增产增收。

例如，对于都安县和大化县生态环境脆弱性较强的地区，可采用封山育林或人工种植的方式，并调整土地利用结构、极大林地和牧地的比例并严格控制人口增长，以减缓人口对环境所造成的压力。宜州市地势相对平坦，地表破碎严重且人口密度大、灾旱发生频繁，对于该地可以通过植树种草来加大植被覆盖。罗城县内的行政村则以保护森林生态系统为主。金城江区作为河池市的政治、经济、文化中心，应在保护、合理利用自然资源的基础上，加强旅游业的发展，进一步增加当地的经济收入。宜州市虽然经济发展仅次于金城江区，但要加强生态环境的保护。南丹县、东兰县和巴马县属于山区县，地势起伏大、耕地面积小且旱灾频繁，水土流失严重，粮食产量低，故本区应采用开发与治理相结合的原则，在保护现有资源的同时还要提高农业生产、发展旅游业，以提高经济收入。而天峨县、凤山县、环江县则森林覆盖率高、喀斯特地貌面积少、人口密度小，生态环境系统相对稳定，应维持现有的平衡状态。对于边处于界线处的行政村政府可采取异地搬迁政策，帮助农户脱贫。对于"一方水土养不起一方人"的贫困村，政府除了创新投融资模式和组织方式外，还应该根据"异地扶贫搬迁政策"加强搬迁，使贫困对象尽快脱贫，从根本上解决生计问题。

3.7 本章小结

根据多维贫困度量指标选择的原则，本章研究建立多尺度多维贫困度量模型，多角度系统揭示村-县级层面上多维贫困的分异特征，并结合耦合协调度模型，计算研究区生态环境脆弱性与多维贫困的耦合指数，系统全面地揭示了生态环境与多维贫困之间的协调发展关系。对研究区的测算结果表明：研究区多维贫困状况从西北向东南呈现递增的趋势，生态环境质量从西南向东北呈现递增的趋势，两者均呈现"大分散，小聚集"的空间分布格局；生态环境脆弱性与多维贫困程度存在较强的正相关关系；65%以上的行政村属于中度及以上耦合，且表现出生态环境脆弱性提高、多维贫困状况下降及耦合协调度变大的趋势。濒临失调型及衰退失调型的行政村占总村数的47.7%，且主要分布在东部地区。行政村的生态环境与多维贫困之间是相辅相成、相互制约的，但大部分行政村的生态环境质量改善和多维减贫发展是不同步的。因此在考虑该区扶贫开发政策制定过程中，应该充分考虑生态环境保护的战略意义，加强政府对环境的干预，将生态环境保护纳入连片特困区扶贫大格局中，通过保护地区生态环境的方法来达到减少综合贫困的目的。结合生态经济发展、生态移民措施等，走出一条生态扶贫的道路。

4 多维贫困人口脆弱性度量与空间分布

制定具有前瞻性的扶贫政策，不仅要识别出"谁"正处于贫困中、贫困程度、贫困原因等，还要预测出"谁"可能贫困、有多大的可能陷入贫困、可能贫困的原因等，努力做到将当前贫困和未来可能贫困的农户都纳入扶贫政策瞄准的对象中，既要帮助当前贫困的家庭，又要有效阻止可能陷入贫困的家庭陷入贫困，从而使扶贫政策和措施达到效果最优。因此，若想有效预防和减少贫困，需要将贫困的事前预防和事后减贫相结合（李伯华等，2013；蒋丽丽，2017）。而家庭贫困脆弱性的高低作为对未来贫困可能性的预警信号，能够根据预估的概率提前瞄准高脆弱性群体，对这部分群体采取事前干预措施，降低风险冲击的可能性，增强其抵御风险能力，减少后期为摆脱贫困而投入的人力、物力水平。

国际上相关研究分别从贫困脆弱性概念和理论框架、贫困脆弱性度量、脆弱性形成机制及公共政策启示等方面展开理论和实证研究。但稳定脱贫中所面临的风险具有随机性和不可控性，关于风险转化为贫困脆弱性的具体度量方式，学术界尚未形成统一认识。另外，单纯地使用收入或能够用货币来代替的维度对家庭贫困脆弱性进行度量，忽略了住房、健康、教育等个体因素及社会结构（生态环境、资源禀赋等）的重要影响，无法体现结构性贫困与个体性贫困相互交织的典型特征，因而不能有效和系统地对贫困问题进行分析。尽管部分学者开始从多维的角度评价贫困脆弱性，并参照上述某一单一分析框架对评价指标进行了设计，但是这些研究目前大多停留在理论论证和定性分析层面，较少进行实证和定量分析，同时也并未揭示贫困脆弱性的空间分布特征及其成因，并不足以挖掘深度贫困区域的贫困复杂性，无法针对贫困脆弱性家庭的度量与贫困脆弱性人口的有效瞄准实施差异化政策。

在此背景下，考虑贫困脆弱性理论研究需求和精准扶贫与可持续发展政策实施的实际需求，本章拟从脆弱性应对能力的视角，以社会排斥–脆弱性–可持续生计集成分析框架为基础，通过有机整合，构建顾及自然资本的农村家庭多维贫困脆弱性度量模型，对研究区进行贫困脆弱性的测算，并利用地统计方法揭示其空间分布格局，为精准扶贫战略实施提供前瞻性辅助决策技术支撑。

4.1 研究区与数据

本章所使用的数据主要为"中国营养与健康调查"（China Health and Nutrition Surver，CHNS）数据，该数据是通过中国疾病预防控制中心营养与食品安全研究所与美国北卡罗来纳大学人口研究中心联合进行的大规模的社会健康调查获得的（数据来源网址：http://www.cpc.unc.edu/projects/china）。调查涉及诸多学科，包括健康学、营养学、社会学、人口学、经济学、公共政策等。CHNS 数据的内容十分广泛，包括社区调查、家庭户调查、个人调查、健康调查、营养和体质测验、食品市场调查及健康和计划生育调查，CHNS 数据包含了大量中国家庭的重要信息，如家庭收入（农业收入、非农业收入等）、地区经济发展及各区域的公共设施状况，所以 CHNS 数据对研究中国家庭的脆弱性状况有重要的参考价值。截至目前，该调查已经进行了九轮（1989 年、1991 年、1993 年、1997 年、2000 年、2004 年、2006 年、2009 年、2011 年），并发布了若干轮次数据调查范围包括辽宁、江苏、黑龙江、河南、山东、湖南、湖北、陕西、云南、浙江、广西、贵州、重庆共 13 个省级行政单位，其空间分布状况如图 4-1 所示。该调查首先选取要调查的省，然后将按照收入分层和一定的权重随机抽取的城镇和村作为调查点，每个村抽取 20 个家庭。综合下来，每轮都至少调查 4000 个家庭，其中，城镇和乡村的比例为 1 : 2，但不是所有的家庭都参与了九轮调查，有的参与一次，有的参与多次，每轮都参加的家庭很少。总结历年的调查数据，参与这项调查的家庭共计 37 443 个，其中城镇家庭为 12 139 个，农村家庭为 25 304 个，样本统计见表 4-1。从表 4-1 中能看出，总的数据跟踪率还是比较高的，按照城乡参与家庭的比例可知，农村的样本要比城市样本稳定，所以本章只选取农村家庭作为研究对象，CHNS 各省样本统计量见表 4-2。

表 4-1　CHNS 各轮样本统计量

项目	1989 年	1991 年	1993 年	1997 年	2000 年	2004 年	2006 年	2009 年	2011 年	家庭数
城镇样本量	1 254	1 170	1 052	1 258	1 390	1 381	1 400	1 526	1 708	12 139
农村样本量	2 537	2 437	2 386	2 580	2 939	2 958	2 974	3 056	3 437	25 304
样本总量	3 791	3 607	3 438	3 838	4 329	4 339	4 374	4 582	5 145	37 443

表 4-2　CHNS 各省样本统计量

省名	云南	贵州	广西	湖南	湖北	陕西	重庆	河南	辽宁	黑龙江	山东	江苏	浙江
样本村数量（个）	179	189	210	215	180	214	198	175	189	182	191	13	41

在时间轴上，本章选取 2000 年、2004 年、2006 年、2009 年、2011 年五次都参与的农村家庭跟踪面板数据，共计 2527 个家庭样本进行研究。之所以没选择前四轮的数据，是因为九轮都参加的家庭样本太少，也考虑到研究的时效性问题。测度应用的是 2000 年、2004 年、2006 年、2009 年的四轮的数据，将 2011 年的数据作为贫困脆弱性测度结果的对照组。此外，本研究采用基于百度地图 API 的地址解析方法获取参与调查的家庭所在村的经纬度，利用 ArcGIS 软件生成村矢量点数据（后称"样本村"），为后面的贫困脆弱性空间分布特征分析做准备，如图 4-1 所示。本章所用的地理矢量数据有 1 : 25 万国家基础地理数据、研究区 13 个省级矢量图，数据使用前进行了地理配准、粗差剔除、拓扑检查等预处理。

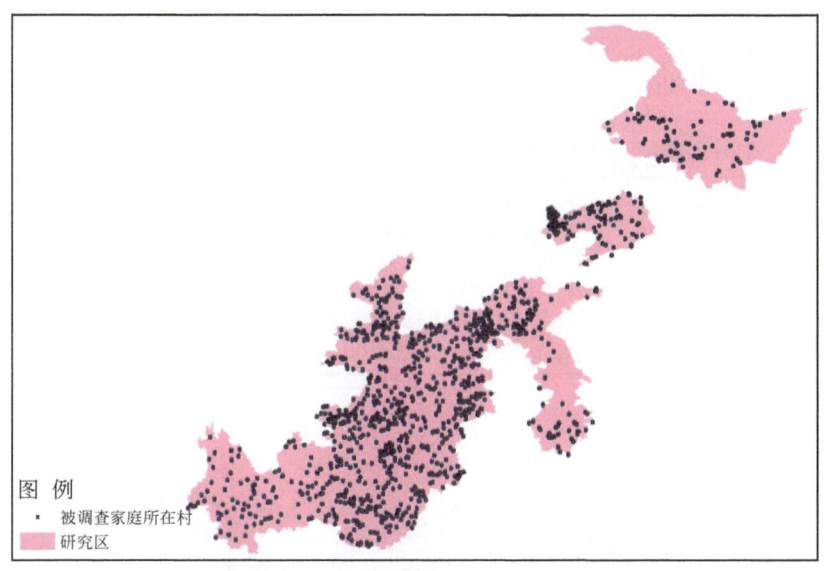

图 4-1 研究区和样本村空间分布状况

4.2 多维贫困脆弱性研究方法

4.2.1 多维贫困脆弱性度量与分析的总体技术路线

本章拟按照理论梳理和数据准备及指标选取—贫困脆弱性测度及分解—贫困脆弱性空间分布特征分析—贫困脆弱性分析—事前预防的思路展开,具体研究技术路线如图4-2所示。首先基于可持续生计框架建立多维贫困脆弱性指标体系,构建不同维度下家庭脆弱性度量模型,测度研究区贫困脆弱性和子群贫困脆弱性。其次结合ArcGIS空间分析,从空间地理的角度分析研究区贫困脆弱性的空间分布特征。根据测算的家庭贫困脆弱性值分析家庭所代表村的贫困脆弱性现状。再次利用得到的村的贫困脆弱性值为权重,通过加权核密度模型、空间局部插值法及空间自相关分析方法,分别从家庭所在村的空间异质性、空间依赖性格局等方面分析空间区域特征。最后挖掘贫困脆弱性的影响因素、识别不同类型中的高脆弱性群体,针对不同的诱发因素有针对性地提出扶助策略建议,为稳定脱贫政策制定提供决策支撑。

基于上述技术路线,拟研究的具体关键技术问题包括以下四方面。

1) 构建多维贫困脆弱性指标体系。目前,国内贫困脆弱性的研究多是从货币可以替代的单一维度进行,对于那些不能用货币来代替的指标和维度却考虑较少,如健康、居住地类型等。故本章以CHNS数据为基础,借鉴国内外相关研究成果,尝试从多维角度构建多维贫困脆弱性指标体系,并进行贫困脆弱性的测度。

2) 贫困脆弱性空间分布特征分析。现阶段对贫困脆弱性的研究,多集在经济学和金

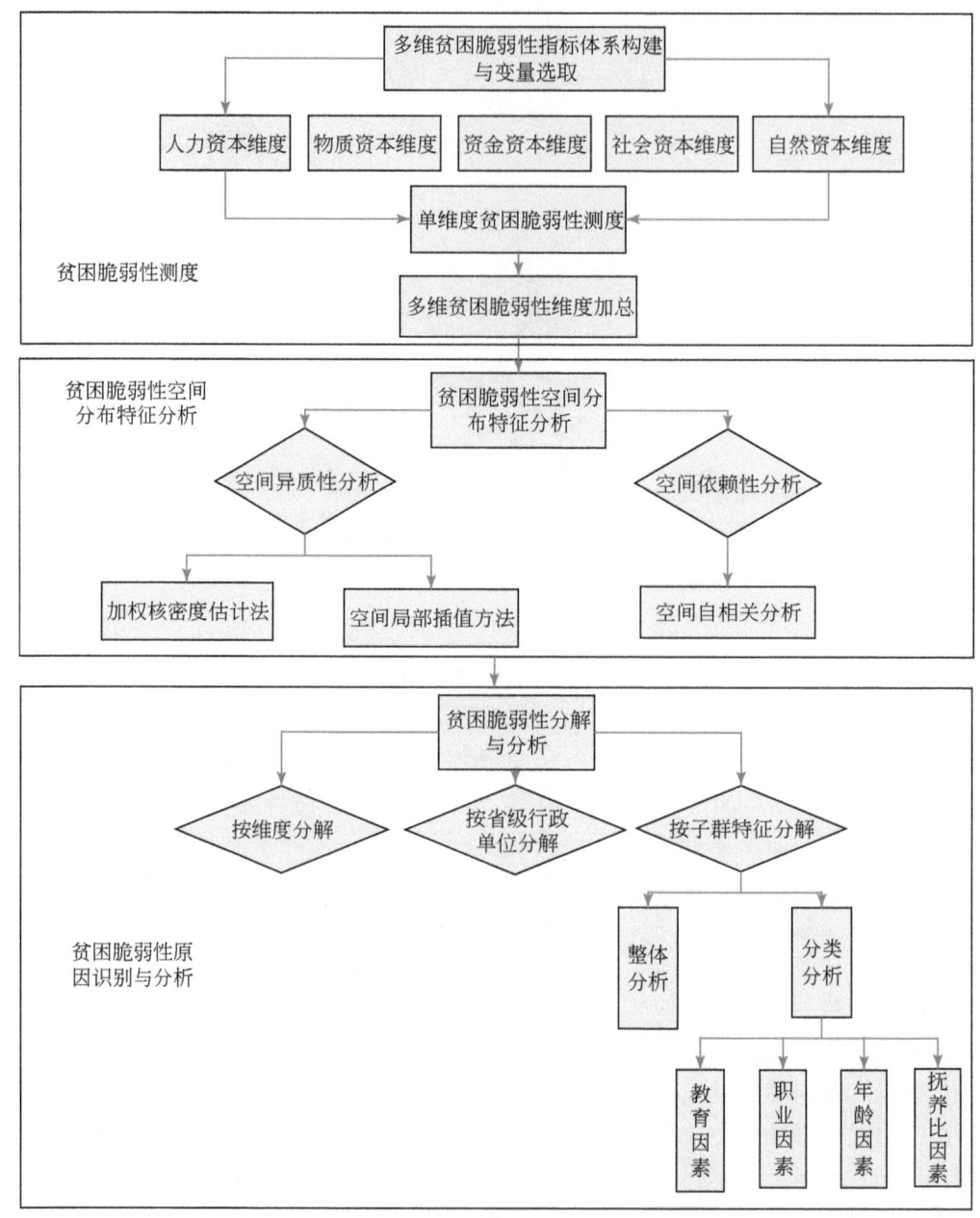

图 4-2 研究思路流程

融学，主要是通过对与收入/消费相关的经济数据的测算，得到家庭贫困脆弱性，而贫困脆弱性往往与地域、空间分布有很大联系，却很少有学者从地理学的角度出发，利用 GIS 技术对贫困脆弱性进行空间分布特征的研究。故本章将通过对研究区空间分布特征的分析，识别出脆弱性聚集的地区，并进行区域的差异化精准帮扶。

3）挖掘贫困脆弱性的影响因素。对于脆弱性相同的家庭，它们的影响因素可能存在很大的差异，在扶贫政策和措施实施的过程中，应充分考虑这种差异性，实行差异性干预和帮扶。本章在单个家庭脆弱性的基础上,通过对贫困脆弱性各影响因素贡献度的测算和排名,找出贡献度最大的影响因素,并给出相应的政策启示。

4)贫困脆弱性群体的识别。在测算和判断单个家庭脆弱性的基础上,对不同的贫困脆弱性家庭按照一定的特征进行划分,识别出具有相同特征的脆弱性群体并对其进行帮扶。

4.2.2 多维贫困脆弱性度量模型设计

本章对贫困脆弱性的研究重点关注三个方面:一是从多个维度对贫困脆弱性的测度与分解,二是贫困脆弱性空间分布特征分析,三是贫困脆弱性影响因素的挖掘。

关于如何从多维视角进行贫困脆弱性的测度,学术界还未形成统一的意见。本研究将对多维贫困脆弱性测度进行尝试,以农村家庭为基本研究单元,以农户生计框架为基础,从农户生计中的5个资本出发选取指标和变量,以空间贫困理论和人地关系系统理论为指导,考虑自然环境等非人为因素对反贫困的影响,以及贫困脆弱性与地理环境、资源、社会经济各要素之间相互影响、相互作用的动态关系,构建包括自然、生态环境、经济、社会保障等指标在内的多维贫困脆弱性评价指标体系候选集,利用预期的贫困脆弱性(VEP)测度方法,进行多维视角下五种生计资本的贫困脆弱性测度。

4.2.2.1 贫困脆弱性指标选取与标准化

脆弱性通常是指家庭或个人经受灾害和损失的可能性,包括承受、应对、抵御灾难以及从灾难影响中得到进一步恢复的能力。一般说来,脆弱性的弹性受到环境、物质、经济、政治、社会和文化等多种因素的综合影响(苏芳等,2009;王立安和许晓敏,2018)。所以,要精准度量家庭的贫困脆弱性程度,首先需要构建一个全面描述贫困脆弱性状况的综合性家庭多维贫困脆弱性指标体系。维度和指标的选择需考虑全面性、目的性、科学性、层次性、可操作性等基本要求,同时需能够满足不同区域范围内贫困脆弱性度量的公平性、多维综合性、研究对象的针对性以及评价标准的可获得性等要求。通过借鉴相关文献(李林玲,2012;刘丽娜和李俊杰,2015)并结合农村家庭和数据的实际情况,以家庭为基本研究单元,以空间贫困理论和人地关系系统理论为指导,考虑自然环境等非人为因素的影响,以及贫困与地理环境、资源、社会经济各要素之间相互影响、相互作用的动态关系,构建包括人力、自然、金融、物质、社会等指标在内的家庭多维贫困脆弱性指标体系候选集。

综上,由英国国际发展署(Department for International Development,DFID)建立的可持续生计发展框架(图2-1)(汤青,2015),能够满足脆弱性指标选取的各项标准,且该框架包含了对脆弱性的理解及其与可持续生计其他部分的动态关系,脆弱性环境/背景是可持续生计发展中农户难以控制的部分,构成了农户生计的外部环境,所以本章结合可持续生计框架从家庭自身和外界环境两个方面选取变量。该框架是在假设农户处于非稳定的生计背景下,对于面临的风险与冲击,农户综合利用五种核心资本来应对外部环境变化和风险。此外,虽然家庭贫困脆弱性状况与外界的法律、制度、文化、政策等因素有关,但是在一定时间内外界因素不会发生太大的变化，所以本章着重从农户生计框架（图4-3），即人力资本、自然资本、金融资本、物质资本、社会资本出发，结合实际的研究数据进行指标的选取，构建五个资本维度上的指标体系，研究样本家庭贫困脆弱性状况。

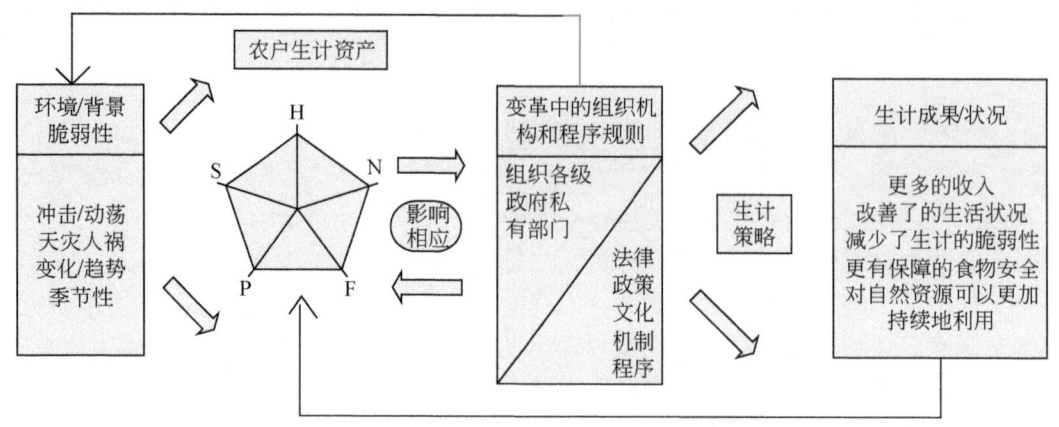

图4-3　DFID可持续生计分析框架
H：人力资本；N：自然资本；F：金融资本；P：物质资本；S：社会资本

农户生计资产以人为中心，力求通过不同的资本准确地表现农户生产生活中的各种影响因素，具体组成可由下面五边形表示（图4-4）。以不同的资本为维度，根据不同资本的内涵选取指标。

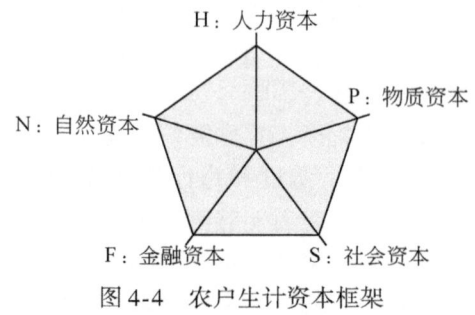

图4-4　农户生计资本框架

由于指标的量纲不同，需要先对指标进行标准化处理。常用的标准化方法很多，如离差标准化、标准差标准化等，但这些对数据进行标准化的方法通常都是针对定量数据的，对于一些无法用定量数据来表达的指标类型，如地形、住房类型等描述性的数据是无法用定量的数据来表示并标准化的。所以，本章参考Sen（1981）的能力贫困理论与UNDP（2014）开发的多维贫困测算架构，对各个家庭的各项指标划定临界线。同时，在对指标进行标准化的过程中，对特定指标根据其自身特点进行等级划分。划分标准主要依据国家扶贫开发纲要、经济发展相关的各类纲要以及现有文献中对指标划分等级的研究，同时也要结合实验数据的分布状况，将指标体系中各指标阈值分为1~5级，数值越大，贫困越深，并利用等权重法对每项指标进行赋值，结果如表4-3所示。

4 多维贫困人口脆弱性度量与空间分布

表4-3 农户生计五项资本描述及指标选取

资本维度	含义	指标选取
人力资本	指农户拥有的谋生技能、接受教育的程度和自身健康状况等，人力资本直接影响家庭的收入水平和抵抗风险的能力	家庭劳动力数量、家庭劳动力平均受教育年限、家庭劳动力受技术培训次数、家庭劳动力残疾/患病人数、抚养比、高学历比（大专以上）
自然资本	自然资本作为农户生存中的外部自然资源、环境，既是生产生活的初始条件，如耕地、林地、食物、水资源等，也是造成农户陷入潜在风险、抵抗农户对负面冲击应对的阻力	农户居住地形、人均耕地（草场、林地）面积、饮水质量、自然灾害发生频次与损失、是否地处高海拔地区、是否地处喀斯特地区、是否通电、农户到最近小学的距离、农户到最近卫生站的距离
物质资本	物质资本是农户除自然资本外所拥有的设施和设备，如家庭住房、家用电器、农业器械等	农户的住房结构、人均住房面积、电视机拥有量、耐用消费品拥有量、人均牲畜拥有量、人均粮食拥有量
金融资本	指农户可以购买物品、实现其生计目标的现金和可获得的借款、贷款，一般包括家庭现金收入、家庭储蓄存款、他人捐款、金融机构贷款和民间借贷等。农户可获得的金融资产越多，抵御风险的能力越强	家庭现金收入、家庭储蓄额、家庭年均借贷次数、年均借贷额、主要借贷途径
社会资本	指农户在追求生计目标的过程中可以利用的社会资源，如社区资源、亲友援助、参与合作社、参加养老保险、享受国家补助等。一般，农户可利用的社会资本越多，抵御风险的能力越强	农户是否参加专业合作组织、亲友援助、国家补助金额、合作医疗、低保、养老保险参与情况

家庭贫困脆弱性不但取决于家庭目前的福利水平，也取决于家庭未来可能的生计前景和可能面临的风险冲击及家庭应对冲击的能力。综上所述，本章对指标的选择和描述主要分为以下几类：外部环境——家庭所处的外部环境可能使家庭在未来陷入贫困的风险，同时对家庭应对外部环境所带来的冲击也有很大的限制。基于外部环境，本研究选取自然资本具体包括：农户居住地形（包括平原、丘陵、山区），并将三种地形进行赋值和标准化（平原=0，丘陵=0.5，山区=1）；人均耕地（草场、林地）面积，该指标用家庭耕地总面积与家庭人口总数的比值来表示，并根据查阅的研究区各地人均耕地面积的平均值，对不同人均耕地面积进行赋值（小于0.5=1，[0.5，0.795]=0.66，(0.795，1.35)=0.33，大于1.35=0）；年自然灾害发生频次，用平均每年自然灾害发生次数来表示，根据研究区近几年自然灾害发生的平均频次对该指标进行分级和赋值（大于2次=1；1~2次=0.5；0次=0）；是否通电（0=是，1=否）；是否通路（0=是，1=否）；最近安全取水点距离，指农户居住地到最近安全取水点的距离，按照研究区农村家庭样本点到最近安全取水点的距离的最大值、最小值和平均值进行赋值和等级划分（小于1km=0，1~2km=0.5，大于2km=1）；农户到最近小学的距离和农户到最近卫生站的距离指标的赋值和等级划分标准与最近安全取水点距离的赋值和分级指标相一致。

贫困脆弱性测算指标体系如表4-4所示。

表 4-4　贫困脆弱性测算指标体系

维度	指标（编号）	指标说明	指标赋值说明	指标权重
人力资本（X_1）	劳动力人数（X_{11}）	15~60岁人口数（人）	≥6人=0；5人=0.25；4人=0.5；3人=0.75；≤2人=1	1/25
	劳动力平均文化水平（X_{12}）	15~60岁人口平均文化水平	1=文盲；0.75=小学；0.5=初中；0.25=高中；0=大专及以上	1/25
	劳动力残疾/患病率（X_{13}）	15~60岁人口残疾/患病人数（%）	统计数据（范围0~1）	1/25
	劳动力负担系数（X_{14}）	劳动力人口/家庭总人口	统计数据（范围0~1）	1/25
	文盲比例（X_{15}）	文盲人数/家庭总人口（%）	统计数据（范围0~1）	1/25
物质资本（X_2）	电视机拥有量（X_{21}）	家庭拥有电视机数量（台）	0台=1；1台=0.5；≥2台=0	1/30
	冰箱等耐用消费品拥有情况（X_{22}）	是否拥有冰箱、洗衣机等消费品	1=无；0=有	1/30
	家庭住房结构（X_{23}）	是否钢筋混凝土结构住房	钢结构=0；钢筋混凝土=0.25；砖混结构=0.5；木结构=0.75；茅草结构=1	1/30
	汽车、摩托等工具拥有量（X_{24}）	家庭拥有的汽车等交通工具的数量（辆）	0辆=1；1辆摩托车=0.75；1辆汽车=0.5；汽车摩托各一辆=0.25；超过1辆汽车+1辆摩托=0	1/30
	牲畜拥有量（X_{25}）	家庭饲养的牛、羊、猪数量（头）	1=0头；0.75=1~2头；0.5=3~5头；0.25=6~10头；0=10头以上	1/30
	人均粮食拥有量（X_{26}）	家庭粮食总量/家庭总人口（kg）	大于400=0；[363,400]=0.25；[321,362]=0.5；[284,320]=0.75；小于284=1	1/30
金融资本（X_3）	家庭人均现金收入（X_{31}）	家庭现金总收入/家庭总人口（元）	(6000,+∞)=0；(3500,6000]=0.25；(2800,3500]=0.5；[2301,2800]=0.75；[0,2300]=1	1/10
	家庭储蓄额（X_{32}）	总资产当中减去总负债（万元）	(10,+∞)=0；(8,10]=0.25；(6,8]=0.5；(3,6]=0.75；(0,3]=1	1/10
社会资本（X_4）	参与专业合作组织情况（X_{41}）	是否参与专业合作组织	0=是；1=否	1/20
	国家补助情况（X_{42}）	是否享有国家补助	0=是；1=否	1/20
	参与合作医疗情况（X_{43}）	是否参加合作医疗	0=是；1=否	1/20
	参与养老保险情况（X_{44}）	是否参加农村养老保险	0=是；1=否	1/20

续表

维度	指标（编号）	指标说明	指标赋值说明	指标权重
自然资本 (X_5)	农户居住地形 (X_{51})	地形包括平原、丘陵、山区类	平原=0；丘陵=0.5；山区=1	1/40
	人均耕地（草场、林地）面积 (X_{52})	家庭耕地总面积（亩）/家庭人口总数	小于0.5=1；[0.5, 0.795]=0.66；(0.795, 1.35)=0.33；大于1.35=0	1/40
	年自然灾害发生频次 (X_{53})	平均每年自然灾害发生次数（次）	大于2次=1；1~2次=0.5；0次=0	1/40
	到最近安全取水点的距离 (X_{54})	农户居住地到最近安全取水点的距离（km）	小于1km=0；1~2km=0.5；大于2km=1	1/40
	农户到最近小学的时间 (X_{55})	农户居住地到最近小学的时间（min）	小于30min=0；30~60min=0.5；大于60min=1	1/40
	农户到最近卫生站的时间 (X_{56})	农户居住地到最近卫生站的时间（min）	小于30min=0；30~60min=0.5；大于60min=1	1/40
	农户居住地通电情况 (X_{57})	农户居住地是否通电	0=是；1=否	1/40
	农户居住地通路情况 (X_{58})	农户居住地是否通路	0=是；1=否	1/40

4.2.2.2 贫困线和贫困脆弱线的确定

以往学者对贫困脆弱性的研究表明，用VEP方法预测贫困脆弱性时，贫困线划得越高，得到的结果准确度越高（Zhang and Wan，2008；陈灿平，2018），如果用生计资本来解释，贫困线较高时，生计资本投资的固定成本所占比例较低，风险带来的百分比损失较低，因而结果准确度越高。既然贫困脆弱性依赖于贫困线的划分，我们将确定一个适合本专题研究对象的贫困线和脆弱线。但是，贫困线和脆弱线选取的过程中，学者们使用最多的两条贫困线：每人每天2美元（相对贫困线）和每人每年2300元（国家贫困线）；最常用的两条脆弱线：低脆弱线（即将某地的人口贫困发生率看作脆弱性水平的均值）和高脆弱线（即0.5的脆弱性）。按照以往研究者对临界线的选取使用情况，我们能得到四个组合，但是这四个组合哪个方法最适合本章的研究？本章拟采用重合率法对四种组合进行检验，选出最优贫困临界值和贫困脆弱性临界值，并利用选出的最优临界值组合进行下一步研究。

在统计学中，统计结果的可靠性可以用置信度来衡量。置信度也称为可靠度，即在抽样对总体参数进行估计时，估计值与总体参数在一定允许的误差范围以内，其相应的概率值的大小。类似地，本章定义一个脆弱性测度的可靠性指标：如果预测某个家庭是脆弱的，而在下一期，这个家庭真的如预测般陷入了贫困状态，那么可以说对这个家庭脆弱性的测度是可靠的。我们将前一期的脆弱性与后一期的实际贫困状况进行比照，预测的贫困和实际的贫困往往会有一定的差别，有些是一致的，有些是不一致的，这样就可以得到预测脆弱性与实际贫困吻合的家庭比例，比例越高，吻合度就越高。这个吻合度称为脆弱家庭与贫困家庭的重合率，所以可以使用重合率来评估脆弱性测度的可靠性。

在进行重合率评估时，采用的是控制变量法：固定脆弱线，比较不同的贫困线；固定贫困线，比较不同的脆弱线。重合率是根据2009年脆弱且2011年贫困的家庭数除以2009年的脆弱家庭数计算得到的。通过计算，可以得到表4-5所示的一个比较直观的表格。

表4-5 2009年预测的贫困与2011年观察到的贫困对比

重合率	国家贫困线（2300元）	相对贫困线（2美元）
低脆弱线（贫困发生率）	0.1633	0.2045
高脆弱线（0.5的脆弱性）	0.2533	0.2737

注：本研究采用1美元=6.2004元进行计算。

由表4-5可知，预测的未来贫困情况（家庭贫困脆弱性）和下一期的实际贫困情况有一定的差别。出现差别的原因，一是因为用2009年的家庭特征向量去预测2011年的情况，时间间隔有些长，且进行家庭收入拟合时只用了三个时间点，导致误差。二是因为贫困脆弱性只是一个预测概率，贫困则是事实情况，仅靠两者的重合率来判定预测的精准度是比较粗糙的。不过，这种方法可以做大致参照，从表4-5可以看出，固定脆弱线随着贫困线的提高，脆弱性的预测精准性会随之提高；固定贫困线，高脆弱线的重合率较高。所以本研究在进行实证分析时将选取相对贫困线（2美元）和高脆弱线（0.5的脆弱性）。

4.2.2.3 单维度贫困脆弱性度量方法

按照前文所述，本章采用预期贫困的脆弱性（VEP）对贫困脆弱性进行测度。由于VEP的内涵是对未来事件的预测，所以在测度贫困脆弱性之前要对未来福利的分布进行估计，在估计的基础上进行脆弱性的测度。第一步进行估计，可以视为"预测收入（消费）"，第二步则可视为"测度脆弱性"。

基于预测收入/消费的脆弱性测度可以概括为

$$V_{h,t} = E[p(C_{h,t+1}, Z)] \mid I_T \tag{4-1}$$

式中，$V_{h,t}$表示在时间t时家庭h的贫困脆弱性；$C_{h,t+1}$表示家庭h在时间$t+1$时的收入或消费水平（视为消费水平）；Z表示贫困线，从公式可知，计算家庭贫困脆弱性需要消费水平分布$C_{h,t+1}$和贫困线z值；I_T表示从T期面板数据中可观察到的家庭特征信息。$p(C_{h,t+1}, Z)$表示贫困指标，本章采取贫困评估中常用的FGT贫困指标：

$$p_{\alpha,h,t} = \left(\max \left\{ 0, \frac{z - C_{h,t}}{z} \right\} \right)^{\alpha} \tag{4-2}$$

α是贫困厌恶指数，α的值越大，表示对贫困的厌恶程度越高，对穷人赋予的权重也是越大的（冯星光，张晓静，2006）。$\alpha \geq 0$，在研究中一般使用$\alpha=0$，1，2。当$\alpha=0$时，FGT即为贫困发生率；当$\alpha=1$时，FGT表示贫困发生率同收入缺口率的乘积，也称为成比例收入落差。当$\alpha=2$时，表示平方贫困距指数。FGT三种指数通常配合使用，能够较为全面的衡量贫困状况，特别是平方贫困距指数，综合反映了贫困的广度、深度和强度，是贫困测量中不可或缺的重要指标。（冯星光和张晓静，2006；董臣，2018）。假设家庭h

在 $t+1$ 时期的收入分布的累计分布函数为 $F(C_{h,t+1})$，概率密度函数为 $f(C_{h,t+1})$。从而 VEP 转化为

$$V_{h,t} = \int_{-\infty}^{z} f(C_{h,t+1}) \mathrm{d}F(C_{h,t+1}) \tag{4-3}$$

因此，贫困脆弱性测度公式转换为

$$\begin{aligned} v_{\alpha,h,t} &= E[P_{\alpha,h,t+1}(C_{h,t+1}) \mid F(C_{h,t+1})] \\ &= \int \left(\max\left\{0, \frac{z - c_{h,t+1}}{z}\right\} \right)^{\alpha} \mathrm{d}F(C_{h,t+1}) \\ &= F(Z) \int_{c}^{z} \left(\frac{Z - C_{h,t+1}}{Z} \right)^{\alpha} \frac{f(c_{h,t+1})}{F(z)} \mathrm{d}c_{h,t+1} \end{aligned} \tag{4-4}$$

综上，选择 VEP 测度贫困脆弱性，首先要确定其消费的分布形式，然后再根据前期家庭消费信息、家庭特征信息、家庭外部环境信息等确定估计分布的参数后，代入公式进行贫困脆弱性测算。

4.2.2.4 家庭未来收入水平估计

（1）家庭未来收入水平的分布形式

Chaudhuri 等（2002）、章元（2006）等在贫困脆弱性研究中发现低收入人群的收入分布适合对数正态分布的假设，而本章研究的对象是农村家庭，属于低收入人群，所以本章设定家庭未来收入水平的分布形式为对数正态分布。对数正态分布的概率密度函数为（Chaudhuri and Christiaensen，2002；Chaudhuri et al.，2002）

$$f(C_{h,t+1}; \mu_h, \sigma_h^2) = \frac{1}{C_{h,t+1} \sigma_h \sqrt{2\pi}} e^{-\{(\ln C_{h,t+1} - \mu_h)^2 / 2\sigma_h^2\}} \tag{4-5}$$

式中，$C_{h,t+1}$ 表示家庭 h 在 $t+1$ 时间的消费水平；μ_h 表示家庭 h 未来收入的均值；σ_h^2 表示家庭 h 未来收入的方差。

（2）家庭未来收入水平分布的均值和方差

Mansuri 和 Healy（2001）基于 Friedman 持久收入假说，证明了持久收入可以作为未来支出均值的一个比较好的估计量，类似地相关基于面板数据的实证研究表明：观察到的收入或消费的均值和标准差可以被认为是未来收入或消费的均值或标准差的无偏估计量（Chaudhuri and Christiaensen，2002；Chaudhuri et al.，2002；McCulloch and Calandrino，2003）。所以，本章使用跨期收入对数的简单算术平均数作为未来收入分布的均值，并在此基础上计算未来收入的方差：

$$\mu_{\ln c_{h,t+1}} = \frac{1}{T} \sum_{t=1}^{T} \ln c_t \tag{4-6}$$

$$\sigma^2_{\ln c_{h,t+1}} = \frac{1}{T-1} \sum_{t=1}^{T} (\ln c_{ht} - \mu_{\ln c_{h,t+1}})^2 \tag{4-7}$$

4.2.2.5 贫困脆弱性的生成

估计出未来消费的均值 $\mu_{\ln c_{h,t+1}}$ 和方差 $\sigma^2_{\ln c_{h,t+1}}$ 后，按照事先假定的家庭收入 $\ln C_{h,t+1}$ 服从对数

正态分布，所以，在得到均值和方差后，可以测算贫困脆弱性（Chaudhuri et al., 2002）：

$$V_{h,t}^* = p^*(\ln C_{h,t+1} < \ln Z \mid \mu_{\ln C_{h,t+1}}^*, \sigma_{\ln c_{h,t+1}}^{*2}) = \phi\left(\frac{\ln Z - \mu_{\ln C_{h,t+1}}^*}{\sigma_{\ln c_{h,t+1}}^{*2}}\right) \quad (4\text{-}8)$$

式中，$V_{h,t}^*$ 为家庭贫困脆弱性，$\phi\left(\dfrac{\ln Z - \mu_{\ln C_{h,t+1}}^*}{\sigma_{\ln c_{h,t+1}}^{*2}}\right)$ 为标准正态分布的累计密度。

4.2.2.6 多维贫困脆弱性的度量方法

根据家庭在单个维度上识别出来的贫困脆弱性指标，建立脆弱性矩阵 G，当对家庭的综合维度进行贫困脆弱性的考虑时，需要对家庭贫困脆弱性进行维度的计数 B，在此基础上选择合适的多维贫困脆弱性阈值（K），使每个家庭的 B 值与 K 值进行比较，从而判断家庭是否存在多维贫困脆弱性状况。具体而言，包括三个步骤：

第一步，对每个维度进行赋权，得到赋权的贫困脆弱性矩阵 G^*：

$$G^* = \begin{bmatrix} w_1 g_{11} & \cdots & w_m g_{1m} \\ \vdots & & \vdots \\ w_1 g_{n1} & \cdots & w_m g_{nm} \end{bmatrix} \quad (4\text{-}9)$$

式中，w_i 表示各维度的权重，且 $\sum_{i=1}^{m} w_i = 1$。

考虑到每个维度对贫困的作用大小不同，在进行多维贫困加总时应注意各维度和指标权重的不同。目前，已经有很多方法用来给维度赋权重，如主成分分析法、熵值法等，对本章数据进行了相关性分析、一致性检验等论证，结果显示在选择不同权重的情况下，多维贫困指数变化较小，属于较稳定的指数（Guedes et al., 2010）。此外，由于不同维度和多项指标的权重分配在国际上还没有形成统一的参考标准，且对于本章所选用的农户生计资本中的五项资本，无法说明各项资本维度对农户的影响大小，每项资本对农户生计都有着不可或缺的作用，所以无法区分哪个资本维度的权重更大或更小。鉴于此，本章在考虑了 UNDP（2014）等分权重的基础上，结合研究区的实际状况，利用等分法对各维度指标进行赋值，即每个维度采用等权重赋权，维度内的指标在维度权重的基础上再次对维度的权重进行等分。

第二步，对每个家庭脆弱性的维度个数进行加总：$c_h(k) = \sum_{j=1}^{m} w_j g_{hj}$，表示家庭 h 存在所有贫困脆弱性指标个数和。

第三步，确定脆弱性指标的多维度临界值 K，比较 $c_h(K)$ 与 k 的大小，并统计存在多维贫困脆弱性的家庭数：

$$q_h(k) = \begin{cases} 1, & c_h(k) \geq k \\ 0, & 其他 \end{cases} \quad (4\text{-}10)$$

当 $q_h(k) = 1$ 时，表示家庭中贫困脆弱性的指标比临界值 k 大或相等，即家庭存在多维贫困脆弱性，反之不存在。

在判断出家庭是否存在多维度贫困脆弱性的基础上，对多维贫困脆弱性家庭的多维贫困脆弱性指数进行测算，多维贫困脆弱性指数包括 $H(k)$（多维贫困脆弱性发生率）、

$A(k)$(平均贫困脆弱性指数)及最终通过$H(k)$和$A(k)$得到的多维贫困脆弱性综合指数$M(k)$,其中,k是判断一个家庭是否属于多维贫困脆弱性的临界值,若家庭存在k个指标或多于k个指标都是脆弱的,则家庭存在多维贫困脆弱性,否则不是多维贫困脆弱性家庭。各指数的测算公式如下。

多维贫困脆弱性发生率表达如下:

$$H(k) = \frac{\sum_{h=1}^{n} q_h(k)}{n} \tag{4-11}$$

式中,$H(k)$表示多维贫困脆弱性的家庭总数占总样本数的比例,表示多维贫困脆弱性家庭存在的广度,反映出多维贫困脆弱性家庭的整体状况;h表示样本中的某一个家庭;n表示样本家庭总数;$q_h(k)$表示样本家庭中属于多维贫困脆弱性的家庭数。

虽然$H(k)$能够反映出多维贫困脆弱性家庭的整体状况,但是它对贫困脆弱性的多维强度不敏感,不能反映多维贫困脆弱性家庭的多指标情况,即不能反映贫困脆弱性的强度,所以我们引入了平均贫困脆弱性指数$A(k)$。

平均贫困脆弱性指数表达如下:

$$A(k) = \frac{\sum_{h=1}^{n} C_h(k)}{\sum_{h=1}^{n} q_h(k) \times m} \tag{4-12}$$

式中,$A(k)$表示所有多维贫困脆弱性的家庭平均存在脆弱性的指标数与总测算的指标数m的比值,用来表示多维贫困脆弱性家庭脆弱性的强度。其中$c_h(k)$表示每个家庭脆弱性的维度个数的加总数。

由$H(k)$和$A(k)$共同决定的多维贫困脆弱性综合指数$M(k)$,用来表示多维贫困脆弱性家庭的整体贫困脆弱性状况。

多维贫困脆弱性综合指数表达如下:

$$M(k) = H(k) \times A(k) \tag{4-13}$$

4.2.3 多维贫困脆弱性空间特征分析方法

4.2.3.1 空间异质性分析方法

(1)加权核密度估计法

本章引入加权核密度模型(kernel density estimation,KDE)揭示研究区样本点的贫困脆弱性的空间分布密度及其核心分布区域。因点周围领域不同,任意一个点都有一个点密度(王泽宁等,2015),核密度分析可根据输入要素数据计算整个区域的数据聚集状况。普通的核密度模型可以对点模式下家庭的空间密度进行表达,但难以区分不同家庭之间贫困脆弱性的脆弱程度。本章将$M(k)$值等级作为权重对研究范围内的村进行加权核密度分析,试图更加科学合理地分析各村的贫困脆弱性空间分布异质性。同时,根据核密度大小的差异,利用自然断点分类法划分一级、二级、三级、四级、五级不同核密度等级的贫困脆弱性核心区域，代表不同等级的贫困脆弱性聚集程度，其中以五级核心为首，贫困度最集中。

核密度模型的原理是以 P 点为圆心，统计半径为 r 的圆之内的事件数量，并除以圆的面积，因点周围领域不同，任意一个点都有一个点密度（王泽宁等，2015）。加权核密度模型则是在此基础上赋予事件属性，在统计中不同属性的事件会出现不同的次数，公式如下：

$$P(x) = \frac{1}{h^2} \sum_{i=1}^{n} \left\{ K\left[\frac{d(x, x_i)}{h}\right] \right\} \tag{4-14}$$

式中，n 表示半径为 r 的圆范围内所包含的事件数量；K 函数表示空间权重函数；h 表示距离阈值即 r；$d(x, x_i)$ 表示两点间的欧式距离。

（2）空间局部插值方法

正如托布罗第一地理定律所述，"所有事物彼此相关，距离越近关系越强"（Tobler，1970；王泽宁等，2015）。局部插值（local interpolation）借助未知点周围的样本来估计未知值（Chang，2004）。对于中国的农村家庭来讲，各个村之间具有一定相互影响，而且各村越临近，其相互影响越大，属于主要受临近点的影响，所以本研究选择局部插值法中的反距离加权法（inverse distance weighted，IDW），用周围点的加权平均值作为未知点的估计值（王泽宁等，2015）。本研究通过扫描统计量方法分析贫困村在空间分布上的聚集特征。计算公式如下：

$$Z_u = \frac{\sum_{i=1}^{s} z_i \, d_{iu}^{-k}}{\sum_{i=1}^{s} d_{iu}^{-k}} \tag{4-15}$$

式中，Z_u 表示待估 u 点的未知值；z_i 表示控制点 i 的属性值；d_{iu} 表示点 i 与 u 之间的距离；s 表示所有控制点的数目；k 表示幂次。幂次越高，距离衰减作用越强，即临近点的权重比远处点的权重高得多。也就是说，距离的幂次越高，局部作用越强。

本章用这种方法分析样本家庭在空间上对周围的影响，是想通过周围的"连带作用"估算临近的性质相似的家庭贫困脆弱性，从而预测未知家庭未来可能陷入贫困的概率。

4.2.3.2 空间依赖性分析方法

空间依赖性分析主要通过样本点的空间自相关分析来表示，空间自相关表示某一个单元在空间上的相互关联性，用以度量单元属性值的聚集特征（Goodchild et al.，2000；王泽宁等，2015），分为全局自相关与局部自相关。其中，全局空间自相关的指数主要有 Global Moran's I、Geary's C 和 Getis's C，能够对属性值的整个区域空间特征进行描述；局部空间自相关的指数主要有 Local Moran's I 和 Local Getis's C，能够用来衡量每个空间要素在"局部"（一般是相邻）的相关性质（Ord and Getis，1995；李慧和王云鹏，2011）。本研究采用全局 Moran's I 指数、局部 Moran's I 指数、局部 G 系数来分析行政村的空间聚集特征。

全局 Moran's I 指数能够综合评价研究区内研究区样本家庭贫困脆弱性的整体空间聚集情况，公式如下：

$$\text{全局 Moran's I} = \frac{N \sum_i \sum_j w_{ij}(x_i - \bar{x})(x_j - \bar{x})}{\left(\sum_i \sum_j w_{ij}\right) \sum_i (x_i - \bar{x})^2} \tag{4-16}$$

式中，N 表示研究对象即家庭的数量；w_{ij} 表示空间权重矩阵；x_i 表示研究对象 i 的值，即某家庭的 $M(k)$ 值；$\bar{x}$ 表示所有对象的平均值，即所有研究样本家庭的平均 $M(k)$ 值。

空间联系局部指标（Local Indicators of Spatial Association，LISA），即 Local Moran's I 用来衡量不同区域的家庭贫困脆弱性程度的相互关系（王泽宁等，2015），公式如下：

$$\text{局部 Moran's I}_i = \frac{\sum_{i=1}^{n}\sum_{j=1}^{n} w_{ij}(x_i - \bar{x})(x_j - \bar{x})}{\frac{1}{n}\sum_{i=1}^{n}(x_i - \bar{x})^2} \quad (4\text{-}17)$$

其中参数含义同全局 Moran's I 指数。

局部 G 系数是由 Getis 和 Ord（1992）提出的一种基于距离权矩阵的局部空间自相关指标，用以计算每个空间单元与邻近单元就某一属性的相关程度，可以探测高值聚集和低值聚集特征。本研究利用局部 G 系数对样本点进行热点分析，表现样本点实际分布的不均匀性。计算公式如式（4-18）所示，可用式（4-19）标准化。

$$\text{局部 } G_i^* = \frac{\sum_{j=1}^{n} W_{ij} x_j}{\sum_{j=1}^{n} x_j} \quad (4\text{-}18)$$

$$Z(G_i^*) = \frac{G_i^* - E(G_i^*)}{\sqrt{\text{VAR}(G_i^*)}} \quad (4\text{-}19)$$

式中，W_{ij} 是 i、j 单元之间的距离权。显著的正 $Z(G_i^*)$ 表示单元 i 的相邻单元变量值高，即高值聚集区，即相邻点的 $M(k)$ 值均显示高值；显著的负 $Z(G_i^*)$ 表示单元 i 的相邻点的 $M(k)$ 值较低，即低值聚集区。

4.2.4 多维贫困脆弱性影响因素分析方法

在采用预期的贫困脆弱性（VEP）测度方法的基础上，测算得到贫困脆弱性综合指数 $M(k)$，并在此基础上测算标准化后的各项指标值对贫困脆弱性综合指数 $M(k)$ 的影响程度，即引入指标贡献度来进一步确定脆弱性的主要影响因素，指标贡献度的值大，说明该项指标对贫困脆弱性的影响较大，反之较小。指标的贡献度能够切实反映每个家庭的贫困脆弱性因素差异且能表达每个家庭具体的贫困脆弱性原因，从而找到预防贫困的着手点，有效落实"精准扶贫"的政策。因此，本章利用指标贡献度这种方法对样本数据的致贫因素进行分析并交叉验证。

分别用指标 i 对 $M(k)$ 的贡献程度指数 C 和贡献度综合排名 $\overline{R_{ij}}$，来表达指标对农村家庭贫困脆弱性的影响程度，分析各家庭的显著性脆弱性因素。公式如下：

$$C = \frac{20\, w_{ij} I_j}{M(k)} \times 100\% \quad (4\text{-}20)$$

式中，C 表示第 i 个维度的第 j 个指标的贡献度；w_{ij} 表示第 i 维度 j 指标的权重；I_j 表示指标 j 标准化后的值；$M(k)$ 表示家庭多维贫困脆弱性综合指数，数值前面乘以 20 是为了使

所有指标的贡献度 C 的测算结果都扩大 20 倍,便于测算结果的显示和分析。

$$\overline{R_{xij}} = \sum_{x=1}^{n} R_{xij}/n \tag{4-21}$$

式中,$\overline{R_{xij}}$ 表示第 x 户第 i 维度 j 指标贡献度在该家庭 25 个指标贡献度中的排名;n 表示研究样本家庭数量。$\overline{R_{xij}}$ 表示第 x 户指标的指标贡献度平均排名,以分析一定区域内不同指标的致贫影响程度的差异。

在测度单个家庭贫困脆弱性的基础上,通过"先分后合"的途径识别脆弱性群体和不同维度上的脆弱性,所谓"先分后合"就是先测算单个家庭再综合评估考察范围内的脆弱性群体。由于篇幅限制,本章以人力资本维度为例进行人力资本变量的脆弱性群体识别。大量研究表明,家庭成员受教育程度和职业特征、家庭成员的年龄和家庭的抚养比均属于重要的人力资本变量,对家庭福利水平起决定性作用。所以,按照教育、职业、年龄、抚养比进行分组,构成子群测度其脆弱性,判断不同脆弱性群体之间的分布规律,从而更有针对性地对不同脆弱性群体进行帮扶。

4.2.4.1 按不同群体分解

将 n 个样本按照样本特征分解为 p 个特征子群体,每个特征子群体的家庭样本量为 n_d,则(崔新新,2017):

$$n = \sum_{d=1}^{p} n_d, \ (d = 1, 2, \cdots, p) \tag{4-22}$$

对于贫困脆弱性指数在不同特征子群体下的加权和为(林文和邓明,2014):

$$M(d) = \frac{\sum_{h=1}^{n} c_h(k)}{nm}$$

$$= \frac{1}{n} \sum_{h=1}^{n} \left[\frac{1}{m} \sum_{j=1}^{m} w_j g_{hj} \right] = \sum_{d=1}^{p} \frac{n_d}{n} \left[\frac{1}{n_d m} \sum_{j=1}^{m} w_j g_{hj} \right] = \sum_{d=1}^{p} \frac{n_d}{n} M_d(k) \tag{4-23}$$

式中,$M_d(k)$ 表示子群 d 的贫困脆弱性指数,每个特征子群体的家庭样本量为 n_d,n 为总样本数。由此可以算出,第 d 个子群对多维贫困脆弱性指数值的贡献率:

$$\beta_d = \frac{\frac{n_d}{n} M_d(k)}{M(k)} \tag{4-24}$$

4.2.4.2 按维度分解

类似于多维贫困的维度分解,多维贫困脆弱性指数也可以按照维度进行分解,具体公式为(崔新新,2017):

$$M(k) = \frac{\sum_{h=1}^{n} c_h(k)}{nm} = \sum_{j=1}^{m} \frac{\sum_{h=1}^{n} g_{hj}}{nm} = \sum_{j=1}^{m} M_j(k) \tag{4-25}$$

式中，n 为样本家庭总数，在本研究中 n 的最大值为2527；m 表示维度总数；g_{hj} 表示家庭 h 在维度 j 上存在脆弱性，所以 $\dfrac{\sum_{h=1}^{n} g_{hj}}{nm}$ 表示家庭 h 在第 j 个维度的贫困脆弱性指数，最终可以得到第 j 个维度对贫困脆弱性指数的贡献率：

$$\beta_j = \dfrac{\dfrac{\sum_{h=1}^{n} g_{hj}}{nm}}{M(k)} = \dfrac{\dfrac{\sum_{h=1}^{n} g_{hj}}{nm}}{\dfrac{\sum_{j=1}^{n} c_h(k)}{nm}} \tag{4-26}$$

式中，$c_h(k)$ 表示家庭 h 存在所有贫困脆弱性指标个数和，由4.2.2节测算得出。

4.3 研究区贫困脆弱性测度结果

4.3.1 单维度测度结果

在利用综合分析法测度五个资本维度的多维贫困脆弱性之前，先利用基于期望的贫困脆弱性（VEP）测度方法，按照上节的测算模型，将CHNS农村家庭标准化后的数据代入模型中，分别测算农村家庭在人力、物质、金融、社会、自然资本五个维度上的贫困脆弱性发生率，在此基础上按省级、县级汇总相应的贫困脆弱性发生率，进而分析各省的贫困脆弱性变化趋势以及省份间贫困脆弱性的差异，为今后的扶贫工作提供理论指导。

在具体测算各维度的贫困脆弱性时，先对不同维度下各指标的脆弱程度进行赋值，其次在维度内，利用等权重的方式将赋给指标的脆弱程度值进行加总，得出不同维度上的脆弱程度最终得分，将加总后的得分带入VEP测算方程中，得出基于消费视角下的不同维度贫困脆弱性值。之后，将贫困脆弱性值与预先设定的贫困脆弱线相比较，判断家庭在各个维度指标上是否存在贫困脆弱性。即首先计算选取的各项指标的脆弱性得分，其次利用VEP测算方法，得出各指标的贫困脆弱性值，而后对各指标的贫困脆弱性进行加总，从而识别不同维度的贫困脆弱性。按省份汇总的各维度指标的贫困脆弱性结果如表4-6所示。

表4-6 各维度指标贫困脆弱性测算结果

维度	指标	云南	贵州	广西	湖南	湖北	陕西	重庆	河南	辽宁	黑龙江	山东	江苏	浙江
人力资本	劳动力人数	0.345	0.537	0.546	0.294	0.112	0.069	0.461	0.084	0.532	0.513	0.112	0.089	0.045
	劳动力平均文化水平	0.272	0.273	0.627	0.171	0.082	0.225	0.289	0.047	0.214	0.457	0.082	0.005	0.060
	劳动力残疾/患病率	0.247	0.323	0.234	0.302	0.081	0.380	0.380	0.152	0.010	0.389	0.081	0.065	0.087
	劳动力负担系数	0.546	0.458	0.049	0.022	0.273	0.014	0.337	0.182	0.246	0.604	0.273	0.019	0.000
	高学历比例	0.540	0.431	0.217	0.094	0.110	0.089	0.369	0.157	0.056	0.427	0.110	0.080	0.057

续表

维度	指标	云南	贵州	广西	湖南	湖北	陕西	重庆	河南	辽宁	黑龙江	山东	江苏	浙江
物质资本	电视机拥有量	0.564	0.377	0.107	0.040	0.039	0.390	0.234	0.273	0.021	0.366	0.039	0.026	0.013
	冰箱等耐用消费品拥有量	0.461	0.517	0.245	0.517	0.219	0.226	0.364	0.232	0.131	0.278	0.219	0.143	0.150
	家庭住房结构	0.471	0.408	0.595	0.324	0.120	0.082	0.180	0.196	0.094	0.313	0.120	0.091	0.098
	汽车/摩托等工具拥有量	0.530	0.419	0.394	0.156	0.087	0.015	0.027	0.081	0.020	0.299	0.087	0.105	0.118
	牲畜拥有量	0.218	0.502	0.156	0.078	0.204	0.000	0.516	0.082	0.212	0.334	0.204	0.115	0.104
	人均粮食拥有量	0.120	0.521	0.084	0.044	0.240	0.500	0.142	0.250	0.106	0.467	0.240	0.065	0.022
金融资本	家庭人均现金收入	0.496	0.510	0.602	0.267	0.198	0.298	0.246	0.149	0.022	0.391	0.198	0.038	0.081
	家庭储蓄额	0.313	0.432	0.645	0.279	0.088	0.312	0.546	0.273	0.115	0.355	0.088	0.037	0.070
社会资本	参与专业合作组织情况	0.411	0.482	0.346	0.222	0.168	0.216	0.203	0.241	0.143	0.369	0.168	0.083	0.179
	国家补助情况	0.334	0.416	0.184	0.076	0.084	0.215	0.462	0.462	0.204	0.375	0.084	0.078	0.111
	参与合作医疗情况	0.519	0.477	0.766	0.366	0.105	0.106	0.251	0.102	0.193	0.480	0.105	0.062	0.009
	参与养老保险情况	0.157	0.460	0.071	0.033	0.254	0.103	0.302	0.564	0.215	0.214	0.254	0.063	0.020
自然资本	农户居住地形	0.429	0.531	0.573	0.031	0.139	0.223	0.406	0.180	0.102	0.261	0.139	0.135	0.049
	人均耕地（草场、林地）面积	0.362	0.402	0.233	0.194	0.048	0.167	0.339	0.167	0.107	0.368	0.048	0.057	0.156
	年自然灾害发生频次	0.482	0.469	0.303	0.142	0.111	0.146	0.341	0.146	0.070	0.456	0.111	0.039	0.067
	最近安全取水点距离	0.483	0.410	0.558	0.065	0.102	0.178	0.373	0.189	0.031	0.425	0.102	0.007	0.018
	农户距离最近小学时间	0.438	0.513	0.496	0.049	0.074	0.185	0.375	0.208	0.004	0.148	0.074	0.076	0.031
	农户距离最近卫生站的时间	0.363	0.388	0.644	0.243	0.054	0.193	0.377	0.228	0.039	0.133	0.054	0.020	0.045
	农户居住地通电情况	0.445	0.377	0.481	0.294	0.079	0.200	0.378	0.247	0.075	0.136	0.079	0.010	0.122
	农户居住地通路情况	0.540	0.438	0.632	0.365	0.163	0.207	0.380	0.266	0.110	0.295	0.163	0.070	0.198

由表 4-6 的各维度指标贫困脆弱性测算结果可知，贵州、广西、辽宁、黑龙江在人力资本维度中的劳动力人数指标的贫困脆弱性均大于 0.5，表现为劳动力人数指标上的脆弱性；广西劳动力平均文化水平指标脆弱性值为 0.627，大于 0.5，所以广西在该指标上也是脆弱的。此外，云南省和黑龙江的劳动力负担系数指标、云南的高学历比例指标的贫困

脆弱程度均大于 0.5，所以在这些指标上均表现出脆弱性。

对于物质资本维度，云南在电视机拥有量指标、汽车/摩托等工具拥有量指标表现出脆弱性，虽然云南的家庭住房结构指标和冰箱等耐用消费品拥有量指标都小于 0.5，但是两者都大于 0.4，所以也要引起注意，提前采取预防措施。贵州省的冰箱等耐用消费品拥有量、牲畜拥有量、人均粮食拥有量三项指标处于脆弱状态。广西的家庭住房结构、湖南的冰箱等耐用消费品拥有量、陕西的人均粮食拥有量、重庆的牲畜拥有量指标的值均在脆弱线之上，属于脆弱状态，要提前采取有针对性的应对措施。

对于金融资本维度，贵州在家庭人均现金收入指标、重庆在家庭储蓄额指标上表现出脆弱性，广西在金融资本维度的两个指标均表现为脆弱，所以金融资本对广西的贫困状况有很大影响。对于云南和黑龙江，虽然在两个指标上均未表现出脆弱性，但是其脆弱值很接近 0.5，所以家庭在未来很可能会因为金融问题陷入贫困。

对于社会资本维度，脆弱性指标多集中在参与合作医疗和参与养老保险两项指标，所以国家和地区应加强医疗合作和养老保险方面的政策和措施。

对于自然资本维度，各维度指标脆弱值较高的地区主要集中在云南、贵州和广西，这可能是受这三个地区的地形地貌的影响，导致农户到达最近卫生站、最近小学的可达性较低，同时也影响了农村道路的修建。

在单项指标脆弱性测度的基础上，对各指标测算结果进行加总，得到五项资本维度层面的脆弱性结果和各省贫困脆弱性综合指数，如表 4-7 所示。

表 4-7　各资本维度的贫困脆弱性测度结果

维度	人力资本	物质资本	金融资本	社会资本	自然资本	综合贫困脆弱性指数 $M(k)$
江苏	0.052	0.086	0.037	0.056	0.052	0.054
浙江	0.050	0.082	0.076	0.050	0.058	0.069
山东	0.058	0.152	0.143	0.152	0.096	0.137
辽宁	0.212	0.177	0.068	0.139	0.110	0.155
湖北	0.172	0.252	0.143	0.152	0.096	0.196
湖南	0.177	0.243	0.273	0.124	0.160	0.211
重庆	0.367	0.216	0.196	0.254	0.371	0.284
陕西	0.138	0.200	0.349	0.226	0.287	0.302
河南	0.045	0.272	0.351	0.317	0.204	0.321
黑龙江	0.478	0.343	0.373	0.306	0.453	0.359
广西	0.475	0.523	0.473	0.367	0.415	0.461
云南	0.490	0.541	0.505	0.405	0.468	0.497
贵州	0.475	0.564	0.526	0.459	0.516	0.518

表 4-7 是按照各省份的贫困脆弱性综合值 $M(k)$ 由低到高进行排列的，从中可以直观地看出贵州的贫困脆弱性综合值为 0.518，大于脆弱线 0.5，所以贵州省处于贫困脆弱的状态中。云南和广西两个地区的贫困脆弱性综合指标值虽然小于 0.5 脆弱线，但两地区的综合值均很接近 0.5，即处于脆弱性的边缘。按照贫困脆弱性的内涵和意义，未来这三个

地区的研究样本很可能会因为自身存在的隐性脆弱因素而陷入贫困或加深贫困,若能提前采取有效的预防措施,则会避免陷入贫困。此外,黑龙江在人力资本维度和自然资本维度也存在较大的脆弱性,需要进一步测算各维度内指标的贡献度,找出贡献度高的指标,有针对性地进行预防。为了更直观地从地理空间上观测研究区贫困脆弱性的分布情况,现利用ArcGIS软件对不同资本维度的脆弱性结果进行分等级展示。等级划分标准按照以往研究中对低脆弱线(将一个地区的人口贫困发生率看作脆弱性水平的均值)和高脆弱线(即0.5的脆弱性值)的定义。最终,划分为低贫困脆弱性(贫困脆弱性值<低脆弱性值)、中贫困脆弱性(低脆弱性值<贫困脆弱性值<高脆弱性值)、高贫困脆弱性(贫困脆弱性值>高脆弱性值)。由于本章测算所使用的数据为2000年、2004年、2006年、2009年4年的数据,所以本章选取这四年研究区各省贫困发生率的平均值作为低贫困脆弱线的临界值,则低贫困脆弱线为0.275,结果如图4-5各维度贫困脆弱性空间分布图所示。

如图4-5所示,(a)~(f)分别表示了五项资本维度和综合贫困脆弱性值分等级后的空间分布状况。

(a) 人力资本:人力资本维度在整个研究范围内都不存在高脆弱性,说明研究区域人力资本对未来贫困的影响较小,但是表现为人力资本中等脆弱的黑龙江、云南、贵州和广西,需要在人力资本方面实施一定的政策或措施,降低和预防未来可能因为人力资本出现问题而陷入贫困或加深贫困的状况。

(b) 物质资本:云南、贵州、广西在该维度上表现为高脆弱性,说明未来这些地区的农村家庭很可能会因为物质资本的缺失而陷入贫困,所以政府或家庭应该根据自身的情况,提前做好防范工作。

(c) 金融资本:云南和贵州两地在该维度上表现为高脆弱性,说明这两个地区的农村家庭未来会因为金融问题而陷入贫困,同时也说明了这两个地区的总体经济状况比较落后,所以政府应该考虑加快当地的经济建设。

(d) 社会资本:研究区范围内的社会资本,不存在高脆弱性,所以研究区的社会资本脆弱性不明显,社会资本状况对未来带来冲击的概率也比较小。

(e) 自然资本:对于自然资本维度,研究区范围内只有贵州属于高脆弱性,这可能和贵州的地形地貌有很大关系,贵州境内山脉众多,多以山地和丘陵为主,平原较少,所以该省的自然资本脆弱性高。对那些处于恶劣环境下的农村家庭,能帮扶的要提前行动,不能帮扶的,也应尽早采取易地搬迁等措施。

(f) 贫困脆弱性综合指数:贫困脆弱性综合指数空间分布和自然资本空间分布状况一样,也是贵州属于高贫困脆弱性。贫困脆弱性综合指数是对贫困脆弱性的综合表现,贵州贫困脆弱性较高,说明贵州在各个方面都存在着一定的脆弱性,所以贵州应该成为重点防御的对象。

此外,值得注意的是,黑龙江均表现为中等脆弱程度,结合表4-7可知,虽然黑龙江各维度脆弱值均小于0.5,但也都很接近脆弱线,处在将要进入脆弱状态的边缘,所以要对该地区提高警惕,及时实施各方面的预防措施,避免其脆弱程度加深,降低未来陷入贫困的可能。

总体上,广西、云南、贵州、黑龙江四个地区各维度的脆弱性均处于中等偏上的水

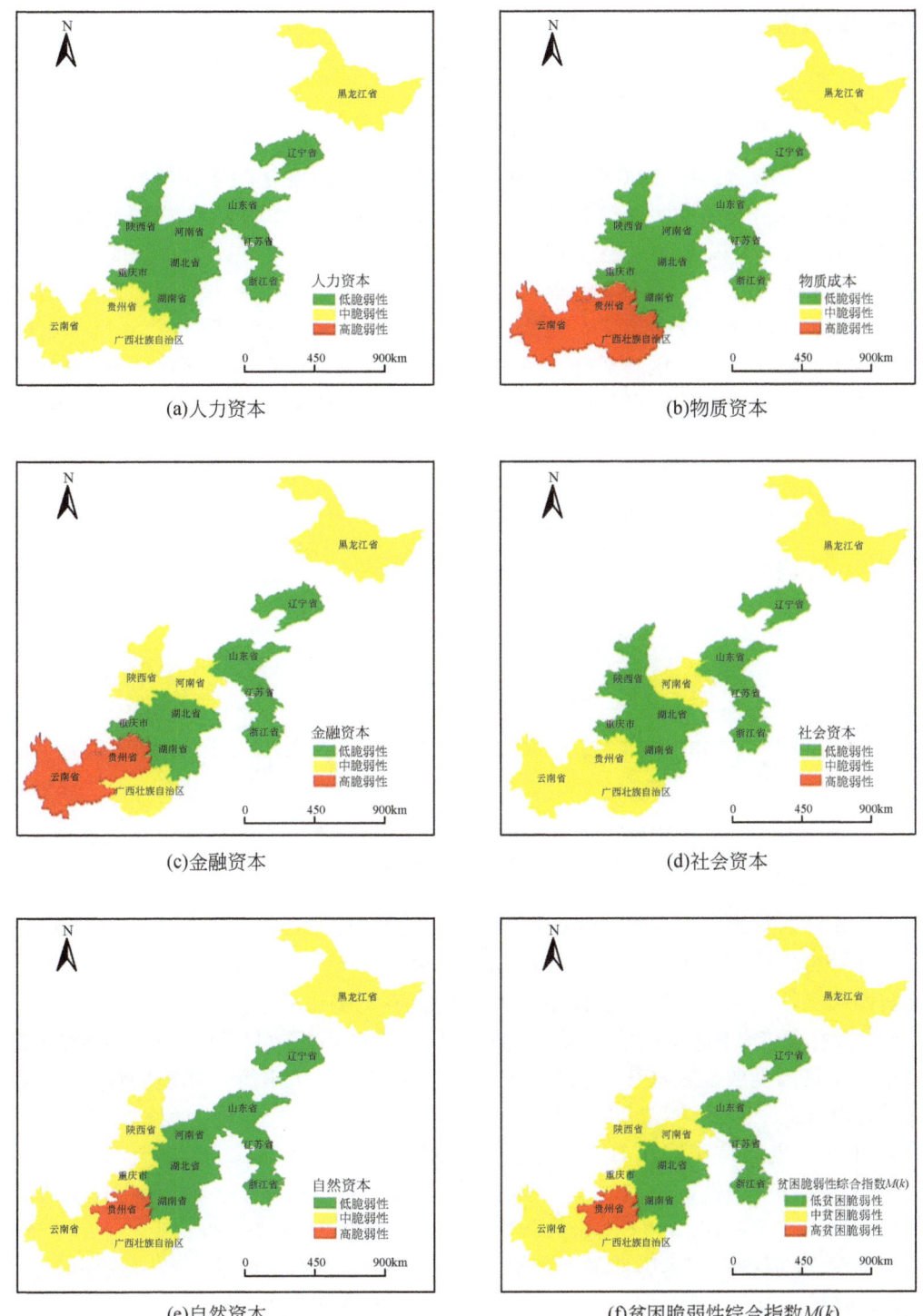

图 4-5　各维度贫困脆弱性空间分布图

平，要引起国家和当地政府部门的重视，所以要进一步找出影响其脆弱性的具体因素，以便采取有效防范措施。

4.3.2 多维度综合测度结果

本章使用 CHNS 数据中 2000 年、2004 年、2006 年、2009 年四年的数据，对研究区农村家庭贫困脆弱性进行研究，共包括了 13 个省级行政单元，涉及 2527 户农村家庭，对这些家庭在人力资本、金融资本、社会资本、物质资本、自然资本 5 个资本维度，25 个指标测算多维贫困脆弱性状况。每个家庭存在的脆弱性指标的个数用 k 来表示，即 k 表示脆弱性指标的个数，k 的取值范围为 $[1,25]$。k 越大，说明家庭存在脆弱性的指标数越多，家庭也就越可能属于多维贫困脆弱性。按照上节测算的每个家庭在各项指标上的脆弱性结果，以及所设计的多维贫困脆弱性测算模型，得到多维视角下贫困脆弱性指数，用来表征研究区贫困脆弱性整体状况，测度结果如图 4-6 所示。

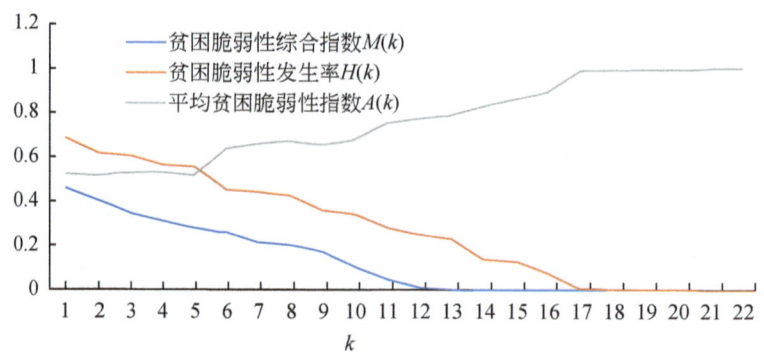

图 4-6　不同 k 值贫困脆弱性变化趋势图
指标 23~25 已为 0，故未列出

从图 4-6 可以看出：随着脆弱性指标数（k）的增加，即家庭存在脆弱性的指标越多，贫困脆弱性综合指数 $M(k)$ 和平均贫困脆弱性发生率 $A(k)$ 越低。如前文所述，$H(k)$ 表示多维贫困脆弱性的家庭总数占总样本数的比例，表示多维贫困脆弱性家庭存在的广度；$A(k)$ 表示所有多维贫困脆弱性的家庭平均存在脆弱性的指标数与总测算的指标数的比值，用来表示多维贫困脆弱性家庭存在脆弱性的强度；$M(k)$ 表示多维贫困脆弱性家庭的整体贫困脆弱性状况。

当 $k=1$ 时，也就是家庭只有一项指标存在脆弱性时，贫困脆弱性发生率为 0.6849，说明存在一项指标脆弱性的家庭的发生率超过样本家庭总数的一半，即家庭面临一种未来风险冲击的概率普遍存在。由于本研究所选取的指标个数为 25 个，理论上当 $k=25$ 时，表示家庭面临的 25 项指标都是脆弱的。但事实上，随着 k 的不断增加，贫困脆弱性发生率 $H(k)$ 逐渐降低，直至 $k=18$ 时，$A(k)$ 趋近于 0，说明家庭虽然存在风险因素，但是并不是所有的因素都会成为家庭未来可能面临的风险冲击，所以在扶贫过程中要找准原因，针对性地采取预防措施，避免"全包"式地进行帮扶，合理分配，提高资源利用率，达到

"需求−投资−预防"的效果。

对于贫困脆弱性综合指数 $M(k)$，该指标同时受贫困脆弱性发生率 $H(k)$ 和平均贫困脆弱性指数 $A(k)$ 的影响，随着 k 值的不断增加，平均贫困脆弱性指数不断增加，贫困脆弱性发生率逐渐下降，且其下降的速度大于平均贫困脆弱性指数上升的速度。所以，贫困脆弱性综合指数呈下降趋势，最终当 k 取 11 时，贫困脆弱性指数下降到 0.1 以下。这也说明并不是临界值 k 的取值越大、包含的指标越多就越好，因为不是所有的家庭都存在很多项指标上的脆弱性，不同的家庭只是在某个或某几个指标上显示出较强的脆弱性，若 k 值选取过大，会包含很多不重要的指标，容易造成资源分配不合理、资源利用率不高等结果。但是，若 k 值选取过低，又会造成那些存在较多指标都有脆弱性且脆弱程度较深的家庭得不到相应的帮扶。所以，选择合适的 k 值作为多维贫困脆弱性判断的临界值至关重要。

从图 4-6 可以看出，贫困脆弱性发生率和平均贫困脆弱性指数在 k 取 4 和 6 之间出现交叉，且当 $k=5$ 时，贫困脆弱性发生率 $H(k)$ 和平均贫困脆弱性指数 $A(k)$ 取值均在 50% 以上，因此，本研究选取 $k=5$ 作为多维贫困脆弱性判断的临界值，即某家庭有 5 项以上指标存在脆弱性，我们就判断该家庭为多维贫困脆弱性家庭，反之，则不是多维贫困脆弱性家庭。

4.3.3 结果检验

本研究测算使用的数据为 2000 年、2004 年、2006 年、2009 年四年的面板数据，最终得到测算家庭的多维贫困脆弱性值 $M(k)$，利用 2011 年的调查数据来检测贫困脆弱性测算的准确性。测算所得的 $M(k)$ 越高，表明未来陷入贫困的概率越大。进行检验之前先对 $M(k)$ 通过三条贫困脆弱线进行划分：低脆弱线为 0.275、中等脆弱线为 0.375、高脆弱线为 0.5（胡洁怡和岳经纶，2016）。将 2011 年对应的家庭的贫困发生率作为检测的对照（表 4-8）。

表 4-8 贫困脆弱性测度结果分等级

$M(k)$ 等级	低贫困脆弱性（一级）	中贫困脆弱性（二级）	较高贫困脆弱（三级）	高贫困脆弱性（四级）
取值范围	0~0.275	0.275~0.375	0.375~0.500	0.500~1.000
2011 年贫困发生率	9.11%	19.18%	35.39%	52.61%
预测结果重合度	27.63%	39.47%	45.26%	62.37%
家庭占比例	19.18%	48.81%	28.37%	1.76%

利用上述检验方式对贫困脆弱性测度的准确性进行检验。测算得到的贫困脆弱性值描述的是农村家庭未来可能陷入贫困的概率，贫困脆弱性值越高，未来陷入贫困的概率越大。通过上表，我们可以看出贫困脆弱性越高，未来陷入贫困的可能就越大。这也再次证明了贫困脆弱性研究能对未来贫困状况起到预测作用的意义。此外，通过不同等级贫困脆弱性的家庭所占比例，我们还能发现，处于中、低等贫困脆弱性的家庭未来陷入贫困的概率不是最大的，但在全村的家庭占比中是比较集中的，超过了 60%。

4.4 研究区多维贫困脆弱性多尺度空间分布特征分析

4.4.1 省级多维贫困脆弱性的整体特征

对上文测算的贫困脆弱性结果按照表4-9贫困脆弱性测度结果分等级的划分标准，进行空间分布展示，得到不同贫困脆弱性等级家庭所在村的空间分布图，如图4-7所示。

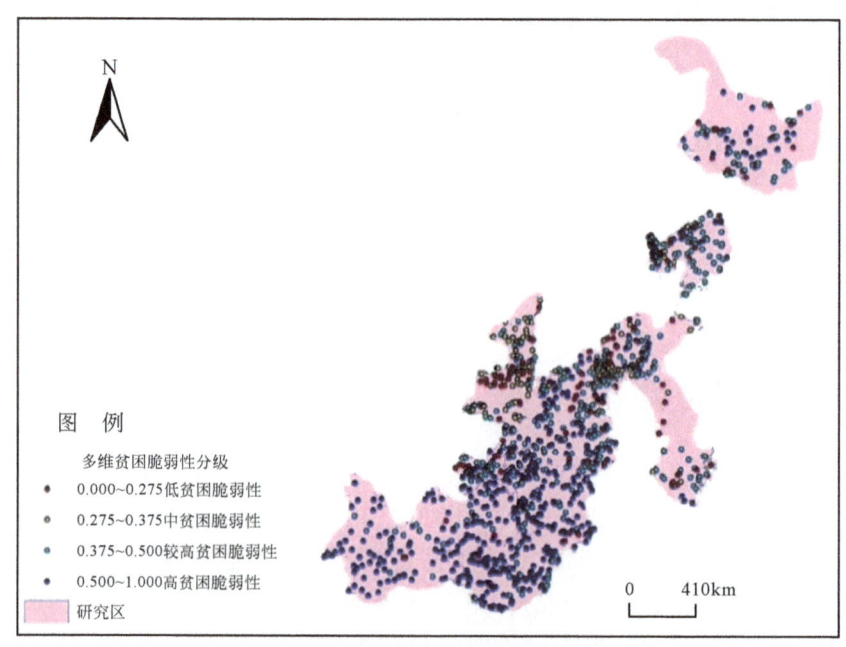

图 4-7 不同贫困脆弱性等级家庭所在村的空间分布

由图4-7可以看出，不同等级的家庭在研究区各处均有分布，基本上各省市都存在4个不同程度贫困脆弱性的家庭，这也符合相对脆弱的概念。但是，不同贫困脆弱性的样本点的分布也存在一定的空间差异。其中，高贫困脆弱性主要集中在云南、广西、贵州、湖南、湖北；较高贫困脆弱性的研究样本点在研究区都有分布，且分布状况比较均匀，说明研究区样本家庭的贫困脆弱性普遍比较高。在陕西省境内，从图中可以看出低贫困脆弱性样本家庭所占比例较高，说明江苏省内的家庭所面临的潜在风险较少，且风险程度也比较浅，不会导致未来家庭陷入贫困。江苏省的样本量较少，但是这些较少的样本都表现为中等以下的贫困脆弱性，所以江苏省样本家庭未来陷入贫困的可能性也比较小。

从省级尺度分析，对家庭多维贫困脆弱性测算结果进行整合后取平均值，将其作为家庭所在行政村的多维贫困脆弱性值，同理将各省中所有样本家庭的测算结果，作为所在省份的多维贫困脆弱性值，利用行政村和省份所具有的空间坐标属性，对测算整合后的结果进行空间分布的展示。

将赋值后的13个省级行政单元按 $M(k)$ 综合值从左到右分等级降序排列，分等级原则参考上节,并利用图4-8对各省级行政单元内的贫困脆弱性家庭所在的贫困村 $M(k)$ 等级分布比例进行展示。可以看出,贫困脆弱性家庭多维贫困最严重的地区主要为云南、贵州、广西,平均 $M(k)$ 值高于贫困脆弱性临界值0.5,在其他研究中0.5已经被定义为高贫困脆弱性的临界值,同时这三个地区的 $M(k)$ 等级均为最贫困脆弱性最严重的第四级(表4-9)。

表4-9 研究区多维贫困情况统计表

研究区	云南	贵州	广西	湖南	湖北	陕西	重庆	河南	辽宁	黑龙江	山东	江苏	浙江
$M(k)$ 值	0.586	0.565	0.521	0.459	0.425	0.304	0.298	0.293	0.269	0.254	0.223	0.138	0.134
$M(k)$ 等级	四级	四级	四级	三级	三级	二级	二级	二级	二级	二级	二级	一级	一级
村占比(%)	11.2	12.2	9.9	13.0	12.0	8.0	13.0	8.0	10.2	11.2	8.0	9.9	14.6

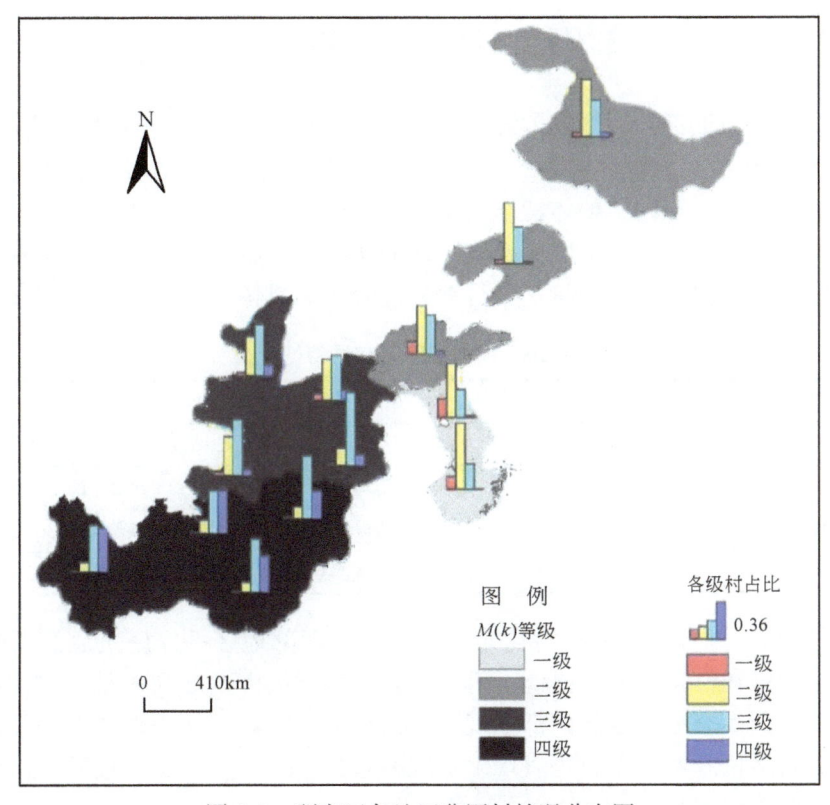

图4-8 研究区各地区贫困村情况分布图

其中,贵州 $M(k)$ 等级为四级的贫困脆弱性村占研究区比例最高为12.2%,云南、贵州、广西 $M(k)$ 等级均为四级,三个省的贫困脆弱性村占比之和为33.3%,占研究区所有村的三分之一还多,说明这些地区的村存在较高的贫困脆弱性,在减贫过程中应着重针对这些地区采取防范措施。浙江的 $M(k)$ 值为13个省单重最低的,但浙江村占比是最高的,所以浙江农村整体的脆弱性较低,不容易陷入贫困,这可能与浙江人民收入水平、生活水平普遍偏高有关,收入是农村家庭应对风险的主要收入,所以高收入的人群能有效平滑由风险冲击带来的家庭福利的损失，江苏紧邻浙江，两个地区的情况类似，这可能和两省所处的地理位置有关，其相对其他地区属于沿海经济较发达地区，在此大环境下的发展优势对当地村庄的贫困脆弱性起到异性的平滑作用。此外，我们还能看出 $M(k)$ 为二级的地区最多，也就是中等贫困脆弱性的村在大部分地区都有分布，对于这样分布比较广而整体贫困脆弱性又不是很高的村，我们需要进一步找出它的贫困脆弱性诱导因素，从而采取有针对性的预防风险冲击的措施，做到有效利用有限资源，取得最佳减贫效果。其余地区也存在各自的多维贫困特点，因篇幅所限不做具体分析。

正如前文所述，贫困属于事后状况，度量贫困只是对事后的补救措施起作用，若想彻底解决贫困问题，需要对可能导致贫困的状况进行事前预防，这样才能把贫困遏止在"摇篮"中，真正减少贫困的发生。所以我们不仅要了解贫困的状况，更要对贫困脆弱性有深入的了解，从而为更准确地瞄准和进行扶贫政策的制定与贫困的预防提供参考。

4.4.2 县级多维贫困脆弱性的整体特征

为了使扶贫措施更具针对性和差异性，故将研究范围缩小到县级尺度。由于样本家庭覆盖了研究区13个省级行政单元的52个县级行政单元，若分别对各个县进行差异性分析会比较复杂和烦琐，且不利于整体特征的呈现，所以，在我国对县级单元扶贫政策和措施的背景下，根据现阶段我国对贫困县扶贫工作的实际分类状况，本研究对研究范围内的县进行分类研究，并根据不同类型特征进行差异性分析。具体分类类型如表4-10所示。

表4-10 样本家庭所在县特征分类

分类特征	数量统计
地域区划	东部地区16个，中部地区16个，西部地区20个
地形类型	山地20个，丘陵5个，平原27个
是否少数民族聚集区	少数民族聚集县16个，非少数民族聚集县36个
是否贫困县	贫困县19个，非贫困县33个

1）不同地域区划分析。分析对比东部、中部、西部地区的家庭贫困脆弱性综合指数及不同等级贫困脆弱性家庭所占比例，可以发现从地域上由西部向东部，贫困脆弱性家庭比例及高贫困脆弱性家庭所占比例都呈现递减的趋势，从图4-9中也能直观反映出这种趋势。同时，农村居民恩格尔系数也表现出了这种趋势，进一步证实了按照不同地域区划对农村家庭贫困脆弱性的影响。

2）不同地形类型分析。通过对整体数据的分析，发现随着地形类型由山地转变为平原，农村家庭贫困脆弱性呈现出下降的趋势，大约36.5%的贫困脆弱性家庭处于山地，且高贫困脆弱性家庭所占比例为35.6%。分布在平原地区的高贫困脆弱性家庭所占比例较低，仅占10.8%。

3）是否少数民族聚集区分析。通过对少数民族聚集区和非少数民族聚集区内家庭贫困脆弱性的分析，可以发现整体上处于少数民族聚集区的贫困脆弱性等级和高贫困脆弱性家庭所占比例都比非少数民族聚居区要高。贫困脆弱性综合指数 $M(k)$ 及农村居民恩格尔系数也都表明处于少数民族聚居区的农村家庭的贫困脆弱性较高。这可能与少数民族聚集地区的教育、人力等资源相对落后有关。

4) 是否贫困县分析。按照以往的研究,"贫困家庭更脆弱"在本研究中得到验证。从表 4-11 和图 4-9 中可以看出,贫困县家庭的贫困脆弱性综合指数、高贫困脆弱性家庭所占比例及农村居民恩格尔系数都比非贫困县家庭要更高。由此,可以证明贫困和贫困脆弱性之间存在一定的联系,贫困的家庭更容易处于贫困脆弱性当中。

表 4-11 研究区县分类统计表

县类型	地域区划			地形类型			是否少数民族聚集区		是否贫困县	
	东部	中部	西部	山地	丘陵	平原	是	否	贫困	非贫困
县数量(个)	16	16	20	20	5	27	16	36	19	33
贫困脆弱性家庭比例	0.176	0.348	0.476	0.365	0.134	0.501	0.354	0.646	0.415	0.585
$M(k)$ 综合值	0.251	0.318	0.539	0.573	0.418	0.236	0.518	0.253	0.647	0.128
$M(k)$ 等级	0.117	0.278	0.371	0.212	0.274	0.321	0.347	0.301	0.342	0.109
高贫困脆弱性家庭比例	0.027	0.208	0.314	0.356	0.157	0.108	0.372	0.156	0.419	0.125
农村居民恩格尔系数	0.460	0.573	0.625	0.753	0.596	0.452	0.671	0.476	0.786	0.512

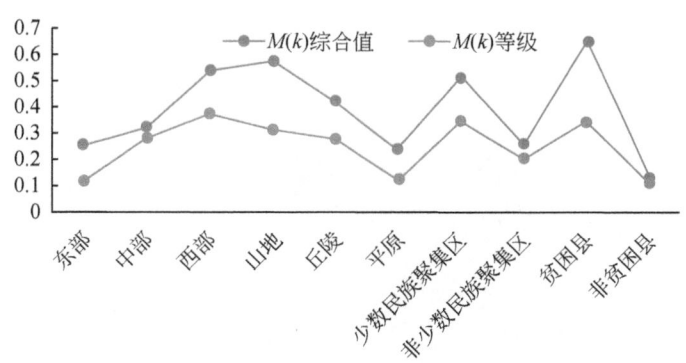

图 4-9 县级尺度多维贫困现状分析图

4.4.3 村级空间异质性分析

对于发展中的经济体,贫困出现地区上的差异是十分普遍的,对贫困地区的识别和瞄准常常作为国家扶贫政策制定的参考和依据。随着扶贫工作的不断改革和进步,国家对于资金的支配权限已经下放到省和地方政府,甚至是更下一级的单位,所以准确识别和了解贫困地区的地理分布至关重要。但是,正如前文所说,贫困是一种静态的、事后的评价,只是对事件发生后的状态进行救助,不具有预测性和前瞻性。因此,我们需要了解贫困脆弱性的空间分布状况,这将大大提高扶贫效率,减贫、"防贫"效果也会更明显。但是,由于本研究是在调查家庭样本的基础上进行研究,且样本家庭只有 2527 户,分布在 13 个省级行政单元,样本分散度比较高,且 CHNS 数据也只是选取每个省级行政单元的个别县进行抽样调查，若从县级层面进行空间分析不能反映贫困脆弱性的整体空间分布特征，所以本研究以家庭所在村的空间分布为基础，从省级层面出发，对研究区 13 个省级行政单元进行整体的空间分布分析，这样也使研究更有意义。

如前文所述，因为 CHNS 数据在对农村家庭进行信息统计时，并没有统计家庭所在的坐标点，只是统计了家庭所属地区的行政村的名称，而行政村的坐标是可以通过百度地图得到的，结合行政村的坐标位置，通过 ArcGIS 技术将其落到矢量图上，然后进行空间分析。所以为了对调查家庭进行空间地统计分析，我们将样本家庭的贫困脆弱性测算结果按照其所在行政村进行汇总，然后将这些行政村按照其所在的坐标位置，生成村样本点，以村为单位进行空间统计分析。

现对样本点农村家庭所在的行政村，以贫困脆弱性综合指数为权重，进行加权核密度分析（图 4-10）。

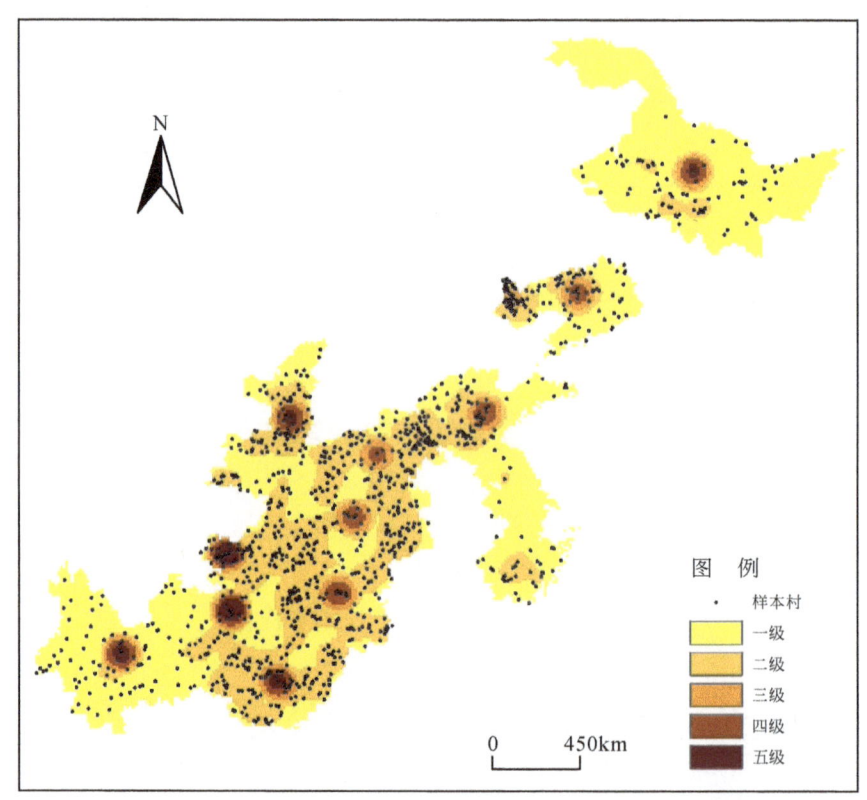

图 4-10　样本村加权核密度分布图

从图 4-10 中能够发现，在云南、广西、贵州、重庆存在明显贫困脆弱性集聚现象，贫困脆弱性高度集中。这几个地区都位于我国西南地区，自然地理条件比较恶劣，所以这类地区贫困脆弱性严重的原因一方面是自然禀赋较差，经济发展困难，导致贫困程度较高，同时隐藏的风险冲击也比较高；另一方面是这些地区人口密度较大，尤其是少数民族人口较集中，少数民族往往面临着更多的来自自身和外部的风险冲击，这也是脆弱性贫困的空间分布相对集中的原因之一。也因为数据原因，使有些地区虽然贫困脆弱性很高，却无法形成大规模的集聚效应，如黑龙江省。因此，就研究区行政村空间分布而言，形成了如图 4-10 所示的西南部贫困脆弱性密度大、分布集中而东部和东北部贫困脆弱性密度小、分布离散的贫困空间异质性格局。

同时，根据加权核密度模型结果，行政村的空间分布出现了图 4-10 所示的 2 个"五级核心"、4 个"四级核心"以及多个"三级核心"的聚集特征。其中，2 个"五级核心"分别出现在贵州省和重庆市。分析"五级核心"产生的原因，一方面贵州、重庆是中国贫困人口规模相对集中、贫困程度较高的地区，贫困本身就会加强贫困脆弱性；另一方面"五级核心"辐射地区多为山地地形且少数民族人口众多，村落聚集现象显著。4 个"四级核心"分别位于云南、广西、陕西和黑龙江境内。"四级核心"也是我国贫困人口比较集中的地区，除了贫困本身带来的贫困脆弱性的集聚，这些地区多集中分布有少数民族、自然环境恶劣，如广西境内喀斯特地貌不利于人们居住，土壤石漠化严重，不利于农业发展，这些都是长期持续影响人们福利水平的原因，也是贫困脆弱性严重的原因。

结合前文加权核密度分析的结果，能够发现主要的贫困脆弱性家庭所在的村聚集区域没有太大的变化，与国家划定的贫困程度高、贫困村密度大的"双高"地区依旧主要集中在云南、广西、贵州等地区。这些个地区不仅是贫困脆弱性比较严重的村，且聚集程度高，同时聚集的范围也最大，一方面是由于经济水平相对低下，贫困发生率较高；另一方面人口密度大，贫困村分布密集，从而导致了这两个地区成为贫困脆弱性比较集中的一类聚集区。

4.4.4 村级空间依赖性分析

（1）全局空间自相关

首先，分析贫困脆弱性全局空间依赖性。基于样本村贫困脆弱性综合值 $M(k)$，利用全局空间自相关方法得到全局 Moran's I 指数，并经过多次随机化运算增强结果稳健性。结果显示，样本村全局 Moran's I 指数为 0.54，且在 1% 的显著水平下拒绝原假设，表明研究区农村的多维贫困脆弱性整体上存在较强的空间依赖性。

（2）局部空间自相关

其次，分析贫困脆弱性局部空间依赖性。利用局部空间自相关方法得到样本村贫困脆弱性 LISA 图（图 4-11），同样经过多次随机化运算增强结果稳健性。从多维贫困脆弱性程度分布格局而言，研究区西南多为高-高聚集区，向东北部延伸的过程中逐渐变为低-低聚集，整体呈现西南高东北低的"阶梯状"分布格局；从局部空间依赖性格局而言，高-高贫困脆弱性区主要分布在中国西南部地区；低-高贫困脆弱性区主要分布在南部发展相对良好的地区，如湖南、湖北及贵州的省会城市、广西东北部经济发展比较快的地区；低-低贫困脆弱性区主要分布在陕西、山东、河南、浙江等中国华北平原及沿海城市，以及中国东北的黑龙江地区。高-低贫困脆弱区主要分布重庆、河南，此外陕西和辽宁也有零星分布，这 4 个地区内的多维贫困脆弱性程度要明显更高。总体而言，研究区样本家庭所在村的多维贫困脆弱性局部空间依赖性格局为高-高聚集区、低-低聚集区集中式分布，高-低聚集区、低-高聚集区离散夹杂式分布。

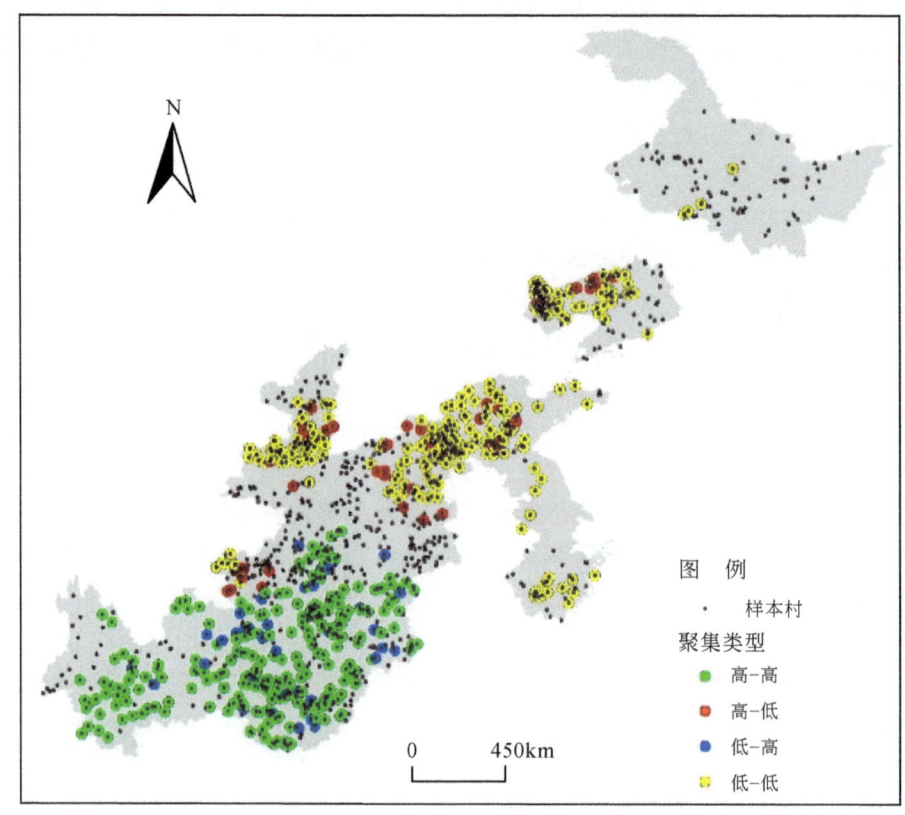

图 4-11 样本村贫困脆弱性 LISA 图

进一步利用局部 G 系数对研究区样本村的局部聚集特征进行分析，得到样本村贫困脆弱性聚集分布特征（图4-12）。从图4-12中可以看出，在广西、云南多维显著高值聚集，这两个区域贫困村数量众多、贫困人口集中，贫困水平相对较高，是贫困最为高发的地区，而贫困脆弱性往往与贫困相互影响，所以导致这两个地区的贫困脆弱性值也比较高；此外，从图4-12中可以看出，山东和河南交界处出现显著高值聚集区，这可能为交界处多维"三不管"地带，所以这里的村享受到的政策、帮扶等较少，减少了他们对贫困脆弱性的抵抗和平滑能力。湖北和重庆出现显著低值聚集和较显著低值聚集区。其余地方行政村的聚集状况相对不明显，在宏观尺度上表现出非聚集分布特征。

4.5 本章小结

本研究在对国外脆弱性文献进行梳理和比较的基础上，构建了研究区农村居民家庭贫困脆弱性指标评价体系，使用五轮的 CHNS 数据进行实证测度。在此基础上，测算研究区样本点多维贫困脆弱性，并利用 GIS 地理空间分析工具对测算的结果进行地理空间分布特征的分析。同时，对家庭脆弱性的测度结果按脆弱性群体进行分解，实现脆弱群体的识别。进一步筛选家庭脆弱性的影响因素，评价了各因素的重要性，并且探讨了各因素对脆弱性分布的影响。研究区的实证分析表明：①家庭金融资本维度和人力资本维度对贫困脆

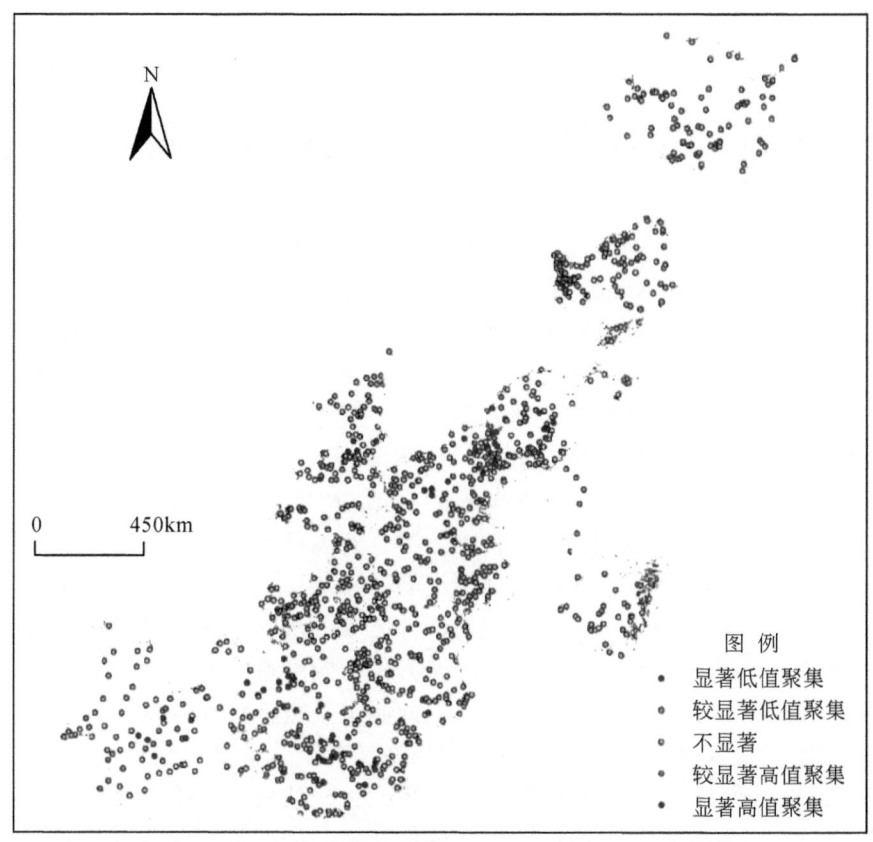

图 4-12　样本村贫困脆弱性热点分析结果

弱性指标的贡献度较大，说明金融资本相关的因素，最好是金融的增长，对农村家庭减弱贫困脆弱性、平滑风险冲击的作用是最明显的。其次，多维贫困脆弱性家庭较严重的地区主要为云南、贵州、广西。通过集中度的测算，发现脆弱性家庭多集中分布在贫困家庭中，且大部分地区的脆弱率和贫困率相当，甚至高出很多，这种脆弱性结果与贫困状况的高度相关性，证明"穷人更脆弱"，进一步证实了用脆弱性预测贫困的可靠性。②通过空间分布特征分析发现，研究区西南部贫困脆弱性密度大、分布集中，广西、贵州、云南尤其明显，且西南多为高-高聚集区，向东北部延伸的过程中逐渐变为低-低聚集，整体呈现西南高东北低的"阶梯状"分布格局；东部和东北部贫困脆弱性呈现密度小、分布离散的贫困空间异质性格局；主要的贫困脆弱性家庭所在的村聚集区域与国家划定的贫困程度高、贫困村密度大的"双高"地区没有太大差异，依旧主要集中在云南、广西、贵州等地区。

5 贫困村度量及其空间分布格局的探测

贫困的分布存在空间不均衡性，大多数国家的贫困人口集中分布于农村地区，中国作为最大的发展中国家也曾是如此。农村贫困问题已经成为贫困研究的一个重要分支，也曾是中国政府长期扶贫开发规划的首要问题。在国家扶贫标准的划定、"整村推进"工作模式的提出以及国家精准扶贫方略实施的过程中，如何对农村贫困地区做好精准识别、精准施策变得格外重要。而国家区域扶贫单元从"县"下沉到"村"的精准扶贫方略的实施，明确了贫困村精准测度与识别的重要意义，精准识别与精准施策成为最为关键、必须攻克的环节（尧水根，2016）。正是在这种情况下，如何精准测算贫困村的贫困程度、精确挖掘贫困村的致贫原因，并对贫困村进行精准分类、开展针对性治理显得格外重要。

整体而言，相对于国际上贫困研究体现出的"多维化、空间化、精确化"趋势，目前国内的相关研究大多还停留在理论探讨或对国外已有方法的小区域范围实验应用阶段，缺少从精细尺度上对中国国家层面上贫困村的全方位有效度量与分布格局分析。理清全国范围内贫困村的整体贫困特征及其分布格局，以此制定并实施针对性扶贫策略，对把握全国贫困现状、实现面向2020年全面脱贫的国家战略具有至关重要的意义。

因此，本章以行政村作为区域性贫困研究单元，构建村级多维贫困综合度量模型，对"十二五"期间"整村推进"项目村进行定量化度量，进一步区分贫困村的贫困程度，为村级扶贫对象的精准识别提供理论参考；利用GIS空间分析技术，从空间化表达的角度探索"整村推进"贫困村的空间分布特征与空间贫困成因，为精准帮扶的实施提供施策依据；并基于指标贡献度分解与线性回归方法挖掘贫困村的致贫因素，利用最小方差模型区分贫困村的贫困类型，为精准帮扶的实施提供施策依据。

5.1 研究区与数据

本章用于行政村贫困状况测度的社会经济数据源来源于2013年采集的"十二五"期间全国整村推进项目村基础数据，有效样本包括51 461个贫困村，数据包括贫困村基本情况、生产条件、基础设施和公共服务等。样本覆盖除西藏以外的全国13个集中连片特困地区，27个省（自治区、直辖市），总计1311个县级单位。其中以贫困类型划分包含527个国家级贫困县、345个省级贫困县、439个非贫困县；按地域区划划分包含94个东部县、442个中部县、775个西部县；按第一产业类型划分包含83个牧区县、117个半农半牧区县、502个农区县；按地形类型划分包含598个山区县、303个丘陵县、264个平原县。不包括北京、上海、天津、香港、澳门和台湾，以及涉及地区数据保密的西藏。

本章采用基于百度地图API的地址解析方法获取贫困村经纬度，利用ArcGIS软件生成贫困村矢量点数据，如图5-1所示。所用的其余数据主要来源于《中国统计年鉴2013》、

1∶25万国家基础地理数据、90m 数字高程模型数据等。以上数据使用前均进行了地理配准、粗差剔除、拓扑检查等预处理。

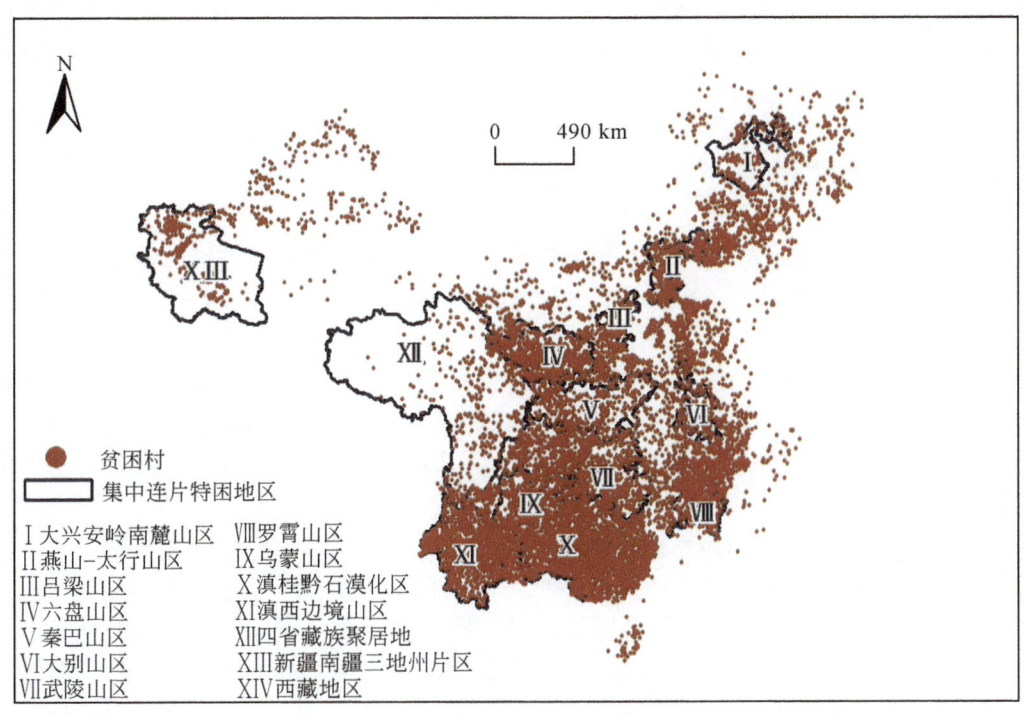

图 5-1　研究区贫困村空间分布图

5.2　贫困村度量与分析的总体技术路线

国家精准扶贫战略实施初期中国农村贫困问题的基本特征主要表现为贫困规模大、分布广、程度深、成因杂、脱贫难度大等方面，同时贫困逐渐向我国中西部的高寒区、边境山区、深石山区和民族地区集中，存在户、村、县、片区等多级并存的组织结构和空间分布格局（刘彦随等，2016）。在经济发展过程中所暴露的区域间、城乡间、阶层间等不合理、不平衡、不协调的问题日益突出，贫困连片化、农村空心化、主体老弱化、村庄废弃化、环境恶化等主要"乡村病"问题也日趋严重（Liu et al., 2014）。在贫困地区集中连片分布的态势上，贫困地区总体资源承载能力较弱，局部地区资源环境已经严重超载（周侃和王传胜，2016），进一步限制了贫困地区反贫困战略的实施。同时，由于贫困地区的公共设施、基础服务条件的缺失，教育、医疗、生活生产水平仍远落后于其他发达地区，随之带来人力资本落后、社会排斥性增加、收入风险加大、资源禀赋稀缺、市场经济条件不足等因素持续影响（蔡亚庆等，2016），导致区域长期性贫困，形成空间贫困陷阱（邹薇和方迎风，2012）。

因此，本章基于"十二五"期间全国范围内 51 461 个"整村推进"项目村数据，结合空间贫困的内涵，构建村级多维贫困综合度量模型，用以测算全国范围内贫困村的贫困程度。利用加权核密度模型、空间扫描统计量方法、空间自相关方法、加权 Ripley K 函数等空间分析方法，从不同视角系统分析研究区贫困村的贫困空间分布特征。同时基于指标贡献度分解与线性回归方法挖掘贫困的致贫因素，利用最小方差模型（LSE）区分贫困村的贫困类型，并结合空间计量分析方法揭示贫困村的综合贫困特征。希望为面向 2020 年全面脱贫的国家战略提供辅助决策支持。

5.2.1 技术路线

图 5-2 为本章的技术流程图，主要由数据获取、村级多维贫困指标体系构建、村级多维贫困度量、贫困村空间分布特征分析、致贫原因分析以及贫困村分类等几个方面构成。

(1) 数据获取

本章的核心数据是"十二五"期间的"整村推进"贫困村统计数据，在空间分析之前需要进行空间化处理。先利用贫困村的行政区划代码与贫困村村名，通过百度地图 API 的地址解析方法获取贫困村的经纬度坐标；再使用 ArcGIS 软件坐标点转换方法生成矢量点数据。

(2) 村级多维贫困指标体系构建

村级多维贫困指标体系构建是村级多维贫困度量的核心内容。在构建指标体系之前，首先需要了解综合指标体系构建的全面性、目的性、科学性、层次性、可操作性等基本要求，以及全国范围贫困度量的公平性、多维综合性、政策相关性、研究对象的针对性以及评价指标的数据可获得性等综合需求；其次通过借鉴相关文献、"十二五"期间的规划、《中国农村扶贫开发纲要（2011—2020 年）》以及对贫困地区的实地考察情况，初步建立包括自然、生态环境、经济、社会保障等维度的村级多维贫困指标体系；最后基于指标间的相关性与区分度，对候选指标进行筛选，得到最终指标体系。

(3) 村级多维贫困度量模型及空间分布特征分析

基于村级多维贫困指标体系建立村级多维贫困度量模型，计算得到每个"整村推进"贫困村的村级多维贫困指数（village-level poverty index，VPI），根据 VPI 分析贫困村的贫困现状。并利用 VPI 为权重，通过加权核密度模型、空间扫描统计量方法、加权 Ripley's K 函数以及空间自相关分析方法，分别分析贫困村的空间异质性、空间依赖性格局与空间贫困陷阱区域特征。

(4) 贫困村致贫原因与贫困类型分析

根据村级多维贫困度量模型计算得到的村级多维贫困指数（VPI），分解得到各个指标以及维度的贡献度，结合各指标与贫困村贫困发生率的线性回归得到的回归系数，综合分析贫困村的致贫原因。利用最小方差模型（LSE）得到每个贫困村的主要致贫维度以及相对应的贫困类型，包括单因素主导型、双因素驱动型、三因素支配型、四因素协同型、五因素联合型、六因素综合型。

5.2.2 关键技术问题

在此基础上，拟解决关键技术问题包括以下方面。

5 贫困村度量及其空间分布格局的探测

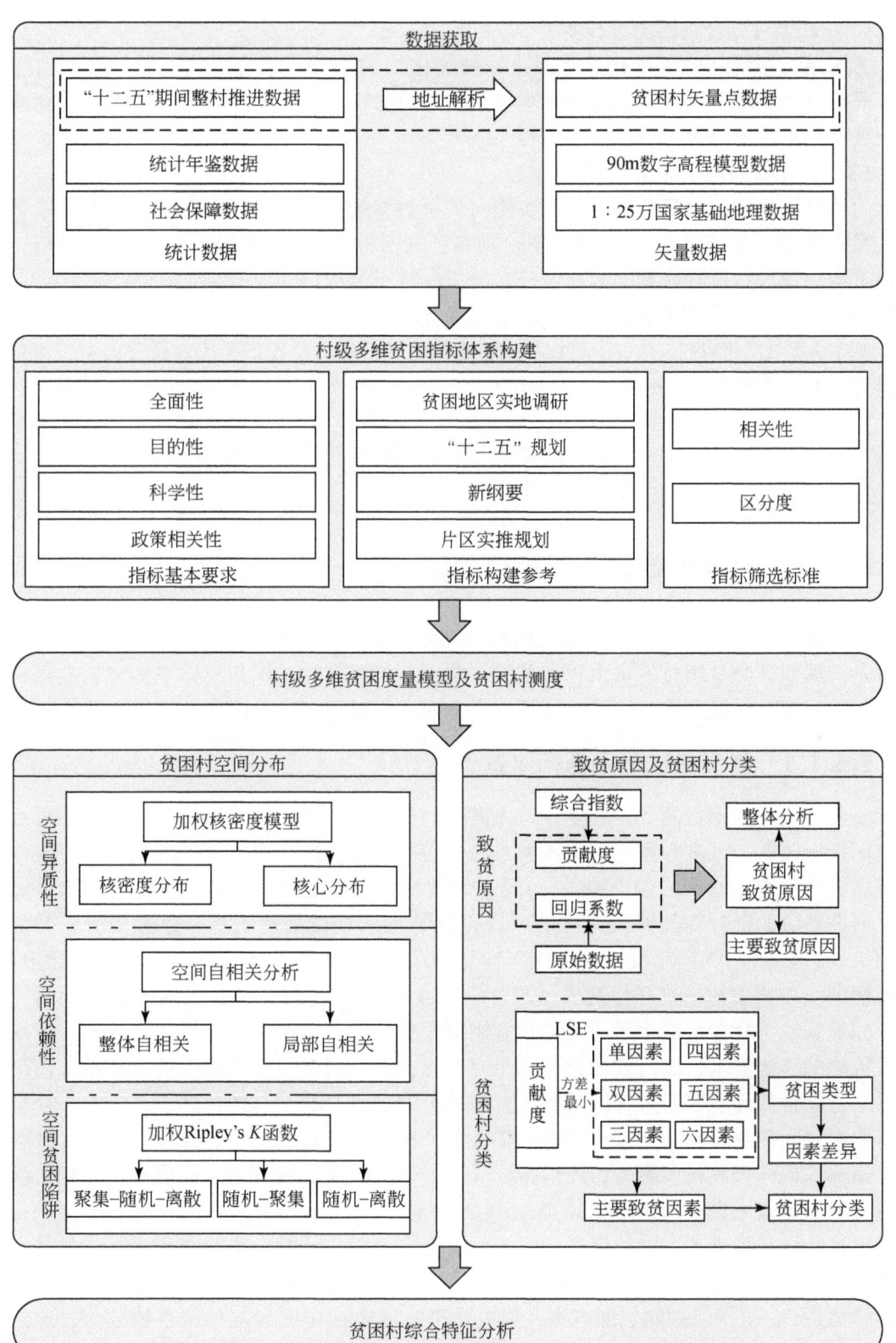

图 5-2 技术流程图

(1) 贫困村综合贫困测算技术

为满足贫困研究"多维化、空间化、精确化"的趋势，结合中国贫困村客观实际情况，完善村级多维贫困度量与评价技术体系，构建村级多维贫困度量模型，形成一套从贫困村度量到贫困村分类评价的技术流程。

(2) 贫困村空间分布分析技术

为填补过往贫困村研究缺乏全国贫困村矢量数据的空白，利用空间定位技术获取贫困村矢量点数据，并结合 ArcGIS 空间分析技术对贫困村点要素空间分布特征进行分析，形成由贫困村统计数据转换到空间要素分布分析的技术流程。

(3) 贫困村致贫因素挖掘与贫困村分类技术

基于大量的"整村推进"示范村数据，运用定量分析方法挖掘贫困村致贫因素、对贫困村进行分类，并基于此分析不同类型贫困村的综合特征，从而为政策实施提供理论参考。

5.3 贫困村多维贫困度量与分析

5.3.1 村级多维贫困度量模型设计

为挖掘"整村推进"贫困村的贫困特征与致贫原因，需要对贫困村进行更加"精准"的度量，从而区分贫困村的贫困程度差异。本章从村级多维贫困指标体系构建、数据标准化与权重确定、村级多维贫困指数计算三个方面介绍村级多维贫困度量模型的设计过程。

5.3.1.1 村级多维贫困指标体系

要精准度量贫困村的贫困程度，首先需要构建一个全面描述贫困状况的综合性村级多维贫困指标体系。维度和指标的选择需考虑全面性、目的性、科学性、层次性、可操作性等基本要求（李远远和云俊，2009），同时需满足全国范围贫困度量的公平性、多维综合性、研究对象的针对性及评价标准的可获得性等国家扶贫战略需要。通过借鉴相关文献（田伟，2014；刘小鹏等，2014；裴银宝等，2015）并结合当时中国贫困村的实际情况，本章面向《中国农村扶贫开发纲要（2011—2020 年）》"整村推进"工作模式强调的"根据不同地区经济社会发展水平，因地制宜制定扶贫政策，实行有差异的扶持措施"的扶贫开发策略的实施需求，以行政村为基本研究单元，以空间贫困理论和人地关系系统理论为指导，考虑自然环境等非人为因素对反贫困的影响，以及贫困与地理环境、资源、社会经济各要素之间相互影响、相互作用的动态关系，构建包括自然、生态环境、经济、社会保障等指标在内的行政村多维贫困评价指标体系候选集。在此基础上，根据指标的相关性与区分度对候选指标进行筛选（吕香亭，2009）。首先利用复相关系数法对所有指标进行复相关模拟，结果如表 5-1 中的模型一所示，发现除"雨露计划"参与率指标之外的其余指标的复相关系数均不为 0，说明线性模型成立；且由于大部分贫困村的"雨露计划"参与率指标值为 0，可予以剔除。通电率、通电话率、通电视率三者复相关系数较大，通过进行区分度检验，发现通电视率区分度最小予以剔除。再重复进行复相关模拟，结果如表 5-1

中的模型二所示，R_2 值普遍降低且均在 0.5 以下，表明指标间相关性较小。最终得到包括 6 个维度、20 个指标的村级多维贫困度量指标体系，如表 5-1 所示。

表 5-1　村级多维贫困度量指标体系

维度	指标编号	指标	指标释义	模型一 复相关系数 R_1	模型二 复相关系数 R_2
地理环境 (X_1)	X_{11}	到最近乡镇集市的距离	行政村到最近乡镇集市的距离/km	0.282	0.281
	X_{12}	地形类型	行政村地形类型（平原、丘陵、山区）	0.391	0.390
	X_{13}	遭受自然灾害的频次	行政村当年所遭受的自然灾害次数/次	0.185	0.185
行政村特征 (X_2)	X_{21}	贫困村类型	行政村类型（革命老区村、少数民族聚居村、边境地区村、其他）	0.213	0.213
	X_{22}	人口密度	行政村人口密度/（人/km²）	0.301	0.299
生产和生活条件 (X_3)	X_{31}	人均经济用地面积	行政村人均经济用地面积大小/亩	0.184	0.184
	X_{32}	通路率	行政村内通机动车行驶道路自然村占总自然村数的比例/%	0.428	0.426
	X_{33}	通电率	行政村内通电户数占总户数的比例/%	0.584	0.459
	X_{34}	通电话率	行政村内通电话户数占总户数的比例/%	0.622	0.477
		通电视率	行政村内通电视户数占总户数的比例/%	0.716	—
	X_{35}	安全饮用水比例	行政村内安全饮用水户数占总户数的比例/%	0.481	0.470
	X_{36}	卫生厕所比例	行政村内卫生厕所户数占总户数的比例/%	0.423	0.418
	X_{37}	住危房农户比例	行政村内住危房户数占总户数的比例/%	0.319	0.316
劳动力状况 (X_4)	X_{41}	劳动力比例	行政村劳动力总数占该村总人口的比例/%	0.254	0.250
	X_{42}	外出劳动力比例	行政村外出劳动力总数占该村劳动力总数的比例/%	0.318	0.318
	X_{43}	劳动力文化素质	行政村初中及以上文化水平劳动力数占该村劳动力总数的比例/%	0.348	0.344
		"雨露计划"参与率	行政村劳动力参与雨露计划人数占总劳动力人数的比例/%	变量为常数	—
医疗卫生和社会保障 (X_5)	X_{51}	诊所数量	行政村诊所数量/个	0.324	0.324
	X_{52}	每千人医生数	行政村每千人医生数量/个	0.297	0.297
	X_{53}	参加新型农村合作医疗比例	参加新型农村合作医疗人数占整个行政村人数的比例/%	0.295	0.295
	X_{54}	参加新型农村社会养老保险比例	参加新型农村社会养老保险人数占整个行政村人数的比例/%	0.338	0.336
经济发展 (X_6)	X_{61}	人均纯收入	行政村每年人均纯收入情况/元	0.324	0.320

5.3.1.2 标准化与权重

(1) 指标标准化

由于指标的量纲不同,需要先对指标进行标准化处理。常用的标准化方法很多,如离差标准化、标准差标准化等。但是,这些类型的标准化方法往往针对的是定量数据,对一些诸如地形类型、贫困村类型等定性数据无法进行标准化。因此,本研究参考 Sen(1985)的能力贫困理论与 UNDP 开发的多维贫困测算架构,对各个贫困村的指标划分剥夺临界线。同时,基于"分等定级"思想,通过对指标的等级划分进行指标标准化。等级划分上,主要参考《中国农村扶贫开发纲要(2011—2020 年)》、经济发展等发展纲要,现有文献中对指标分等定级的研究,以及研究数据的真实水平,将指标体系中各指标阈值分为 1~5 级,数值越大,贫困程度越深,结果如表 5-2 所示。

表 5-2 村级多维贫困测算指标标准化

维度	指标编号	贫困程度				
		1	2	3	4	5
地理环境 (X_1)	到最近乡镇集市的距离 (X_{11})	[0, 3)	[3, 7)	[7, 11)	[11, 18)	[18, ∞)
	地形类型 (X_{12})	平原	丘陵	山区	—	—
	遭受自然灾害的频次 (X_{13})	0 次	—	1 次	2 次	2 次以上
行政村特征 (X_2)	贫困村类型 (X_{21})	否	—	一类	两类	三类
	人口密度 (X_{22})	[0, 120)	[120, 305)	[305, 703)	[703, 1001)	[1001, ∞)
生产和生活条件 (X_3)	人均经济用地面积 (X_{31})	(7, ∞)	(3, 7]	(2, 3]	(1, 2]	[0, 1]
	通路率 (X_{32})	(0.95, 1]	(0.9, 0.95]	(0.8, 0.9]	[0.5, 0.8]	[0, 0.5]
	通电率 (X_{33})	(0.98, 1]	(0.94, 0.98]	(0.9, 0.94]	[0.8, 0.9]	[0, 0.5]
	通电话率 (X_{34})	(0.95, 1]	(0.9, 0.95]	(0.8, 0.9]	[0.5, 0.8]	[0, 0.5]
	安全饮用水比例 (X_{35})	(0.8, 1]	(0.6, 0.8]	(0.4, 0.6]	(0.3, 0.4]	[0, 0.3]
	卫生厕所比例 (X_{36})	(0.6, 1]	(0.4, 0.6]	(0.3, 0.4]	(0.2, 0.3]	[0, 0.2]
	住危房农户比例 (X_{37})	[0, 0.05]	[0.05, 0.15)	[0.15, 0.25)	[0.25, 0.35)	(0.35, 1]
劳动力状况 (X_4)	劳动力比例 (X_{41})	(0.7, 1]	(0.6, 0.7]	(0.5, 0.6]	[0.35, 0.5)	[0, 0.35)
	外出劳动力比例 (X_{42})	(0.5, 1]	(0.4, 0.5]	(0.3, 0.4]	(0.2, 0.3]	[0, 0.2)
	劳动力文化素质 (X_{43})	(0.85, 1]	(0.65, 0.85]	(0.45, 0.65]	[0.25, 0.45]	[0, 0.25)
医疗卫生和社会保障 (X_5)	诊所数量 (X_{51})	3 个以上	3 个	2 个	1 个	0 个
	每千人医生数 (X_{52})	(5, ∞)	(3, 5]	(1, 3]	(0, 1]	0
	参加新型农村合作医疗比例 (X_{53})	(95, 100]	(90, 95]	(80, 90]	(0, 80]	0
	参加新型农村社会养老保险比例 (X_{54})	(80, 100]	(50, 80]	(30, 50]	(0, 30]	0
经济发展 (X_6)	人均纯收入 (X_{61})	(5543, ∞)	(3960, 5543]	(3168, 3960]	[2300, 3168]	[0, 2300)

剥夺临界线的确定应该是相对的、动态的。可以参考贫困线的划定方法，目前主要有：①绝对剥夺方法，如基本需求法（Leisering et al.，1999）、经济计量模型（刘福成，1998；刘建平，2003）等；②相对剥夺方法，如比例法（Ravallion et al.，1991；董晓波等，2016）、平均法（Townsend，1970；王小林，2012）等。同时，Alkire 也提到可以基于下面五种方法来选取维度、设定剥夺临界线：现有数据、规范性假设、公共认知、参与式方法、已有文献的证实分析。本研究参考以上方法，分别对 20 个指标划分 5 个等级的标准，举例如下。

1）遭受严重自然灾害频次：自然灾害危及人的生命与财产安全，是造成农村贫困的重要因素之一。在《扶贫开发建档立卡工作方案》制定的登记内容中特别注明了因灾致贫专项，考虑到严重自然灾害波及范围较广，本章将 2012 年遭受 1 次设置为贫困得分 3 分、遭受 2 次设置为贫困得分 4 分、遭受 2 次以上设置为最高贫困得分 5 分。

2）通电率：电力是制约国民经济发展的瓶颈，也是影响国民生活质量的关键之一。本研究将通电率作为生产和生活条件维度的衡量指标之一，并根据国务院扶贫办国际合作和社会扶贫司在 2013 年年底公布的全国未通电情况，估算得到 2012 年全国平均通电率为 99.70%，以此作为贫困村通电率指标贫困得分的参考依据。

3）安全饮用水比例：饮水安全是《中国农村扶贫开发纲要（2011—2020 年）》提到的扶贫开发工作主要任务之一，计划到 2015 年，基本解决贫困地区农村饮水安全问题。根据中国灌溉排水发展中心原副主任闫冠宇在第七届中国（国际）水务高峰论坛上的讲话，估算出 2012 年中国安全饮水率为 84.14%，以此作为贫困村安全饮用水比重指标贫困得分的参考依据。

4）卫生厕所比例：卫生设施建设已经成为影响人们生活福利的重要部分，每年的 11 月 19 日被设立为"世界厕所日"。根据国家卫生健康委员会公布的数据，截至 2012 年年底我国农村卫生厕所普及率已达到 72%，因此本章将此作为卫生厕所比例指标的参考标准。

5）住危房农户比例：住房贫困一直是多维贫困研究中的热点，国际上更多以人均住房面积衡量住房贫困状况，不过考虑到中国农村人均住房面积虚高问题，本研究采用居住危房农户比例作为衡量行政村住房贫困状况的指标。采用平均法，将贫困村居住危房的比例指标进行标准化。

6）每千人医生数：根据 2013 年发布的《中国统计年鉴》中每千人口卫生技术人员数据，2012 年全国平均每千人口拥有 4.94 位卫生技术人员，故将 4.94 人作为每千人口医护人员数的每千人医生数指标贫困得分的最低标准，并结合比例法划分 5 类贫困标准。

（2）权重

不同维度、不同指标对于贫困的影响程度存在差异，因此需要对不同维度和不同指标的权重进行确定。本章采用三类赋权方法，并对不同赋权结果进行对比分析，选择其中一类赋权方法。其中主观赋权方法采用层次分析法（analytic hierarchy process，AHP），客观赋权方法采用熵权法（entropy weight method，EWM），组合赋权方法采用基于博弈论的组合赋权法，分别对维度和指标进行赋权，结果如表 5-3 所示。

表 5-3 村级多维贫困指标权重分布

维度	维度权重	指标编号	指标	主观权重	客观权重	组合权重
地理环境（X_1）	0.260	X_{11}	到最近乡镇集市的距离	0.189	0.001	0.146
		X_{12}	地形类型	0.452	0.778	0.527
		X_{13}	遭受自然灾害的频次	0.359	0.221	0.327
行政村特征（X_2）	0.075	X_{21}	贫困村类型	0.554	0.840	0.760
		X_{22}	人口密度	0.446	0.160	0.240
生产和生活条件（X_3）	0.250	X_{31}	人均经济用地面积	0.263	0.000	0.069
		X_{32}	通路率	0.320	0.371	0.413
		X_{33}	通电率	0.214	0.021	0.074
		X_{34}	通电话率	0.036	0.078	0.078
		X_{35}	安全饮用水比例	0.110	1.042	0.338
		X_{36}	卫生厕所比例	0.024	0.199	0.109
		X_{37}	住危房比例	0.114	0.137	0.151
劳动力状况（X_4）	0.199	X_{41}	劳动力比例	0.504	0.183	0.368
		X_{42}	外出劳动力比例	0.223	0.388	0.293
		X_{43}	劳动力文化素质	0.272	0.429	0.339
医疗卫生和社会保障（X_5）	0.079	X_{51}	诊所数量	0.170	0.024	0.056
		X_{52}	每千人医生数	0.346	0.005	0.080
		X_{53}	参加新型农村合作医疗比例	0.213	0.168	0.178
		X_{54}	参加新型农村社会养老保险比例	0.271	0.803	0.686
经济发展（X_6）	0.136	X_{61}	人均纯收入	1	1	1

A. 层次分析法（AHP）

层次分析法由 Saaty 于 20 世纪 70 年代提出，该方法将决策分解为目标层、准则层、方案层，基于此分析决策的权重构成，具有简洁、灵活、清晰等特点（汪应洛，2003；邓雪等，2014）。其基本原理及步骤如下。

1）建立层次结构模型。构造一个递阶的层次结构模型，大致可以分为三类：最高层（目标层）、中间层（准则层）、最底层（方案层）。

2）构造判断矩阵。利用数字 1~9 及其倒数对各决策层的准则进行衡量（表 5-4）。

表 5-4 判断标度定义

标度	含义
1	表示两个因素相比，具有相同重要性
3	表示两个因素相比，前者比后者稍重要
5	表示两个因素相比，前者比后者明显重要
7	表示两个因素相比，前者比后者强烈重要
9	表示两个因素相比，前者比后者极端重要

续表

标度	含义
2，4，6，8	表示上述相邻判断的中间值
倒数	若因素 i 与因素 j 的重要性之比为 a_{ij}，那么因素 j 与因素 i 重要性之比为 $a_{ji}=1/a_{ij}$

3）层次单排序。对各层次进行单独排序，主要步骤有计算一致性指数 CI、查找一致性指标 RI、计算一致性比例 CR。

4）层次总排序。为了得到最终权重，需要对层次的总排序进行一致性检验，计算要素对总目标的权重。

B. 熵权法

熵权法中提到的熵最初来源于热力学，用以反映系统的混乱程度，目前已经在多个领域中广泛使用（李帅等，2014）。当某个指标的值相差较大时，熵较小，说明该指标提供的信息量较大，因此该指标的权重也应该较大。此处的熵值在信息论中用以反映信息的无序程度，评价某项指标所涵盖的信息量大小。熵权法的具体步骤如下：

假设有 m 个指标，n 个评价对象，构成原始矩阵 $\boldsymbol{R}=(r_{ij})_{m\times n}$，第 i 个指标的熵值为

$$H_i = -k\sum_{j=1}^{n} f_{ij}\ln f_{ij} \tag{5-1}$$

其中，$f_{ij}=1/\sum_{j=1}^{n} r_{ij}$，$k=1/\ln n$，当 $f_{ij}=0$ 时，$f_{ij}\ln f_{ij}=0$。f_{ij} 为第 j 个评价对象（贫困村）的第 i 个指标占该指标总和的比例；n 为评价对象数量，H_i 为第 i 个指标的熵值。

在此基础上，第 i 个指标的熵权为

$$\omega_i = \frac{1-H_i}{n-\sum_{i=1}^{m} H_i} \tag{5-2}$$

式中，$0\leqslant\omega_i\leqslant 1$，$\sum_{i=1}^{m} H_i = 1$，$\omega_i$ 为第 i 个指标的熵权。

C. 基于博弈论的组合赋权法

博弈论组合赋权的基本思想是在不同的权重之间寻求一致或者妥协，即最小化权重与权重之间的偏差，得到一组优化权重值（徐建华，2009）。本研究利用基于博弈论的组合赋权法将层次分析法得到的主观权重与熵权法得到的客观权重相结合，得出最优权重。具体步骤如下：

由层次分析法得到的指标主观权重向量为

$$\mu = (\mu_1, \mu_2, \cdots, \mu_m) \tag{5-3}$$

由熵权法得到的指标客观权重向量为

$$\omega = (\omega_1, \omega_2, \cdots, \omega_m) \tag{5-4}$$

基于博弈论的指标组合权重向量为

$$\begin{pmatrix} \mu\cdot\mu^{\mathrm{T}} & \mu\cdot\omega^{\mathrm{T}} \\ \omega\cdot\mu^{\mathrm{T}} & \omega\cdot\omega^{\mathrm{T}} \end{pmatrix} \begin{pmatrix} \alpha_\mu \\ \alpha_\omega \end{pmatrix} = \begin{pmatrix} \mu\cdot\mu^{\mathrm{T}} \\ \mu\cdot\omega^{\mathrm{T}} \end{pmatrix} \tag{5-5}$$

$$w = \alpha_\mu\cdot\mu + \alpha_\omega\cdot\omega \tag{5-6}$$

式中，α_μ 为层次分析法得出的主观权重的组合权重值；α_ω 为熵权法得出的客观权重的组合权重值；w 为指标的组合权重。

5.3.1.3 村级多维贫困指数计算

在指标标准化与权重确定之后，通过式（5-7）计算村级多维贫困指数（VPI）：

$$VPI = 20\sum_{i=1}^{n}(\sum_{j=1}^{m}I_{ij}\omega_{ij})\omega_i \tag{5-7}$$

式中，20 是常数，用于消除小数位影响，增大数据间差异；n 代表维度个数；m 代表相应维度下的指标个数；I_{ij} 代表标准化后的指标值；ω_{ij} 代表指标权重；ω_i 代表维度权重。

根据式（5-7）计算得到村级多维贫困指数（VPI）得分，按照等间距规则将 VPI 划分为 5 个贫困等级，等级由低到高代表了贫困村贫困程度由浅到深。

5.3.2 度量结果检验

本章运用了主观赋权方法（层次分析法）、客观赋权方法（熵权法）以及基于博弈论的组合赋权方法作为模型的赋权方法。分别利用三类赋权方法得到村级多维贫困指数（VPI），利用 VPI 对国家重点贫困村的瞄准率以及 VPI 对深度贫困村的政策覆盖率作为检验方法，对比分析三类方法的精度。

在进行结果检验之前，首先根据前文村级多维贫困度量模型计算得到村级多维贫困指数（VPI）得分，按照等间距规则将 VPI 划分为 5 个贫困等级，等级由低到高代表了贫困村贫困程度由浅到深（表 5-5）。

表 5-5 村级贫困程度分布

VPI 等级	层次分析法		熵权法		组合赋权法	
	VPI 得分范围	所占比例（%）	VPI 得分范围	所占比例（%）	VPI 得分范围	所占比例（%）
1	29.44~40.53	0.34	23.25~35.62	1.08	25.22~36.77	1.88
2	40.54~51.62	9.11	35.63~48.00	15.41	36.78~48.32	19.18
3	51.63~62.71	52.61	48.01~60.37	42.83	48.33~59.87	48.81
4	62.72~73.80	35.37	60.38~72.75	35.39	59.88~71.42	28.37
5	73.81~84.89	2.57	72.76~85.12	5.29	71.43~82.97	1.76

其次从国家重点贫困村的瞄准率与深度贫困村的政策覆盖率两方面对 VPI 结果进行检验。

一是检验对国家重点贫困村的瞄准率。国家重点贫困村是从多角度综合评价贫困村，较为符合精准扶贫战略实施的实际需求和本专题多维贫困的研究核心。研究区贫困村中共有 29 752 个贫困村列入国家重点贫困村名单，将贫困村按 VPI 得分降序排列后，取前 29 752 个最贫困的贫困村与列入国家重点贫困村名单的行政村对比。如表 5-6 所示，三类赋权方法得到的 VPI 得分对国家重点贫困村的瞄准率分别为 75.38%、73.14%、78.45%，相对而言，基于博弈论的组合赋权方法计算得到的 VPI 得分对贫困村贫困程度的度量精度更高。

二是检验深度贫困村的政策覆盖率。分析多维贫困程度最深的贫困村被扶贫政策覆盖的情况,对于检验 VPI 有效性也十分重要。本章对 VPI 等级为 4 和 5 的贫困村的政策覆盖率进行分析。结果显示,三类方法受到国家重点贫困村和省级重点贫困村的政策覆盖率分别为 88.19%、86.15%、86.97%。

表 5-6 三类赋权方法精度检验统计表

项目	层次分析法	熵权法	组合赋权法
瞄准率	75.38%	73.14%	78.45%
覆盖率	88.19%	86.15%	86.97%

综合考虑两类检验方法的结果,基于博弈论的主客观综合赋权方法拥有相对更高的精度,最终选用这类赋权方法作为本章的赋权方法。同时,通过对结果的检验,认为 VPI 具有一定精准性,能够反映贫困村的多维贫困程度,可以进行下一步研究工作。

5.3.3 贫困村多维贫困程度的多尺度分析

5.3.3.1 全国尺度

全国尺度层面上,图 5-3 所示,贫困村 VPI 得分整体呈右偏正态分布,贫困村的多维贫困程度基本呈中间大,两头小的"橄榄型"分布结构。说明我国贫困村更多处于中等贫困程度,轻度贫困和重度贫困的贫困村数量较少。VPI 分布峰顶点略高于标准正态分布曲线,说明贫困程度中值区贫困村数量较多,而处于高值区的贫困村数量相对较少。VPI 得分分布峰向右偏离标准正态分布曲线峰值,说明我国贫困村整体贫困程度偏深。整体而言,我国贫困村的贫困程度较为单一,多为中度贫困村,轻度贫困与重度贫困的贫困村数量较少,长期以来的扶贫开发工作取得了显著的成效。

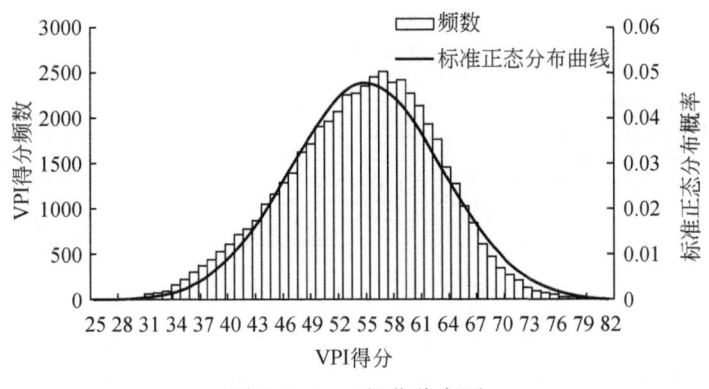

图 5-3 VPI 得分分布图

结合图 5-4 能够直观地发现我国不同 VPI 等级的贫困村空间分布情况。可以发现,各等级的贫困村"散乱"分布于我国各个地区,基本上各地区都存在 5 个不同等级的贫困村,这也符合相对贫困的概念。但是,不同贫困等级的贫困村的分布也存在一定的空间差异。其中，四级贫困村和五级贫困村多分布于我国西南地区和西北地区，尤其是云南省、广西壮族自治区、贵州省、甘肃省等地区；一级贫困村零星分布于各地区，数量较少，沿海的浙江、江苏、福建等地区占比较高；大部分的贫困村为三级贫困村，在数据样本的所在的区域都有分布。

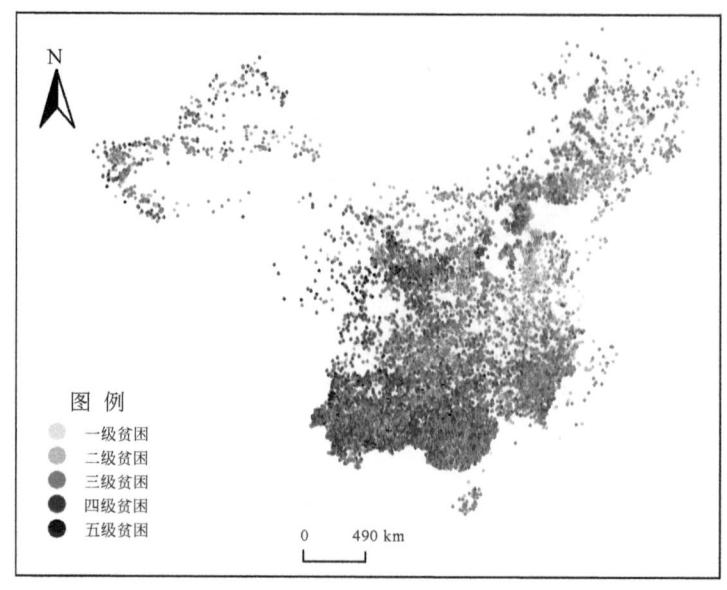

图 5-4　全国尺度贫困村贫困等级分布图

5.3.3.2　片区尺度

从片区尺度分析，如表 5-7 从左到右各列所示，按平均 VPI 得分从大到小排列，乌蒙山区>滇西边境山区>四省藏族聚居地>滇桂黔石漠化区>吕梁山区>六盘山区>武陵山区>秦巴山区>南疆三地州片区>罗霄山区>大兴安岭南麓山区>燕山-太行山区>大别山区。

表 5-7　片区多维贫困情况统计表

片区	乌蒙山区	滇西边境山区	四省藏族聚居地	滇桂黔石漠化区	吕梁山区	六盘山区	武陵山区	秦巴山区	南疆三地州片区	罗霄山区	大兴安岭南麓山区	燕山-太行山区	大别山区
VPI 得分	61.12	60.39	60.00	59.14	58.57	56.48	55.79	55.18	55.12	54.51	51.96	51.75	48.90
VPI 等级	3.62	3.54	3.53	3.44	3.41	3.22	3.15	3.10	3.09	3.04	2.84	2.80	2.58

其中，罗霄山区、大兴安岭南麓山区、燕山-太行山区、大别山区的贫困村平均 VPI 得分处在全国平均水平以下，相对于其他 9 个片区发展较优。分析原因，发现这 4 个片区相对靠近东部沿海地区，沿海城市经济发展优势的空间溢出效应受益相对显著，因此发展情况相对较好。

乌蒙山区、滇西边境山区、四省藏族聚居地的贫困村平均 VPI 得分达到或超过了 60 分，整体处于四级贫困水平，说明这三个片区的贫困村贫困程度普遍偏高。分析原因，发现这三个片区都深入内陆，环境恶劣，交通不便，资源贫瘠，自然灾害频发，地方病高发,同时在文化交流、政策推广、基础设施覆盖方面存在一定劣势。正是上述多种条件的限制,导致这些地区的贫困村长期处于贫困状态,甚至产生贫困的代际传播,是我国精准扶贫战略实施初期最为贫困的地区(图5-5)。

滇黔桂石漠化区、吕梁山区、六盘山区、武陵山区、秦巴山区、南疆三地州片区这些片区虽然相对于乌蒙山区、滇西边境山区、四省藏族聚居地的贫困村相对发展较好,但优势不大,同时这些地区的贫困村的贫困程度也都处于我国贫困村贫困水平以上。其也多为山区、内陆地区,存在交通不便的天然劣势,必须大力发展地方特色产业,提升地区教育水平,同时努力引进各类人才,从而推动地方经济快速增长。

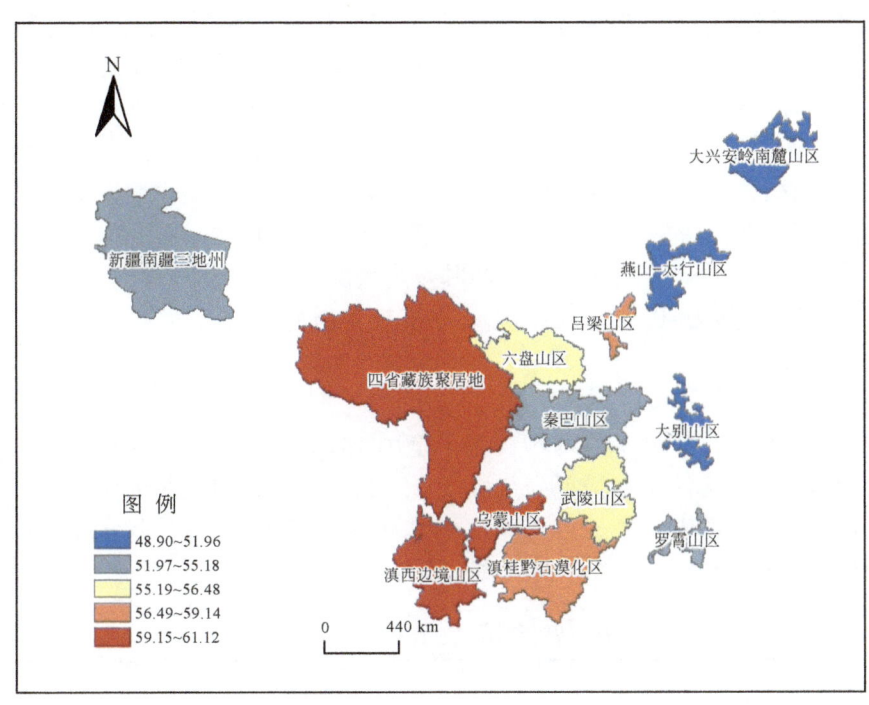

图 5-5 片区尺度贫困分布图

5.3.3.3 省级尺度

从省级尺度分析,表5-8将贫困村所分布的27个省级行政单元按平均VPI得分从左到右降序排列。可以看出,贫困村多维贫困较严重的地区主要为甘肃、云南、贵州、广西、湖南、青海,平均VPI得分与平均VPI等级都高于研究样本的总体平均水平。

表 5-8 省级单位多维贫困情况统计表

省级行政单元	甘肃	云南	贵州	广西	湖南	青海	四川	新疆	江西	山西	宁夏	内蒙古	湖北	河北
VPI得分	58.94	58.57	57.46	57.14	55.88	55.58	55	54.59	53.5	53.36	52.84	52.81	52.52	52.26
VPI等级	3.43	3.39	3.30	3.27	3.13	3.14	3.08	3.04	2.95	2.95	2.89	2.89	2.93	2.85

续表

省级行政单元	海南	陕西	吉林	重庆	河南	安徽	辽宁	黑龙江	山东	福建	江苏	浙江	广东	全国
VPI 得分	50.53	50.4	49.85	49.75	49.29	49.05	46.94	46.70	46.29	45.62	43.82	43.37	39.53	55.08
VPI 等级	2.69	2.66	2.67	2.62	2.47	2.59	2.35	2.40	2.33	2.29	2.13	2.12	1.65	3.09

其中，甘肃 VPI 等级为五级的贫困村占贫困村总数的 6.08%，排名全国第二，且仅有不到 10% 的贫困村 VPI 等级为一级或二级，贫困村多维贫困程度为全国最高；青海 VPI 等级为五级的贫困村占贫困村总数的 9.97%，为全国最高，但其余大部分贫困村的 VPI 等级为二级至四级，且较为平均，因此总体多维贫困程度排名全国第六；对比分析湖南、青海，发现湖南的平均 VPI 得分高于青海，而湖南的平均 VPI 等级却低于青海，说明湖南贫困村整体贫困相对严重，而青海贫困村贫困差异相对较大。贫困村多维贫困状况较好的是广东、浙江、江苏、福建，基本没有贫困村的 VPI 等级达到四级或五级，反映出沿海经济较发达地区大环境下的发展优势对当地贫困村发展起到了一定推动作用，享有经济溢出效应。其余地区也存在各自的多维贫困特点，因篇幅所限不做具体分析。

整体而言，研究区的贫困村贫困程度与其发展情况存在一定线性相关，平均 VPI 得分与人均 GDP 的相关系数为 -0.82，在 0.01 水平下显著相关。

5.3.3.4　县级尺度

从县级尺度分析，由于样本贫困村覆盖了全国 1311 个县级行政单元，对每个县进行差异分析较为烦琐，且无法全面呈现分布特征。因此，结合我国扶贫工作中对县级行政单元进行分类指导的实际情况，本研究将本次样本贫困村所在的 1311 个县级行政单元进行分类，分别进行差异特征分析。分类体系如表 5-9 所示。

表 5-9　贫困村所在县分类体系

分类体系	类型统计
贫困县级别	国家重点贫困县 527 个，省级贫困县 345 个，普通县 439 个
地域区划	东部县 94 个，中部县 442 个，西部县 775 个
第一产业类型	牧区县 83 个、农区县 1111 个、半农半牧区县 117 个
地形类型	山区县 598 个、丘陵县 303 个、平原县 264 个、其他类型县 146 个
片区县	片区县 539 个、非片区县 772 个

1）不同贫困县级别分析。通过表 5-10 能够发现，研究区超过 57.81% 的贫困村分布在国家重点贫困县，且贫困程度普遍较高，平均 VPI 得分与平均 VPI 等级均远高于隶属省级贫困县和普通县的贫困村，其中国家重点贫困县中 VPI 等级为四级和五级的重度贫困村比例高达 38.44%，是后两者总和的 2.8 倍多。再通过基尼系数分析不同贫困县内部的贫困村贫困程度差异程度，发现国家重点贫困县内的贫困村贫困程度差异相比省级贫困县与普通县较小，说明国家重点贫困县内的贫困村贫困程度整体偏高，贫困差异性相对较小。

对比省级贫困县与普通县内的贫困村，发现前者的贫困程度略高于后者。

2) 不同地域区划分析。对比处于东中西不同地域区划的贫困村所在县，发现存在地域区位由东向西，贫困村贫困程度与贫困规模显著递增趋势，尤其在重度贫困村比例上，东部县比例仅占1.64%，而中部县和西部县的比例分别达到了16.39%和35.56%，从图5-6中也能很直观地反映出来。同时，基尼系数反而表现出由东向西递减的趋势，与贫困程度与贫困规模相反。分析成因，发现东部县内的贫困村数量少，贫困程度差异明显，导致基尼系数偏大，贫困差异性更大，反而是中部县与西部县内的贫困差异性相对较小。

3) 不同第一产业类型分析。对比牧区县、半农半牧区县和农区县三类县级区划的贫困村现状，发现牧区县内的贫困村贫困格外严重，普遍存在重度贫困现象；半农半牧区县内的贫困村贫困现状（53.94）相对较好，处在全国平均水平（54.17）以下；而农区县的贫困村贫困程度则基本与全国平均水平持平。再通过基尼系数对比三类县内的贫困村贫困差异性，发现牧区县内的贫困村贫困差异性最大，农区县内的贫困村贫困差异性最小。

4) 不同地形类型分析。发现随着地势的平坦，贫困村贫困状况显著好转。57.70%的贫困村分布在山区县内，且其中有39.41%的贫困村属于重度贫困；分布在丘陵县的贫困村比例为23.58%，重度贫困村比例为19.60%，VPI得分和VPI等级均低于全国平均水平；分布于平原县的贫困村贫困程度相对较低，平均VPI等级为2.55，多属于轻度贫困与中度贫困。

5) 最后对比分析片区县与非片区县，分布于前者的贫困村无论是VPI得分、VPI等级还是重度贫困村比例都要明显高于后者，总体上贫困程度更高。

表5-10 县分类统计表

县类型	贫困县级别			地域区划			第一产业类型			地形类型			片区县	
	国家重点	省级	普通	东部	中部	西部	牧区	半农半牧区	农区	山区	丘陵	平原	片区	非片区
县数量（个）	527	345	439	94	442	775	83	117	502	598	303	264	439	772
贫困村比例（%）	57.81	23.61	18.58	2.73	23.47	73.76	2.89	6.25	52.61	57.70	23.58	11.13	56.70	43.26
VPI平均得分	57.08	52.78	51.99	45.61	52.11	56.37	59.26	54.17	57.32	57.31	53.00	48.81	57.62	51.74
VPI等级	3.26	2.89	2.82	2.26	2.83	3.20	3.46	3.00	3.28	3.28	2.91	2.55	3.31	2.80
重度贫困村比例（%）	38.44	20.88	17.09	1.64	16.39	35.56	50.13	26.11	39.67	39.41	19.60	9.87	40.97	15.93
基尼系数	0.119	0.149	0.145	0.162	0.137	0.126	0.127	0.119	0.107	0.114	0.108	0.166	0.110	0.144

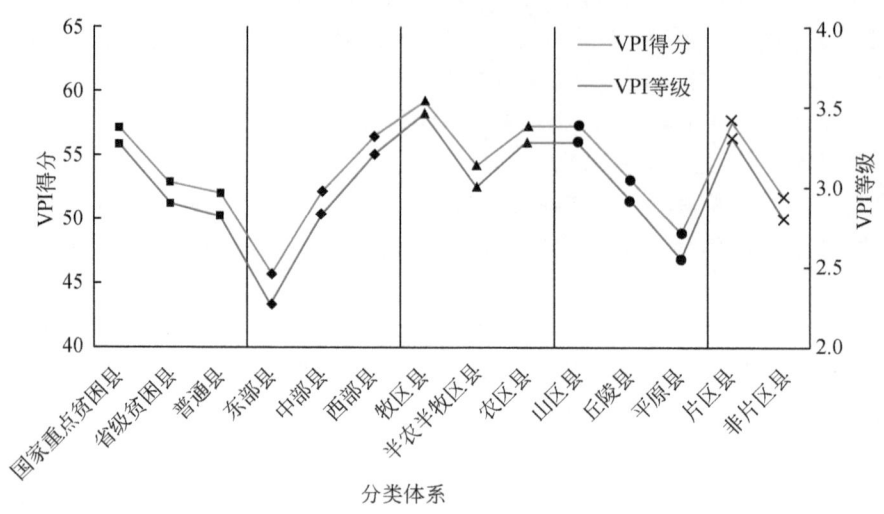

图 5-6 县级尺度多维贫困现状分析图

综上，本专题以"十二五"期间全国"整村推进"项目贫困村数据为样本，从多维贫困的视角，以行政村为研究单元，构建村级多维贫困度量指标体系，利用"分等定级"思想的标准化方法、主客观组合赋权法等，设计村级多维贫困度量模型。同时从"整村推进"贫困村的瞄准率、深度贫困村政策覆盖率两个角度对度量结果进行验证。最后，分别从多尺度与多维度视角定量分析了研究区贫困村的贫困现状。得到以下结论：全国尺度下，贫困村整体贫困程度偏深，基本呈中间大、两头小的"橄榄型"分布结构；片区尺度下，大部分片区的贫困村的贫困程度处于我国贫困村平均水平以上，存在显著的地域性发展劣势，需要努力发展相适应的地方产业；省级尺度下，各省级单位的贫困村贫困程度与当地发展现状显著相关，各地存在不同的贫困程度与贫困差异特征；县级尺度下，不同类型县内的贫困村贫困程度不同，国家重点贫困县＞省级贫困县＞普通县，西部县＞中部县＞东部县，牧区县＞农区县＞半农半牧区县，山区县＞丘陵县＞平原县，片区县＞非片区县。通过本专题的研究，对我国贫困村的贫困程度进行了深入度量，对贫困村的贫困等级进行了区分，可为贫困地区扶贫政策的制定与实施提供一定决策参考。

5.4 贫困村空间分布特征分析

5.4.1 空间分析方法

基于 GIS 统计分析方法，从精细尺度上对不同贫困程度的贫困村的分布模式和分布格局进行分析，有助于厘清全国范围内贫困村的整体贫困分异特征及其空间分异格局。

5.4.1.1 空间异质性分析方法

(1) 加权核密度分析方法

本章引入加权核密度模型(kernel density estimation, KDE)揭示研究区贫困村的空间分布密度及其核心分布区域。因点周围领域不同,任意一个点都有一个点密度(叶阿忠,2003),核密度分析可根据输入要素数据计算整个区域的数据聚集状况。普通的核密度模型可以对点模式下贫困村的空间密度进行表达,但难以区分贫困村的贫困程度。本章将VPI等级作为权重对贫困村进行加权核密度分析,试图更加科学合理地分析贫困村的贫困空间分布异质性。同时,本章根据核密度大小的差异,利用自然断点分类法划分一级、二级、三级不同核密度等级的贫困核心区域,代表不同等级的贫困聚集程度,其中以一级核心为首,贫困度最集中。

核密度模型的原理是以 P 点为圆心,统计半径为 r 的圆之内的事件数量,并除以圆的面积,因点周围领域不同,任意一个点都有一个点密度(王泽宁等,2015)。加权核密度模型则是在此基础上赋予事件属性,在统计中不同属性的事件会出现不同的次数,公式如下:

$$P(x) = \frac{1}{h^2} \sum_{i=1}^{n} \left\{ K\left[\frac{d(x, x_i)}{h}\right] \right\} \tag{5-8}$$

式中,n 表示半径为 r 的圆范围内所包含的事件数量;K 函数表示空间权重函数;h 表示距离阈值即 r,$d(x, x_i)$ 表示两点间的欧氏距离。

普通的核密度模型仅仅是对贫困村在空间点模式分布上的表达,未对贫困村的贫困程度进行区分,将VPI作为权重对贫困村进行加权核密度分析,在分析贫困村的贫困空间集聚方面显得更加科学、合理。

(2) 空间扫描统计量方法

扫描统计量方法由美国哈佛大学教授Kulldorff和Nagarwalla于1995年提出,1997年他们又引入时间变量,将其发展成时空扫描统计量方法(spatial-temporal scan statistics)(王培安等,2012)。随着近年来的逐步发展和完善,扫描统计量方法已经广泛应用于医学、地理学、经济学、犯罪学等领域(Kang,2010)。方法核心为通过建立一个以数据空间表面为底,以时间为高的圆柱体活动窗口,通过不断变化扫描半径与时间,使圆柱体窗口动态变化,直到设置的上限,用以衡量扫描窗口内的样本数是否异常,最后通过检验扫描统计量的对数似然比(log likelihood ratio, LLR)判定一类聚集区、二类聚集区、非聚集区(周志峰等,2014)。本章通过扫描统计量方法分析贫困村在空间分布上的聚集特征。计算公式如下:

$$LR = \frac{L_Z}{L_0} \times \frac{\left(\frac{n_Z}{\mu_Z}\right)^{n_S} \left(\frac{n_G - n_Z}{\mu_G - \mu_Z}\right)^{n_G - n_S}}{\left(\frac{n_G}{\mu_G}\right)^{n_G}} \tag{5-9}$$

$$\mu_Z = \frac{n_G}{m_G} \times m_Z \tag{5-10}$$

式中，L_Z是扫描窗口 Z 的似然函数值；L_0是在无效假设下得到的似然函数值；n_Z是扫描窗口 Z 中的实际事件数量；μ_Z是在无效假设下得到的扫描窗口 Z 中的预期事件数量；m_Z是研究时空范围内的总事件数量；n_G是所有区域 G 内时空窗口 Z 中的总事件数量；m_G是区域 G 内的总事件数量；μ_G是所有的预期事件数量。

上述两类方法都可以分析贫困村在空间分布上的区域差异，刻画贫困村分布的空间异质性。其中，加权核密度分析方法更加侧重于体现贫困村的分布密度，即空间异质性的强度；空间扫描统计量方法更加侧重于描绘贫困村聚集分布的范围，即空间异质性的广度。本研究综合利用两类方法，对贫困村分布的空间异质性格局进行分析。

5.4.1.2 空间依赖性分析方法

本章拟用空间自相关分析来揭示贫困村分布的空间依赖性。空间自相关表示某一个单元在空间上的相互关联性，度量单元属性值的聚集特征（Goodchild et al., 2000），分为全局自相关与局部自相关。其中，全局空间自相关的指数主要有全局 Moran's I、Geary's C 和 Getis's C，能够对属性值的整个区域空间特征进行描述；局部空间自相关的指数主要有局部 Moran's I 和局部 Getis's C，能够用来衡量每个空间要素在"局部"（一般是相邻）的相关性质。本研究采用全局 Moran's I 指数、局部 Moran's I 指数、局部 G 系数来分析贫困村的空间聚集特征。

全局 Moran's I 指数能够综合评价研究区内贫困村的整体空间聚集情况，公式如下：

$$\text{全局 Moran's I} = \frac{N \sum_i \sum_j w_{ij}(x_i - \bar{x})(x_j - \bar{x})}{\left(\sum_i \sum_j w_{ij}\right) \sum_i (x_i - \bar{x})^2} \tag{5-11}$$

式中，N 表示研究对象即贫困村的数量；w_{ij} 表示空间权重矩阵；x_i 表示研究对象 i 的值，即某贫困村 i 的 VPI 得分；x_j 表示研究对象 j 的值，即某贫困村 j 的 VPI 得分；$\bar{x}$ 表示所有对象的平均值，即所有贫困村的平均 VPI 得分。

空间联系局部指标（local indicators of spatial association，LISA），即局部 Moran's I 用来衡量不同区域的贫困村贫困程度的相互关系（李慧等，2011），公式如下：

$$\text{局部 Moran's I}_i = \frac{\sum_{i=1}^{n} \sum_{j=1}^{n} w_{ij}(x_i - \bar{x})(x_j - \bar{x})}{\frac{1}{n} \sum_{i=1}^{n} (x_i - \bar{x})^2} \tag{5-12}$$

其中参数含义同全局 Moran's I 指数。

局部 G 系数由 Ord 和 Getis 提出（Ord and Getis, 1995），本章利用局部 G 系数对贫困村进行热点分析，表现贫困村实际分布的不均匀性。计算公式如式（5-13）所示，可用式（5-14）进行标准化。

$$\text{局部 } G_i^* = \frac{\sum_j^n W_{ij} x_j}{\sum_j^n x_j} \tag{5-13}$$

$$Z(G_i^*) = \frac{G_i^* - E(G_i^*)}{\sqrt{\mathrm{VAR}(G_i^*)}} \quad (5\text{-}14)$$

式中，W_{ij} 是 i、j 单元之间的距离权。显著的正 $Z(G_i^*)$ 表示单元 i 的相邻单元变量值高，即高值聚集区，即相邻贫困村的 VPI 得分均显示高值；显著的负 $Z(G_i^*)$ 表示单元 i 的相邻贫困村的 VPI 得分较低，即低值聚集区。

上述方法中，全局 Moran's I 指数能够描绘全国范围内的贫困村空间分布依赖性强度；利用局部 Moran's I 指数能够反映每个区域贫困强度与周围区域之间的联系，侧重于表现区域之间的空间依赖性；利用局部 G 系数能够探索贫困村的聚集区域，并根据聚集强度的不同对区域进行细分，侧重于表现贫困村个体之间的空间依赖性。本研究利用上述三类空间自相关方法，对贫困村分布的空间依赖性格局进行分析。

5.4.1.3 空间贫困陷阱区域分析方法

某一地区"地理资本"的缺失，导致贫困水平较高或处于贫困的恶性循环，由此产生空间贫困陷阱（Ripley，1977）。本研究从空间贫困的角度引入加权 Ripley K 函数分析空间贫困陷阱区域内贫困村的空间分布特征。普通的 Ripley K 函数能够反映点模式下整个空间范围内的样本动态变化特征，提供空间特征尺度和空间分布强度两个指数（高凯等，2010）。然而，由于它只考虑点的空间位置，容易出现"伪聚集性或过聚集"现象（张东菊，2015）。因此，采用以 VPI 等级赋权的 Ripley K 函数，能够更好地表达某一地区贫困村的空间分布情况，用以探索空间贫困陷阱区域的特征。其计算公式如下：

$$K(d) = \frac{\sum_{i=1}^{n} \sum_{j \neq i} m_i m_j I(d_{ij} \leq d)}{\lambda \mu^2} \quad (5\text{-}15)$$

式中，d 为空间尺度；d_{ij} 为点 i 与点 j 之间的距离；n 为研究范围内点个数；$I(d_{ij} \leq d)$ 表示，当 $d_{ij} \leq d$ 时，$I=1$，否则 $I=0$；λ 为研究对象均匀分布的假设密度；γ 为研究区各点权重的平均值；m_i 和 m_j 分别为 i 点和 j 点的权重。

为了线性化期望值并使方差稳定，也为了更加直观地分析研究对象的空间分布格局，Besag（1977）重新构造了指标 $L(d)$：

$$L(d) = \sqrt{\frac{K(d)}{\pi}} - d \quad (5\text{-}16)$$

$L(d) > 0$，表示样本点有聚集分布趋势；$L(d) < 0$，表示样本点有离散分布趋势；$L(d) = 0$，表示样本点呈完全随机分布。

L 指数偏离随机性的显著性检验采用蒙特卡罗模拟法，置信度为 99%，生成上、下包迹线，当 $L(d)$ 位于上包迹线上方，表示统计显著聚集；当 $L(d)$ 位于下包迹线下方，表示统计显著离散；当 $L(d)$ 落入上、下包迹线之间，表示空间分布未显著偏离随机分布。

5.4.2 空间异质性分析结果

5.4.2.1 加权核密度分析

对51 461个"整村推进"项目村数据进行加权核密度分析，结果如图5-8所示。从图5-8中能够发现，在滇西边境山区、滇桂黔石漠化区、乌蒙山区等中西部地区存在明显贫困集聚现象，贫困高度集中。这类地区贫困严重的原因一方面是自然禀赋较差，经济发展困难，导致贫困程度较高；另一方面是这些地区人口密度较大，导致贫困的空间分布相对集中。而如新疆南疆三地州、四省藏区、大兴安岭南麓山区等地区由于地广人稀的特性，虽然贫困村贫困程度很高，但相对而言无法形成大规模的集聚效应。因此，就全国贫困村空间分布而言，形成了西南部和中部贫困密度大且分布集中、东部和西北部贫困密度小且分布离散的贫困空间异质性格局。

同时，根据加权核密度模型结果，贫困村的空间分布出现了3个"一级核心"、6个"二级核心"以及多个"三级核心"的聚集特征，核心地区是我国扶贫开发的重点地区。其中，3个"一级核心"分别出现在云南的楚雄、玉溪、昆明、思茅、临沧、大理地区，广西的柳州、南宁、河池地区，以及贵州的贵阳、毕节、安顺、黔南、黔东南地区。分析"一级核心"产生原因，一方面是贵州、云南、广西是中国贫困人口规模较大、贫困程度较高的地区；另一方面是"一级核心"辐射地区多为山地地形且少数民族人口众多，村落聚集现象显著。6个"二级核心"分别位于湖南、江西、四川、重庆、甘肃、陕西境内。"三级核心"则多分布在其余贫困高发的地区。分析"核心"的成因，可以将"核心"分成两类：第一类是贫困村数量驱动型，如位于罗霄山区北部江西境内的"二级核心"，贫困村数量众多、分布密集，从而产生了贫困聚集现象；第二类是贫困村贫困程度驱动型，如位于四省藏区中部青海境内的"三级核心"，相对于周边地区贫困村分布较为稀疏，但由于贫困程度较高依旧形成了一个贫困聚集地带。

总体而言，研究区贫困村分布呈现出一种东部和西北部稀疏、中部和西南部密集的"夹层"形空间异质性格局，同时存在多个不同量级、呈"星点"式分布的贫困核心。

5.4.2.2 空间扫描统计量分析

进一步利用空间扫描统计量方法对贫困村聚集特征进行分析。本研究采用Bernoulli概率模型，并进行蒙特卡罗法进行假设检验。在滇桂黔石漠化区与滇西边境山区存在两个一类聚集区，这两个区域贫困村数量众多、贫困人口集中，是贫困最为高发的地区；同时，在新疆南疆三地州、六盘山区、罗霄山区、燕山-太行山区等片区存在多个二类聚集区，这些地区贫困村较为密集，是贫困较为高发的地区；其余地区的贫困村聚集情况相对不明显，在宏观尺度上表现出非聚集分布特征。

结合前文加权核密度分析的结果能够发现，主要的贫困村聚集区域没有太大的变化，贫困程度高、贫困村密度大的"双高"地区依旧主要集中在滇西边境山区与滇桂黔石漠化区。这两个地区不仅贫困村聚集程度高，同时聚集的范围也最大，一方面是由于经济水平相对低下，贫困发生率较高；另一方面人口密度大，贫困村分布密集，从而导致了这两个地区成为贫困一类聚集区。

二类聚集区无论是密度还是扫描窗口的面积都明显要小于一类聚集区，主要分布在新疆南疆三地州、六盘山区、罗霄山区、燕山-太行山区等片区及其附近。这些地区主要由于地域的自然环境条件、社会环境条件等的限制，形成了空间贫困陷阱，导致贫困长期存在，扶贫压力较大。

5.4.3 空间依赖性分析结果

（1）全局空间自相关

首先，分析贫困全局空间依赖性。基于贫困村 VPI 得分利用全局空间自相关方法得到全局 Moran's I 指数，并经过 999 次随机化运算增强结果稳健性。结果显示，贫困村全局 Moran's I 指数为 0.55，且在 1% 的显著水平下拒绝原假设，表明我国贫困村的多维贫困整体上存在较强的空间依赖性。

（2）局部空间自相关

其次，分析贫困局部空间依赖性。利用局部空间自相关方法得到 LISA 图（图 5-7），同样经过 999 次随机化运算增强结果稳健性。从多维贫困程度分布格局而言，整体呈西高东低的"阶梯状"分布格局；从局部空间依赖性格局而言，高-高贫困区主要分布在中国西部地区；低-高贫困区主要分布在西部发展相对良好的地区，如位于秦巴山区、武陵山区、乌蒙山区三个特困连片区之间的重庆及其周边地区；低-低贫困区主要分布在中国中

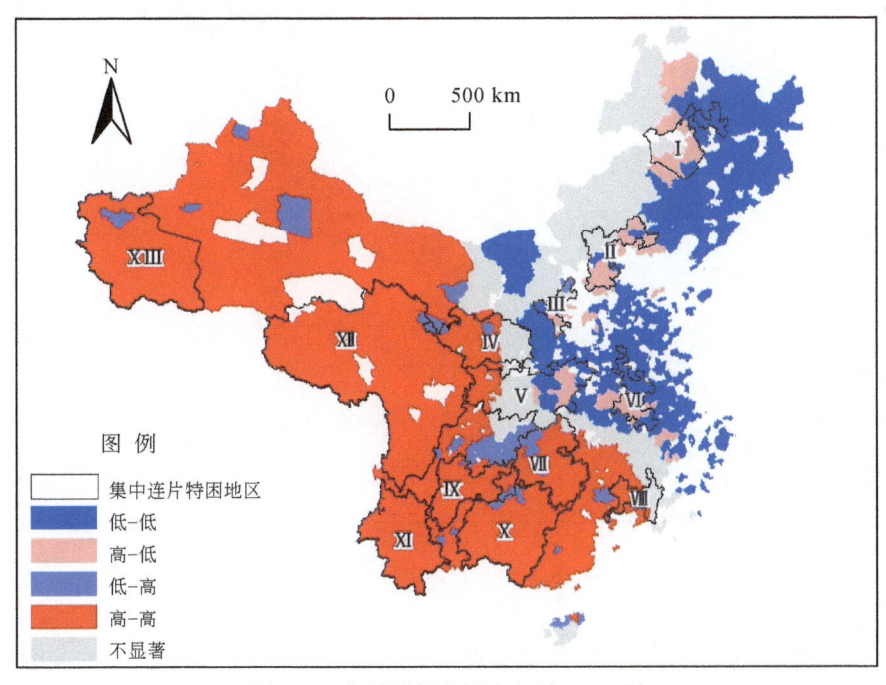

图 5-7 贫困局部空间自相关 LISA 图

部与东北三省地区；高-低贫困区主要分布在大兴安岭南麓山区、燕山-太行山区、吕梁山区、秦巴山区、大别山区，相对于片区周边的贫困村，这5个片区内的贫困村多维贫困程度明显更高；位于中国内陆地区腹部，出现了一条高-高贫困区与低-低贫困区的灰色"过渡带"，其内贫困村未出现显著的空间依赖性，究其原因是，该"过渡带"位于大兴安岭、内蒙古草原地区、秦岭、巫山、武夷山连线地区，村落分布相对两侧地区较为稀疏，削弱了邻近贫困村之间的空间相关性，从而导致其贫困村 VPI 得分起伏波动较大，因此未出现显著的空间依赖性。总体而言，中国贫困村的多维贫困局部空间依赖性格局为高-高区、低-低区集中式分布，高-低区、低-高区离散夹杂式分布。

进一步利用局部 G 系数对贫困村的局部聚集特征进行分析，得到图 5-8 所示的贫困村聚集分布特征。由图 5-8 中可以看出，在滇桂黔石漠化区与滇西边境山区存在贫困村的显著高值聚集现象，这两个区域贫困村数量众多、贫困人口集中，贫困水平相对较高，是贫困最为高发的地区；同时，在吕梁山区、六盘山区、四省藏区、乌蒙山区、武陵山区等片区存在贫困村较显著高值聚集现象，这些地区贫困村较为密集，贫困水平也相对较高，是贫困较为高发地区；而在重庆、陕西、河南、湖北、安徽、河北、山东、辽宁等非连片特困地区，出现了贫困村的显著低值聚集现象与较显著低值聚集现象；其余地区的贫困村聚集情况相对不明显，在宏观尺度上表现出非聚集分布特征。

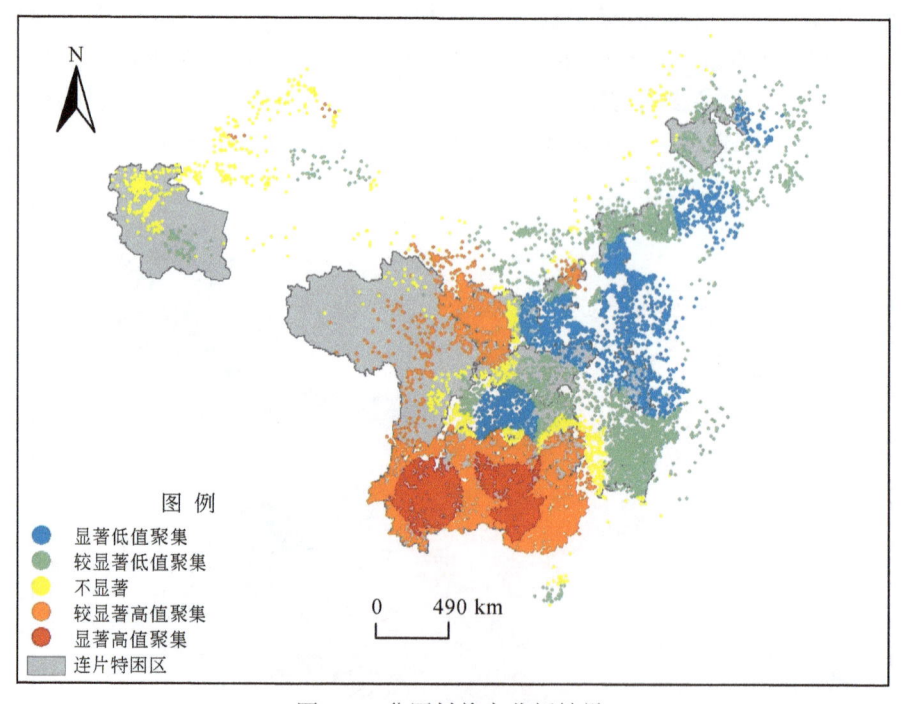

图 5-8 贫困村热点分析结果

5.4.4 空间贫困陷阱分析结果

根据空间贫困陷阱的定义，将我国 14 个连片特困区作为宏观层面上的空间贫困陷阱区域,并对其内部贫困村空间分布特征进行分析。根据图 5-9 所示加权 Ripley's K 函数的计算结果,可以将上述空间贫困陷阱区域的贫困村空间分布特征概括为 3 类:聚集-随机-离散分布模式、随机-聚集分布模式和离散/随机分布模式。

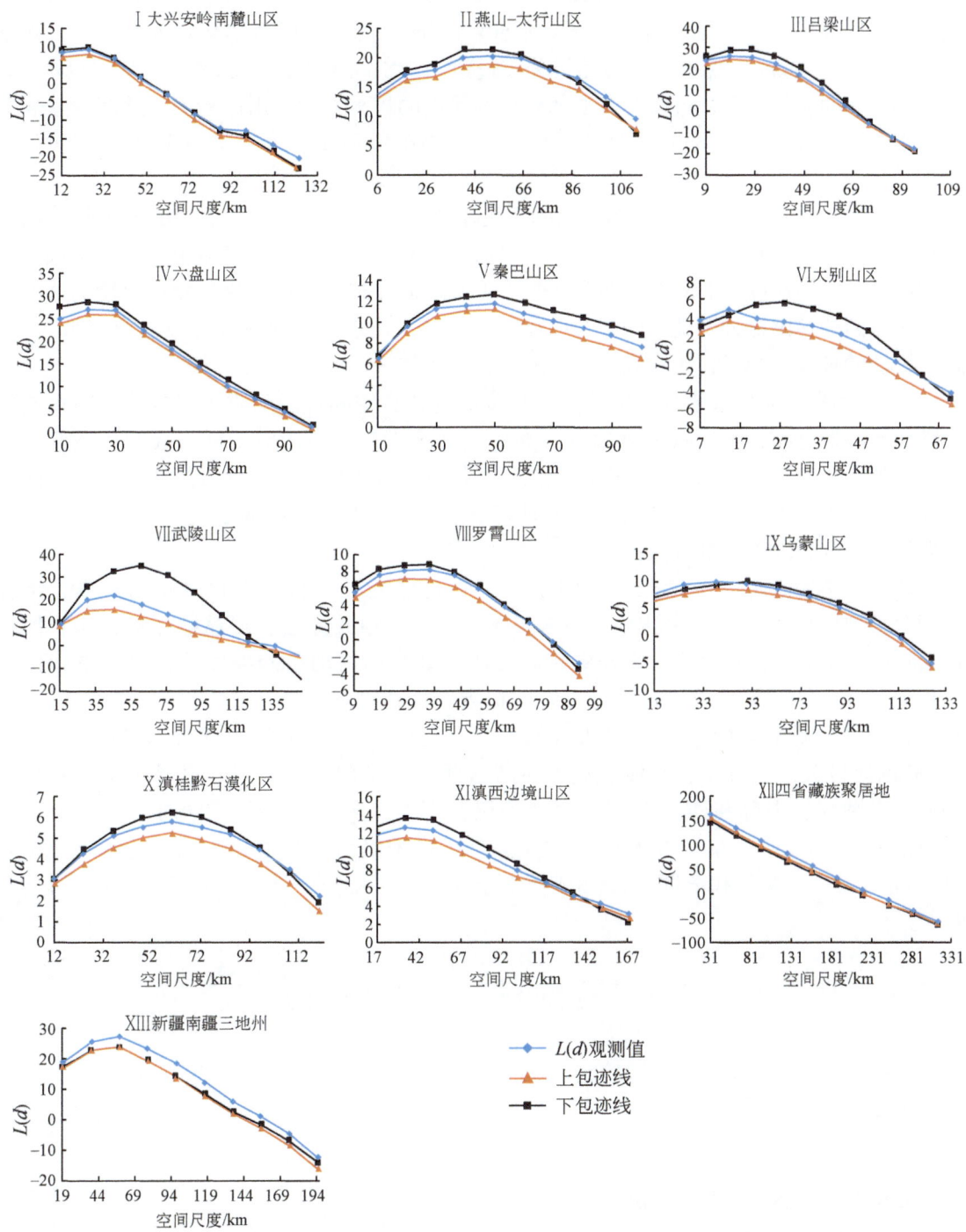

图 5-9　13 个片区 Ripley's K 函数分析图

聚集-随机-离散分布模式表现为随着空间尺度的增大，空间贫困陷阱区域内的贫困村由聚集分布转变为随机分布，最终呈离散分布，这类区域包括Ⅱ燕山-太行山区、Ⅲ吕梁山区、Ⅳ六盘山区、Ⅶ武陵山区、Ⅷ罗霄山区、Ⅹ滇桂黔石漠化区、Ⅺ滇西边境山区。例如，Ⅶ武陵山区在空间尺度127km以内的$L(d)$观测值均大于0并高于上包迹线，贫困村表现为聚集分布，且空间聚集特征尺度为60km，该尺度下贫困村集聚现象最显著。在空间尺度127～130km出现了短暂的随机分布过渡。当空间尺度超过130km之后，$L(d)$观测值小于0同时低于下包迹线，表明随着空间尺度的扩大，武陵山区贫困村逐渐呈显著离散分布。总体而言，这类区域内贫困村呈现出小范围集聚、大范围离散的斑块状分布特征。

随机-聚集分布模式表现为随着空间尺度增大，空间贫困陷阱区域内的贫困村由随机分布转变为聚集分布，这类区域包括Ⅴ秦巴山区、Ⅵ大别山区、Ⅸ乌蒙山片区。例如，Ⅵ大别山区在空间尺度17km处由随机分布转变为聚集分布，且空间聚集特征尺度为27km。这类区域内的贫困村分布地域间差异明显，往往容易出现贫困村密度分布"分裂带"，存在地域性的聚集，同时在小空间尺度下呈随机分布。

随机/离散分布模式表现为随着空间尺度的变化，空间贫困陷阱区域内的贫困村始终为随机或离散分布，未出现显著聚集分布，包括Ⅰ大兴安岭南麓山区、Ⅻ四省藏族聚居地、ⅩⅢ南疆三地州片区。这三个区域内贫困村分布较为稀疏，因此未形成显著的空间集聚现象，其中Ⅰ大兴安岭南麓山区和ⅩⅢ新疆南疆三地州片区整体表现为随机分布特征，Ⅻ四省藏区则表现为离散分布特征。

综上，本专题以"十二五"期间全国"整村推进"项目贫困村数据为样本，结合空间分析方法中的加权核密度模型（KDE）、空间自相关方法、扫描统计量方法、加权Ripley's K函数方法等计量空间分析模型对研究区贫困村的空间异质性格局、空间依赖性格局以及空间贫困陷阱区域特征进行了探索。得到以下结论：贫困村的多维贫困程度存在较强的全局空间依赖性，局部呈现为高-高区与低-低区集中式分布、高-低区与低-高区离散夹杂式分布，整体表现为西高东低的"阶梯状"格局，且呈现出一种东部和西北部稀疏、中部和西南部密集的"夹层"形空间异质性格局，同时存在多个不同量级呈"星点"式分布的贫困核心。分析空间贫困陷阱区域特征，发现存在聚集-随机-离散、随机-聚集和离散/随机3类分布模式，不同的分布模式存在不同的空间分布特征。

5.5 贫困村贫困类型划分

5.5.1 研究方法

5.5.1.1 致贫因子分析方法

以指标致贫贡献度分析和指标对贫困发生率的线性回归分析两种方法对贫困村的致贫

因素进行探索。指标的致贫贡献度能够切实反映每个贫困村的致贫因素差异，但是容易受到模型设计的主观影响；而指标对贫困发生率的线性相关测试能够从统计学意义上更为客观地描述致贫因素差异，但无法表达每个贫困村的具体致贫原因，且更易受数据离散度的限制。因此，本研究结合这两种方法分别对研究区贫困村的致贫因素进行分析并交叉验证。

（1）指标贡献度

分别用指标 i 对 VPI 的贡献程度指数 C 和贡献度综合排名 $\overline{R_{ij}}$，来表达指标对贫困村贫困的影响程度，分析各村的显著性致贫因素及其区域差异。公式如下：

$$C = \frac{20\omega_{ij} I_i}{\text{VPI}} \times 100\% \tag{5-17}$$

式中，C 表示指标 i 的贡献度；ω_i 表示第 i 指标的权重；I_i 表示 指标 i 标准化得分；VPI 表示村级多维贫困指数。

$$\overline{R_{ij}} = \sum_{x=1}^{n} R_{xij}/n \tag{5-18}$$

式中，R_{xij} 表示第 x 户第 i 维度第 j 指标贡献度在该农户 20 个指标贡献度中的排名；n 表示研究样本农户数量；$\overline{R_{ij}}$ 表示第 x 指标的指标贡献度平均排名，以分析一定区域内不同指标的致贫影响程度的差异。

（2）线性回归分析

线性回归分析是研究多个变量间相互依存关系的一种数学方法，既可以建立严格的数学模型进行预测，也可以表达变量间的相互关系（Murayama and Thapa，2011）。本章以贫困村的贫困发生率为因变量，以表 5-1 中的各指标为自变量，利用线性回归方法分析贫困发生率与各指标之间的关联特征，通过计算所得的贫困发生率与各指标间的线性回归方程，与指标贡献度方法互补分析贫困村的主要致贫因素。

线性回归模型有很多，本章主要采用多元线性回归模型对贫困村的贫困发生率与各指标间的影响程度进行分析，多元线性回归模型的一般形式如下：

$$Y = \beta_0 + \beta_1 X_1 + \beta_2 X_2 + \beta_3 X_3 + \cdots + \beta_j X_j + \cdots + \beta_k X_k + \mu \tag{5-19}$$

式中，k 为自变量的个数；β_j 为回归系数；μ 为随机误差项；根据式（5-19）表示 n 个随机方程的矩阵表达式为

$$Y = X\beta + \mu \tag{5-20}$$

式中，若 X 的列满秩，采用普通最小二乘法估计，其估计值为

$$\hat{\beta} = (X'X)^{-1} X'Y \tag{5-21}$$

得到多元线性回归方程的估计参数后，还需进一步对回归方程做统计检验，包括拟合优度检验、方程总线性显著性检验、变量显著性检验、参数的置信区间估计等（王素立和刘永，2012）。

拟合优度检验：利用统计量衡量回归方程对样本观测值的拟合程度，设 TSS $= \sum (Y_i - \hat{Y}_i)^2$ 为总离差平方和；ESS $= \sum (\hat{Y}_i - \overline{Y})^2$ 为回归平方和；RSS $= \sum (Y_i - \hat{Y}_i)^2$ 为残差平方和，那么拟合优度为

$$R^2 = \frac{\text{ESS}}{\text{TSS}} = 1 - \frac{\text{RSS}}{\text{TSS}} \tag{5-22}$$

方程总线性显著性检验（F 检验）：在原假设 H_0 成立的条件下，公式为

$$F = \frac{\text{ESS}/k}{\text{RSS}/(n-k-1)} \tag{5-23}$$

根据显著性水平 α（一般有 0.01、0.05、0.1，即置信度分别为 99%、95%、90%），查表得到临界值 $F_\alpha(k, n-k-1)$，若 $F > F_\alpha$ 拒绝原假设 H_0，从而判断原方程总线性关系是否显著成立。

变量显著性检验（t 检验）：t 检验公式为

$$t = \frac{\bar{X} - \gamma}{\frac{\sigma x}{\sqrt{n-1}}} \tag{5-24}$$

其中，$\bar{X}$ 为样本平均数；γ 为总体平均数；σx 为样本标准差；n 为样本容量。t 为样本平均数与总体平均数的离散统计量。比较样本均数所代表的未知总体平均数 γ 和已知总体平均数 γ_0，在给定的显著性水平 a 下，该统计量 t 在零假设：$\gamma = \gamma_0$ 的条件下服从自由度为 $n-1$ 的 t 分布。

对每个变量进行原假设与备择假设 $H_0: \beta_j = 0$，$H_1: \beta_j \neq 0$，在给定的显著性水平 α 下，根据 $|t| > t_{\frac{\alpha}{2}}(n-k-1)$ 判断原假设 H_0，从而判断自变量是否适合该模型。

5.5.1.2 贫困类型分析方法

在从指标层面上揭示各贫困村显著性致贫因素的基础上，本章从维度层面上，利用最小方差（least square error，LSE）模型分析贫困村的贫困类型。LSE 最早由美国地理学家 John Weaver 提出，并成功运用到农业区划中。LSE 模型的原理是寻找样本实际分布于理论模型之间的最小方差（Hong，1996；孙才志等，2012）。公式如下：

$$S^2 = \frac{1}{n} \sum_{i=1}^{n} (x_i - y_i)^2 \tag{5-25}$$

式中，S^2 代表方差；x_i 代表贫困村某一维度的贫困贡献度；y_i 代表理论模型同一序号维度的贫困贡献度。LSE 模型流程如图 5-10 所示。

1）通过前文村级多维贫困指数的计算，以及维度贡献度的计算方法，得到各维度对于村级多维贫困指数 VPI 的贡献度，并根据贡献度的大小进行降序排列。

2）第一步得到的贡献度降序排列情况即为贫困村的实际分布，分别与每个理论模型（单因素主导型，只有一个维度，贡献度为 1，其余维度贡献度都为 0；双因素驱动型，只有两个维度，贡献度各为 0.5，其余维度贡献度为 0；三因素支配型，有三个维度，贡献度各为 0.33，其余维度贡献度为 0；依次类推，还有四因素协同型、五因素联合型、六因素综合型）的理论分布做离差计算，并取绝对值即为角差。

3）进一步计算实际分布与每个理论模型的角差平方和，从而得到实际分布与该理论模型分布值的方差。

4）比较 6 个方差的大小，方差最小所对应的理论模型就是贫困村的贫困类型（单因素主导型、双因素驱动型、三因素支配型、四因素协同型、五因素联合型、六因素综合型）。

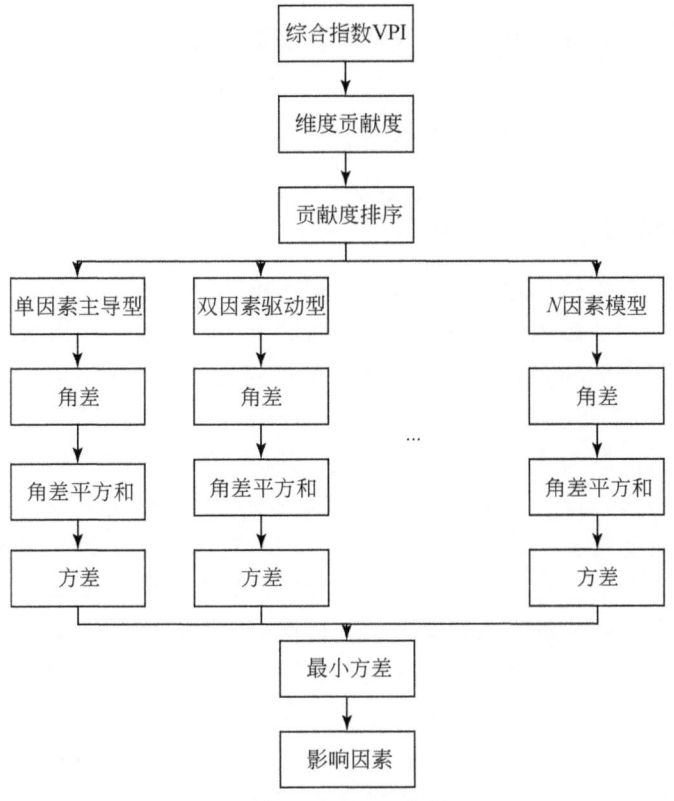

图 5-10　LSE 模型流程图

5）理论模型分布值非 0 所对应的实际分布维度即为该贫困村的致贫维度，具体可能为地理环境、行政村特征、生产和生活条件、劳动力状况、医疗卫生社会保障、经济发展。

5.5.1.3　综合贫困特征分析方法

本章利用泰尔指数分析不同分区条件下的贫困差异特征。泰尔指数，最早由 Theil (1967) 等人提出，广泛应用于各个领域的差异研究中（Zhang and Kanbur, 2001）。本章用该方法分别测算不同分类体系下的贫困村平均 VPI 得分、6 个主要致贫因素贡献度以及 6 种贫困类型比例的总差异（$T_{总}$）、类间差异（$T_{间}$）和类内差异（$T_{内}$）。

$$T_{总} = T_{间} + T_{内} \tag{5-26}$$

其中，

$$T_{间} = \sum_{i=1}^{n} Y_i \log_{10} \frac{Y_i}{P_i} \tag{5-27}$$

$$T_{内} = \sum_{i=1}^{n} Y_i \left(\sum_{j=1}^{n} Y_{ij} \log_{10} \frac{Y_{ij}}{P_{ij}} \right) \tag{5-28}$$

式中，n 表示分类后类数；Y_i 表示某指标第 i 类贫困村加和占研究区该指标加和值的份额；P_i 表示某类贫困村数量占研究区贫困村总数的份额。Y_{ij} 和 P_{ij} 分别表示某指标第 i 类贫困村

中第 j 个贫困村份额占该类贫困村的份额和该贫困村数量占该类贫困村总数的份额。泰尔指数越大，就表示贫困特征差异越大；反之，泰尔指数越小，就表示贫困特征差异越小。

5.5.2 村级尺度致贫贡献度分析

5.5.2.1 致贫因子整体分析

将全国贫困村的各指标按致贫贡献度由大到小排序，依次为通路率、地形类型、遭受自然灾害的频次、人均纯收入、劳动力比例、劳动力文化素质、外出劳动力比例……同时为了综合考虑贫困村个体的差异情况，按各个指标对每个贫困村的致贫贡献度进行 1-20 排名，最终得到表 5-11 所示的全体贫困村指标贡献度平均排名。

①从指标致贫贡献度与平均排名的趋势进行分析，发现贫困村贫困的首要原因是自然环境劣势，恶劣的地形条件、不便的交通环境以及频发的自然灾害等限制了贫困村的发展潜力；其次是劳动力劣势，不均衡的人员结构、相对较差的劳动力文化素质、受限的就业环境等都阻碍了贫困村脱贫致富；还存在社会环境劣势，有限的市场连通性、不够完善的基础设施都在影响着贫困村的发展。②对照分析指标的贡献度和平均排名，发现两者的整体分布趋势基本保持一致，但在个别指标上存在差异。如通路率和地形类型两个指标，前者贡献度更高而后者平均排名更加靠前，说明交通问题对我国整体贫困影响更加深刻，而地形条件是限制贫困村发展的首要原因；人均纯收入与劳动力比例两个指标之间也存在相似的情况，表明全国层面贫困的差异更多地反映在收入上，而贫困村内部致贫的影响更多地来自劳动力状况。

另外，利用线性回归方法分析贫困发生率影响因素，方程的拟合优度 $R^2 = 0.622$，$F = 6841.308$，Sig. $= 0.000$，说明回归结果整体显著，并通过 t 检验，指标在 0.01 水平下显著。贫困村类型、人口密度由于指标不显著在建模过程中剔除。从表 5-11 中表征指标重要性的线性回归标准化系数 β 统计结果发现，各指标对贫困发生率的正负影响明显，满足假设，符合实际情况。统计结果显示，按指标对贫困村贫困发生率的影响程度排序，依次是人均纯收入、通路率、劳动力文化素质、遭受自然灾害的频次、地形类型、外出劳动力比例、劳动力比例……与指标贡献度、指标平均排名方法对照，对贫困村贫困影响最深的显著性指标总体上没有太大变化，表明基于本研究建模方法的致贫因素分析结果具有较好的客观性和可靠性。

表 5-11 贫困村致贫因素统计表

指标	通路率	地形类型	遭受自然灾害的频次	人均纯收入	劳动力比例	劳动力文化素质	外出劳动力比例	住危房比例	到最近乡镇集市的距离	参加新型农村社会养老保险的比例
贡献度	14.82%	12.80%	9.50%	8.25%	7.95%	6.97%	6.22%	5.73%	5.31%	4.26%
平均排名	2.61	2.59	4.89	5.82	5.35	6.88	7.61	7.72	8.14	9.94
β	−0.220	0.164	0.168	−0.363	−0.157	−0.191	−0.158	0.116	0.038	−0.093

续表

指标	卫生厕所比例	贫困村类型	人均经济用地面积	安全饮水比例	通电话率	人口密度	参加新型农村合作医疗比例	通电率	千人医生数	诊所数量
贡献度	3.41%	3.35%	2.51%	2.35%	1.83%	1.53%	0.89%	0.87%	0.84%	0.60%
平均排名	10.72	11.17	12.07	13.45	13.98	15.18	17.68	17.71	17.13	19.37
β	-0.081	—	-0.009	-0.060	-0.086	—	-0.035	-0.041	-0.035	-0.074

5.5.2.2 主要致贫因子分析

选取表5-11中对各村贫困贡献最大的6个致贫因素进行分析，贫困村中存在该致贫因素且贡献度在所有因素贡献度排名前6位的比例分别为89.66%、88.36%、73.65%、64.88%、61.81%、59.14%。因此，我国贫困村最主要的致贫因素可认为依次是通路现状、自然灾害、收入水平和劳动力状况。

(1) 通路现状

从图5-11（a）中能够看出，全国贫困村通路情况普遍较差，尤其是在西南云贵川渝地区、华中两湖河南地区以及新疆的西部和内蒙古的北部地区。这些地区贫困村多分布在高原或山脉，如四川云南地区的横断山脉、滇黔桂的云贵高原、中部地区的秦岭、武陵山、大别山、内蒙古北部的大兴安岭以及位于新疆的天山山脉。同时，对比图5-11（b）也能够发现，通路致贫与地貌致贫息息相关，恶劣的地貌环境导致了贫困村通路成本不断提高，阻碍了当地的脱贫致富。因此，如何加快落实整村推进工程，整合各类涉农资金以完善贫困村内部村组道路设施显得格外重要。

(2) 自然灾害

分析图5-11（c）发现，贫困村受自然灾害影响最严重的地区主要集中在内蒙古、新疆、青海、四川、云南、江西等地区。这些地区自然灾害频发，同时灾害类型繁多，主要灾害有干旱、洪涝、寒潮、干热风等气象灾害，地震、泥石流等地质灾害，以及动物疫情、小麦病等生物灾害。对比图5-12其他影响因素的分布格局，发现上述地区收入情况和劳动力状况对贫困的影响相对较小，这些地区贫困的主要原因是自然环境的限制。正是农村贫困地区与自然灾害频发区、生态脆弱地区的高度重合，导致了这类地区贫困人口脆弱性高，容易陷入自然灾害与贫困恶性循环的陷阱。

(3) 收入水平

根据图5-11（d）所示的收入指标贡献度空间分布，发现受收入水平影响较严重的地区主要有新疆的南疆地区以及青海与四川的交界地区，其余地区贫困村受收入水平的影响相对较小。综合对比分析其余致贫因素，发现劳动力素质指标贡献度分布与收入指标贡献度的分布最接近，南疆地区与青海、四川交界地区收入致贫影响大的原因可能是地理区位的相对偏远、地理的相对隔离以及相对保守的文化观念导致了当地人的文化素质相对偏低，随之导致收入水平偏低。总体而言，研究区贫困地区长期贫困的原因并不局限于相对较低的收入水平，更多的是受到自然环境、社会环境、劳动力状况等多种因素的制约，限

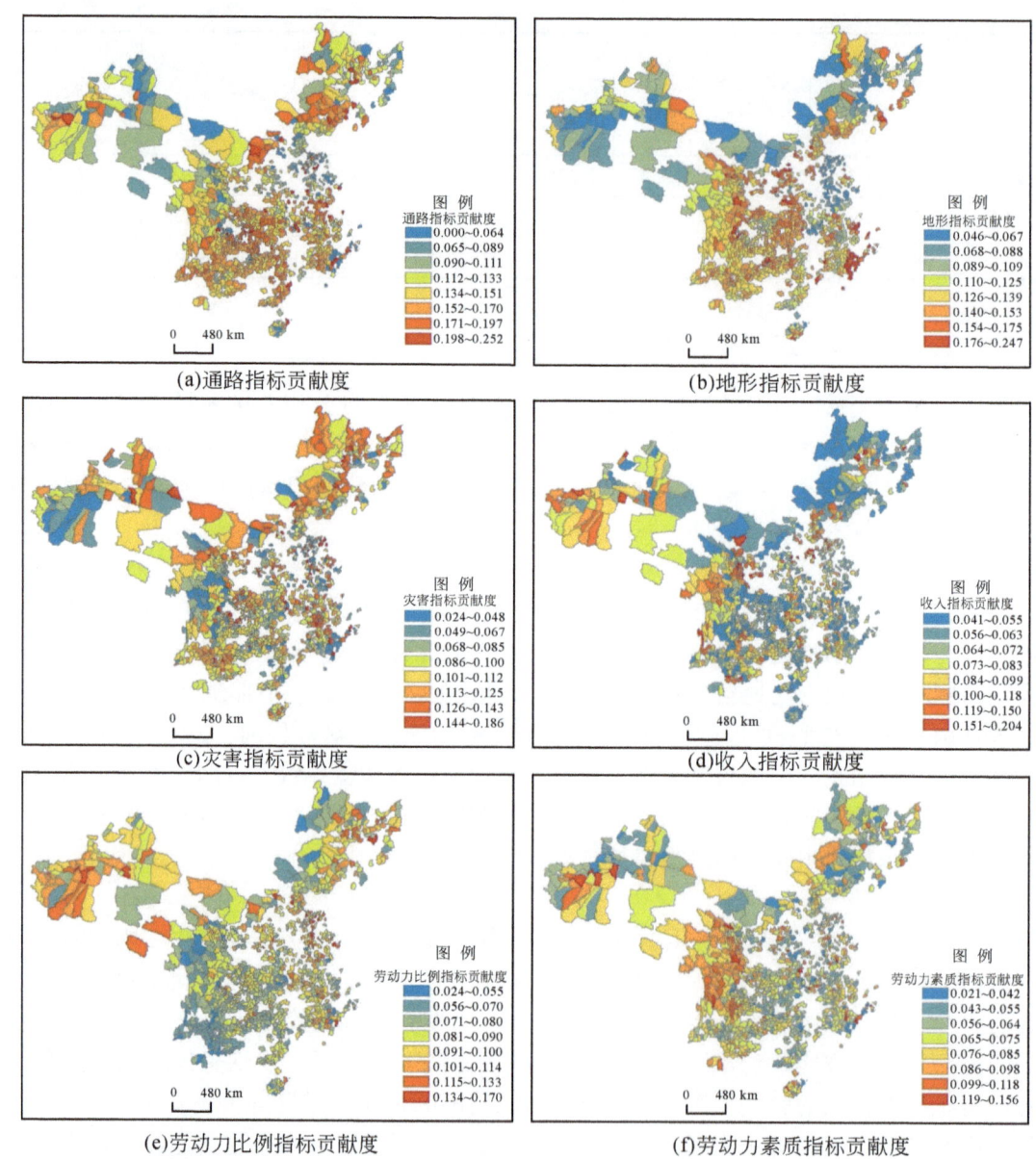

图5-11 主要致贫因素空间分布图

制了农村贫困地区的发展潜力,使其长期陷入空间贫困陷阱。

(4)劳动力状况

从图5-11(e)和图5-11(f)可以看出,劳动力状况较差的地区多分布在西部地区,其中连片特困区中的南疆三地州片区与四省藏区最为严重。这两个连片特困区深入内陆,偏远的区位条件限制了基础设施、基本教育的同步发展,人均受教育年限仅7年左右,同时相对封闭的地理环境使该地区的人们缺乏与外界的交流,形成了相对保守落后的思想观念。这些原因导致了该地区贫困人口结构不均衡,劳动力文化素质偏低。类似的情况在其他地区的贫困村也有出现,且该类贫困村大多分布在连片特困区中,多为地理环境较为封闭的贫困山区。

5.5.3 村级尺度贫困类型分析

5.5.3.1 整体贫困类型分析

本章利用 LSE 模型对全国贫困村的贫困类型进行判别,并对贫困类型中每个维度的贫困影响程度进行分析,结果如表 5-12 所示。可以发现,"十二五"期间我国贫困村的贫困类型可以分为 6 类:单因素主导型、双因素驱动型、三因素支配型、四因素协同型、五因素联合型、六因素综合型。其中,以三因素支配型为主,该类型贫困村的比例超过 50%。同时,全国贫困村整体呈多因素致贫,单因素致贫比例仅占 0.14%,说明我国贫困村致贫原因复杂多样,扶贫工作需因地制宜、针对当地主要致贫因素,确实落实"十三五"规划提出的创新扶贫开发方式需求,对贫困村实行分类精准扶持。

表 5-12 贫困村贫困类型统计表

贫困类型	VPI 得分	贫困村比例（%）	G 致贫概率（%）	V 致贫概率（%）	P 致贫概率（%）	L 致贫概率（%）	M 致贫概率（%）	E 致贫概率（%）
单因素主导型	36.99	0.14	50.00	0.00	29.17	20.83	0.00	0.00
双因素驱动型	48.46	8.24	81.67	1.98	69.15	46.37	0.33	0.50
三因素支配型	55.67	53.33	97.64	5.69	95.41	94.80	3.28	3.18
四因素协同型	56.28	28.99	98.34	33.92	96.45	98.12	32.59	40.58
五因素联合型	54.34	8.36	99.40	79.17	98.00	99.23	65.43	58.78
六因素综合型	51.58	0.94	100.00	100.00	100.00	100.00	100.00	100.00
总体值	55.08	100.00	96.63	20.59	93.71	92.09	17.64	19.36

注:G、V、P、L、M、E 致贫概率分别代表地理环境、行政村特征、生产和生活条件、劳动力状况、医疗卫生社会保障、经济发展 6 个维度。

5.5.3.2 贫困类型分类分析

相同贫困类型的贫困村由于致贫维度的差异内生出不同的子类,分析每种贫困类型及其子类的内在特征能够系统揭示研究区贫困村贫困类型的具体内涵。

1)单因素主导型。属于该类型的贫困村比例仅为 0.14%,按致贫因素不同可以分为地理环境因素主导、生产和生活条件因素主导、劳动力状况因素主导 3 种子类,不存在行政村特征因素主导、医疗卫生社会保障因素主导、经济发展因素主导的贫困村。依照因素致贫的概率大小排序,依次为:地理环境>生产和生活条件>劳动力状况。根据图 5-12（a）可知,这类贫困村基本都分布在连片特困区之外,但同时又邻近贫困片区,对照

表5-12中其余类型贫困村的平均VPI得分，发现单因素主导型贫困村的贫困程度相对较低。表明我国存在极少数由某一方面资源禀赋的缺失而导致贫困的贫困村，且主要是由地理环境、生产和生活条件、劳动力状况维度资源禀赋的缺失导致的。同时，这类贫困村普遍属于轻度贫困，多分布在连片特困区之外，说明脱贫潜力相对较大，能够通过改善某一方面不足的资源禀赋，摆脱发展的限制。

2）双因素驱动型。该类型的贫困村比例为8.24%，存在G-V、G-P、G-L、G-M、G-E、V-P、V-L、P-L、P-M、P-E、L-M、L-E共12种双因素驱动子类。其中主要子类为G-P类、G-L类和P-L类，概率排序依次为G-P类>G-L类>P-L类，占全部双因素驱动型贫困村总量的97.17%。根据图5-12（b）所示，双因素驱动型贫困村多集中分布于燕山-太行山区、吕梁山片区、大别山区、武陵山区、罗霄山区、滇黔桂石漠化区、滇西边境山区以及南疆三地州片区。该类型的贫困村平均VPI得分相对较低，整体处于一般贫困程度，具有一定的脱贫潜力，结合贫困村具体的致贫原因，开展针对性的扶贫工作，也能够较快摆脱贫困的桎梏。

3）三因素支配型。该类型的贫困村比例为53.33%，占贫困村总数一半以上，是我国贫困村的主要类型。致贫因素组合后的子类共有19种，其中G-P-L类占比高达88.19%；其次是G-V-L类，占比为2.40%；G-V-P类与G-P-M类在三因素支配型中的占比分别是1.77%和1.72%，其余子类总共仅占5.92%。从图5-12（c）能够发现，该类型贫困村在全国范围内基本都有分布，呈现出以连片特困区为集聚核心，向四周"扩散"的分布格局。同时，这类贫困村的贫困程度普遍偏高，说明正是这些地区存在显著的地理区位劣势、生态劣势、经济劣势、社会劣势，形成空间贫困陷阱，因此长期处于贫困状态。这种贫困程度高、贫困成因多样的情况也在四因素协同型、五因素联合型贫困村中出现。

4）四因素协同型。该类型的贫困村比例为28.99%，共存在16种子类。其中主要子类为G-V-P-L类、G-P-L-M类、G-P-L-E类三种，占四因素协同型贫困村总体的92.94%。该类型贫困村的贫困程度在6类贫困村中最高。另外，相对于三因素支配型贫困村在全国范围的"高密度"覆盖，四因素协同型贫困村则基本集中分布在各个连片特困区，是全面脱贫目标的主要难点。

5）五因素联合型。该类型的贫困村比例为8.36%，子类共有6种，按概率排序依次为G-V-P-M-L类>G-V-P-L-E类>G-P-L-M-E类>G-V-L-M-E类>G-V-P-M-E类>V-P-L-M-E类，其中前三类占总五因素联合型贫困村的96.63%。根据图5-12（e）所示，这类贫困村主要分布在广西、江西、河北、河南、山西、陕西等地区。分析成因，这些地区相对于更加深入内陆的地区，地理区位条件、自然环境条件等相对较好。同时，相对于东部沿海地区，在交通成本、基础设施、公共服务、人口结构、社会观念等方面又有所不足。这种"既好又坏"的区域环境导致了当地贫困村的致贫原因更加复杂。

6）六因素综合型。该类型的贫困村比例仅为0.94%，其特点是致贫因素多样且各因素致贫贡献率相近。这类贫困村平均VPI得分为51.58分，低于全国贫困村平均水平，贫困等级中度偏优。表明虽然这类贫困村的综合发展条件有所欠缺，但各方面发展条件较为均衡，整体发展较好，相对易于改善，因此也多分布在连片特困区之外。

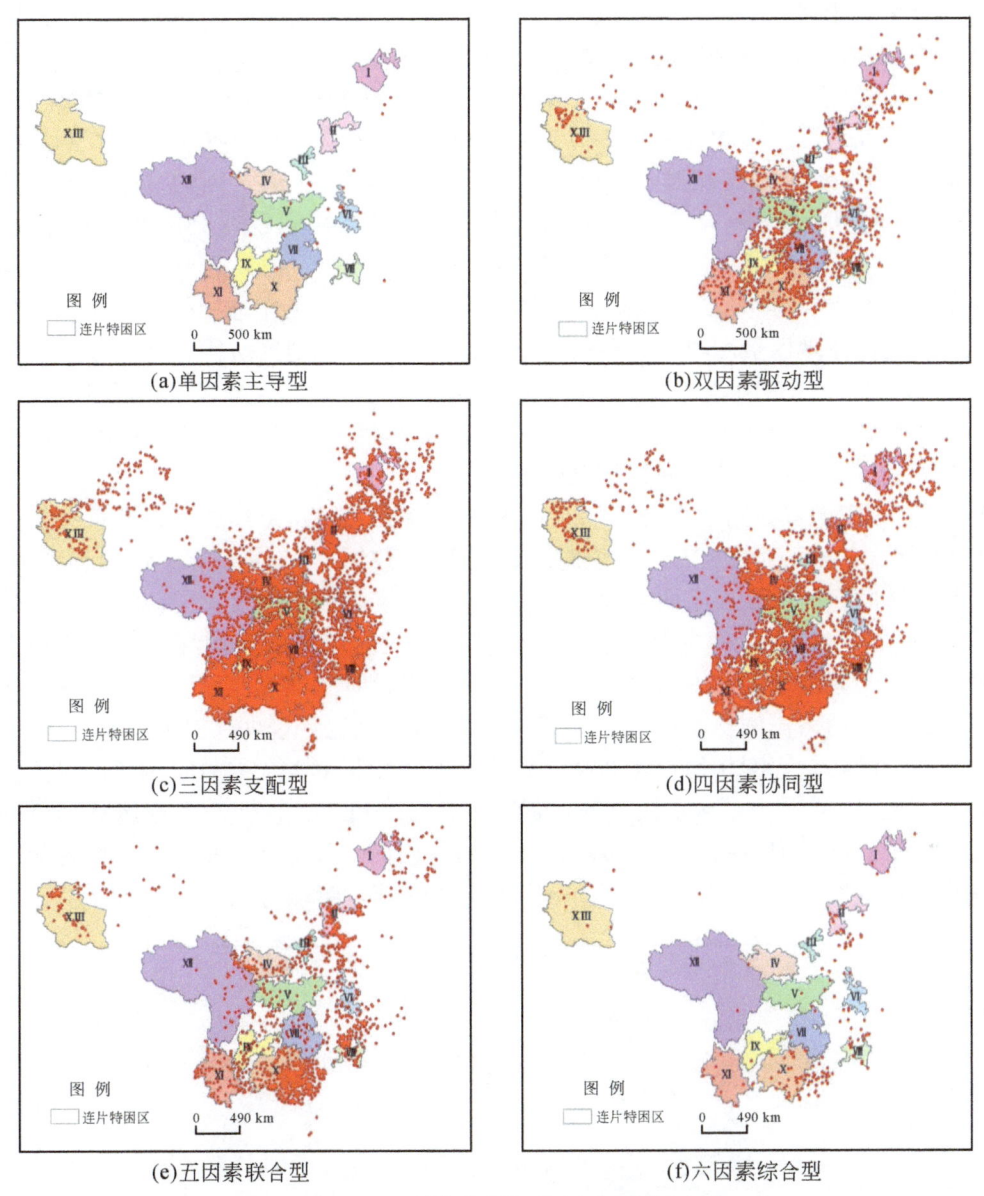

图 5-12 不同类型贫困村空间分布图

5.5.4 村级尺度综合贫困特征分析

5.5.4.1 地理区位差异特征

"胡焕庸线"由中国著名地理学家胡焕庸先生于 1935 年提出,被认定为中国人口地理的重要分界线,是中国地理发展的重要成果,得到国内外的广泛认可和引用(陈明星等,2016)。"胡焕庸线"不仅是中国的人口分界线,还是中国经济分界线、气候分界线、地形分界线（陆大道等，2016）。本章引入"胡焕庸线"作为地理区位的分界线，分析"胡焕庸线"西北地区与东南地区的贫困村综合特征差异。

1）贫困现状差异。从图5-13（a）能够发现，贫困村多分布于"胡焕庸线"的东南地区，而在西北地区分布较为稀疏。结合图5-13（b）的贫困村VPI贫困程度测算结果发现，"胡焕庸线"西北地区相对东南地区贫困程度更加严峻，最贫困的贫困村更多分布于"胡焕庸线"的西北地区。从表5-13的统计结果中也能看出，仅有13.49%的贫困村分布在"胡焕庸线"西北地区，这些贫困村的平均VPI得分为57.87，远高于"胡焕庸线"东南地区的平均水平52.49。分析成因，一方面"整村推进"工作进程的差异，使得更难实施帮扶工作的西北地区贫困村信息存在部分缺失，导致西北地区贫困村比例偏低；另一方面由于"胡焕庸线"东南地区人口分布密集，经济较为发达，这种人口、经济极端不均衡的分布，也导致了中国贫困村在"胡焕庸线"西北地区分布稀疏、贫困程度高，在"胡焕庸线"东南地区分布密集、贫困程度低的现状。

2）致贫因素差异。对前文提到的对贫困村影响最大的6个致贫因素进行分析，结果如表5-12所示。由此可知：①"胡焕庸线"东南地区的通路率贡献度、地形类型贡献度、遭受自然灾害频次贡献度高于西北地区，说明通路因素、地形因素、灾害因素对"胡焕庸线"东南地区的贫困村影响更大；②"胡焕庸线"西北地区的人均纯收入、劳动力素质指标贡献度高于东南地区，说明收入、劳动力素质因素对"胡焕庸线"西北地区的贫困村影响更大；③劳动力比例贡献度在"胡焕庸线"两侧相近，说明"胡焕庸线"两侧劳动力比例对贫困的影响程度相似；④"胡焕庸线"东南地区6类主要致贫因素的总体贡献度比西北地区更高，6类主要致贫因素的贡献度分布跨度更大，说明东南地区贫困村的贫困成因相对集中，更加容易制定扶贫策略；⑤对比各致贫因素的泰尔指数，类间差异（$T_{间}$）由大到小排序依次为收入>劳动力素质>灾害>通路>地形>劳动力比例。

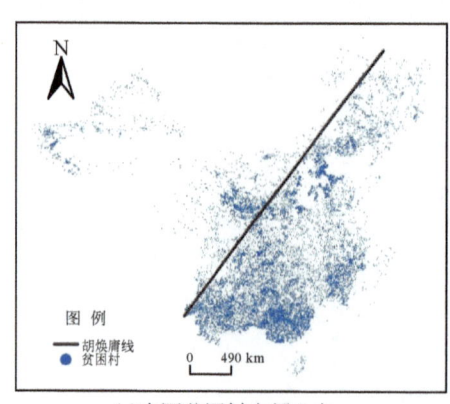
(a)中国贫困村空间分布

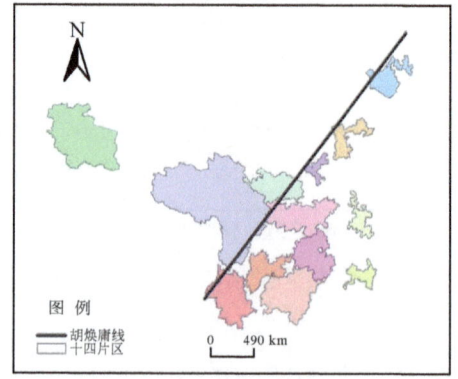
(b)贫困程度空间分布

图5-13 胡焕庸线对比图

3）贫困类型差异。通过对比分析表5-13"胡焕庸线"两侧贫困村的贫困类型构成，发现以下差异：①"胡焕庸线"西北地区单因素主导型贫困村比例仅为0.05%，而东南地区的比例为0.43%，说明西北地区贫困村的贫困成因更为复杂，扶贫压力相对较大；②根据图5-14所示，"胡焕庸线"两侧不同类型的贫困村都基本呈偏正态分布，其中东南地区的峰值更"集中",说明东南地区的贫困类型相对西北地区更加"单一";③对比表 5-13 中各贫困类型的泰尔指数的类间差异（$T_{间}$）数值大小,发现"胡焕庸线"两侧贫困村贫困类型差异由大到小排序依次为单因素主导型>五因素联合型>四因素协同型>三因素支配型>双因素驱动型>六因素综合型。

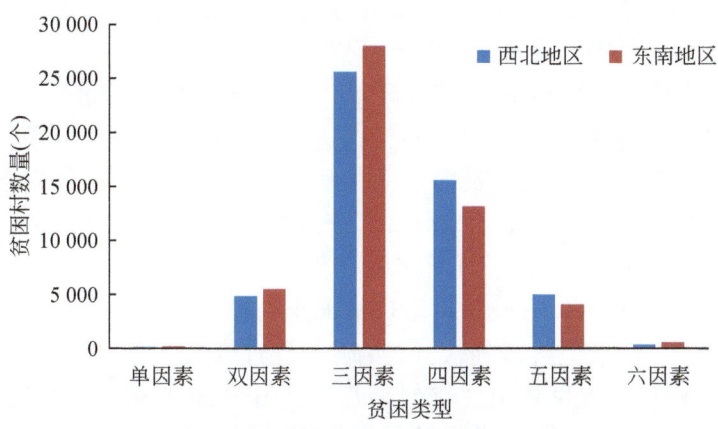

图 5-14 "胡焕庸线"两侧贫困村贫困类型统计

综合分析,"胡焕庸线"西北地区由于更加深入内陆、地域更加偏远、交通运输成本更高、生态环境更为恶劣、地形条件更为险峻等地理区位条件的限制,整体贫困程度更高,贫困成因更为复杂,贫困类型更多偏向于多因素致贫,扶贫开发的压力也更大。

表 5-13 地理区位差异统计表

项目		地理区位差异				
		胡焕庸线西北地区	胡焕庸线东南地区	$T_{总}$	$T_{间}$	$T_{内}$
贫困现状	贫困村数量	6 942	44 519	—	—	—
	平均 VPI 得分	57.87	52.49	0.331	0.046	0.285
致贫因素	通路率贡献度	12.78%	13.69%	0.320	0.013	0.307
	地形类型贡献度	11.39%	12.41%	0.320	0.012	0.308
	遭受自然灾害频次贡献度	9.27%	9.79%	0.346	0.014	0.331
	人均纯收入贡献度	8.49%	7.49%	0.317	0.031	0.287
	劳动力比例贡献度	8.48%	8.50%	0.344	0.010	0.334
	劳动力素质贡献度	7.59%	6.86%	0.349	0.028	0.321
贫困类型	单因素主导型比例	0.05%	0.43%	2.687	0.064	2.623
	双因素驱动型比例	9.48%	10.63%	0.753	0.011	0.742
	三因素支配型比例	49.64%	54.38%	0.382	0.012	0.370
	四因素协同型比例	30.33%	25.54%	0.506	0.036	0.470
	五因素联合型比例	9.83%	8.03%	0.814	0.040	0.774
	六因素综合型比例	0.67%	0.99%	1.274	0.001	1.273

5.5.4.2 政策扶持差异特征

"整村推进"工作模式是我国开发式扶贫工作的重要创新,是深入推进新农村建设和扶贫开发的重要手段,通过充分整合各类发展资源,全面地改善农民的生产生活条件,提升农村生态发展空间(唐小梅,2013;王成和费智慧,2015)。本章以"整村推进"作为贫困村分区依据,探讨贫困村政策扶持差异特征。

1)贫困现状差异。表 5-14 统计结果显示,在不同"整村推进"工作实施情况下,贫困村的贫困程度存在差异。已实施"整村推进"工作的贫困村 VPI 平均得分要低于全国平均水平,说明这部分贫困村的贫困水平在全国贫困村中处于中等偏下。而正在实施"整村推进"工作的贫困村 VPI 平均得分要高于全国平均水平,两者对比发现"整村推进"工作取得了一定的扶贫成效。而未实施"整村推进"工作的贫困村 VPI 平均得分处于前两者之间,究其原因,可能是出于扶贫工作优先级考虑,贫困程度更深的贫困村更早实施了"整村推进"工作。同时,已实施"整村推进"工作的贫困村贫困程度能够低于未实施的贫困村,也反映出"整村推进"工作的重大意义。对比分析表 5-13 与表 5-14 中不同分组下的 VPI 得分组间差异,发现政策扶持差异要小于地理区位差异,表明影响贫困村的更多是地域限制,某一政策造成的影响较小,因此扶贫工作将会是一个长期持续的过程。

2)致贫因素差异。综合对比"整村推进"工作已实施、正在实施、未实施三类贫困村的致贫因素情况,发现随着"整村推进"工作的实施,贫困村的通路状况、收入情况、劳动力素质等有所提高;地形的限制、遭受自然灾害的频次以及劳动力比例无法通过"整村推进"工作在短期内取得改善;对照各致贫因素的泰尔指数,三种"整村推进"工作实施情况下的人均纯收入指标贡献度的 $T_{间}$ 系数最大,说明"整村推进"工作对贫困地区收入的影响取得了不错的成效。

表 5-14 政策扶持差异统计表

项目		政策扶持差异("整村推进"工作实施情况)					
		已实施	正在实施	未实施	$T_{总}$	$T_{间}$	$T_{内}$
贫困现状	贫困村数量	8 264	19 967	23 230	—	—	—
	平均 VPI 得分	54.16	55.63	54.92	0.619	0.018	0.601
致贫因素	通路率贡献度	13.64%	14.65%	14.80%	0.651	0.014	0.636
	地形类型贡献度	13.92%	12.57%	13.07%	0.638	0.020	0.618
	遭受自然灾害频次贡献度	9.84%	9.66%	9.31%	0.661	0.018	0.643
	人均纯收入贡献度	7.77%	8.34%	7.84%	0.626	0.023	0.603
	劳动力比例贡献度	8.30%	7.95%	8.08%	0.663	0.019	0.644
	劳动力素质贡献度	6.86%	6.98%	6.85%	0.655	0.021	0.633

续表

项目		政策扶持差异（"整村推进"工作实施情况）					
		已实施	正在实施	未实施	$T_总$	$T_间$	$T_内$
贫困类型	单因素主导型比例	0.22%	0.06%	0.18%	2.728	0.021	2.706
	双因素驱动型比例	9.97%	7.22%	8.50%	1.208	0.028	1.181
	三因素支配型比例	48.71%	55.49%	53.11%	0.745	0.016	0.729
	四因素协同型比例	32.15%	27.82%	28.88%	0.852	0.022	0.830
	五因素联合型比例	8.19%	8.44%	8.35%	1.304	0.022	1.282
	六因素综合型比例	0.76%	17.31%	0.98%	1.974	0.004	1.970

3）贫困类型差异。"整村推进"工作已实施的贫困村中，三因素支配型和四因素协同型比例较高，单因素主导型和六因素综合型比例较低，说明"整村推进"工作改善了贫困村部分发展制约因素，该类贫困村的发展条件正在逐步改善。

综合分析，"整村推进"工作的落实，对于改善贫困村的发展环境、提高贫困地区人口收入起到了一定的帮助，是中国扶贫工作中的重要一步。

5.5.4.3 贫困村个体差异特征

前文主要以宏观的角度对全国范围的贫困村贫困程度、致贫因素、贫困类型进行分析，得出我国整体的贫困村特征。接下来针对贫困村个体，综合考虑贫困程度、致贫因素、贫困类型的分布完整性，挑选表5-15所示的12个贫困村为典型样例进行个体贫困综合特征分析。

南江村和伍刘村为单因素主导型贫困村，主要致贫维度分别是地理环境和劳动力状况。南江村的主要致贫因素为地貌类型、灾害和市场可达性；伍刘村的主要致贫因素为劳动力文化素质、劳动力比例、外出劳动力比例等。两个贫困村特征相似，都是由于在某一方面存在发展缺陷。同时，南江村VPI按等级划分处于2级较优，伍刘村VPI等级属于最优的1级，说明这两个贫困村属于轻度贫困，可以通过移民搬迁、技能培训等帮扶手段有效改善贫困现状。

补董村和孙家寨村属于双因素驱动型贫困村。其中补董村的主要致贫维度为地理环境、生产和生活条件，且以地理环境维度为主；孙家寨村的主要致贫维度为生产和生活条件、劳动力状况，且以劳动力状况维度为主。两村的主要致贫因素如表5-15所示，同时对照VPI得分，两村的贫困程度也属于中等偏优，通过采取对应的帮扶政策较容易摆脱贫困。

药匠台村和阔克铁热克村属于六因素综合型，在六个维度上都存在一定的不足，限制了该区域的进一步发展，但是两村的VPI得分属于全国中等偏优水平。结合两村实际情况进行分析发现，药匠台村深入内陆、地处山区的自然发展条件存在天然劣势，但是得益于地区领导严格规划、积极发展优势产业、紧抓公共基础设施建设以及社会政策的扶持，发展势头良好。阔克铁热克村与药匠台村的发展条件类似,也是通过大力发展教育、提升公共基础设施建设,逐步改善了当地的经济发展条件。由此说明通过合理规划、资源投入,能够弥补贫困村的天然发展劣势,改善发展条件。

其余贫困村属于三因素支配型、四因素协同型、五因素联合型三类,致贫因素多样,贫困程度普遍较高,需要因地制宜,结合多项帮扶手段综合治理。

表5-15 贫困村样例统计表

省级行政单元	村名	VPI	贫困类型	主要致贫因素
福建	南江村	39.42	G 单因素主导型	地貌类型、灾害、到最近乡镇集市距离
河南	伍刘村	35.13	L 单因素主导型	劳动力文化素质、外出劳动力比例、劳动力比例
贵州	补董村	47.13	G-P 双因素驱动型	地貌类型、灾害、收入、到最近乡镇集市距离、住房条件
河北	孙家寨村	50.59	P-L 双因素驱动型	劳动力文化素质、到最近乡镇集市距离、劳动力比例、卫生条件
湖北	青龙村	63.40	G-P-L 三因素支配型	通路、地貌类型、灾害、劳动力比例、收入、到最近乡镇集市距离
湖南	安山村	55.00	P-L-E 三因素支配型	通路、收入、劳动力比例、地貌类型、劳动力文化素质、饮水安全
贵州	鹰咀村	71.96	G-P-L-E 四因素协同型	通路、地貌类型、收入、灾害、劳动力文化素质、饮水安全
广西	镇安村	53.23	V-P-L-E 四因素协同型	收入、通路、劳动力比例、民族村、革命老区、到最近乡镇集市距离
云南	里吾底村	72.39	G-P-L-M-E 五因素联合型	收入、通路、地貌类型、劳动力文化素质、外出劳动力比例、社会保障
安徽	麻堤口村	53.02	G-V-P-L-M 五因素联合型	通路、灾害、劳动力比例、收入、到最近乡镇集市距离、革命老区
青海	药匠台村	50.09	六因素综合型	地貌类型、灾害、收入、劳动力文化素质、到最近乡镇集市距离
新疆	阔克铁热克村	49.20	六因素综合型	收入、灾害、地貌类型、民族村、边境村、到最近乡镇集市距离

注:G、V、P、L、M、E 分别代表地理环境、行政村特征、生产和生活条件、劳动力状况、医疗卫生社会保障、经济发展6个维度。

综上,本专题分别利用指标贡献度模型、线性回归模型与LSE模型分析了贫困村致贫因素和贫困类型,并综合分析了贫困村在不同地理区位、不同政策扶持下的差异特征,研究结果表明:①贫困村致贫因素。造成贫困村贫困最主要的指标为通路率、地形类型、遭受自然灾害频次、人均纯收入、劳动力比例、劳动力文化素质等。概括贫困村的主要致贫因素分别为通路情况较差、自然灾害频发、收入水平低下、劳动力状况不佳。②贫困村贫困类型。我国贫困村可以分为单因素主导型、双因素驱动型、三因素支配型、四因素协同型、五因素联合型、六因素综合型6类。不同类型的贫困村比例依次为0.14%、8.24%、53.33%、28.99%、8.36%、0.94%。说明我国贫困村整体致贫因素多元化，三因素支配型、四因素协同型、五因素联合型贫困分布相对较多。③贫困村地理区位差异特征。"胡焕庸线"两侧贫困村差异显著，"胡焕庸线"西北地区贫困村数量相对较少，整体贫困程度更高，贫困成因更为复杂，贫困类型更多偏向于多因素致贫，扶贫开发的压力也更大；而"胡焕庸线"东南地区贫困村数量相对较多，但是整体贫困程度相对较低，贫困成因更为集中，脱贫潜力相对较好。④不同"整村推进"实施阶段的贫困村差异特征。通过对比分析不同"整村推进"实施阶段贫困村的贫困现状、致贫原因、贫困类型差异，发现"整村推进"工作取得了一定扶贫成效，提升了当地的发展环境，改善了通路、收入、劳动力素质等发展制约因素。⑤贫困村个例分析。南江村、伍刘村等单因素驱动型贫困村可采取移民搬迁、技能培训、产业帮扶、基础设施帮扶等手段有效改善贫困现状；多因素致贫的贫困村也能够因地制宜，针对自身致贫因素精准施策，提升发展水平。

5.6　本章小结

　　本章面向"整村推进"区域脱贫需求，首先结合空间贫困的内涵，构建村级多维贫困度量模型，对全国范围内的51 461个"整村推进"贫困村进行定量度量。并从全国−片区−省级−县域多个尺度进行贫困村贫困程度差异分析。其次根据多维贫困度量结果，运用加权密度分析方法、空间扫描统计量方法、空间自相关分析方法、加权Ripley's K函数等空间分析方法对整村推进项目村的空间分布特征进行分析，探索我国贫困村的空间异质性格局、空间依赖性格局，以及空间贫困陷阱区域的空间分布特征。最后在上述研究基础上，通过线性回归分析、指标贡献度分析等方法分析我国贫困村致贫原因，通过最小方差法（LSE）对贫困类型进行定量分类，并对贫困村的综合特征进行分析。主要得到以下结论：

　　1）通过对"整村推进"贫困村的多维贫困度量，发现当时我国贫困村的贫困程度整体偏深，基本呈中间大、两头小的"橄榄型"分布结构；省级尺度下，各省级行政单元的贫困村贫困程度与当地发展现状显著相关，各地存在不同的贫困程度与贫困差异特征；县级尺度下，不同类型县内的贫困村贫困程度不同，国家重点贫困县>省级贫困县>普通县，西部县>中部县>东部县，牧区县>农区县>半农半牧区县，山区县>丘陵县>平原县，片区县>非片区县。

　　2）通过对"整村推进"贫困村的空间分布特征分析，发现当时我国贫困村的存在较强的全局空间依赖性，局部呈现为高−高区与低−低区集中式分布、高−低区与低−高区离散夹杂式分布、整体表现为西高东低的"阶梯状"格局；同时，呈现出东部和西北部稀疏、中部和西南部密集的"夹层"形空间异质性格局，且存在多个不同量级呈"星点"式分布的贫困核心；将14个连片特困区视为空间贫困陷阱区域，发现存在聚集−随机−离散、随机–聚集和离散/随机 3 类分布模式。

3）通过对"整村推进"贫困村的致贫因素分析，发现造成贫困村贫困最主要的指标为通路率、地形类型、遭受自然灾害频次、人均纯收入、劳动力比例、劳动力文化素质等。概括贫困村的主要致贫因素分别为通路情况较差、自然灾害频发、收入水平低下、劳动力状况不佳。通过对"整村推进"贫困村的贫困类型分析，我国贫困村可以分为单因素主导型、双因素驱动型、三因素支配型、四因素协同型、五因素联合型、六因素综合型 6 类，且整体呈多因素致贫。对比分析"胡焕庸线"两侧贫困村、不同"整村推进"实施阶段贫困村以及一些贫困村典型个例的综合特征，发现我国贫困村贫困构成十分复杂，贫困类型繁多，扶贫开发工作需要结合当地实际贫困类型制定具有针对性的帮扶策略。

6 致贫因素的多尺度探测及尺度效应分析

我国一直致力于解决农村贫困问题，截至目前全国脱贫攻坚已取得全面胜利，但是在一些地区，存在空间贫困陷阱，存在返贫风险。但过去扶贫工作的重心主要集中于解决大中尺度上的区域性整体贫困，相关研究较少关注贫困村小尺度上的贫困特征。而部分贫困村持续性贫困现象曾严重阻碍了我国扶贫开发工作的进展。并且由于致贫原因的复杂性，国内的相关研究大多基于县、省、片区、全国等大中尺度，虽然有研究人员借鉴国外空间贫困理论和框架用于中小尺度贫困研究，但对精细尺度上的空间贫困分布格局、空间尺度效应、致贫因素及贫困驱动类型的研究较少。并且在致贫因素探测方面仅限于单一尺度，未考虑到贫困的多尺度空间特性，以及多尺度贫困驱动类型划分的意义。仅从单一尺度考虑致贫因素已不能满足当时要求，需要考虑到贫困村所处的地理环境的影响，从多尺度角度寻求解决办法，更有针对性地制定扶贫措施，实现贫困村与贫困区域间"点"与"面"、"精细"与"粗放"的结合，达到精准施策的要求。并针对性地提出精准扶贫以及乡村振兴政策，以求更加精准地识别致贫因素并划分贫困类型，制定更具针对性的扶贫开发措施以达到精准施策，使贫困区域摆脱绝对贫困进而实现乡村振兴，让乡村和城镇共同发展，实现城乡融合。

另外，在研究框架和方法上，随着对贫困问题研究的深入，人们对贫困的认识更加全面、空间与多元，贫困内涵从单一维度的收入贫困发展到包括经济、社会、生态多维度的空间贫困。对致贫因素和贫困驱动类型的分析方法也从定性描述转向定量探测。与此同时，随着贫困统计数据的日益丰富以及 GIS、RS 等新技术的广泛应用，贫困研究也从单一的经济学研究转变为顾及地理空间位置、空间特征、空间尺度效应等的新经济地理学研究。在搞清贫困分布格局的基础上，从深挖个体性致贫和结构性致贫因素的视角，探测影响贫困人口和贫困村发展的显著性致贫因素，对实施精准扶贫政策、巩固我国全面脱贫成果，具有重要的现实意义和战略意义。

6.1 农户致贫因素的多尺度探究

精准探测贫困农户的贫困原因及其贫困机理，为"为什么贫困""怎样帮扶"的精准扶贫提供精准施策的导向支持，是精准扶贫战略实施领域研究和业务的焦点之一。相关的贫困调查研究表明，农户致贫因素早已不再仅限于单一的人口结构和经济发展维度与个体自身特征尺度探测，亦可能存在多尺度多维度层面的因素，即农户贫困既可能受到其本身的地理环境、家庭特征、经济发展等多维因素的影响，还可能受到其所处的较大尺度单位上的经济发展、社会发展、生态环境等多维背景因素的影响，尤其是生态环境与地理区位条件已成为农户发展的重要制约因素。显然，在致贫因素日益多元化的情况下，基于传统的单一尺度研究方法和研究视角的探测，其结果的科学性和可靠性值得进一步商榷。因此，部分研究者开始试图引入多层线性回归模型解析致贫因素的个体效应与背景效应。但总体上，这些研究多基于两级尺度，较少涉及三级尺度，且大都仅从社会资本、经济发展等维度构建致贫因素探测指标体系，尚少考虑生态环境、地理区位等自然资源禀赋对贫困的影响，也较少解析不同尺度上影响因素的交互作用机制。

鉴于此，本章选取福贡县作为研究区域，从综合探测致贫因素的个体效应和背景效应的新的研究视角出发，以贫困户作为基本研究单元，选择与贫困户联系最为密切，且相对于其他宏观行政尺度可能会对其发展产生更直接影响的中微观行政尺度，即村和镇作为背景层，从人-地和谐可持续发展的视角，构建基于多层线性回归模型的多尺度贫困解析框架探测农户显著性致贫因素及其作用机制，并试图解答以下三个科学问题：致贫因素是否存在背景效应？如果存在，不同尺度上有哪些显著性致贫因素？如何从作用强度和作用方向的视角解析其动力机制？该研究不但可以兼顾个体效应与背景效应，从多维度定量探究各级尺度影响因素对农户贫困的影响程度，还能够解释各显著性影响因素对农户贫困的作用机制，进而为贫困农户的精准帮扶提供技术参考和辅助决策支持。

6.1.1 研究区与数据

6.1.1.1 研究区域

本章选取云南省的福贡县作为研究区。福贡县当时是国家扶贫工作重点县之一，贫困面广、贫困比例高、贫困程度深、脱贫难度大，是云南省乃至全国攻克贫困的"堡垒"。如图6-1所示，福贡县隶属怒江傈僳族自治州，地处滇西北横断山脉中段碧罗雪山和高黎贡山之间的怒江峡谷，属高山峡谷地貌，地势北高南低。全县所辖6个乡1个镇全部属于边疆"直过民族"地区，7个乡（镇）中有5个列入贫困乡（马吉乡、子里甲乡实施过整乡推进除外），占乡（镇）总数的72%；57个行政村中当时有45个贫困村，占行政村总数的78.95%。由此可见，福贡县的贫困特征极具典型性，贫困问题亟待解决。

6.1.1.2 数据来源与处理

本章中用于分析的数据主要来源于研究区扶贫办提供的2017年贫困农户调查数据、村基础统计数据和镇扶贫数据。其中，家庭调查数据包括家庭特征、经济状况等内容，村基础统计数据包括基础设施、社会保障、经济发展等内容，镇扶贫数据包括社会保障、经济发展等内容。根据分层比例抽样法对家庭调查数据进行抽样，得到的有效样本覆盖福贡县7个乡（镇），57个行政村，1205户。地理数据来源于"地理空间数据云"网站（http：//www.gscloud.cn），本章采用30m分辨率数字高程数据。以上数据使用前均进行了筛选、拼接、裁剪等预处理。

6.1.2 研究方法

本章从人-地和谐可持续发展的视角，在设计户-村-镇三级尺度的贫困影响因素指标

6 致贫因素的多尺度探测及尺度效应分析

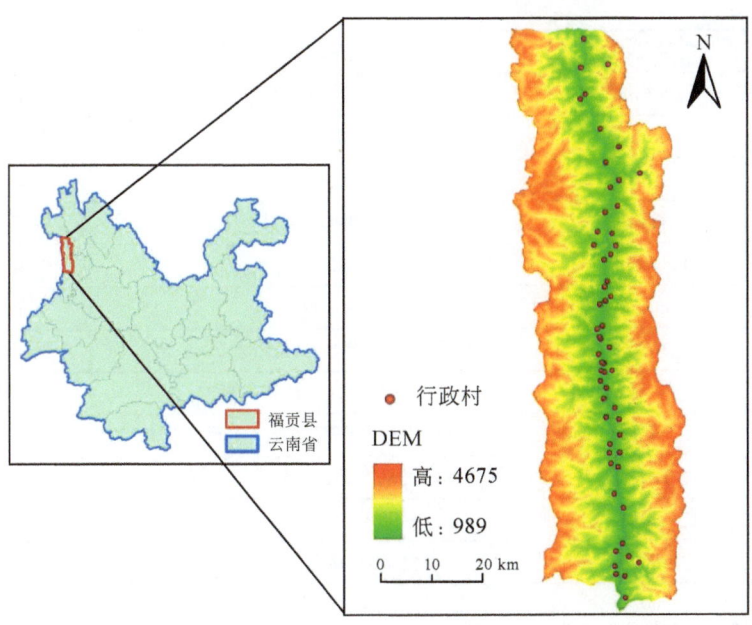

图 6-1 研究区域概况

体系候选集的基础上,基于社会排斥–脆弱性–可持续生计三维贫困分析框架,综合考虑社会、经济和资源环境对贫困的可能影响,构建农户致贫因素探测模型,以系统探测各级尺度上可能的显著致贫因素及其作用机制。

6.1.2.1 致贫因素候选指标体系构建

根据研究区的实际情况,遵从指标选取的典型性、代表性、独立性等原则,构建包含人口个体特征和自然、社会、经济背景特征的户–村–镇三级致贫因素候选指标体系(表 6-1)。

表 6-1 户–村–镇三级指标体系

层次	类型	变量名称	变量解释	变异系数法	复相关系数法
	因变量*	Y_poverty	贫困等级	—	—
	地理区位	F_distance	距离村主干路	保留	保留
		F_road	入户路类型	保留	保留
户	家庭特征	F_health	家庭成员健康比例(%)	保留	保留
		F_labor	家庭具有劳动能力人口比例(%)	保留	保留
		F_edu_degree	家庭非在校生中高中以下学历人口比例(%)	保留	保留
		F_education	家庭非义务教育在校人口比例(%)	保留	保留
	社会保障	F_meidcal	家庭成员参加新型农村合作医疗比例(%)	保留	保留
		F_insurance	家庭成员参加城乡居民基本养老保险比例(%)	保留	保留
	经济发展	F_income	家庭年人均纯收入(元)	保留	保留

续表

层次	类型	变量名称	变量解释	变异系数法	复相关系数法
村	地理环境	V_terrain	地形起伏度	保留	剔除
		V_altitude	海拔	保留	保留
		V_slope	坡度	保留	保留
		V_plough	人均耕地面积	保留	保留
	基础设施	V_road	通路率（%）	保留	保留
		V_education	教育（村中是否有小学，是=1，否=0）	保留	保留
	劳动力状况	V_labor	村具有劳动能力人口比例（%）	保留	保留
		V_worker	村外出务工人口比例（%）	保留	保留
	社会保障	V_medical	参加新型农村合作医疗人口比例（%）	保留	保留
		V_pension	参加城乡居民基本养老保险人口比例（%）	保留	保留
	经济发展	V_income	村人均纯收入（元）	保留	保留
		V_vill_inc	村集体经济收入（元）	保留	保留
镇	地理环境	T_terrain	地形起伏度	保留	保留
		T_altitude	海拔	保留	保留
	社会保障	T_hospital	镇卫生院的个数（所）	保留	保留
		T_school	镇学校的个数（所）	保留	保留
	经济发展	T_income	镇农民年人均纯收入（元）	保留	保留

注：因变量是贫困等级（Y），用人均收入水平表示。根据中国政府发布的历年的贫困线及研究区的相关文件，划分以下等级，即1067元以下（含1067元）为绝对贫困，赋值5；1067~2300元为深度贫困，赋值4；2300~2800元为中度贫困，赋值3；2800~3500元为轻度贫困，赋值2；3500元以上为脱离贫困，赋值1。对于入户路类型指标采用了打分制，将沥青路面公路赋值为1，水泥路面公路赋值为0.75，砂石公路赋值为0.5，普通泥土公路赋值为0.25。

1) 户级尺度。在户级尺度上，地理区位、家庭特征、社会保障和经济发展4个维度均可能对贫困户的贫困程度产生影响。

地理区位：距离村主干路和入户路类型影响着贫困户与外界的交流，闭塞的地理位置可能不利于其发展，容易加深贫困程度。

家庭特征：家庭成员健康比例、家庭具有劳动能力人口比例和家庭非义务教育在校人口比例分别表现的是家庭医疗负担状况、劳动力状况和教育负担状况。此外，家庭非在校生中高中以下学历人口比例（家庭成员的受教育情况）在一定程度上也影响着家庭贫困状况。有相关研究表明，受教育程度较低的人比受教育程度较高的人发生贫困的概率更高（Rank and Hirschl，1999）。

社会保障：新型农村合作医疗保险和城乡居民基本养老保险的参与率反映了农户的生存负担状况和国家福利的覆盖情况。家庭生存负担重，国家福利覆盖率低，在一定程度上会阻碍贫困户脱贫。

经济发展：家庭经济状况与贫困程度有直接联系。一般情况下，家庭人均年收入越低，其贫困程度越深。

2) 村级尺度。在村级尺度上，地理环境、基础设施、劳动力状况、社会保障和经济发展均可能对贫困户贫困程度的产生影响。

地理环境：地理环境的好坏在一定程度上影响着农户的生存状况。地形起伏度、海拔和坡度对于作物耕种和交通状况均可能产生影响。有相关研究表明，地形及区位因素对贫困的影响日益明显（王艳慧等，2017）。人均耕地面积反映农户生存的物质基础。

基础设施：基础设施在一定程度上影响着村的发展。通路率影响着村民与外界的交流，教育影响着村民的文化水平。基础设施不齐全会阻碍减贫工作的推进。

劳动力状况：劳动力状况在一定程度上影响着收入状况。具有良好劳动能力的农民和外出务工人员通常越有可能获取较高收入，从而有利于降低家庭贫困程度。

社会保障：社会保障指标体现的是国家福利的覆盖情况。新型农村合作医疗和城乡居民基本养老保险均有助于减轻家庭负担，从而改善贫困状况。

经济发展：村的经济发展状况在一定程度上会影响贫困户的发展情况。根据涓滴效应，可以通过经济增长使得总财富增加从而促进贫困户脱贫（Gans，1972）。

3）镇级尺度。在镇级尺度上，地理环境、社会保障和经济发展均可能对贫困户贫困程度产生影响。

地理环境：地形起伏度和海拔在一定程度上影响着交通状况和农业生产状况，地形起伏度大、海拔高不利于农户出行和农产品种植，从而对农户与外界的交流和农民收入产生影响。

社会保障：卫生院有助于解决农民看病难的问题，并在一定程度上可以起到大病预防的作用，从而降低农民大病的发生率，因而可以降低家庭承担繁重医疗负担的风险。学校为学生提供受教育的机会，有助于提高整体的文化水平。文化程度越高，越有可能获得较高的收入。

经济发展：镇的经济发展有助于带动农户家庭收入的增加，从而减轻家庭贫困程度。

基于上述，得到主观初选的户-村-镇三级尺度指标体系如表6-1所示。根据国家历年贫困线标准和研究区相关政府扶贫政策，本章将贫困户贫困程度划分为5个等级并赋值为1~5作为因变量，等级越高贫困程度越深。进一步地，综合利用变异系数法和复相关系数法进行候选指标的精选：首先利用变异系数法分别计算出户、村、镇尺度各指标数据的变异系数，保留变异系数大于15%（即数据分离度大）的指标。然后利用复相关系数法分别对户、村、镇尺度各个维度内部的指标进行复相关模拟，剔除复相关系数较大的指标。由于镇层经济发展维度只有一个指标，故仅根据其变异系数予以保留，如表6-1所示。最终选出9个户级指标、11个村级指标、5个镇级指标代入模型进行计算。

6.1.2.2 多尺度致贫因素探测模型构建

本章以农户贫困程度作为因变量，以上述构建的致贫因素候选指标体系作为因变量，通过构建基于多层线性回归模型的户（第一层）-村（第二层）-镇（第三层）三层多尺度农户致贫因素探测体系，探究贫困户贫困程度的显著影响因素及其对农户贫困的作用机制。

多层线性模型（hierarchical linear model，HLM）是一种用于处理具有嵌套结构的数据的统计方法，它能够有效探测背景效应，从不同层次分析自变量对于因变量的作用程度和作用差异（Raudenbush and Bryk，2002；Wang et al.，2019）。由于本章研究对象具有空间尺度上的嵌套结构,即户镶嵌于村、村镶嵌于镇,因而可通过搭建不同组合的多层线性回归模型,根据固定效应(回归系数)判断影响因素对贫困程度的贡献度,并通过随机效应(残差项)判断贡献度的差异情况,进而解析不同致贫因素的作用机制。

本章研究的建模流程为:首先,构建零模型,即不包含任何变量的模型,以探究贫困户贫困程度是否存在背景效应。其次,若通过零模型验证研究区贫困户贫困程度存在背景效应,并且背景效应超过一定的阈值,则需构建随机效应回归模型,即包含第一层或一、二两层变量的模型,以探究户、村级尺度上的显著影响因素。最后,构建完整模型,即包含户、村、镇三层变量的模型,以探究镇级尺度上的显著影响因素及各级影响因素对农户贫困的作用机制。本研究中关于多层线性模型的计算利用 HLM 6.08 版本软件完成,具体如下分述。

(1)模型 I:基于零模型的致贫因素个体效应和背景效应探测

在构建其他模型之前,需要构建不含任何变量的零模型,以计算农户贫困程度的组内差异(户–户差异),借助组间相关系数(intra-class correlation coefficient,ICC)计算组间差异(村–村差异和镇–镇差异),从而根据村、镇级尺度上背景效应的大小,判断是否需要构建多层线性回归模型进行致贫因素探测。此外,根据相关文献(Wang et al., 2019),当 ICC 大于 0.059 时有必要在统计模型中添加背景效应(村、镇级因素)以探究背景效应对农户贫困程度的影响。

构建的零模型及组内差异和组间差异计算公式如表 6-2 所示。

表 6-2 零模型和 ICC 计算公式

项目	表达式	参数解释
零模型	Level 1:$Y_{ijk}=\beta_{0jk}+r_{ijk}$ Level 2:$\beta_{0jk}=\gamma_{00k}+\mu_{0jk}$ Level 3:$\gamma_{00k}=\pi_{000}+e_{00k}$	Level 1、Level 2、Level 3 分别代表户、村、镇三层,i 代表户级单位,j 代表村级单位,k 代表镇级单位。Y_{ijk} 代表贫困户贫困等级,β_{0jk} 代表 k 镇 j 村贫困户贫困等级平均值,γ_{00k} 代表 k 镇贫困户贫困等级的平均值,π_{000} 代表总体贫困户贫困等级的平均值,r_{ijk}、μ_{0jk}、e_{00k} 分别为第一、第二、第三层的残差
组内/组间差异	组内差异:$\rho_1=\sigma^2/(\tau_{000}+\tau_{00}+\sigma^2)$ 组间差异(ICC):$\rho_2=\tau_{00}/(\tau_{000}+\tau_{00}+\sigma^2)$ 组间差异(ICC):$\rho_3=\tau_{000}/(\tau_{000}+\tau_{00}+\sigma^2)$ Var(POVERTY)=$\tau_{000}+\tau_{00}+\sigma^2$	σ^2、τ_{00}、τ_{000} 分别表示户、村、镇三层的方差,ρ_1、ρ_2、ρ_3 分别表示户、村、镇三层尺度上贫困户贫困等级的方差占贫困户贫困等级总体方差的比例,即对于贫困户贫困等级的影响作用分别有多少比例来自户、村、镇三级尺度。方程式 Var(POVERTY)代表因变量贫困户贫困等级的总方差

(2)模型 II:基于随机效应回归模型的户、村级显著致贫因素探测

通过构建两个随机效应回归模型,即模型 II(a)和模型 II(b),分别探究户级尺度上的显著致贫因素和村级尺度上的显著致贫因素。为了更精确探究户级各影响因素对贫困程度的作用情况,避免村、镇级因素对其产生影响,模型 II(a)仅在第一层添加解释变量,即将户级各指标逐个代入模型的第一层,二、三两层不添加解释变量。模型 II(b)在第一层添加户级影响因素的同时,在第二层的截距方程中添加村级解释变量以探究村

级尺度上的显著致贫因素。为更精确探究村级显著致贫因素,避免镇级背景效应对贫困程度的影响,模型Ⅱ(b)第三层不添加解释变量。构建的两个三层随机效应回归模型如表6-3所示。

表6-3 随机效应回归模型

项目	模型表达式	参数解释
模型Ⅱ(a)	Level 1: $Y_{ijk}=\beta_{0jk}+\beta_{1jk}X_{1ijk}+r_{ijk}$ Level 2: $\beta_{0jk}=\gamma_{00k}+\mu_{0jk}$ $\beta_{1jk}=\gamma_{10k}+\mu_{1jk}$ Level 3: $\gamma_{00k}=\pi_{000}+e_{00k}$ $\gamma_{10k}=\pi_{100}+e_{10k}$	X_{1ijk}是户层的解释变量,β_{1jk}是其回归系数(户级因素对贫困程度的贡献度),γ_{10k}是β_{1jk}在k镇的平均值,π_{100}代表β_{1jk}的总体平均值,μ_{1jk}和e_{10k}分别是β_{1jk}和γ_{10k}的残差。其他变量解释同模型Ⅰ
模型Ⅱ(b)	Level 1: $Y_{ijk}=\beta_{0jk}+\beta_{1jk}X_{1ijk}+r_{ijk}$ Level 2: $\beta_{0jk}=\gamma_{00k}+\gamma_{01k}W_{1jk}+\mu_{0jk}$ $\beta_{1jk}=\gamma_{10k}+\mu_{1jk}$ Level 3: $\gamma_{00k}=\pi_{000}+e_{00k}$ $\gamma_{01k}=\pi_{010}+e_{01k}$ $\gamma_{10k}=\pi_{100}+e_{10k}$	W_{1jk}是村层的解释变量,γ_{01k}是与β_{0jk}相关的W_{1jk}的回归系数(村级因素对贫困程度的贡献度),π_{010}是γ_{01k}的平均值,e_{01k}是γ_{01k}的残差。其余变量的解释同模型Ⅱ(a)

(3)模型Ⅲ:基于完整模型的户-村-镇级显著致贫因素及其作用机制探测

通过构建模型Ⅲ(a),即基于模型Ⅱ(b),在第三层(镇级)的截距方程添加镇级影响因素,且在模型的各方程上均添加残差项,以探究镇级显著影响因素及户、村级因素对于贫困程度的贡献度在村、镇间的差异情况。基于模型Ⅲ(a),在贡献度差异显著的户、村级影响因素的回归系数的方程上添加村、镇级解释变量以构建模型Ⅲ(b),据此解释贡献度差异显著的可能原因。构建的三层完整模型如表6-4所示。

表6-4 完整模型

项目	模型表达式	参数解释
模型Ⅲ(a)	Level 1: $Y_{ijk}=\beta_{0jk}+\beta_{1jk}X_{1ijk}+r_{ijk}$ Level 2: $\beta_{0jk}=\gamma_{00k}+\gamma_{01k}W_{1jk}+\mu_{0jk}$ $\beta_{1jk}=\gamma_{10k}+\mu_{1jk}$ Level 3: $\gamma_{00k}=\pi_{000}+\pi_{001}Z_{00k}+e_{00k}$ $\gamma_{01k}=\pi_{010}+e_{01k}$ $\gamma_{10k}=\pi_{100}+e_{10k}$	Z_{00k}是镇层的解释变量,π_{001}是其回归系数(镇级因素对贫困程度的贡献度),其他变量解释同模型Ⅱ
模型Ⅲ(b)	Level 1: $Y_{ijk}=\beta_{0jk}+\beta_{1jk}X_{1ijk}+r_{ijk}$ Level 2: $\beta_{0jk}=\gamma_{00k}+\gamma_{01k}W_{1jk}+\mu_{0jk}$ $\beta_{1jk}=\gamma_{10k}+\gamma_{11k}W_{1jk}+\mu_{1jk}$ Level 3: $\gamma_{00k}=\pi_{000}+\pi_{001}Z_{00k}+e_{00k}$ $\gamma_{01k}=\pi_{010}+\pi_{011}Z_{01k}+e_{01k}$ $\gamma_{10k}=\pi_{100}+\pi_{101}Z_{10k}+e_{10k}$ $\gamma_{11k}=\pi_{110}+\pi_{111}Z_{11k}+e_{11k}$	W_{1jk}是村层的解释变量,γ_{11k}是与β_{1jk}相关的W_{1jk}的回归系数(用于解释户级因素对贫困程度的贡献度(β_{1jk})存在显著差异的原因),π_{110}是γ_{11k}的平均值。Z_{01k}、Z_{10k}、Z_{11k}分别是γ_{01k}、γ_{10k}、γ_{11k}的解释变量,e_{01k}、e_{10k}、e_{11k}分别是γ_{01k}、γ_{10k}、γ_{11k}的残差。其余变量的解释同模型Ⅱ

6.1.3 结果与分析

6.1.3.1 农户致贫因素的个体效应和背景效应

零模型的计算结果如表6-5所示。

表6-5 零模型的计算结果

固定效应				随机效应		
参数	回归系数	标准差	T值	参数	方差成分	卡方值
G_{000}	2.634	0.197	13.406***	E	1.160	—
				R_0	0.094	132.96802***
				U_{00}	0.250	91.40612***

注:***表示$p<0.01$。

零模型的估计结果(表6-5)显示,固定效应和随机效应均通过显著性检验,并且由ICC计算出的户村镇三级的组内(户–户)和组间(村–村、镇–镇)相关系数分别为0.7714、0.0624、0.1662,均大于0.059,说明贫困户贫困程度有77.14%由户级因素导致,有6.24%由村级因素导致,有16.62%由镇级因素导致,且需要在统计模型中添加村、镇级尺度上的背景效应,即需要构建多层线性回归模型进行农户致贫因素探测。

6.1.3.2 多尺度致贫因素探测

综合模型Ⅱ和模型Ⅲ的估计结果,得出户、村、镇三级尺度上致贫因素对农户贫困程度的贡献度如表6-6所示。本研究将分别对户、村、镇三级尺度上的显著致贫因素进行分析。

表6-6 贫困户贫困等级的影响因素

户层			村层			镇层		
解释变量	截距 G_{000}	回归系数 G_{100}	解释变量	参数	回归系数	解释变量	参数	回归系数
F_distance	2.635***	0.036	INTRCPT	G_{000}	2.619***	INTRCPT	G_{000}	2.620
F_road	2.637***	-0.108**	V_altitude	G_{010}	0.016	T_terrain	G_{001}	0.331***
F_health	2.634***	-0.009	V_slope	G_{020}	0.481**	T_altitude	G_{002}	0.115
F_labor	2.634***	-0.144***	V_plough	G_{030}	-3.309**	T_hospital	G_{003}	0.065
F_edu_degree	2.635***	0.042**	V_road	G_{040}	3.082**	T_school	G_{004}	-0.152
F_education	2.636***	-0.074	V_education	G_{050}	-0.038	T_income	G_{005}	-0.313**
F_meidcal	2.634***	0.068***	V_labor	G_{060}	-0.070			
F_insurance	2.633***	-0.122**	V_worker	G_{070}	-0.104**			
F_income	2.615***	-1.629***	V_medical	G_{080}	-0.042			
			V_pension	G_{090}	-0.057			
			V_income	G_{0100}	-0.024			
			V_vill_inc	G_{0110}	0.007			

注:**表示$p<0.05$;***表示$p<0.01$。

(1) 户级尺度。根据各模型回归系数绝对值的大小，显著致贫因素的贡献度由大到小依次为：家庭人均年收入（-1.629）、家庭劳动力人口比例（-0.144）、家庭参加城乡居民基本养老保险比例（-0.122）、入户路类型（-0.108）、家庭参加新型农村合作医疗人口比例（0.068）和家庭非在校生中高中以下学历人口比例（0.042）。①家庭人均年收入与贫困程度呈显著负相关，即家庭人均年收入越低，贫困程度越高。②家庭劳动力人口比例与贫困程度呈显著负相关，即家庭具有的劳动力越少，家庭贫困程度越高。家庭劳动力人口通过影响家庭收入从而对家庭贫困程度产生影响。③家庭成员参加城乡居民基本养老保险比例与贫困程度呈显著负相关，即家庭成员参加城乡居民基本养老保险比例越高，贫困程度越低。养老保险会降低家庭赡养老人的负担，从而减轻家庭贫困程度。④入户路类型与贫困程度呈显著负相关，即入户路类型越差，农户贫困程度越高。这是由于交通不便会阻碍农户与外界的交流与发展。⑤家庭参加新型农村合作医疗人口比例与贫困程度呈显著正相关，即家庭成员参加新型农村合作医疗人口的比例越高，贫困等级越高。这反映出家庭抵御疾病风险的能力越差，其贫困程度越高。⑥家庭非在校生中高中以下学历人口比例与贫困程度呈显著正相关，即家庭中低学历人口越多，贫困程度越高。文化程度越低，其收入水平很可能相应越低，因此不利于缓解家庭贫困状况。

(2) 村级尺度。根据各模型回归系数绝对值的大小，显著致贫因素的贡献度由大到小依次为：人均耕地面积（-3.309）、通路率（3.082）、坡度（0.481）和外出务工人口比例（-0.104）。①人均耕地面积与贫困程度呈显著负相关，即人均耕地面积越少，贫困程度越高。耕地为家庭提供生存所需的物质条件，直接影响着家庭收入，从而影响着家庭贫困状况。②村中通路率与贫困程度呈显著正相关，即村通路率越高，贫困程度越高。由于研究区特殊的地形地貌，农户居住分散，很多路是"踩出来"的，路多反而说明农户交流不便，扶贫工作也因农户分散而不好开展，因此不利于农户减贫。③坡度与贫困程度呈显著正相关，即坡度越大，贫困程度越高。坡度大会给村民带来交通、农作物耕种等方面的不便，从而不利于农户的经济发展。④村中外出务工人口比例与贫困程度呈显著负相关，即外出务工人口越多，贫困程度越低。这是由于外出务工相对于务农受自然因素影响较小，收入更为稳定，从而有利于减轻家庭负担，降低贫困程度。

(3) 镇级尺度。根据各模型回归系数绝对值的大小，显著致贫因素的贡献度由大到小依次为：地形起伏度（0.331）和人均年收入（-0.313）。①地形起伏度与贫困程度呈显著正相关，即地形起伏度越高，贫困程度越高。由于较大的地形起伏度不利于农作物的耕收，在一定程度上会减少耕作面积，从而影响着农户物质生活条件的供给，进而影响农户的贫困状况。②镇农民年人均纯收入与贫困程度呈显著负相关，即镇农民年人均纯收入越低，贫困程度越高。个体的经济发展会受到集体经济的影响，因此镇的经济发展会对农户的经济发展产生影响，镇的发展状况越好，越有利于农民的经济收入的提高和贫困程度的降低。

6.1.3.3 多尺度致贫因素的作用机制分析

比较零模型和模型Ⅲ（a）的随机效应估计结果（表6-7）可以得出户级显著影响因素解释了户级贫困程度差异的70.95%，村级显著影响因素解释了村级贫困程度差异的

11.70%，镇级显著影响因素解释了镇级贫困程度差异的 86.80%。

表 6-7 零模型和模型Ⅲ（a）随机效应估计结果对比

零模型		模型Ⅲ（a）	
参数	方差	参数	方差
E	1.160	E	0.337
R_0	0.094	R_0	0.083
U_{00}	0.250	U_{00}	0.033

从模型Ⅲ（a）的随机效应估计结果（表 6-8）可以得出户级家庭成员参加新型农村合作医疗保险的比例、参加城乡居民基本养老保险比例和家庭年人均收入三个指标对贫困程度的贡献度在村间存在显著差异；村级外出务工人员比例对贫困程度的贡献度在镇间的存在显著差异；户级的家庭人均年收入指标对贫困程度的贡献度在镇间存在显著差异。因此需要分别在村、镇级添加解释变量以解释户、村级因素的变异情况。

表 6-8 模型Ⅲ（a）和模型Ⅲ（b）和随机效应估计结果对比

模型Ⅲ（a）				模型Ⅲ（b）			
参数	方差	参数	方差	参数	方差	参数	方差
R_0	0.083	U_{00}	0.033 ***	R_0	0.095 ***	U_{00}	0.040 ***
R_1	0.001	U_{01}	0.017	R_1	—	U_{01}	—
R_2	0.005	U_{02}	2.943	R_2	—	U_{02}	—
R_3	0.004	U_{03}	2.881	R_3	—	U_{03}	—
R_4	0.004 **	U_{04}	0.032 *	R_4	0.003 *	U_{04}	0.013
R_5	0.005 ***	U_{10}	0.000	R_5	0.002	U_{10}	—
R_6	0.618 *	U_{20}	0.002	R_6	0.553 ***	U_{20}	—
E	0.337	U_{30}	0.000	E	0.348	U_{30}	—
		U_{40}	0.001			U_{40}	—
		U_{50}	0.003			U_{50}	—
		U_{60}	0.089 *			U_{60}	0.009

注：* 代表 $p<0.1$；** 代表 $p<0.05$；*** 代表 $p<0.01$。

从表 6-8 的方差显著性及对比结果可以发现，户级家庭成员参加新型农村合作医疗比例对农户贫困程度的贡献度在不同村之间是不同的，这种差异（R_4）的 25% 与各村的医疗、保险覆盖度以及村的人均收入和集体收入有关；户级家庭成员参加城乡居民基本养老保险的比例对农户贫困程度的贡献度在不同村之间是不同的，这种差异（R_5）的 60% 与以上四个村级因素有关；户级家庭年人均收入对农户贫困程度的贡献度在不同村之间是不同的，这种差异（R_6）的 10% 与各村的年人均收入和村集体收入有关。村级外出务工人员比例对农户贫困程度的贡献度在不同镇之间是不同的，这种差异（U_{04}）的 59.38% 与镇级地形起伏度和镇人均年收入有关；户级家庭人均年收入对农户贫困程度的贡献度在不同镇之间是不同的，这种差异（U_{60}）的 89.89% 与以上两个镇级因素有关。

6.1.4 综合分析与建议

本研究针对目前国内对于致贫因素的研究多停留在大尺度（省、市级）上且较少考虑尺度上的背景效应的问题，从户、村、镇三级尺度出发，设计了顾及多尺度个体效应和背景效应的农户致贫因素探测模型，揭示了研究区的显著致贫因素及其作用机理。基于上述研究区的实证结果表明：①农户贫困既受到户级个体因素的影响，又存在村、镇级尺度上的背景效应，其中77.14%由户级因素导致，6.24%由村级因素导致，16.62%由镇级因素导致。②在户级尺度上，入户路类型、家庭劳动力人口比例、家庭人均年收入、家庭成员参加新型农村合作医疗人口比例和参加城乡居民基本养老保险的比例五个因素对贫困程度有显著影响，并解释了贫困户贫困程度总体差异中的70.95%；在村级尺度上，坡度、人均耕地面积、通路率以及外出务工人口比例对贫困户贫困程度有显著影响，并解释了贫困户贫困程度总体差异中的11.70%；在镇级尺度上，地形起伏度和人均年收入对贫困户贫困程度有显著影响，并解释了贫困户贫困程度总体差异中的86.80%。③村级医疗、保险覆盖度以及村人均年收入和集体收入四个因素，分别解释了户级因素家庭成员参加新型农村合作医疗比例和家庭成员参加城乡居民基本养老保险的比例对农户贫困程度贡献度在村间差异的25%和60%；村人均年收入和集体收入两个因素解释了户级因素家庭人均年收入对农户贫困程度贡献度在村间差异的10%；镇级地形起伏度和镇人均年收入两个因素，分别解释了村级因素外出务工人员比例和户级因素家庭人均年收入对农户贫困程度贡献度在镇间差异的59.38%和89.89%。④改善入户路类型、发展特色种植业和养殖业、实施易地搬迁工程等措施在一定程度上可以帮助研究区贫困户降低贫困程度。

综上所述，村级医疗、保险覆盖度以及村人均年收入和集体收入四个因素对户级因素（家庭成员参加新型农村合作医疗比例、家庭成员参加城乡居民基本养老保险的比例、家庭人均年收入）作用于农户贫困程度的差异有影响，镇级地形起伏度和镇人均年收入两个因素对村级因素（外出务工人员比例）和户级因素（家庭人均年收入）作用于农户贫困程度的差异有影响。根据研究区的调查统计数据及以上实验的结果，结合国家精准扶贫政策的要求和研究区的实际情况，提出以下建议以期为研究区的减贫工作提供参考对策。

首先，在户级尺度上：①改善入户路类型，方便农户出行，加强其与外界的联系。②增加医疗、保险等国家福利的覆盖率，降低农户贫困的可能性。③扶贫先扶"智"，农户受教育程度低会在很大程度上限制其自身发展。此外，由于文化水平低，可能较难理解国家政策，配合度不高，会对扶贫工作的开展产生一定的阻碍。

其次，在村级尺度上：①发展特色种植业和养殖业。研究区各村的地形比较特殊，传统的大面积耕种实现起来非常困难，且收获相对不乐观，因此需要开拓新的种植业和养殖业来改善收入状况。②实施乡村旅游扶贫，打造旅游示范户。通过乡村旅游不但可以增加当地农户收入，在一定程度上亦可减少外出务工人员比例，从而改善留守儿童和空巢老人的状况。③建设村组道路。增加自然村通达通畅度，保障贫困村道路安全，便于各村与外界的交流，有利于各村的发展。

最后，在镇级尺度上：①实施易地扶贫搬迁工程。由于地势地貌的影响，镇内各村分布较为分散，不利于管理和扶贫工作的开展，可设置集中安置点并落实和完善基础设施，提升人居环境，提高农户的幸福感。②推进健康扶贫工程。建设县级医院、乡镇级卫生院和村级卫生室，加强医技人员培训，提高医生专业水平，及时进行地方病及重点疾病筛查及防治以降低因病致贫的可能性。③加大人才队伍建设。培养选拔大学生村官等基层干部带领研究区经济社会发展，培养专业技术骨干、技能人才等推进研究区创新产业发展，引进农村特岗教师和教育硕士以促进本地教育事业的发展，为县乡医疗卫生机构定向培养免费医学生，以提高医生整体的专业素养和医治水平。

6.2 贫困村影响因素的多尺度探测方法

尽管中国已实现脱贫攻坚全面胜利，但部分地区由于空间贫困陷阱的存在，仍存在返贫风险。并且由于行政区划具有嵌套关系，贫困村会受到来自自身以及所处环境的多重影响。因此，以贫困村为基本研究单元并顾及空间多尺度效应，准确识别贫困村致贫因素及贫困综合类型，对确定扶贫开发模式，做到精准施策，具有非常重要的意义。鉴于此，本节选取武陵山片区作为研究区，从兼顾个体效应、背景效应以及空间效应的新视角出发，选择贫困村作为基本研究单元，县作为背景层，尝试对传统多层线性回归模型进行改进，构建虑及空间效应的多层空间回归模型，并回答以下几个问题：研究区致贫因素是否存在背景效应和空间效应，若存在，如何在兼顾背景效应的同时，减弱空间效应对致贫因素探测带来的影响。研究区内各尺度上的显著致贫因素是什么以及不同尺度间的致贫因素是如何交互作用的。在致贫因素探究中，改进后的模型是否比原模型更优。本节研究不但可以兼顾多尺度效应，还虑及了空间效应对致贫因素探测的影响，从而在致贫因素精准探测方面更进一步地凸显出其科学性和精准性，进而为贫困地区精准施策提供更加科学合理的决策支持。

6.2.1 研究区与数据

本节选取武陵山连片特困区的贫困村作为研究区。武陵山区（图6-2）曾是国家新阶段极具典型性的集中连片特困地区，地处内陆中部地区，位于湖北、湖南、重庆和贵州的交界处，跨省交界面大，是历史遗留的"老少边穷"地区。该片区面积广阔，大部分地区处于武陵山脉，在地形上呈现西高东低的态势。在21世纪初，该地区贫困面广大，贫困程度深；经济发展水平、社会基础设施较为落后；区域发展极不平衡，城乡差距大。由于贫困往往具有溢出效应，21世纪初的扶贫重点，是贫困程度深且顽固的连片特困区。作为国家当时扶贫攻坚主战场之一和区域发展与扶贫攻坚的试点地区，武陵山区仍是国家精准扶贫战略实施初期扶贫开发工作中难啃的"硬骨头"。

主要数据源如表6-9所示，本节所用贫困村数据来源于2013年国务院扶贫办"十二五"全国"整村推进"贫困村基础数据，各县、省社会经济统计数据来源于2013年各相关县、省统计年鉴及政府网站，GIS数据主要包括1:25万国家基础地理数据和90m数字高程模型数据等，气象数据从地球系统科学数据共享平台获取，贫困村矢量点数据利用百

6 致贫因素的多尺度探测及尺度效应分析

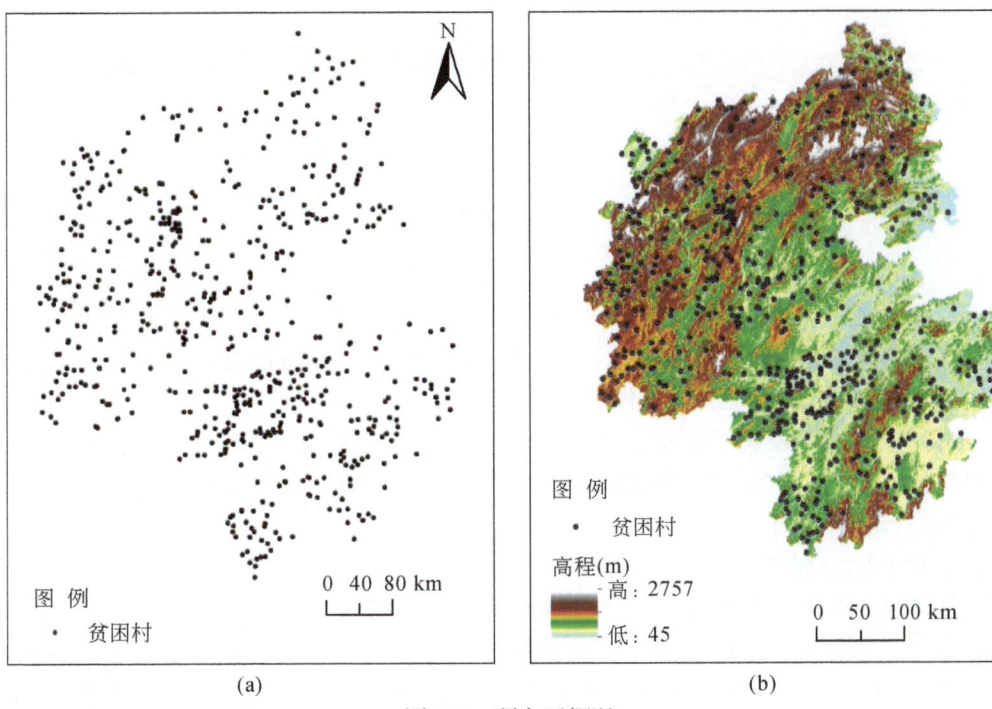

图 6-2 研究区概况

度地图 API 地址解译获取。所有数据在使用前均进行了预处理。基于准确性、有效性、数据完整性等原则,本节对解译后的数据进行筛选,保留位于武陵山片区内的村落,共有 1185 个村,作为最终研究对象。

表 6-9 实验数据来源

数据类型	来源
社会经济数据	国务院扶贫办"十二五"全国"整村推进"贫困村基础数据
	2013 年各县、省统计年鉴及政府网站
矢量数据	1:25 万国家基础地理数据
	90m 数字高程模型
贫困村矢量点数据	百度地图 API 地址解译
气象数据	地球系统科学数据共享平台

6.2.2 总体研究思路与技术流程

为弥补过往研究对小尺度贫困空间特性认识的不足,本节利用空间定位技术获取贫困村矢量点数据,综合利用数理统计方法和 ArcGIS 空间分析方法,分别从单一空间尺度和多空间尺度角度,对贫困空间特征及空间尺度效应进行分析,形成对贫困要素全方位空间分布分析的技术过程。同时根据空间和多尺度探测结果,运用定性与定量相结合的分析方法,构建村–县–省三级致贫因素框架,并建立顾及多尺度空间效应的致贫因素挖掘模型，从微观-中观-宏观三个尺度对致贫因素进行挖掘，寻找不同行政尺度上的致贫因子，并划分贫困驱动类型，为扶贫攻坚战及城乡融合、以城带乡提供不同行政尺度上的对策建议。

本节的技术路线图（图6-3），主要由数据准备、贫困空间分布特征分析、村-县-省三级贫困指标体系构建、多尺度致贫因素挖掘、贫困综合类型多尺度划分等几个方面组成。

(1) 数据准备

本节采用的贫困数据主要为2012年武陵山连片特困区"十二五"期间的"整村推进"贫困村统计数据。在进行空间分析前，利用百度地图API通过地址解析得到贫困村地理坐标，导入ArcGIS软件完成贫困村点的空间化处理。

其他统计数据主要来源于各省、县统计年鉴数据、政府工作报告以及相关政府网站等。地理数据主要包括90m数字高程模型数据、1∶25万国家基础地理数据等。上述数据在使用前均进行了预处理。

(2) 贫困空间分布特征分析

基于贫困村的贫困人口与总人口，计算得到各村贫困发生率（poverty incidence，PI）。以贫困发生率作为贫困村空间点属性，对贫困空间分布特征进行分析，并绘制贫困地图。首先以PI为属性字段，通过最近邻距离分析、空间自相关分析、加权核密度分析等方法，分别对贫困村空间相关性与空间异质性、空间贫困陷阱与空间贫困溢出效应进行分析，再利用变异系数、基尼系数、泰尔指数及其分解等方法对贫困发生率的多尺度效应进行分析，综合空间和多尺度角度获得贫困空间分布格局。

(3) 村-县-省三级贫困指标体系构建

多级贫困指标体系的构建是致贫因素挖掘的前提。指标体系构建要遵循多方依据。首先是指标选取的理论基础和政策背景。空间贫困来源于新经济地理理论，新经济地理学更加关注地理位置的空间作用；政策背景基于国家颁布实施的精准扶贫政策与乡村振兴战略。其次依照指标选择的客观性、代表性、可获得性等原则，通过借鉴前人研究、政府文件并结合研究区实际情况，初步构建包含经济、社会、生态环境等维度的村-县-省三级贫困指标体系。最后，根据指标的敏感性、共线性等特征，完成对候选指标的客观筛选，得到最终的三级贫困指标体系。

(4) 多尺度致贫因素挖掘

基于上文对贫困发生率（PI）空间效应和尺度效应的探测结果，综合数理统计方法和空间统计方法的特点，将多层回归模型和空间因子相结合，构建顾及多尺度空间效应的致贫因素探测模型，从村-县-省三级尺度综合探究贫困村的致贫因素，对每一级的致贫因素进行相关程度排序，并分别从贫困村、县域和省域三级行政尺度提出针对性的对策建议并列举典型地区。

(5) 贫困综合类型多尺度划分

基于多层空间回归模型的分析结果，对各尺度的显著性指标进行赋权，计算综合贫困指数、指标贫困贡献度并进行排序；利用最小方差模型从多尺度划分贫困驱动类型，并以可视化形式对指标贫困贡献度和贫困综合类型的空间分布进行表示，对武陵山片区贫困特

6 致贫因素的多尺度探测及尺度效应分析

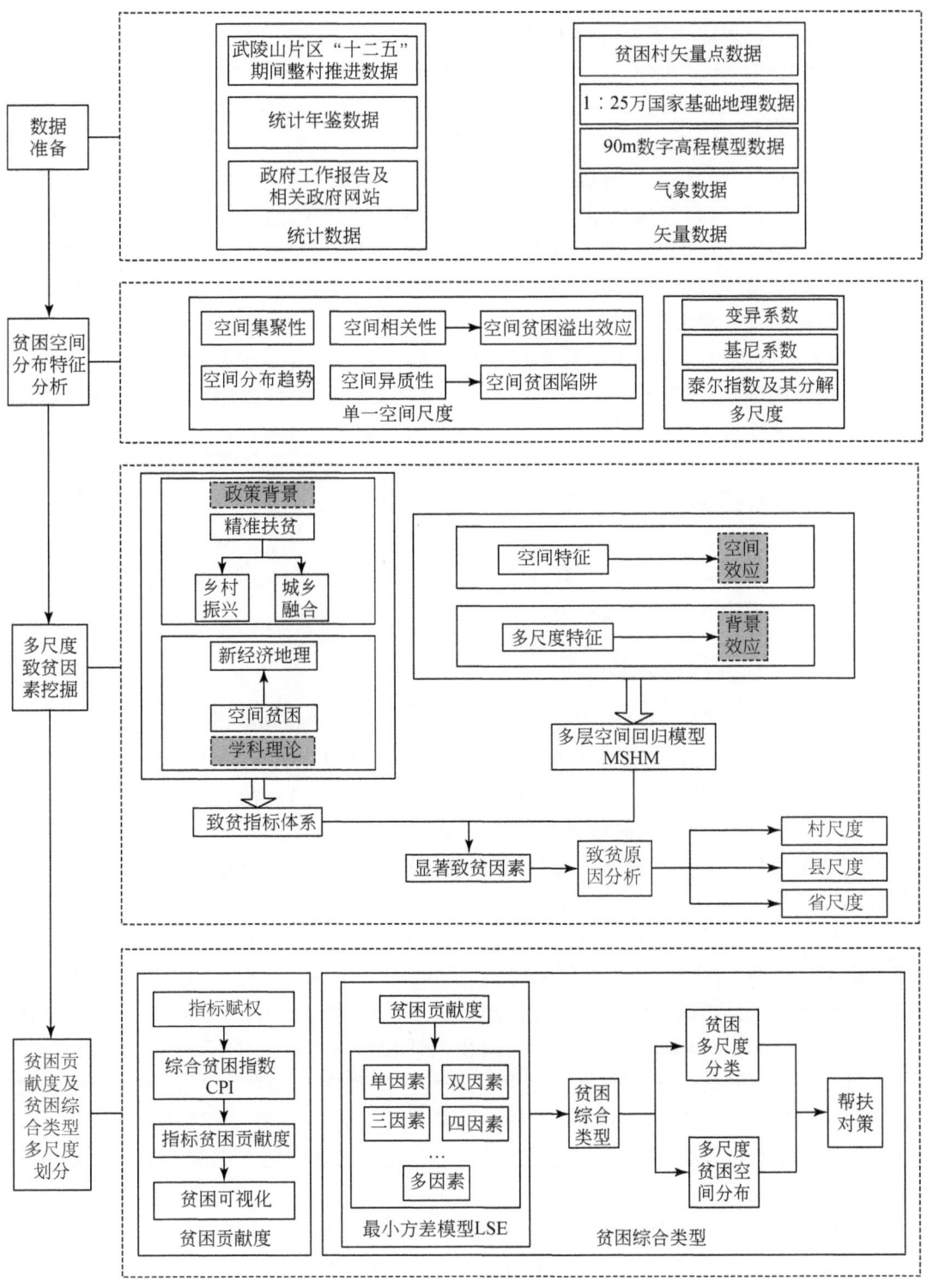

图 6-3 技术流程图

征进行进一步分析。

在此框架下,拟解决的关键技术问题如下。

1)贫困空间分布分析技术。为弥补当前对小尺度贫困空间特性认识的不足,利用空间定位技术获取贫困村矢量点数据,综合利用数理统计方法和 GIS 空间分析方法,分别从单一空间尺度和多空间尺度角度,对贫困空间特征及空间尺度效应进行分析,形成对贫困要素全方位空间分布分析技术过程。

2)多尺度致贫因素挖掘技术。基于武陵山片区"整村推进"示范村数据,根据空间和多尺度探测结果,运用定性与定量相结合的分析方法,构建村-县-省三级致贫因素框架,并建立顾及多尺度空间效应的致贫因素挖掘模型,寻找不同行政尺度上的致贫因子,为精准施策提供理论参考和对策建议。

3)贫困综合类型划分技术。基于武陵山片区"整村推进"示范村数据及致贫因素探测结果,构建模型计算综合贫困指数,对指标贫困贡献度进行排序,并划分贫困驱动类型,为接下来的扶贫攻坚战提供不同行政尺度上的对策建议。

6.2.3 贫困村空间分布特征分析方法

此处主要运用空间分析方法和数理统计方法,对研究区内贫困空间特征及多尺度背景效应进行探测,为接下来建立致贫因素探究模型进行理论准备。

6.2.3.1 空间尺度效应

随着新经济地理理论的出现和发展,学者们对区域经济差异的研究日益深入。空间认知论认为,地理现象和事物所呈现的特征取决于自身属性,并依赖于观察的尺度(薛存金,2005),同时尺度效应广泛存在并表现为集聚尺度、空间自相关和格局特征(刘振锋等,2016)。由于区域内各地区地理禀赋的差异以及研究尺度的不同,统计数据往往会呈现不同的结果。只有对空间数据进行空间分析以及多尺度分析,才能更加全面地理解空间分布格局以及规律。

由于空间结构以及生态环境差异,区域内各种地理资本会出现再分配和传输复杂化的现象,即空间效应。其中的一个重要表现就是空间的存在使各种资本的分配出现不平等的现象。目前被广泛认可的地理学定律包括地理学第一定律(Harvey,2004)和地理学第二定律(Michael and Goodchild,2004)。空间相关性表示地物之间的相关程度,通常来讲,距离越近,地物之间的相关性越大。空间异质性指地物在空间分布上的不均衡性和复杂性。空间尺度效应是指由空间尺度变化而对分析结果造成的差异(邬建国,2004)。尺度效应广泛存在于空间数据当中。尺度嵌套是常见的空间尺度问题,观测结果会随着空间尺度的变化产生变化。

本节将地理现象及事物呈现出的空间特征分为单一空间尺度和多空间尺度特征。单一空间尺度主要表现为地理现象和事物在某一空间尺度表面所呈现的状态,如空间聚集特征、空间相关性、空间异质性等。多空间尺度主要表现为在尺度效应下贫困可能会呈现不同的状态。

6.2.3.2 空间分布特征分析方法

本节采用空间点模式方法研究贫困村在研究区内空间分布的总体态势。首先运用平均最近邻距离法对片区内贫困村的空间聚集特征进行探测；其次利用空间自相关分析方法对贫困的空间相关性进行分析，利用加权核密度估计法来探究片区内贫困村的空间异质性；最后运用空间趋势面分析方法，对贫困的表面趋势分布进行可视化表示。在进行贫困分析时，均以贫困发生率（PI）作为属性字段，计算公式如下：

$$PI = \frac{n}{N} \tag{6-1}$$

式中，n 为扶贫人口；N 为总人口。

（1）贫困空间集聚特征分析

本节利用最近邻指数（average nearest neighbor，ANN）判断武陵山片区内贫困村的全局分布模式。通过计算每个贫困村与其最近邻贫困村之间的平均距离，获得最近邻指数，并根据指数大小判断贫困村的全局分布模式是集聚、离散还是随机。具体计算公式参见闫庆武和卞正富（2008）的研究。若比率小于1，呈现集聚模式；若比率大于1，呈现离散模式；若比率等于1，呈现随机模式。

（2）贫困空间相关性和贫困空间溢出效应

本节采用 Moran's I 统计量来度量邻近贫困村贫困发生率的相似度并检验结果是否显著。Moran's I 指数计算公式为

$$I = \frac{n \sum_{i=1}^{n} \sum_{j=1}^{n} w_{ij}(x_i - x)(x_j - x)}{\sum_{i=1}^{n} \sum_{j=1}^{n} w_{ij} \sum_{i=1}^{n} (x_i - \bar{x})^2} \tag{6-2}$$

式中，n 为研究区贫困村数量；x_i、x_j 分别为空间位置 i、j 处的贫困发生率；$\bar{x}$ 为研究区内各村贫困发生率的均值；w_{ij} 为空间权重矩阵，代表 i、j 贫困村间的邻近关系，1 表示邻近，0 表示不邻近。I 的取值范围是 $[-1, 1]$。通过 p 值观察空间依赖性是否显著。若显著，则考虑在接下来的多层模型构建中消除空间依赖效应。

由于地区间地理禀赋的差异，各贫困村之间的贫困状况有所不同。行政村是按照行政区划人为进行划分的，但地区间是不被阻碍、可以流通的。因此，经济状况良好的村落会对其邻近的村落产生带动作用；同理，经济状况差的村落会消耗邻近地区的资源，从而使邻近地区产生贫困的可能性增大，也就是贫困地区往往更容易产生贫困，即贫困空间溢出效应（潘文卿，2012）。

（3）贫困空间异质性和空间贫困陷阱

首先，本节采用局域关联指数 Getis-Ord G_i^* 统计量来观测研究区内贫困是否存在局部聚集。G_i^* 的计算公式为

$$G_i(d) = \frac{\sum_{j}^{n} w_{ij}(d) x_j}{\sum_{j}^{n} x_j} \tag{6-3}$$

这里采用 $Z(G_i^*) = \dfrac{G_i^* - E(G_i^*)}{\sqrt{\text{var}(G_i^*)}}$ 对结果进行说明 $Z(G_i^*) = \dfrac{G_i^* - E(G_i^*)}{\sqrt{\text{var}(G_i^*)}}$，其中 $E(G_i^*)$ 代表 G_i^* 的期望值，$\text{var}(G_i^*)$ 代表方差，$w_{ij}(d)$ 代表空间权重矩阵。在显著条件下，Z 为正值代表聚集，Z 为负值代表离散，其绝对值越大，说明空间异质性越明显。

在存在聚集的情况下，引入加权核密度模型来揭示武陵山片区内贫困村的空间密度以及核心地区。一般的核密度估计法通过对贫困村密度的空间变化的观测结果获取其空间分布特征。该方法顾及研究单元内贫困村之间的关系，比样方计数法更加优越。但常用的核密度模型只能表示贫困村的空间密度（陈烨烽等，2016），无法体现贫困程度。因此本研究将贫困发生率设为权重，对贫困对象作加权核密度分析，识别贫困核心地区。结果采用 Jenks 自然断带法进行分层设色。通常在贫困程度较深的地区，地理资本的缺失，致使贫困水平维持在较高水平甚至处于恶性循环中，从而产生空间贫困陷阱（Ripley，1977）。

（4）贫困空间分布趋势

本节借助空间趋势面分析，即一种利用数学曲面来模拟贫困的空间分布特征及变化趋势的数学方法，来模拟贫困发生率在空间上的分布规律，并将贫困的地域空间变化趋势进行可视化展示。这里运用 ArcGIS 软件中的趋势面分析工具，观察武陵山片区内贫困的空间变化趋势。

6.2.3.3 多尺度差异分析方法

从多尺度的视角，本节主要对贫困发生率存在于不同尺度上的差异进行分析。参考周杰文（2011）中的方法，选取村级、县级、省级三级行政尺度，分析片区内贫困的多尺度效应。为保证数据统一性，县级行政单元数据由村级行政单元数据相加得到，省级行政单元同理。然后分别在村级、县级、省级单一空间尺度上重复使用变异系数、基尼系数和锡尔系数三个系数，以贫困发生率为研究指标，对贫困差异进行分析。

（1）变异系数

变异系数（Cv）表示总体样本中各样本数据之间的离散程度和平均变异程度。计算公式如下：

$$\text{Cv} = \dfrac{\sigma}{|\mu|} \tag{6-4}$$

$$\sigma = \sqrt{\dfrac{1}{n}\sum_{i=1}^{n}(x_i - \mu)^2} \tag{6-5}$$

$$\mu = \dfrac{\sum_{i=1}^{n} x_i}{n} \tag{6-6}$$

式中，σ 为贫困发生率的标准差；x_i 为贫困村 i 的贫困发生率；μ 为贫困发生率的平均值。Cv≤0.1，表示样本数据之间具有弱变异性，0.1<Cv<1 为中等变异性，Cv≥1 为强变异性。

（2）基尼系数

基尼系数（G）可以衡量一个国家或地区的居民收入差距。联合国开发计划署将其分为五级，0.2 以下表示收入平均，0.6 以上表示收入差异悬殊。本节借用基尼系数对贫困发生率对区域贫困状况进行间接衡量。计算公式如下：

$$G = \sum_{i=1}^{n} X_i Y_i + 2\sum_{i=1}^{n} X_i(1 - V_i) - 1 \tag{6-7}$$

式中，X_i 为各组的人口比例；Y_i 为各组贫困发生率；V_i 为各组累计的贫困发生率。

（3）泰尔指数及其分解

泰尔指数用来衡量贫困村之间贫困发生率差距。基本计算公式如下：

$$T = \frac{1}{n} \sum_{i=1}^{n} \frac{y_i}{y} \lg\left(\frac{y_i}{y}\right) \tag{6-8}$$

式中，y_i 为 i 个体的贫困发生率；y 为所有个体的平均贫困发生率。值越大，说明贫困差距越悬殊。除此之外，泰尔指数嵌套分解方法还可以将总体差异分解为各个层级的差异，来观察贫困发生率在不同行政尺度上的差异。因此，这里采用泰尔指数三阶嵌套分解方法从省域、县域和贫困村三个层次对总差异进行分解，计算每个层次的差异以及对总差异的贡献率。在省、村尺度上，传统的锡尔系数可分解为

$$\begin{aligned} T &= \sum_i \sum_j \frac{Y_{ij}}{Y} \log \frac{y_{ij}}{y} = \sum_i \sum_j \frac{Y_{ij}}{Y} \log\left(\frac{y_i}{y} \times \frac{y_{ij}}{y_i}\right) \\ &= \sum_i \sum_j \frac{Y_{ij}}{Y} \log \frac{y_{ij}}{y} + \sum_i \sum_j \frac{Y_{ij}}{Y} \log \frac{y_{ij}}{y_i} \\ &= \sum_i \frac{Y_i}{Y} \log \frac{y_i}{y} + \sum_i \sum_j \frac{Y_{ij}}{Y} \log \frac{y_{ij}}{y_i} \end{aligned} \tag{6-9}$$

第一部分表示省域间差异，第二部分表示贫困村间差异。最终三层嵌套分解表达式为

$$T = \sum_i \frac{Y_i}{Y} \log \frac{y_i}{y} + \sum_i \sum_j \frac{Y_{ij}}{Y} \log \frac{y_{ij}}{y_i} + \sum_i \sum_j \sum_k \frac{Y_{ijk}}{Y} \log \frac{y_{ijk}}{y_{ij}} \tag{6-10}$$

这三部分依次为省域间差异、省域内县域间差异、县域内贫困村间差异。

6.2.4 顾及多尺度空间效应的贫困村致贫因素探究方法

基于上文对贫困村多尺度空间效应的探测结果，本小节构建村-县-省三级致贫因素指标体系，并设计顾及多尺度空间效应模型分别对贫困村、行政县、省域三个层面进行探究，寻找显著致贫因素。

6.2.4.1 贫困村多尺度致贫因素指标体系构建

（1）指标选取依据

本小节将村贫困发生率作为被解释变量，在村、县、省三个尺度上分别选取致贫因素指标，构建指标候选集。指标选取使用主观初选-客观筛选的主客观相结合的方法。根据空间贫困理论（陈全功和程蹊，2012），地理资本包括3个维度，分别为经济、社会和生态环境。本小节参考了已有文献中建立的贫困识别指标体系（刘小鹏等，2014；陈烨烽等，2016；曹诗颂等，2016），从村-县-省的微观-中观-宏观多尺度，依照指标选取的科学性、代表性、广泛性和可获取性等原则，结合不同研究层面区域实际特征选择合适的变量。空间贫困综合

了贫困在经济劣势、社会劣势和生态劣势的多方面因素。因此，从政策相关和多维度的空间贫困角度出发，贫困村尺度指标可具体细分为地理环境、行政村特征、生产和生活条件、劳动力状况、医疗卫生和社会保障五个维度，县域和省域尺度的指标分别划分为经济、社会和生态三个维度，以符合当前国家精准扶贫的政策要求，同时满足数据可用性的要求。

（2）多尺度指标体系构建

A. 村级指标

依照空间贫困理论，将村级指标具体细分为五个维度，这五个维度可能对村民的生活水平产生影响，是贫困程度的主要影响维度（陈烨烽等，2016）。因此本小节从5个维度对14个村级候选因素进行分析，指标如表6-10所示。

1）地理环境在一定程度上决定了农民的生活生存环境状况。到最近乡镇集市的距离反映农村的对外交流程度，距离越大越偏远，封闭性越强，越不利于经济发展。地形类型（平原、丘陵、山地等）影响农业生产条件，高原对农业生产最不利。自然灾害反映生态环境质量，会对居民正常生活造成破坏。其发生频次越高，经济损失越大，农民陷入贫困的可能性就越大。

2）人口特征在一定程度上反映了村庄的居住适宜性。高人口密度在一定程度上会对资源造成压力，无法保证正常生活供给。

3）生产和生活条件是影响村庄发展的重要因素。人均耕地面积反映了居民自给自足的能力。道路网络是与外界联系的重要渠道，高通路率能够加强村庄与周边地区的经济和政治联系。通电率、通电话率和安全饮用水比例等可表明社会基础设施的完善程度，因而可以从侧面反映贫困程度。

表6-10　村级候选指标定义

维度	指标定义	指标	指标释义
地理环境	X_{11}	到最近乡镇集市的距离（km）*	贫困村到最近乡镇集市间距离
	X_{12}	地形类型*	贫困村地形类型（平原、丘陵、山地）
	X_{13}	遭受自然灾害频次（次）*	贫困村当年遭受自然灾害的次数
人口特征	X_{21}	人口密度（人/km²）*	贫困村人口密度（人/km²）
生产和生活条件	X_{31}	人均耕地面积（km²）	贫困村耕地面积/总人口
	X_{32}	通路率（%）	贫困村内通机动车道路自然村的比例
	X_{33}	通电率（%）	贫困村内通电数占总户数的比例
	X_{34}	通电话率（%）	贫困村内通电话户数的比例
	X_{35}	安全饮用水比例（%）	贫困村内安全饮用水户数的比例
劳动力状况	X_{41}	劳动力比例（%）	贫困村劳动力总数的比例
	X_{42}	外出劳动力比例（%）	贫困村外出劳动力总数的比例
	X_{43}	劳动力文化素质	贫困村初中及以上文化水平劳动力总数的比例
医疗卫生和社会保障	X_{51}	参加新型农村合作医疗比例（%）	参加新型农村合作医疗人数的比例
	X_{52}	参加新型农村社会养老保险比例（%）	参加新型农村社会养老保险人数的比例

注：*为正向影响指标。

4）劳动力状况维度，如劳动力比例、外出劳动力比例和劳动力文化素质，作为衡量就业能力的变量，可以反映人的实际收入。拥有较多劳动力和高等教育的家庭通常会赚取更多的收入，从而可提高家庭生活质量，减少贫困。

5）良好的医疗卫生和社会保障可以促进村庄的发展。参加新型农村合作医疗比例和参加新型社会养老保险比例反映了村民的生存负担。覆盖率越高，村民的生存压力越小。

以上村级指标原始数据均来源于"整村推进"数据，通过进一步整理、计算得到建模所需的指标数据。

B. 县级指标

基于空间贫困理论，综合考虑经济、社会、生态环境三个维度的相互作用，可以较为全面地反映地区贫困状况。因此在县域层面上，包含12个影响因素的候选集主要从这三个维度选取（表6-11）。

表6-11 县级候选指标定义

维度	指标定义	指标	指标释义
经济	Y_{11}	人均地方生产总值（元）	县域地方生产总值/县域总人口
	Y_{12}	人均收入（元）	（农民纯收入+城镇居民可支配收入）/县域总人数
社会	Y_{21}	学前三年毛入园率（%）	3~6周岁适龄儿童入幼儿园的比例
	Y_{22}	高中教育阶段毛入学率（%）	高中在校生数占相应学龄人口总数的比例
	Y_{23}	万人床位数（个）	县域床位总数/县域总人口
	Y_{24}	万人卫生人员数（个）	县域卫生人员总数/县域总人口
	Y_{25}	通水泥/沥青公路的贫困村比例（%）	通水泥/沥青公路贫困村的比例
	Y_{26}	通客运班车的贫困村比例（%）	通客运班车贫困村的比例
生态	Y_{31}	海拔（m）*	县域与海平面的平均高度差
	Y_{32}	植被覆盖率（%）	植被面积占土地总面积的比例
	Y_{33}	地形起伏度（m）	县域内海拔最高点与最低点的差值
	Y_{34}	多年平均降雨量（mm）	多年降雨量总和与年数商的均值
	Y_{35}	生态脆弱性*	生态系统的敏感性和恢复能力

注：*为正向影响指标。

1）经济维度包括人均地方生产总值和人均收入，这两个变量可以衡量县域的整体经济发展水平，并且基于涓滴效应理论（Gans，1971），可认为经济增长有利于贫困群体摆脱贫困。

2）社会维度包括教育、医疗卫生、交通状况和社会保障等方面。居民受教育程度与贫困状况有关，相关研究表明，接受12年教育经历的人比未接受教育的人的贫困率要低（Rank and Hirschl，1999）。养老保险等社会保障作为衡量社会发展程度的因素，体现了对人生存发展的基本保证。医疗卫生状况是对县域公共服务水平的体现，与贫困状况相关。交通状况代表不同地区间的可沟通能力，通常情况下交通闭塞地区的发展会受到很大限制，从而影响经济发展水平。

3）生态维度包括海拔、植被覆盖率、地形起伏度、多年平均降雨量和生态脆弱性

（曹诗颂等，2016；王艳慧等，2017）。海拔反映了地形条件。植被覆盖率反映了生态环境，植被覆盖率低的地区抵御自然灾害的能力较弱，生态环境恢复较为困难，植被覆盖率高的地区拥有较高的土地可用性。多年平均降雨量反映了当地气候和水资源状况。地形起伏度反映了区域内地形高度差异，差异大的地区说明地形复杂。生态脆弱性反映了区域整体生态状况。

以上县级经济、社会维度指标的数据来源于各县统计年鉴及相关政府网站，通过进一步整理、计算得到。生态维度指标数据的计算方法主要参考曹诗颂等（2016）的计算方法。生态脆弱性指标的值通过选择一些生态指标和建立生态脆弱性评估模型来获得。县域其他生态指标以通过 ArcGIS 中的 Zonal 工具计算得到的区域内各指标的平均值作为建模数据。另外，由于数据的可获取性以及代表性，教育、交通、医疗等社会基础设施方面的指标在体系中均有体现，是目前较为合适的选择。

C. 省级指标

省级指标的选取依据与县级指标相似，主要基于经济、社会、生态三个维度。由于省域层面样本数量较少以及在该尺度的指标研究较少，指标选取时参考县级指标（表6-12）。

表6-12 省级候选指标定义

维度	指标定义	指标	指标释义
经济	Z_{11}	人均地方生产总值（元）	省域地方生产总值/省域总人口
	Z_{12}	农业增加值（亿元）	当年农业生产值-上一年农业生产值
社会	Z_{21}	高中教育毛入学率（%）	高中在校生数占相应学龄人口总数的比例
	Z_{22}	公路线网密度（km/km²）	公路线路里程/省域面积
生态	Z_{31}	森林覆盖率（%）	森林面积占土地总面积的比例

注：＊为正向影响指标。

经济维度主要选取人均地方生产总值和农业增加值两个指标。人均地方生产总值是反映地区经济状况的最直接指标，当地区经济状况良好时居民的生活水平普遍较好。作为农村经济发展基础性产业的农业，其产值增加说明农民经济水平有所提高。

社会维度主要从教育、交通等方面来选取指标，高中教育毛入学率、公路线网密度等都是关乎区域发展的重要指标。

生态维度选取森林覆盖率作为主要考察指标，反映区域内土地的可利用程度以及当地生态系统性能。

以上省级指标数据来源于统计年鉴，通过进一步整理、计算得到建模所需的指标数据。

（3）指标筛选及归一化

A. 指标筛选

本研究选择贫困发生率作为响应变量（因变量），值越高代表贫困程度越深。解释变量（自变量）分为三个级别——村级、县级和省级。在对村、县、省三级候选指标进行主观初选之后，运用数理方法对指标进行客观筛选。本研究选择变异系数（Cv）对上述候选指标的敏感性进行分析，以求筛选后的指标更加具有代表性和重要性。根据 Cv 值来确定是否将指标从现有指标体系中删除，以保留具有较大 Cv 值的候选指标（Wang and Chi，

2018），进一步筛选出合适的候选指标。县级和省级候选指标的筛选也进行同样处理。考虑到各自变量之间可能存在多重共线性，因此在使用这些指标之前先利用 SPSS 软件进行多重共线性检测，删除贫困村层面具有多重共线性的指标。对于县级和省级层面的指标，利用复相关系数，删除相关性大的指标。

村级指标筛选过程如表 6-13 所示。村层面保留有 5 个维度 12 个指标，通电率和参加新型农村合作医疗比例两个指标的变异系数较小，被删除。数据显示该尺度上的通电率大于 97%，参加新型农村合作医疗比例大于 92%，两个指标的值都较大，说明贫困村在通电和参加新型农村合作医疗两方面情况较好，差异较小，不需要作为致贫因子参与建模考虑。

表 6-13 村级指标筛选

维度	指标定义	指标	描述性统计				变异系数法	共线性
			最小值	最大值	平均值	标准差		
地理环境	X_{11}	到最近乡镇集市的距离（km）	0	412	9.64	15.35	保留	保留
	X_{12}	地形类型	0	3	2.69	0.46	保留	保留
	X_{13}	遭受自然灾害频次	0	2	1.37	0.88	保留	保留
人口特征	X_{21}	人口密度（人/km²）	10.88	3225	353.04	337.08	保留	保留
生产和生活条件	X_{31}	人均耕地面积（km²）	0	36.80	1.11	1.45	保留	保留
	X_{32}	通路率（%）	0	100	74.24	30.01	保留	保留
	X_{33}	通电率（%）	0	100	97.49	7.24	剔除	—
	X_{34}	通电话率（%）	0	100	73.44	23.29	保留	保留
	X_{35}	安全饮用水比例（%）	0	100	8.54	23.09	保留	保留
劳动力状况	X_{41}	劳动力比例（%）	21.57	79.94	53.23	11.20	保留	保留
	X_{42}	外出劳动力比例（%）	0	100	51.96	19.36	保留	保留
	X_{43}	劳动力文化素质（%）	0	100	63.11	26.17	保留	保留
医疗卫生和社会保障	X_{51}	参加新型农村合作医疗比例（%）	0	100	92.59	12.58	剔除	—
	X_{52}	参加新型农村社会养老保险比例（%）	0	100	67.51	28.87	保留	保留

县级指标筛选过程如表 6-14 所示，行政县层面保留有 3 个维度 11 个指标。在县域尺度上，多年平均降雨量和生态脆弱性的变异系数较小，这是因为在这些行政县所在地，部分生态条件是相似的，并且在村尺度上考虑了相关生态指标，因此在县域尺度将这两个指标删除仍可以探测生态对贫困发生率的影响。同时，经过复相关系数检验，各指标共线性较弱，通过检验。

表 6-14 县级指标筛选

维度	指标定义	指标	描述性统计				变异系数法	复相关系数
			最小值	最大值	平均值	标准差		
经济	Y_{11}	人均地方生产总值（元）	7799	27142	14725	4880	保留	保留
	Y_{12}	人均收入（元）	817	18240	7426	2803	保留	保留

续表

维度	指标定义	指标	描述性统计				变异系数法	复相关系数
			最小值	最大值	平均值	标准差		
社会	Y_{21}	学前三年毛入园率（%）	15	100	75.54	17.42	保留	保留
	Y_{22}	高中教育阶段毛入学率（%）	30	97.8	77.85	15.87	保留	保留
	Y_{23}	万人床位数（个）	16.38	102.52	31.39	13.24	保留	保留
	Y_{24}	万人卫生人员数（个）	14.06	90.57	32.43	13.62	保留	保留
	Y_{25}	通水泥/沥青公路的行政村比例（%）	23.74	100	71.55	21.46	保留	保留
	Y_{26}	通客运班车的行政村比例（%）	13.50	100	58.31	23.47	保留	保留
生态	Y_{31}	海拔（m）	312.47	1174.61	697.94	249.73	保留	保留
	Y_{32}	植被覆盖率（%）	25.36	79.22	56.48	20.06	保留	保留
	Y_{33}	地形起伏度（m）	304.82	1306.40	733.38	233.72	保留	保留
	Y_{34}	多年平均降雨量（mm）	1020	1583.29	1293.67	138.34	剔除	—
	Y_{35}	生态脆弱性	0.51	0.71	0.58	0.05	剔除	—

省级指标筛选过程如表6-15所示，省层面保留有3个维度3个指标。所选取的各个指标变异系数均大于15%，说明敏感性较强，均予以保留；复相关系数检验后，发现人均地方生产总值和高中教育毛入学率与其他指标共线性较强，予以剔除。这是由于居民收入和高中教育毛入学率与农业增加值、公路线网密度等指标具有一定的相关性，相比其他指标，存在的共线性较强。

表6-15 省级指标筛选

维度	指标定义	指标	描述性统计				变异系数法	复相关系数
			最小值	最大值	平均值	标准差		
经济	Z_{11}	人均地方生产总值（元）	22 922	43 200	36 392	8 178	保留	剔除
	Z_{12}	农业增加值（亿元）	1 002	3 098	1 760	855	保留	保留
社会	Z_{21}	高中教育毛入学率（%）	35	88.3	69.88	21.77	保留	剔除
	Z_{22}	公路线网密度（km/km²）	0.96	1.49	16.4	4.89	保留	保留
生态	Z_{31}	森林覆盖率（%）	38.40	57.52	46.51	7.22	保留	保留

B. 指标归一化

数据标准化是数据建模分析的前提。通常不同的指标具有不同的量纲与量纲单位，为了使不同指标间具有可比性，需要量纲影响，因此采用标准化处理方法将原始数据划到同一数量级。本研究选择极差法作为标准化处理方法。正向影响指标根据式（6-11）、负向影响指标根据式（6-12）计算，把指标统一为正向指标。

$$X = \frac{x - \min}{\max - \min} \tag{6-11}$$

$$X = \frac{\max - x}{\max - \min} \tag{6-12}$$

式中，x 为原始统计值；min 为最小值；max 为最大值。

6.2.4.2 顾及多尺度空间效应模型构建

基于贫困村可能存在的空间效应，本研究拟构建多层空间回归模型（mixed spatial hierarchical models，MSHM）。该模型在传统多层回归模型的基础上，将空间因子纳入考量，即把贫困对象的空间地理位置作为建模的重要考虑因素。模型将解释变量中的变异分解为组内差异和组间差异，从而得到不同尺度因素对贫困的作用程度。本研究在构建贫困村致贫因素候选集的基础上，设计基于多层空间回归模型的贫困村致贫因素模型，综合村-县-省三个尺度探究阻碍贫困村发展的各水平因素和作用机制。

(1) 空间权重矩阵选择

如果发现贫困发生率之间存在空间效应，表明贫困状况容易受到相邻村落发展水平的影响，地理禀赋条件可能直接与周边村落及整个片区内的地理禀赋状况有关。因此，本小节拟将邻近贫困村地理禀赋之间的相互影响纳入所构建的模型体系。

根据 Tobler 地理学第一定律可知，地物之间的相关性与二者间距离成反比，并且由前文实验已知贫困村之间存在一定的空间效应。因此，选择基于距离倒数的空间权重矩阵来反映贫困村之间的相关关系，具体公式如下：

$$W_{ij} = \frac{1}{d_{ij}^a} \tag{6-13}$$

式中，a 为常数，一般取值为 1 或 2。本研究中 a 的取值为 1。

(2) 多尺度空间致贫因素探测模型构建

通常，人们采用普通最小二乘回归法同时对多个自变量进行回归分析和参数估计，在误差平方和为最小的条件下，解得参数。公式如下：

$$Y_i = \beta_0 + \beta_1 X_i + r_i \tag{6-14}$$

式中，β_0 为截距，即当 X 等于 0 时的 Y 值；β_1 为线性回归系数，即随 X 的单位变化而产生的 Y 变化；r_i 为残差；X_i 为自变量。

考虑到在社会经济研究中，很多数据具有嵌套结构。一个社区的社会、经济、生态等资源很可能与一个更大的社区系统内的邻近社区相联系，从而反过来导致各个社区个体结果的结构分化为不同的空间模式。因此，很多学者试图将个体效应和背景效应区分开来，即引入多层线性回归模型，公式如下：

$$Y_{ij} = \beta_{0j} + \beta_{1j} X_{ij} + \gamma_{ij} \tag{6-15}$$

$$\beta_{0j} = \gamma_{00} + \mu_{0j} \tag{6-16}$$

$$\beta_{1j} = \gamma_{10} + \mu_{1j} \tag{6-17}$$

式中，β_{0j} 是第 j 个二层单位 Y 的平均值；β_{1j} 是第二层单位对因变量 Y 的回归斜率；X_{ij} 是第一层第 i 维度第 j 个影响因素；γ_{ij} 是第一层残差；γ_{00}、γ_{10} 分别为 β_{0j} 和 β_{1j} 的平均值，是固定成分；μ_{0j}、μ_{1j} 是 β_{0j} 和 β_{1j} 的随机成分，表示第二层对象间的变异。

多层模型仅使用分层设置考虑个体和背景影响，但未考虑潜在的空间效应。因此，本研究将空间因子纳入多层模型，构建顾及多尺度空间效应的回归模型（MSHM），完整模型如下所示。

$$Y_{ijk} = \beta_{0jk} + \beta_{1jk}W_{ij}X_{ijk} + r_{ijk} \quad (6-18)$$

$$\beta_{0jk} = \gamma_{00k}Y_{0jk} + \mu_{0jk} \quad (6-19)$$

$$\beta_{1jk} = \gamma_{01k} + \mu_{1jk} \quad (6-20)$$

$$\gamma_{00k} = \pi_{00k}Z_{0jk} + \varepsilon_{0jk} \quad (6-21)$$

$$\gamma_{10k} = \pi_{10k} + \varepsilon_{1jk} \quad (6-22)$$

该模型是第一、第二、第三层分别只有一个自变量的具有三个水平的多层空间线性回归模型。下标 i 表示村尺度不同的贫困村，j 表示县尺度不同的县域，k 表示省尺度不同的省域，如 γ_{ijk} 表示第 k 个省域内第 j 个县域第 i 个贫困村的贫困状况。X_{ijk} 是第一层的自变量，即贫困村层面的致贫因子，W_{ij} 为贫困村层面的反距离空间权重矩阵，Y_{0jk} 为第二层的自变量，即县域层面的致贫因子，Z_{0jk} 为第三层的自变量，即省域层面的致贫因子。β_{0jk} 表示第 k 个省域第 j 个县域贫困发生率的平均水平，γ_{00k} 表示 k 省贫困发生率的平均水平，π_{00k} 是总体省域贫困发生率的平均水平。β_{1jk} 为与 X_{ijk} 有关的回归系数，即第一层方程的斜率，可以通过不增加第二、第三层变量对其进行解释。r_{ijk}、μ_{0jk}、ε_{0jk} 分别为第一、第二、第三层的随机项。本研究选择的反距离权重矩阵的计算公式为

$$W_{ij} = \frac{1}{d_{ij}} \quad (6-23)$$

式中，d_{ij} 为不同贫困村之间的距离。对于空间矩阵 W_{ij}，规定每个贫困村附近至少有一个相邻的贫困村，即地理禀赋状况会受到邻村的影响。

本小节目的是考察不同尺度因素对村贫困发生率的影响，因此构建空间多层截距模型，即重点关注自变量对截距的影响。因此在加入县、省尺度自变量时，只在截距部分加入自变量，而斜率部分不加入自变量。

6.2.5 贫困村贫困类型划分方法

6.2.5.1 贫困贡献度分析

上小节通过建模分别得到村、县、省不同尺度上的显著致贫因素，回归系数代表各尺度指标与贫困发生率之间的相关程度，并且回归系数大小与相关程度成正比。但是，每个单位个体，如不同的贫困村地理禀赋条件不同，因此为具体考察不同尺度显著致贫因素的贫困贡献度，本小节通过赋权、综合贫困指数计算、贡献度排序等方式来得到不同因子对贫困的贡献程度。

首先根据上文模型估计出的不同尺度上的显著因素建立综合贫困指数计算模型，得到不同贫困村之间的总体贫困状况，然后计算能够反映致贫因素差异的指标贫困贡献度和每个指标的平均贡献度排名。

(1) 综合贫困指数

根据上文模型显著致贫因素回归系数的大小，赋予不同的权重，计算综合贫困指数。权重的计算公式如下：

$$w_{ij} = \frac{B_{ij}}{\sum_{i=1, j=1}^{m, n} B_{ij}} \quad (6\text{-}24)$$

式中，w_{ij} 表示指标权重，B_{ij} 表示 j 层 i 指标回归系数值，m 表示相应维度中的指标个数；n 表示相应的维度。

将指标赋权之后，计算单一尺度综合贫困指数（CPI）。计算公式如下

$$\text{CPI} = \sum_{i=1, j=1}^{m, n} I_{ij} w_{ij} \quad (6\text{-}25)$$

式中，m 代表相应维度中的指标个数；n 代表相应的维度；I_{ij} 代表标准化后的指标值；w_{ij} 代表指标权重。

（2）致贫因素分级

分别在村、县、省三级尺度上用指标 i 对 CPI 的贡献程度指数 C 和贡献度综合排名，来反映指标在不同尺度上对贫困的影响程度，并分析不同尺度间显著致贫因素和区域差异。计算公式如下：

$$C = \frac{w_{ij} I_i}{\text{CPI}} * 100\% \quad (6\text{-}26)$$

式中，C 表示指标 i 的贡献度；w_{ij} 表示第 j 维度第 i 指标的权重；I_i 表示指标 i 标准化后的值；CPI 表示某一尺度综合贫困指数。

之后对致贫因素的贡献程度进行排名。计算公式如下：

$$\bar{R}_{ij} = \frac{\sum_{x=1}^{n} R_{xij}}{n} \quad (6\text{-}27)$$

式中，R_{xij} 表示贫困村（县域或省域）x 在 i 维度 j 指标的贡献度在该村所有指标贡献度中的名次；n 表示贫困村（县域或省域）的数量；$\bar{R}_{ij}$ 表示 i 维度 j 指标的贡献度平均排名。

6.2.5.2 贫困综合类型划分

上面通过对致贫因素进行分级，得到三个尺度上不同的显著性致贫因素排序。由于贫困受多种因素的影响，单一角度对贫困对象进行扶贫不够全面。在寻找到显著致贫因子之后，应对贫困综合类型进行划分，并探寻首要致贫维度，将精准和粗放两种扶贫模式相结合。因此，本研究在不同尺度根据各个指标，运用最小方差法划分贫困综合类型。最小方差模型用来计算样本分布在实际与理论模型间的最小方差。计算公式如下：

$$S^2 = \frac{1}{n} \sum_{\substack{i=1, \\ k=1, 2, 3}}^{n} (x_{ik} - y_{ik})^2 \quad (6\text{-}28)$$

式中，S^2 表示方差；x_{ik} 表示贫困村在某一尺度某一指标的贫困贡献度；y_{ik} 表示理论模型同一尺度同一指标的贫困贡献度。单一尺度的最小方差模型具体计算过程如下：

1）通过上文对不同尺度综合贫困指数以及指标致贫贡献率的计算，得到各尺度指标对综合贫困指数 VCPI、CCPI 以及 PCPI 的贡献度，并根据贡献度值从大到小进行排列。

2）上个步骤获得的贫困贡献度排名即为贫困的实际分布，接着分别与每个理论模型的理论分布做离差计算，并取绝对值作为角差。以贫困村尺度为例，共划分为五个类型，

如单因素主导型,只有一个指标贡献度为1,其余为0;双因素驱动型,两个维度皆为0.5,其余为0;依次类推,三因素支配型、四因素协同型、五因素联合型等。各尺度指标数量不同,划分类型有微小差异。

3) 计算贫困实际分布与每个理论模型的角差平方和,得到各个方差。

4) 比较所得方差的大小,最小方差所对应的理论模型即为划分的贫困类型。

6.3 研究区贫困村空间分布特征研究

6.3.1 多尺度贫困描述性分析

基于上述研究方法,分别基于村、县、省多个尺度对贫困发生率的特征进行分析(表6-16)。表格中总体样本各统计值显示,武陵山区贫困村贫困发生率的平均值为0.1240,低于县域和省域水平,说明在区域上,贫困状况仍较为严重,针对贫困片区的扶贫仍是扶贫工作的重点内容之一。另外,贫困村贫困发生率的最大值和最小值分别为1和0,极值相差巨大,并且在村、县、省三个尺度上,贫困村的标准差为0.1500,是三个尺度上的最大值,说明在贫困村尺度上,贫困发生率非常不均匀,应该有针对性地寻找贫困状况严重的村落,制定扶贫措施。

表6-16 贫困发生率描述性统计

行政尺度	平均值	中位数	标准差	最小值	最大值
贫困村	0.1240	0.0755	0.1500	0	1
县域	0.1488	0.1197	0.1013	0.0228	0.3959
省域	0.1613	0.1353	0.0687	0.0986	0.2759

通过对武陵山区内村、县、省的贫困发生率各统计指标比较分析(图6-4),发现虽然在村尺度上贫困发生率的平均值、中位数、最小值都低于县域和省域的较大尺度,但是

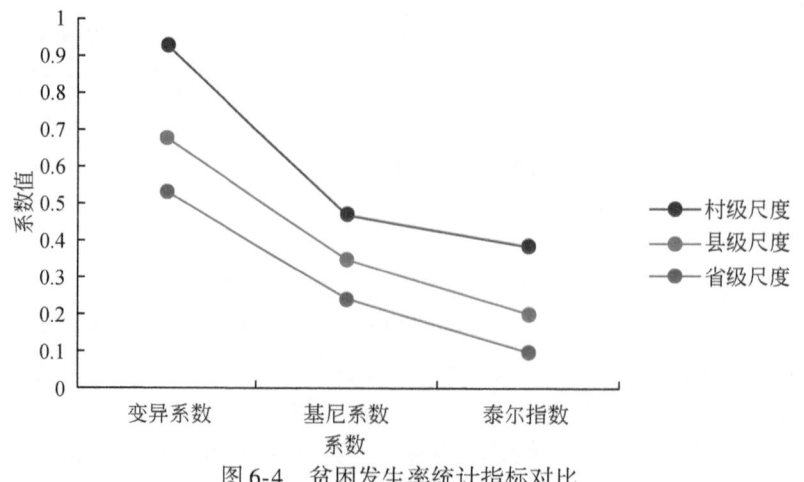

图6-4 贫困发生率统计指标对比

标准差和最大值都远高于其他两个尺度,同时最小值也远低于其他两个尺度。说明在制定扶贫政策时,要"粗放"与"精细"相结合,既要关注到面上仍存在大面积贫困区域,防止空间贫困陷阱的产生,又要注意到区域内贫困个体间差异,寻找显著致贫因素,做到精准施策,从而响应国家"精准扶贫"战略,为"乡村振兴"做好铺垫,同时也为国家"城乡融合",以城带乡、以乡促城做好基础工作,从精细尺度上保证每个行政个体都能够保持较好的经济发展态势。

6.3.2 空间分布特征分析

6.3.2.1 空间聚集性分析

初步分析武陵山片区内贫困村的集聚特征。从最近邻距离分析结果(表6-17)可以看出,武陵山片区内贫困村在 $p=0.000$ 的显著性水平上,最近邻指数 R 为 0.5736,远远小于1,说明武陵山片区内的贫困村集聚特征显著。Z 检验值为 -26.5059,呈现显著状态,并且 Z 绝对值远大于 2.58,即 $p<0.01$(-2.58)。以上结果均表明武陵山片区内贫困村分布呈现集聚型分布模式,即贫困村往往不是零碎散落在区域内,而是有一部分成簇分布在一定地区。因此,应该准确了解贫困的空间效应,识别出贫困村聚集的区域,找到重点扶贫的村落。

表6-17 平均最近邻指数结果

最近邻指数 R	Z 得分	p 值
0.5736	-26.5059	0.000

6.3.2.2 空间相关性

在明确武陵山区内贫困呈现集聚特征后,需要探究为何呈现集聚状态,于是对武陵山片区内贫困村整体空间相关性探测。这里利用全局 Moran's I 指数对贫困的全局空间依赖性进行分析,以对贫困进行全面的把控。利用 ArcGIS 中的空间相关性分析工具,空间矩阵选择点与点之间距离的倒数,基于贫困发生率计算得到莫兰指数(表6-18)。计算结果显示,贫困村全局 Moran's I 指数为 0.1033,Z 值为 6.2534,并且在1%的显著水平下拒绝原假设,说明武陵山区内贫困发生率呈现一定的集聚特征及全局性的地区溢出。

表6-18 全局 Moran's I 指数

Moran's I 指数	Z 得分	p 值
0.1033	6.2534	0.000

6.3.2.3 空间异质性

通过 Moran's I 指数,可知贫困村在片区内整体呈现集聚模式。接下来探究是否存在局部聚集。对于贫困村与相邻贫困村贫困发生率的相关程度，这里采用局部 G 指数对贫困的局部相关性进行探测。计算结果（表 6-19）显示，贫困村局部 G 指数为 0.001，Z 值为 4.525，呈现显著状态。这说明片区内贫困存在一定程度上的局部聚集，应该寻找局部贫困集聚区，识别重点扶贫村落。

表 6-19 局部 G 指数

局部 G 指数	Z 得分	p 值
0.001	4.525	<0.001

在贫困聚集区识别方面，上面已经确定武陵山区内存在局部贫困集聚区，于是采用加权核密度分析，以贫困发生率作为属性字段，得到贫困显著聚集区，并绘制贫困地图，以可视化方式明确聚集区。从图 6-5 中可以看到，武陵山区有 4 个核心贫困聚集中心，这些贫困村主要集中在重庆市的黔江区和湖南省的麻阳苗族自治县、怀化市和涟源市，同时还存在多个次级贫困集聚中心。由图 6-6 可以看到，片区内贫困村的集聚特征较为显著。包括贫困村数量最多的前 20 位的行政县拥有的贫困村数量占总数的 43.3%，贫困村数量最少的后 20% 的行政县拥有的贫困村数量占总数的 3.9%。换言之，研究区内贫困总体呈现"大分散，小集中"的空间格局。通过与图 6-5 比较，可以看出分布集聚中心几乎位于贫困村数量最多的县域内。因此，位于贫困集聚区的几个县域，如黔江区、麻阳苗族自治县、怀化市、涟源市等应作为重点扶贫县域，表 6-20 列举了部分典型村落。

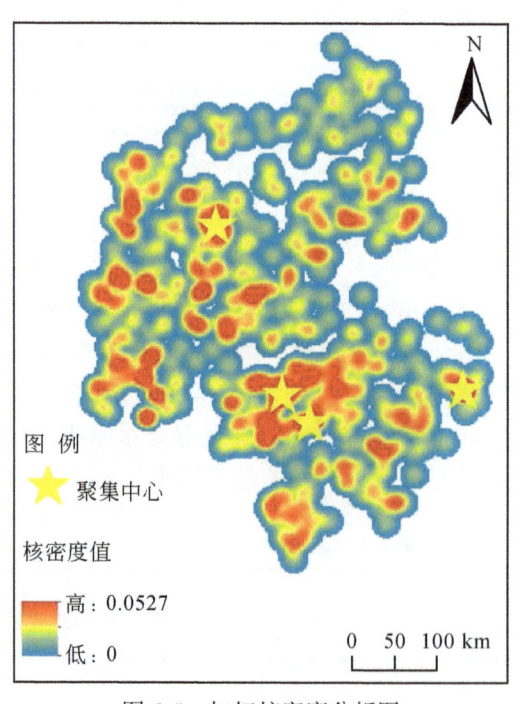

图 6-5 加权核密度分析图

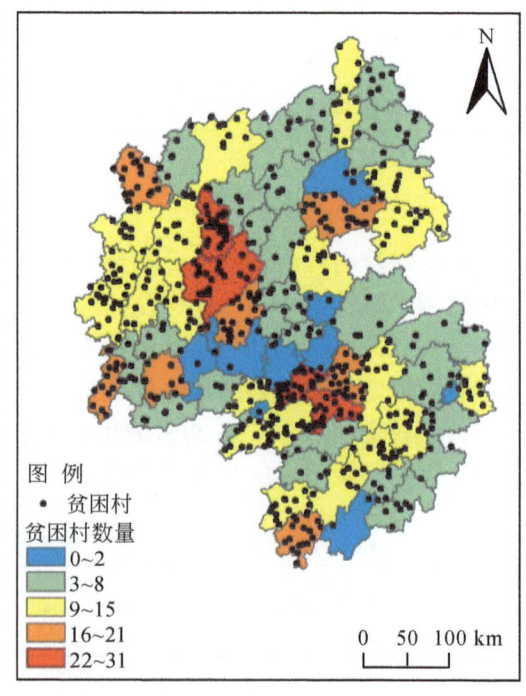

图 6-6 贫困村分布图

表 6-20 扶贫重点地区

地区	重点县域	重点村落列举
重庆市	黔江区	大杉村、竹园村、金团村、胜利村、平地坝村、城北村、平溪村、西洋村等
湖南省	麻阳苗族自治县	光冲村、狮头村、云盘村、架枧村、王家村、枇杷村、大波村等
	怀化市	喇叭溪村、肖家田村、严大门村、老冲村、羊合垅村、梅场村、碰溪园村、长坡山村等
	涟源市	下丰坡村、江坪村、芒冬溪村、白沙村、塔灯田村、南岔村、房溪村等

空间贫困陷阱是扶贫工作中应得到重点关注的问题。有些贫困村通过政府或社会扶贫已逐渐脱离贫困，但由于周边存在贫困村落及贫困程度更深的村落，或者处于地理禀赋较差的地区，受到周边地区及自身经济、社会、生态等因素的影响，本已脱离贫困的地区再次返贫，陷入死循环。因此，寻找到可能存在空间贫困陷阱的地区，做好实地考察及统计数据分析，是破除这一问题的有效途径。

6.3.2.4 空间趋势面分析

为了解释贫困在空间分布上的总体规律，探究贫困在空间区域上变化的主体特征，本小节利用 ArcGIS 地统计模块中的 Trend Analysis 绘制研究区贫困发生率的空间趋势图。根据图 6-7)，X 轴代表正东方向，Y 轴代表正北方向，Z 轴代表每个贫困村贫困发生率的值，X、Y 轴所在平面上的竖棒表示每一个贫困村贫困发生率的值和它所在的空间位置，南北方向趋势线和东西方向趋势线分别为贫困发生率在南北向和东西向的投影的拟合线。从图 6-6 中可以看出，研究区内贫困发生率在东西方向的趋势并不明显，略微呈现西高东低的态势，南北方向趋势较为明显，呈现北高南低的态势。说明片区内西北地区贫困发生率相对较高。这同时也呼应了上文研究的结果，由于西北部地区地势较高，地理禀赋较为匮乏，居民缺乏可持续发展的条件，从而贫困现象较为严重。

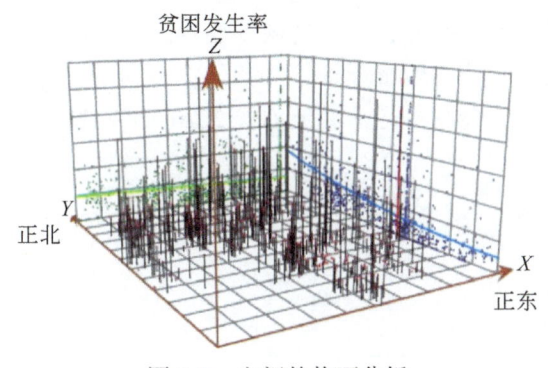

图 6-7 空间趋势面分析

6.3.3 多尺度差异分析

6.3.3.1 单一尺度分析

利用变异系数、基尼系数和泰尔指数，基于贫困村、县域和省域三个尺度，对贫困发生率进行分析。从表6-21可以看出：①贫困村尺度变异系数接近1，变异性较强，说明在贫困村之间贫困发生率的离散性较大。县域和省域尺度的变异系数皆大于0.5，变异性为中等。②基尼系数均大于0.2，说明在村、县、省三个尺度上，贫困状况均存在差异，其中村级尺度上的差异最大。③省级泰尔指数为0.099，与0较为接近，说明在省级尺度上贫困状况较为平均，村级和县级的泰尔指数相对较大，其中村级贫困状况差异更大。

表6-21 变异系数、基尼系数和泰尔指数计算结果

尺度划分	变异系数	基尼系数	泰尔指数
村级尺度	0.931	0.471	0.385
县级尺度	0.676	0.346	0.204
省级尺度	0.534	0.242	0.099

基尼系数和泰尔指数具有相似的作用，都可以用来揭示地区间贫困的差异状况。同时计算两个指数，可以检验计算结果的准确性，确保不同尺度间贫困差异衡量的正确性。本研究将村、县、省三个尺度不同系数的计算结果进行对比，如图6-8所示。可以看出：①在村、县、省三个尺度上，三个系数的值都呈现相同的趋势。村级尺度上的值都为最大，省级尺度上的值都为最小。说明在村级尺度上存在的贫困差异最大，省级尺度上存在的贫困差异最小。②三个尺度上，基尼系数和泰尔指数的曲线形状类似，变化趋势相似，说明两个系数的计算结果是正确的。③村级尺度上三个系数的值为最大，说明在村级尺度上贫困差异最大，以贫困村为基本研究单元是有必要的。

表6-21说明贫困发生率在不同尺度上存在不同的变异现象，即贫困发生率存在多尺度效应。尺度效应是贫困问题研究中逐渐得到关注的一个研究点，该方面研究可以进一步破除地方消除绝对贫困后扶贫工作中减贫速度减缓的问题。减贫速度放慢除了与当地扶贫政策有关，还需考虑到贫困村所处县域、省域发展状况的影响，即背景效应。在对贫困对象扶贫的同时，关注到它所处的地域背景整体特征，有利于更加准确地制定扶贫政策，研制出一套多尺度扶贫措施，会在一定程度上加快2020年脱贫目标的实现。

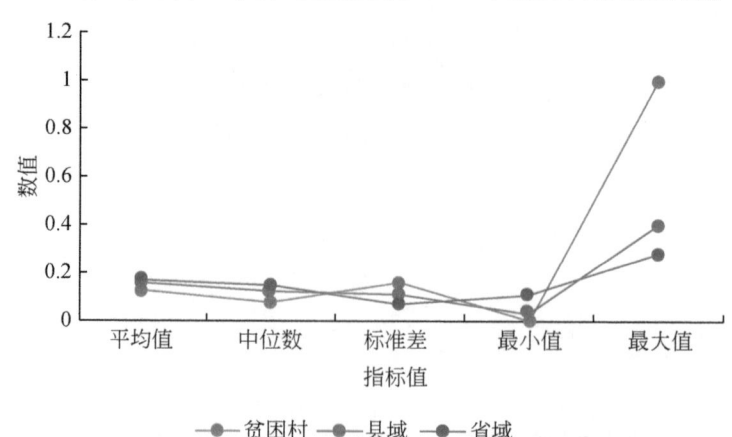

图6-8 变异系数、基尼系数和泰尔指数不同尺度对比

6.3.3.2 多尺度差异分析

为进一步说明贫困尺度效应的存在，本小节利用泰尔指数三阶嵌套分解对不同尺度间贫困差异进行分解，分解结果如表6-22所示。可以看出，贫困差异主要集中在贫困村尺度，县内村间贡献度占总差异的59.47%，省内县间贡献度次之，为28.81%。省内县间差异相对省间差异较大，说明作为贫困村所在的直接背景区域，贫困村受到所处行政县的影响更多，在行政县之间的变异程度更深。通过分解结果，可知在多尺度分布上，贫困的分布特征各有差异，程度不同。因此，在探究致贫因素时，为使结果更加准确，应该从多尺度上建立指标体系，探究多尺度上的致贫因子。

表6-22 泰尔指数三阶嵌套分解结果

尺度划分	指数	贡献度
省间差异	0.047	11.72%
省内县间差异	0.115	28.81%
县内村间差异	0.237	59.47%
总差异	0.399	100%

综上，本节将"十二五"期间武陵山片区"整村推进"项目贫困村数据作为研究对象，综合运用空间分析方法和数理分析方法，对武陵山片区内贫困村空间分布特征作单一空间尺度和多尺度探究。先运用平均最近邻距离分析、空间自相关分析方法、加权核密度法等空间分析方法对贫困村的空间集聚性、空间相关性、空间异质性和空间分布趋势等空间效应进行探测，再利用变异系数、基尼系数和泰尔指数等对贫困村的尺度效应进行探测。结果发现，武陵山片区内贫困特征有两个基本现象：①存在空间效应。贫困呈现集聚分布模式，表现为"大分散，小集中"的空间格局，并存在四个贫困集聚中心；总体趋势呈现西北高东南低。②存在多尺度背景效应。贫困村拥有最大贫困差异，应作为致贫因素探究的基本研究单元。因此，有必要顾及空间效应和多尺度背景效应构建多层空间回归模型。

6.4 贫困村致贫因子探测结果及分析

通过上文对贫困村的多尺度空间效应进行探测，发现贫困村数据具有"嵌套结构"，即农村贫困程度不仅会受到本地区经济、社会和生态环境等方面条件的制约，还会受到所处环境的影响，即所处县、省也会在一定程度上对贫困产生间接作用。参考Dong等（2015）的研究，本研究设计的三层嵌套数据结构图（图6-9）反映了贫困村–行政县–省域三层结构。同时，通过对贫困村空间效应的探测，发现贫困村间彼此存在联系，地理禀赋条件会受到相邻贫困村的影响，具体作用方式如图6-10所示。由于不受地理阻隔，省域内和省域间贫困村之间的相互作用同理。

利用上文构建的多层空间回归模型，分别不加任何变量和分别加入村级变量、县级变量和省级变量四个过程来观察背景效应的大小，并在三个尺度上分别寻找到影响贫困发生率的显著因素。

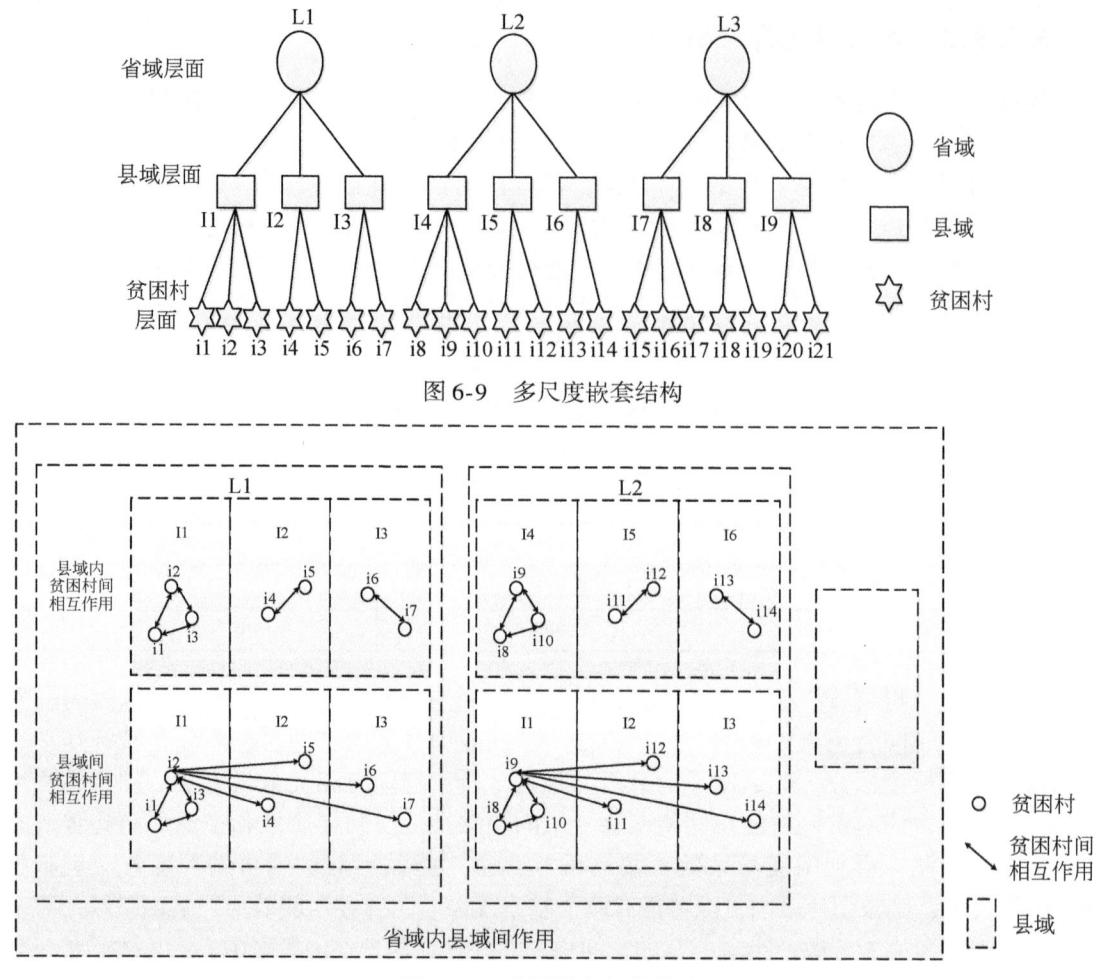

图 6-9 多尺度嵌套结构

图 6-10 贫困村空间依赖性

6.4.1 多尺度差异分解

在建立完整模型之前,需要构建不包含任何变量的空模型,来计算组内差异和组间差异,即方差成分分析。通过对空模型方差成分的计算,可以确定对贫困发生率的作用中有多大程度是由所在县域和省域造成的。方差比例的计算公式如下:

$$\rho_1 = \frac{\sigma_{eo}^2}{\sigma_{uo}^2 + \sigma_{eo}^2 + \sigma_{vo}^2} \tag{6-29}$$

$$\rho_2 = \frac{\sigma_{uo}^2}{\sigma_{uo}^2 + \sigma_{eo}^2 + \sigma_{vo}^2} \tag{6-30}$$

$$\rho_3 = \frac{\sigma_{vo}^2}{\sigma_{uo}^2 + \sigma_{eo}^2 + \sigma_{vo}^2} \tag{6-31}$$

式中,σ_{vo}^2 表示不同省域间的差异;σ_{uo}^2 表示相同省域内不同县域间的差异;σ_{eo}^2 表示相同县域内不同贫困村间的差异；ρ_1、ρ_2、ρ_3 分别表示贫困村间、县域间和省域间三个尺度上作用程度所占的比例。ρ_2、ρ_3 的值越大，说明贫困发生率的分层性越强。

表 6-23 为不包含任何变量的估计结果。表格结果显示，不同省域、不同县域内的贫困发生率存在显著的差异。固定效应和随机效应均通过显著性检验，贫困村尺度的方差为 0.0014，县域尺度的方差为 0.000 95，省域尺度的方差为 0.000 63。通过计算可知，贫困村间的变异占 46.82%，县域间的变异占 32.11%，省域间的变异占 21.07%。因此，有 46.82% 的变异来自于贫困村个体经济、社会、地理环境等方面的异质性。县域和省域尺度共占约一半的变异，同时县域尺度的变异大于省域尺度的变异。因此，在寻找致贫因素时，应该使用多层回归模型。与此同时，需要在建模分析中需要加入新的、有助于解释贫困发生率的县域尺度的变量。

表 6-23　武陵山片区贫困村影响因素零模型估计结果

固定效应		随机效应	
G_{000}	U_{00}	R_0	E
0.013 867 **	0.000 63 ***	0.000 95 ***	0.001 4

注：*** 表示 $p<0.001$，** 表示 $p<0.01$。

6.4.2　多尺度随机效应分析

6.4.2.1　贫困村尺度随机截距模型

首先探测贫困村尺度变量对贫困发生率的影响作用。模型中仅放入个体层面即贫困村尺度的自变量，每个自变量的截距和斜率在相对应的第二层中加入随机效应，来观察村层面的截距和斜率在县域层面上的变异程度。贫困村尺度随机截距模型如下所示：

$$y_{ij} = \beta_{0jk} + \beta_{1jk} W X_{ijk} + r_{ijk} \tag{6-32}$$

$$\beta_{0jk} = \gamma_{00k} + \mu_{0jk} \tag{6-33}$$

$$\beta_{1jk} = \gamma_{01k} + \mu_{1jk} \tag{6-34}$$

$$\gamma_{00k} = \pi_{00k} + \varepsilon_{0jk} \tag{6-35}$$

$$\gamma_{10k} = \pi_{10k} + \varepsilon_{1jk} \tag{6-36}$$

式中，y_{ij} 为贫困村尺度的贫困发生率；X_{ijk} 为依次引入的贫困村尺度的变量；W 为贫困村的反距离空间权重矩阵。

为了能够将模型各自变量的回归系数进行比较，应在比较前对回归系数作标准化转换处理（何晓群和刘文卿，2007），转换公式如下：

$$\beta'_i = \beta_i \times \frac{s_x}{s_y} \tag{6-37}$$

式中，β_i 为模型中各指标的非标准化回归系数；s_x 为指标的标准差；s_y 为贫困发生率的标准差。对回归系数进行标准化之后，便可以对各显著致贫因素的相关程度进行排序。

只纳入村级变量的回归模型估计结果如表 6-24 所示。表格数据显示，村级变量 X_{12}、X_{31}、X_{32}、X_{35}、X_{41} 即地形类型（$\beta = 0.1767$，$p < 0.05$）、人均耕地面积（$\beta = $

0.1177，$p<0.05$）、通路率（$\beta=0.1443$，$p<0.05$）、安全饮用水比例（$\beta=0.0978$，$p<0.05$）和劳动力比例（$\beta=0.1126$，$p<0.05$）与贫困发生率具有统计学上的显著关系，p 值均小于 0.05，并且这五个因素致贫程度依次为：地形类型、通路率、人均耕地面积、劳动力比例和安全饮用水比例。地形海拔越高，贫困发生率越高，处于高原、山地等高海拔地区的居民往往容易发生贫困；较少的耕地拥有量、较低的公路覆盖率、难获得的安全饮用水以及较少的劳动力都可能增加贫困发生的概率并加深贫困程度。初步可以看出与村民生活相关的因素对其生活水平有直接影响，说明村民生活质量的提高主要依赖于自身的生产力。

之后观察截距项的随机效应，通过检验之后发现呈现显著状态（$p<0.05$），说明贫困发生率在受到贫困村层面各因素影响的基础上，还会受到第二层即县域层面因素的影响。因此，还需要在县级尺度进行探测，寻找间接致贫因素。

表 6-24 贫困村尺度随机效应模型

解释变量			回归系数和显著性检验		
			回归系数	标准误	t 检验
截距，β_{000}			0.0571	0.0087	6.529 *
地理环境	到最近乡镇集市的距离（km）	X_{11}	0.2268	0.9558	0.962
	地形类型	X_{12}	0.1767	0.0419	1.548 *
	遭受自然灾害频次（次）	X_{13}	0.0380	0.0407	0.359
人口特征	人口密度（人/km²）	X_{21}	0.0741	0.1634	0.625
生产和生活条件	人均耕地面积（km²）	X_{31}	0.1177	0.5384	2.890 *
	通路率（%）	X_{32}	0.1443	0.0657	1.162 *
	通电话率（%）	X_{34}	0.0309	0.0062	1.001
	安全饮用水比例（%）	X_{35}	0.0978	0.06487	1.911 *
劳动力状况	劳动力比例（%）	X_{41}	0.1126	0.0017	1.706 *
	外出劳动力比例（%）	X_{42}	0.0743	0.0272	0.898
	劳动力文化素质（%）	X_{43}	0.0170	0.0081	0.385
医疗卫生和社会保障	参加新型农村社会养老保险比例（%）	X_{52}	0.0305	0.0235	0.767

注：* 代表 $p<0.05$。

6.4.2.2 县域尺度随机截距模型

在对村级致贫因素探测完成之后，在加入村级变量的基础上，进一步加入县级变量，以观察县域层面变量对贫困发生率的间接影响。于是以贫困村层次的截距为因变量，贫困村和县域层次的变量为自变量，构建包含第一、第二层变量的随机效应估计模型，估计结果如表 6-25 所示。表格数据显示，县级变量 Y_{11}、Y_{12}、Y_{25}、Y_{32}、Y_{33} 即人均地方生产总值（$\beta=0.1748$，$p<0.05$）、人均收入（$\beta=0.4331$，$p<0.05$）、通客运班车的行政村比例（$\beta=0.2028$，$p<0.05$）、植被覆盖率（$\beta=0.1856$，$p<0.05$）和地形起伏度（$\beta=0.1745$，$p<0.05$）与第一层截距具有统计学上的显著性，通过对贫困村的作用从而对贫困发生率产生

间接影响,并且对贫困发生率的作用大小依次为:人均收入、通客运班车的行政村比例、植被覆盖率、人均地方生产总值和地形起伏度。地区国民经济、交通产业等发展会阻碍贫困的产生,在一定程度上降低贫困发生率;而在低植被覆盖率、高地形起伏度地区,村民由于生态环境恶劣无法正常开展生产活动。

表 6-25 纳入县级变量模型估计

	解释变量		回归系数和显著性检验		
			回归系数	标准误	t 检验
	截距,β_{000}		0.1902	0.0719	2.645*
经济	人均地方生产总值(元)	Y_{11}	0.1748	0.0540	2.127*
	人均收入(元)	Y_{12}	0.4331	0.0940	4.828*
社会	学前三年毛入学率(%)	Y_{21}	0.1252	0.0750	1.268
	高中教育阶段毛入学率(%)	Y_{22}	0.2071	0.1322	1.092
	万人床位数(个)	Y_{23}	0.0850	0.1362	0.709
	万人卫生人员数(个)	Y_{24}	0.0936	0.0738	1.464
	通水泥/通沥青公路的行政村比例(%)	Y_{25}	0.0373	0.0680	0.313
	通客运班车的行政村比例(%)	Y_{26}	0.2028	0.0548	2.305*
生态	海拔(m)	Y_{31}	0.1864	0.0772	1.601
	植被覆盖率(%)	Y_{32}	0.1856	0.047	2.411*
	地形起伏度(m)	Y_{33}	0.1745	0.0392	1.630*

注:*代表 $p<0.05$。

6.4.2.3 省域尺度随机截距模型

最后在纳入村级和县级变量的基础上,加入省级变量,以观察省层面变量对贫困发生率的影响。以第二层截距为因变量,加入省级自变量,估计结果如表 6-26 所示。表 6-26 显示,Z_{12}、Z_{22}、Z_{31} 三个省级变量与第二层截距在统计学上呈现显著性,即农业增加值($\beta=0.1687$,$p<0.05$)、公路线网密度($\beta=0.2789$,$p<0.05$)、森林覆盖率($\beta=0.1747$,$p<0.05$)会对贫困发生率产生间接影响,并且对贫困发生率的影响作用由大到小依次为:公路线网密度、森林覆盖率和农业增加值。农业增加值的提高、公路线网的增加以及良好的生态环境都会对贫困发生率的降低产生积极的作用。

表 6-26 纳入省级变量模型估计

	解释变量		回归系数和显著性检验		
			回归系数	标准误	t 检验
	截距,β_{000}		0.3942	0.1294	3.047*
经济	农业增加值	Z_{12}	0.1687	0.0337	1.849*
社会	公路线网密度	Z_{22}	0.2789	0.0662	1.306*
生态	森林覆盖率	Z_{31}	0.1747	0.0547	3.084*

注:*代表 $p<0.05$。

6.4.3 多尺度致贫因素分析

6.4.3.1 贫困村层面

通过模型计算可知，致贫因素依次为地形类型、通路率、人均耕地面积、劳动力比例和安全饮用水比例。由致贫因素可以看出，对村民生活水平产生影响较大的是与其生活直接相关的因素。

第一，地形类型作为贫困对象所处地理位置的体现以及生产生活条件的间接反映，是对贫困地区生态环境的侧面表现。平原、丘陵等地势较低的地形类型，由于土壤、水等植被条件较好，利于进行种植，这些地区的耕地面积以及质量都相对较好。而高原海拔较高，相较而言土壤较为贫瘠，虽然光热条件充足但缺少农作物生长所需要的原料条件，不适合农作物的种植。与此同时，高原地区由于海拔较高、地形陡峭，公路多为盘山公路，修建难度大且耗时长。片区内，如湘西等少数民族地区的贫困村，多处于山地，因此这些地区无论是在农作物生产还是在与外部社会的沟通中，都不能占据有利的地位，从而得不到发展而只能继续保持当地贫困的生活状态。

第二，道路作为与外界传递物质与信息的媒介，可以打开农村市场，有利于人员流动以及物质的运输，对当地经济与社会发展有很大的促进作用。但通过对武陵山片区所处地理位置的观察可知，片区内许多贫困村处于高海拔的地区，地理位置偏远，所处地形复杂，这些因素都不利于道路的修建。没有道路作为物质传送的媒介导致贫困村长时间处于相对闭塞的状态，脱离外部社会，居民无法获得外部社会有利于发展的信息，也较难跳出原本的生活环境以寻求改善。因此，整个贫困村很大概率上会处于一个死循环中，若无相关部门的专项支持，贫困状况无法得到改善，甚至会有更多的家庭陷入贫困，贫困发生率也会相应地提高。

第三，人的生存需要各种地理禀赋，人均耕地面积反映贫困村居民自给自足的能力。基于农村的发展过程，居民的生活主要靠家庭成员种植粮食、蔬菜等以满足自身消耗，再将多余部分售卖赚取一定收入供家庭的其他开支。在某种程度上，耕地拥有量是居民生活能力及生活水平的体现。人均耕地面积拥有量少的居民无法通过耕种实现自给自足，而其中一部分又缺少获取收入的能力，因此可能会影响到其正常的生活质量甚至温饱问题。同时，耕种属于靠天吃饭，若当年水热等条件不好时，种植收成会大规模减少，耕地拥有量低的家庭更加无法获得足够的食物。

第四，劳动力能够获得较多的生产资料与物质条件，并且通过一定的劳动交换可以得到劳动报酬。拥有较高劳动力比例的家庭可以获得更多生存所必需的物质，维持家庭生活正常开支的同时可将多生产的物质或者劳动力进行交换获取一定的报酬，供家庭的额外开销以提高生活水平。儿童、老人居多而劳动力缺乏的家庭，往往会由于劳动力不足而陷入贫困。武陵山片区内，如位于湖南、贵州等的贫困村中，一些家庭会生育较多的子女，而成人由于地区条件所限外出打工，家中务农的多为老人，主要用来维持家庭基本生计。因此，劳动力比例在家庭及农村发展中也是非常重要的影响因素。

第五，地区基础设施建设对居民生活水平的提高会产生重要的影响。水是生命之源，也是居民发展生产、提高生活水平的重要支撑。片区内由于资金的限制，许多贫困地区没有足够的资金投入饮水管网等社会基础设施的建设中，村级和入户管网不能实现完全到村入户，居民无法获得安全饮用水，造成饮水贫困。无法获得安全饮用水的居民也可能通过其他方式来获取水源，但水源中有可能存在微生物、细菌等一系列对人体有害的物质，长期饮用会影响居民的身体健康。

6.4.3.2 县域层面

在县级层面，致贫因素依次为人均收入、通客运班车的行政村比例、植被覆盖率、人均地方生产总值和地形起伏度。按照维度划分则表现为经济方面、社会方面和生态方面的顺序，反映出县域的经济状况对贫困村的影响是最大的。致贫因素与村级层面有部分相似或者重合的部分，说明有些因素不论存在于哪一个层面，都会对贫困产生比较重要的影响。

第一，能够对贫困村产生作用的首先是所处地区的经济发展水平。人均收入和人均地方生产总值是关乎经济发展状况的两个直接指标。首先，人均收入较高说明居民生活质量较好。相比于经济落后的县域，居民有一定的财力、物力在维持本身可持续发展的同时进行一定范围内的投资活动，从而带动区域经济的发展和繁荣，并形成良性循环。其次，人均地方生产总值反映了当地的经济实力。人均地方生产总值越高，说明县域经济发展状况越好，经济实力越为雄厚。这些行政县在保证当地正常经济社会发展的同时，可将更多的人力、财力和物力下拨到贫困村，对贫困户直接给予资金补贴，或者帮助其修建基础设施，如道路、厕所、房屋、饮用水管网、牲畜屋舍等或者为贫困户购买牲畜让其进行饲养等等，从经济、社会、生态等农户生活的各个方面制定扶贫措施，给予一定程度的扶贫。获得帮助的家庭可以从事社会生产，进一步提高生活的质量，陷入贫困的家庭也有更多的机会从事经济活动以尽早摆脱贫困的局面。

第二，与外部社会的沟通能力以及行政村之间的交流程度对地区发展具有至关重要的作用。通客运班车的行政村比例反映了农村的交通发展状况。交通闭塞的地区由于难以与其他地区进行经济、物质交流，从而与外界隔绝，形成"信息孤岛"，不利于当地发展经济。通车率高的地区，居民能够有更多的机会与外部社会进行信息交流与物质交换。居民从城市中获得先进发展思想以及机会的可能性提高，对于其不论农业生产还是知识学习、开放思想都有明显的促进作用。

第三，生态环境较好的地区不仅有利于发展农业生产，还有助于人们生活质量的改善。武陵山片区内生态环境较为复杂，自然灾害种类较多，在植被覆盖率低的地区，土壤松动会造成诸如水土流失、洪涝、泥石流等自然灾害。同时，地形起伏度高的地区往往地形较为复杂，生态环境较差。贫瘠的土壤以及较少的耕地面积，导致在农业生产中作物产量低，从而对村民生活产生间接的负作用。

6.4.3.3 省域层面

在省域层面，致贫因素依次为公路线网密度、森林覆盖率和农业增加值。相较县域层面的致贫因素,有相似部分,也存在不同的影响因素。

第一,公路线网密度是对地区交通状况的反映。线网密度大说明交通基础设施较为发达,不同地区间的沟通更加便利。平原地区等地势平坦的区域易于修建道路,但是武陵山片区内包括武陵山等山脉,这些地区往往地势复杂,道路修建工程难度较大,需要得到更多的扶贫支持。

第二,森林覆盖率是对一个地区生态环境的体现。省域作为比县域还要大的背景效应,影响最大的是在生态方面,说明生态环境问题在任何行政尺度都值得重点关注,同时也响应了国家生态扶贫的政策。

第三,农业增加值是与农民最直接相关的经济指标,也从侧面反映了农民的经济收入。农业增加值多的地区说明当地农业发展状况良好,耕地面积、劳动力数量、生态环境等在一定程度上都可以得到反映,这一指标应该得到各级相关部门的重视。作为农业大国和农村人口占大多数的发展中国家,对农业的扶持能够对村民的经济生活产生直接的影响。

6.4.3.4 致贫因素综合分析

通过对贫困村、行政县、省域各层次致贫因素的对比可以发现,与农户生产生活相关的因素对其贫困发生率的影响较大,同时也覆盖了经济、社会、生态各个维度。在经济维度上,主要是当地经济发展水平与居民收入。经济发展水平高的地区可以对贫困地区及贫困户进行直接的资金扶贫,并且通过当地的经济发展来带动贫困地区的发展,形成经济的良性循环。在社会维度上,主要包括耕地、交通、饮用水等方面,这些指标都直接或间接地对农户产生影响。耕地、饮用水等与农户生活即温饱问题直接相关,交通是对农户可持续发展方面的影响。在保证温饱的情况下,需要提升自身能力、开放思想以及付出劳动,以获取更多的发展资料。在生态维度上,主要是地形和植被。通常情况下,平原和丘陵地区利于耕种,水土条件也往往更好。植被也是对生态环境的反映,多进行植树造林,保持水土条件,有利于保护环境以及改善居民生活环境。因此,应重视经济、社会、生态维度的不同致贫因子,针对各个维度各个因素,制定相应的扶贫开发措施,帮助贫困地区和贫困家庭尽早脱离贫困,尤其是部分贫困顽固地区。

6.4.3.5 结果对比

为对比模型拟合的结果,研究引入 Deal 等(2011)研究的偏差值进行比较。这里将空模型的偏差值作为基准值,分别构建多层回归模型和多层回归模型,观察模型偏差值。分别将模型的偏差值与空模型做比较,差值越大,说明所构建模型的拟合效果越好。

通过模型拟合效果对比(表6-27)发现,多层空间回归模型的偏差的差值更大,因此说明多层空间回归模型的拟合效果较好,在模型中加入空间因子是有必要的。

表 6-27 模型拟合效果对比

项目	空模型	多层回归模型(Model 1)	多层空间回归模型(Model 2)
偏差值	−4296.62	−4415.24	−4468.17

续表

项目	空模型	多层回归模型（Model 1）	多层空间回归模型（Model 2）
差值	—	118.62	171.55
拟合效果	—	Model 2>Model 1	

综上，本研究基于空间贫困理论，构建村–县–省三级致贫因素指标体系，并结合数理方法和空间方法，构建顾及多尺度空间效应模型，分别从村–县–省三个尺度探究致贫因素，并进行分析。研究结果表明：①贫困村贫困发生率的影响因素来源于不仅来源于贫困村自身发展的影响，还受到所处县域和省域的影响。其中贫困村自身特征对贫困发生率的影响占46.82%，县域占32.11%，省域占21.07%。②贫困村层面致贫因素依次为地形类型、通路率、人均耕地面积、劳动力比例和安全饮用水比例；县域层面致贫因素依次为人均收入、通客运班车的行政村比例、植被覆盖率、人均地方生产总值和地形起伏度；省域层面致贫因素依次为公路线网密度、森林覆盖率和农业增加值。③不同行政尺度上致贫因素存在相似之处，也存在各自不同的致贫因子，在制定扶贫政策时应针对不同尺度上的不同贫困对象和不同维度，使扶贫措施更加准确和具有针对性。④本节所构建的顾及多尺度空间效应的致贫因素探究模型与一般多层回归模型相比，拟合效果更好。

6.5 研究区贫困村贫困综合类型分析

基于上文对村–县–省多尺度致贫因素探究的结果，本章通过指标赋权、指标排名、指标贡献度模型以及最小方差模型等方法，对村、县、省三个层面的贫困贡献度及贫困综合类型进行排序和划分，全面分析研究区内各行政尺度上的贫困差异，并为扶贫开发及精准施策提供理论支持。

6.5.1 致贫因素贡献度

6.5.1.1 贡献度计算与分级

不同尺度指标赋权规则如表6-28所示。根据各尺度回归系数大小，对不同行政尺度不同维度不同指标分别进行赋权，每一层权重加和为1，回归系数越大，所占权重越大。由表格可以直接观察到各指标对贫困发生率的作用大小。总体来讲，社会维度中致贫因子较多，对农户生活水平的影响来自社会的各个方面。

表6-28 不同尺度指标赋权

村级显著指标	地形类型	人均耕地面积	安全饮用水比例	通路率	劳动力比例	村级维度	地理环境	生产与生活	劳动力状况
村级系数	0.1767	0.1177	0.0978	0.1443	0.1126	维度系数	0.1767	0.3598	0.1126
指标赋权	0.27	0.18	0.15	0.22	0.18	维度赋权	0.27	0.51	0.22

续表

村级显著指标	地形类型	人均耕地面积	安全饮用水比例	通路率	劳动力比例	村级维度	地理环境	生产与生活	劳动力状况
县级显著指标	人均收入	人均地方生产总值	通客运班车的行政村比例	植被覆盖率	地形起伏度	县级维度	经济	社会	生态
县级系数	0.4331	0.1748	0.2028	0.1856	0.1745	维度系数	0.6079	0.2028	0.3601
指标赋权	0.37	0.15	0.17	0.16	0.15	维度赋权	0.52	0.17	0.31
省级显著指标	森林覆盖率	公路线网密度	农业增加值			省级维度	生态	社会	经济
省级系数	0.1747	0.2789	0.1687			维度系数	0.1747	0.2789	0.1687
指标赋权	0.28	0.45	0.27			维度赋权	0.28	0.45	0.27

表 6-28 对各指标赋权后，分别计算贫困村、县域、省域层面上的综合贫困指数，即 VCPI、CCPI 和 PCPI。同时，运用模型计算得到不同尺度不同指标的贡献度。将贫困村、县域、省域三个尺度上的致贫因素按照贡献度进行排序，同时为考虑到每层单位个体之间的差异，按指标将贫困村的贫困贡献度排序后求取平均排名。通过表 6-29 可知：①各指标贡献度与平均排名的趋势基本一致，个别指标存在差异。例如，贫困村层面上地形类型和人均耕地面积两个指标，前者的贫困贡献度大而平均排名靠后，说明相对地形条件而言，耕地对农民的影响更大。②通过对各层次指标的对比，发现生态环境是影响贫困最重要的因素，其次是与农户生产生活、可持续发展直接相关的各种资本。这也印证了国家生态扶贫、绿色扶贫的重要性以及生态文明建设在脱贫攻坚工作中的重要战略地位。③在县、省等中大尺度，经济对贫困消除会产生较为明显的作用，说明地区整体经济实力的提升有利于带动区域内包括贫困地区的各种投资建设。

表 6-29 各尺度致贫因素统计

村级指标	地形类型	人均耕地面积	安全饮用水比例	劳动力比例	通路率
贡献度	18.61%	17.46%	13.72%	8.24%	5.67%
平均排名	2.10	1.78	2.94	3，90	4.13
县级指标	植被覆盖率	人均收入	通客运班车的行政村比例	人均地方生产总值	地形起伏度
贡献度	31.64%	28.16%	16.85%	12.94%	31.64%
平均排名	1.53	2.09	3.30	4.21	3.89
省级指标	森林覆盖率	公路线网密度	农业增加值		
贡献度	16.13%	15.56%	17.24%		
平均排名	1.75	1.75	2.25		

6.5.1.2 贫困贡献度

为完成对各指标贫困贡献度的进一步分析，分别从村、县、省三个尺度对指标贡献度进行可视化或统计分析，探究各致贫因素在地区间的差异。

(1) 贫困村指标贡献度

选取贫困村 5 个显著指标从可视化角度以贫困地图形式表示，如图 6-11 所示，完成不同指标间不同地区间的对比分析。

1) 地形类型。由图 6-11（a）可知，整个武陵山片区内普遍受到地形的影响，尤其在区域的西北部地区，即湖北省的南部、重庆市的西南部和贵州省的北部，以及湖南省的西南部。与图 6-1 对比可以看出，这些贫困村大多位于地势较高的高原或山脉，这是因为片区内分布有武陵山山脉。与平原等低海拔地区相比，山地的水土条件较差，土地贫瘠，植被覆盖率低，因此容易造成诸如泥石流、洪水等自然灾害。这既不利于农民开展种植业活动，又会对农户的房屋、田地、牲畜等造成破坏，不利于农户依靠土地资源实现自给自足，从而影响了农业、种植业等产业的发展，使贫困地区更加贫困。因此，对高原、山地地区采取生态扶贫就显得尤为重要。易地搬迁、退耕还林等措施的实施更要因地制宜。

2) 人均耕地面积。由图 6-11（b）显示人均耕地面积不足而对贫困影响较大的贫困村主要分布在湖南省西南部，并且较为集中，少部分贫困村分布在重庆市东部和湖南省北部。分布趋势大致依照山脉的走向，呈带状分布。说明山地区域水土条件不适宜耕种，因而耕地面积人均拥有量较少。与图 6-11（a）相比较，可以看出地形类型与人均耕地面积两个指标呈现一定程度上的相关性。贫困地区的发展很大程度上受到自然环境条件的制约，农村自给自足的经济模式遭到破坏，导致贫困现象发生的概率大大增加，甚至加重农户贫困程度。

3) 安全饮用水比例。根据图 6-11（c）可以看到受到安全饮用水影响的贫困村比较集中，成簇分布，并且所受到的影响与其他地区相比较大。这些贫困村主要分布在湖南省西南部。西南部地区主要为少数民族聚居区，通常这些地区社会基础设施较为落后，加之地理位置的因素，饮用水管网缺少专项资金投入，并且由于在生态环境方面存在施工难度，这些地区的贫困村往往通饮用水管网的比例较低。由于安全饮用水的缺乏，农户的正常生产生活得不到保障，生活秩序无法保证，地区陷入缺水与贫困的恶性循环，产生饮水贫困现象。因此如何提升农村基础设施建设、推动农村的良性发展就显得十分重要。

4) 劳动力比例。从图 6-11（d）可以发现武陵山片区东南部，即湖南省西南部受劳动力比例的影响较大，其他地区存在部分受影响的贫困村，但总体而言，受到的影响较湖南省贫困村稍弱。劳动力作为家庭的坚实力量，对家庭的经济水平起到重要的作用。在恶劣的生态环境与不完善的社会基础设施等因素影响下，村民缺少自给自足的条件以及足够的就业机会，许多农户为了改善家庭生活质量，成年人会选择南下前往广东、海南等沿海发达城市打工，为家庭赚取生活费，从而导致劳动力向沿海大城市的转移。另外，农村部分家庭会多生育子女，过多的子女和老年人使家庭劳动力比例降低并且加重了成年人的负担。因此，如何使劳动力与就业机会协调发展，应得到有关部门的重点关注。

5) 通路率。图 6-11（e）显示受通路率影响大的贫困村主要分布在贵州省北部和湖南省西北部，并且分布在山脉附近。山脉附近的地理情况比较复杂，有些贫困村处于较为闭塞的地区或山区中，修路难度较大，如盘山公路等，修建时会消耗几倍于正常的人力物力。另外，对于贫困程度较深的地区，没有足够的资金来投资当地的道路建设，使贫困村成为一个"信息孤岛",严重阻碍与外部经济社会的交流,贫困地区得不到发展需要的各种资本,因而只能继续处于贫困的状态。道路建设在区域经济发展中的重要性不可忽视。

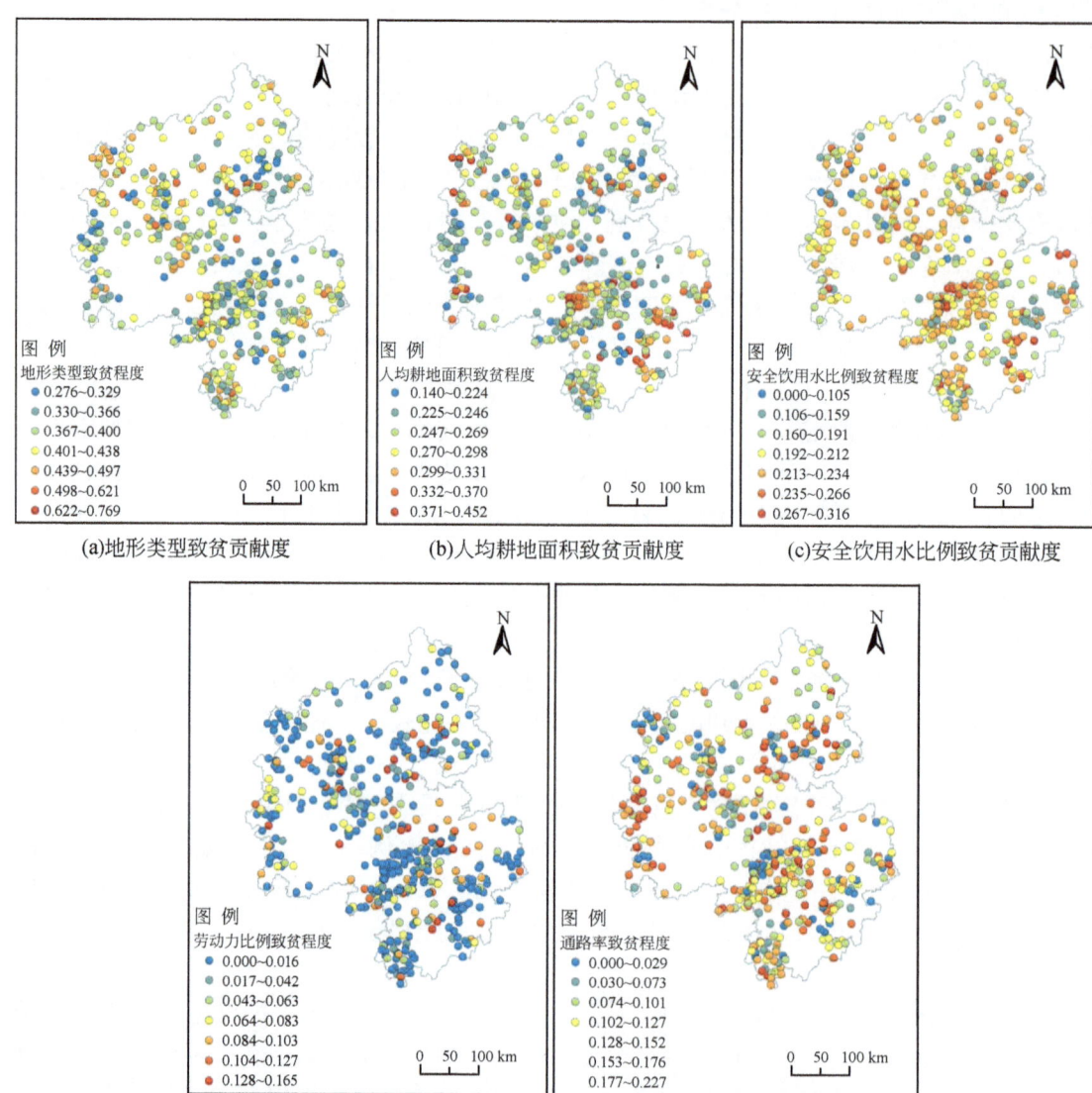

图 6-11　贫困村尺度指标致贫贡献度空间分布

（2）行政县指标贡献度

片区内各个省行政县各指标的平均指标贡献度如表 6-30 所示。总体来讲,植被覆盖率和人均收入两个指标的贡献度在不同省份上均排前两位,但植被覆盖率指标在湖北省和湖南省内影响较大,人均收入指标在重庆市和贵州省内影响较大。因此,在行政县层面上应以生态扶贫和经济扶贫为主,把改善农户生存地理环境和加快经济发展放在重要的位置,同时兼顾社会基础设施的建设,加大资金投入。

表 6-30 行政县指标贡献度统计

地区	植被覆盖率	人均收入	通客运班车的行政村比例	人均地方生产总值	地形起伏度
湖北省	0.3066	0.2404	0.1149	0.1140	0.2240
湖南省	0.3479	0.2695	0.2056	0.0959	0.0810
重庆市	0.2742	0.3221	0.1298	0.1167	0.1571
贵州省	0.2295	0.3617	0.1267	0.1101	0.1714

6.5.2 多尺度贫困综合类型

6.5.2.1 贫困综合类型总体分析

本节利用最小方差模型对武陵山片区内贫困村从多尺度角度进行贫困类型识别,并对每种类型的影响范围进行统计。由于各尺度显著致贫因素数量不同,划分方式也不同。统计结果发现,贫困村层面可以划分为五类:单因素主导型、双因素驱动型、三因素支配型、四因素协同型与五因素综合型。县域层面可以划分为四类:双因素驱动型、三因素支配型、四因素协同型和五因素综合型。省域层面可以划分为两类:单因素主导型和三因素支配型(表 6-31)。

表 6-31 贫困综合类型划分统计

尺度划分		贫困类型及比例				
贫困村	贫困类型	单因素主导型	双因素驱动型	三因素支配型	四因素协同型	五因素综合型
	比例	0.1%	8.1%	43.7%	36.8%	11.1%
	平均 VCPI	0.278	0.157	0.147	0.165	0.183
县域	贫困类型	双因素驱动型	三因素支配型	四因素协同型	五因素综合型	
	比例	8.5%	29.8%	46.8%	14.9%	
	平均 CCPI	0.329	0.421	0.532	0.619	
省域	贫困类型	单因素主导型	三因素支配型			
	比例	50%	50%			
	平均 PCPI	0.217	0.762			

表 6-31 统计结果显示,总体来讲,农村贫困发生率受到多种因素的共同影响,由单一因素导致贫困的现象极少,村级和县级尺度分别占有 0.1% 和 0。在村、省尺度上贫困类型占有比例最多的为三因素支配型,约为 50%,在县尺度上四因素协同型最多。一般地,致贫因素越复杂的地区,综合贫困指数越高,贫困层面单因素主导型贫困村除外,说明个别农村受到单一致贫因素的作用非常强。但总体趋势是贫困程度越深的地区,致贫状况越复杂。因此,在接下来扶贫攻坚战中,要因地制宜,不仅要注意到当地的首要致贫因素,还要关注其他主要致贫因素。

6.5.2.2 贫困综合类型多尺度分析

1) 贫困村层面。图 6-12 对贫困村贫困综合类型进行空间可视化表示。由于单因素主

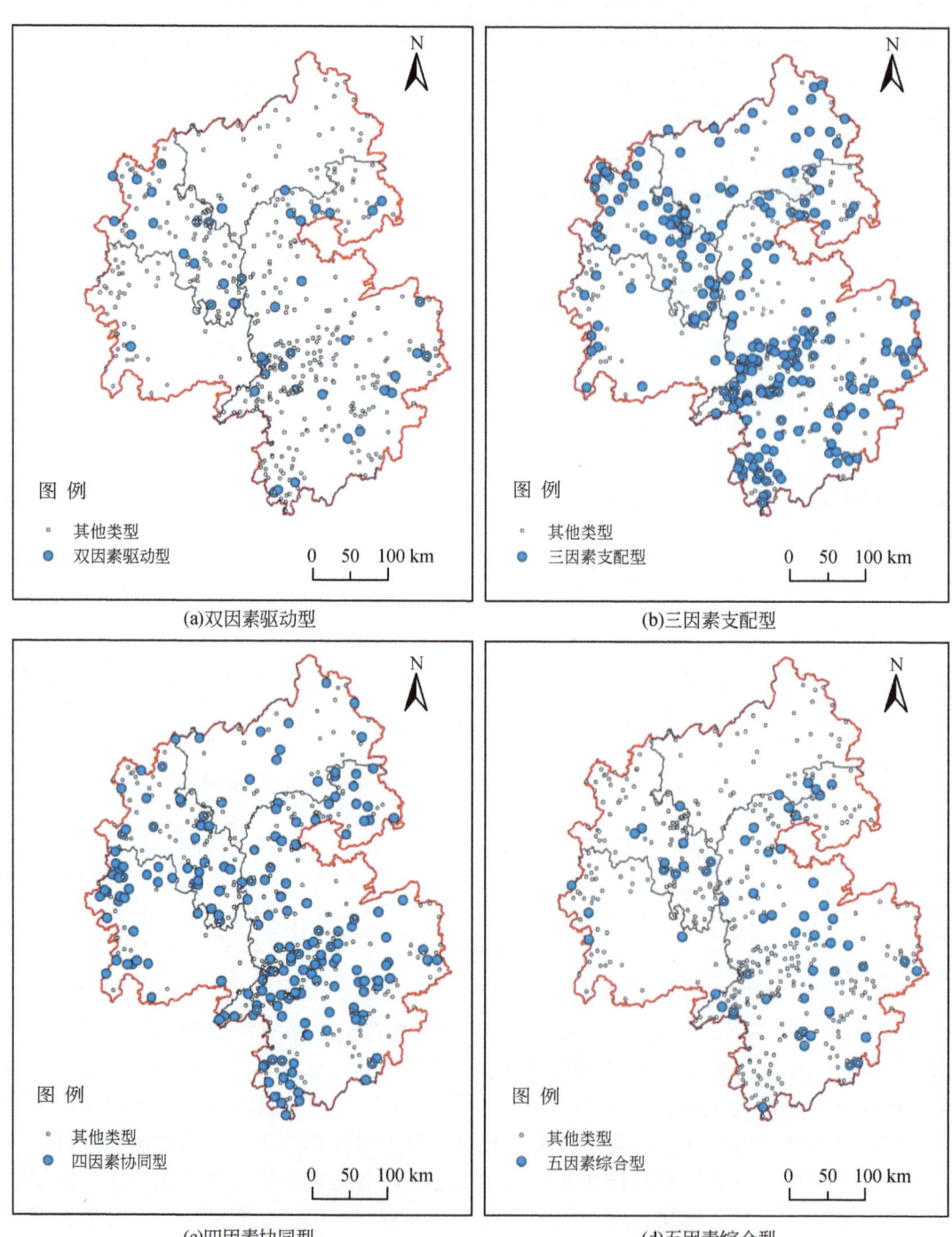

图 6-12 贫困村尺度主要贫困综合类型空间分布

导型所占比例极低，且均分布在湖南省境内，不对其进行地图表示。从贫困类型上看，三因素支配型、四因素协同型和五因素综合型所占比例达到90%，三因素支配型是片区内贫困村的主要类型，说明武陵山片区内贫困村的致贫因素复杂，贫困是由地理环境、社会基础设施建设、劳动力等多种原因造成的；剩余10%的贫困村致贫因素较少，可以通过重点扶持某一项或两项产业帮助农户脱离贫困。从地区空间分布上来看，湖北省、重庆市和湖南省主要为三因素支配型，其次是四因素协同型。贵州省主要为四因素协同型，其次是三因素支配型。在地区分布上存在差异，但差异不大。因此，针对贫困村，应多管齐下，采取多种扶贫开发手段。

2）县域层面。表6-32统计结果显示，在县域层面上，贫困综合类型中四因素协同型约占50%，三因素支配型约占30%，双因素驱动型只占8.5%，并且不存在单因素主导型。说明在行政县的中观尺度下，致贫因素也较为复杂，以多因素为主。同时，湖北省和重庆市内的行政县均只受到三种贫困综合类型的影响，贵州省三因素只包含四因素支配型和五因素综合型，说明贵州省内行政县的致贫因素更加复杂，在扶贫工作中该地应该得到更多的重视。湖南省内贫困综合类型多样，以三因素支配型为主，兼存其他三种类型。因此，湖南省内行政县扶贫更应注重因地制宜，根据不同的贫困综合类型制定扶贫开发措施，以提高扶贫效率和质量。

表6-32 县域贫困类型分布比例统计

地区	双因素驱动型	三因素支配型	四因素协同型	五因素综合型
湖北省	0	2.1%	12.8%	4.2%
湖南省	8.5%	25.5%	19.1%	2.1%
重庆市	0	2.1%	10.6%	2.1%
贵州省	0	0	4.2%	6.3%

3）省域层面。如表6-33所示，由于武陵山片区内所包含的地区较少，分布规律不够明显，主要存在两种贫困综合类型，各占50%。湖北省和湖南省为单因素主导型，重庆市和贵州省为三因素综合型。说明在省域大尺度上，湖北、湖南两省对贫困村贫困发生率的影响因素较为集中，可在全省范围内重点扶持某一产业，从而带动全省范围内经济的发展。对于重庆和贵州两地，影响因素较多，在经济、社会、生态等方面都存在一定劣势，因此扶贫措施的制定应顾及多个方面，加大不同行业的发展力度，将农村产业发展、社会基础设施建设、生态建设等放在全省的重要发展位置，以全省的资金投入建设带动行政县以及省内贫困村的发展，达到消除绝对贫困的目的。

表6-33 省域贫困类型分布

地区	单因素主导型	三因素综合型
湖北省	√	
湖南省	√	
重庆市		√
贵州省		√

4）综合分析。通过对贫困村、行政县和省域三个层面贫困综合类型的分析，发现不论在哪个层面，多因素类型都是主要贫困综合类型。这也正说明武陵山片区整体贫困状况复杂，通过扶持单个产业摆脱贫困不符合现实情况。精准扶贫作为乡村振兴的前提条件，精准识别不同地区贫困综合类型、有针对性地制定扶贫措施是消除贫困的有效途径。同时，村、县、省作为不可分割的部分，通过在不同行政尺度进行扶贫开发工作，可以实现以城带乡、以乡促城的方式推动区域经济的发展以及良性循环，进而实现国家消除绝对贫困、达到全面小康的目标。

6.5.2.3 贫困综合类型具体划分

不同区域由于地理禀赋的差异，致贫因素与贫困综合类型也各有不同。通过对贫困类型的可视化表示与统计分析，观察不同地区间贫困类型的差异，有利于对地区贫困状况有整体性的把握，从而更有针对性地提供扶贫对策。因此，为进一步细分贫困类型，在上文利用最小方差法对贫困综合类型进行了整体划分的基础上，按照不同尺度对每种贫困综合类型又进行划分，并且对部分典型地区进行案例剖析。

1）贫困村层面。如表 6-34 所示，在贫困村层面上可以进一步细分为七种类型，总体来讲分为交通主导型和生态主导型。说明在贫困村尺度上，交通和生态维度指标在多因素综合作用的前提下，对贫困的作用程度相对较大。因此在贫困村微观尺度上，应多关注交通基础设施建设和生态建设。

表 6-34 贫困村贫困综合类型细分

整体类型	细分类型	占比	典型列举
单因素主导型	单因素交通主导型	0.1%	连山村、高桥村
双因素驱动型	双因素交通主导型	8.1%	岩口村、大田村、金桃村、树竹村等
三因素支配型	三因素生态主导型	25.0%	屈原庙村、铺坪村、静安村、青岩村等
三因素支配型	三因素交通主导型	18.8%	漆树坪村、柿贝村、白鹿庄村、杨柳池村等
四因素协同型	四因素交通主导型	1.6%	竹山院村、大虎坪村、元古界村、坳头村等
四因素协同型	四因素生态主导型	35.5%	石塘村、琵琶村、白马庙村、广坪村等
五因素综合型	五因素生态主导型	10.9%	虎寨村、古西村、烟竹坪村、白龙村、茶山村等

2）县域层面。如表 6-35 所示，在县域层面上可以进一步细分为单因素经济主导型、双因素经济主导型、三因素经济主导型和四因素经济主导型。可以看出在县域尺度上，最主要的影响因素为经济维度的因子。因此，作为贫困村的载体，县域应大力发展经济建设，提高 GDP 以及居民收入，通过经济带动贫困村的发展。

表 6-35 县域贫困综合类型细分

整体类型	细分类型	占比	典型列举
单因素主导型	单因素经济主导型	2.1%	新宁县
双因素驱动型	双因素经济主导型	8.5%	武冈市、溆浦县、会同县、西阳土家族苗族自治县

续表

整体类型	细分类型	占比	典型列举
三因素支配型	三因素经济主导型	68%	邵阳县、安化县、凤凰县、建始县等
四因素综合型	四因素经济主导型	21.4%	秭归县、慈利县、石门县、正安县等

3）省域层面。如表6-36所示，在省域层面可以进一步细分为四种类型，分别为单因素农业主导型、单因素生态主导型、三因素农业主导型和三因素教育主导型，比例各占25%。通过类型细分，发现在区域层面上，各个地区的贫困类型均不相同，在不同数量因素作用的情况下又存在各自的主导因素。

表6-36 省域贫困综合类型细分

整体类型	细分类型	占比	典型列举
单因素主导型	单因素农业主导型	25%	湖南省
	单因素生态主导型	25%	湖北省
三因素综合型	三因素农业主导型	25%	贵州省
	三因素教育主导型	25%	重庆市

总体而言，利用上述指标赋权、指标排名、指标贡献度模型以及最小方差模型对村、县、省三个层面贫困贡献度及贫困综合类型进行排序和划分，得到不同尺度上主要致贫因素以及致贫因素和贫困综合类型在不同尺度上的空间分布差异。研究结果发现：①各指标贡献度与平均排名的趋势基本一致，个别指标存在差异。总体上生态环境是影响贫困最重要的维度，其次是与农户生产生活、可持续发展直接相关的各种资本。在县、省等中大尺度，经济对贫困消除会产生较为明显的作用。②贫困村层面指标贫困贡献度依次为地形类型、人均耕地面积、安全饮用水比例、劳动力比例和通路率；行政县层面依次为植被覆盖率、人均收入、通客运班车的行政村比例、人均国内生产总值和地形起伏度；省域层面依次为公路线网密度、森林覆盖率和农业增加值。③在贫困综合类型划分上，贫困村层面可以划分为五类，即单因素主导型、双因素驱动型、三因素支配型、四因素协同型与五因素综合型；县域层面可以划分为四类，即双因素综合型、三因素支配型、四因素协同型和五因素综合型；省域层面划分为两类，即单因素主导型和三因素支配型。④贫困村、县域和省域三个行政尺度上，主要贫困综合类型均为多因素类型，并且不同贫困综合类型在不同尺度上的空间分布格局存在差异，制定扶贫措施时需因地制宜。

整体来看，经过贫困综合类型细分后，不同尺度对象的贫困特征更加明显。因此，在提出扶贫对策时更加具有针对性，有利于相关部门根据贫困地区实际情况合理配置扶贫开发资金，使扶贫工作更加高效。

6.6 对策建议

综合上文对致贫因素贡献度以及贫困综合类型的分析可知，武陵山区内生态维度为主要致贫维度，社会维度、经济维度为次要致贫维度；并且区域内各尺度贫困主要由多种因素综合作用造成。因此，应结合武陵山连片特困区发展状况，同时响应国家的精准扶贫政策，为片区尺度的扶贫资金配置提供导向支持、促进区域内经济协调发展。

分别从贫困村、行政县、省域三个尺度，针对不同行政尺度特点，为武陵山片区开展扶贫开发工作提出相对应的对策建议。

在贫困村尺度，要把生态扶贫、基础设施建设、交通扶贫、人口扶贫等摆在重要位置。具体措施如6-37所示：①在生态方面，要对土地、植被等资源进行严格把控，防止有目的性的破坏。完善耕地保护制度，用规章制度来约束村民的行为；加强村民耕地保护意识，对随意开垦土地的行为采取处罚措施，用行政手段保护耕地资源；对于土地贫瘠、生态环境恶劣的地区，可实行易地搬迁扶贫，改变村民生存的地理环境，从根本上解决村民的贫困问题。②基础设施建设方面，相关部门应重视贫困村整村提升工程，加强基础设施建设，如建设安全饮用水管网，保证村民的正常生活状态，减少饮水贫困的产生。③在交通方面，主要是重视道路的修建，加大对交通建设的投入。"要想富，先修路"，道路是贫困村与外界沟通的桥梁，应积极修建道路基础设施，使贫困村尽快脱离交通闭塞的局面，用交通带动区域经济的发展。④人口方面主要针对劳动力不足的问题。在贫困地区应继续推行计划生育政策，避免因子女过多而劳动力无法正常供给的状况的产生；对无劳动力的家庭应给予适当补贴，保证其正常生活；对拥有劳动力的家庭应提供更多的就业机会，以便增加农户收入。

表6-37 村级扶贫建议

扶贫建议	具体措施	典型区域
生态扶贫	1）完善耕地保护制度 2）对随意开垦土地行为采取处罚 3）实行易地搬迁扶贫	灿溪村、良家村、鸡禾村、飞山村、黄土江村、双龙村、三百墩村、王家湾村、红心村、接龙村、旦坪村、洪泉村等
加强基础设施建设	1）重视贫困村整村提升工程 2）加强安全饮用水管网等建设	李家堰村、地关村、接龙村、合作村、春雷村、凤光村、下塘村、安塘村、首八峒村、红岭村、沙坪村、茶林村等
交通扶贫	1）加大交通建设投入 2）积极修建道路设施	顶箐村、红井村、下塘村、老林村、雨阳村、绿绿村、夯吉村、拱桥村、排达扣村等
人口扶贫	1）继续推行计划生育政策 2）补贴无劳动力家庭 3）提供就业机会	大塘村、山门村、庄上村、鸡禾村、苏梅村、官仓村、老田溪村、南庄坪村等

在行政县尺度，要把经济建设、交通建设以及生态建设列为重点考虑部分。具体措施如表6-38所示：①经济建设方面，行政县要通过多种举措，以合理的、可持续发展的方式发展经济，开展经济活动；通过县域自身经济水平及生产总值的提高，加大对本县和贫困村的财政补贴并投资于社会各方面的基础设施建设；同时鼓励民间资本进行投资，促进不同资本间的交流。②交通建设方面，应加大对交通设施的建设与补贴，通过政府行为来促进交通业的发展；同时在存在交通工具（如班车）的情况下，增加交通工具的数量，让更多人能够享受交通的便利。③生态建设方面，要坚持绿色的、可持续发展的道路，响应国家"绿色""宜

居"的要求,并加强生态保护和生态工程建设;对于植被覆盖率较低而导致灾害频发的地区可适当退耕还林,同时加强防护林建设以及水土流失防治体系建设,维持生态的稳定;土地贫瘠地区要发展草业、林业和畜牧业,改善土地结构,加大调整和治理力度。

表6-38 县级扶贫建议

扶贫建议	具体措施	典型区域
重视经济建设	1) 多种举措发展经济 2) 加大对贫困村的经济投入 3) 鼓励民间资本的交流	建始县、宣恩县、新邵县、邵阳县、隆回县、麻阳苗族自治县、通道侗族自治县、凤凰县、古丈县、永顺县等
交通扶贫	1) 加大对交通设施的建设与补贴 2) 增加班车的数量	彭水苗族土家族自治县、永顺县、花垣县、凤凰县、新晃侗族自治县、溆浦县、桑植县、慈利县、石门县等
生态扶贫	1) 加强生态保护和生态工程建设 2) 退耕还林、建设防护林、建设水土流失防治体系 3) 发展草业、林业、畜牧业	武隆县[①]、丰都县、永顺县、通道侗族自治县、靖州苗族侗族自治县、新晃侗族自治县、会同县、新宁县、邵阳县、鹤峰县、长阳土家族自治县等

在省域尺度,要把生态建设、道路建设和农业建设放在重要位置,具体措施如表6-39所示:①生态建设方面,要根据地区具体生态状况制定扶贫措施,使之更加具有针对性;将生态建设与农民脱贫相结合,如可以适当发展旅游业,为当地农民增加收益,带动贫困村经济发展;培养的生态建设专业人员,合理规划开发布局并科学有效地开发生态资源;相关政府部门可制定一系列鼓励政策,对保护生态环境工作中突出人员可给予适当精神或经济奖励。②道路建设方面,应进一步加大资金投入,建设并维护交通基础设施;对地势复杂的贫困地区,可派遣专业技术人员,现场指导人员修建道路;对于不同地区,需因地制宜,针对性地制定道路修建方案。③农业建设方面,应增加对农业的投资,实现农场化和工业化发展,进一步提高农业产值;国家相关部门可增加农业合作项目,给予农民更多的工作机会与技能培训,提高农业种植效率和质量;对农户可以进行牲畜、树木等饲养与种植的农业补贴,帮助贫困家庭自食其力,降低贫困发生率。

表6-39 省级扶贫建议

扶贫建议	具体措施	典型区域
生态建设	1) 根据地区制定相关政策 2) 将生态建设与农民脱贫有机结合 3) 培养生态建设专业人员,科学开发资源 4) 制定相关政策,调动群众生态保护积极性	湖北省、重庆市
道路建设	1) 增加道路建设资金投入 2) 派遣专业技术人员 3) 因地制宜,制定道路修建方案	湖南省、贵州省

---

① 武隆县于2016年11月24日改为武隆区。

续表

扶贫建议	具体措施	典型区域
农业建设	1）加大农业投资力度 2）增加农业合作项目 3）对农户给予适当农业补贴	贵州省、重庆市、湖南省

6.7 本章小结

本章通过对研究区贫困空间特征的分析，构建多尺度空间效应模型探究致贫因素，计算指标贡献度并划分贫困综合类型。首先基于武陵山片区"整村推进"统计数据，运用空间分析方法和数理统计方法，探究贫困的多尺度空间效应；其次结合空间贫困内涵，构建村-县-省三级贫困指标体系，并设计顾及多尺度空间效应模型，从村、县、省多个尺度探究致贫因素，并提出相应扶贫对策；最后根据建模结果，计算综合贫困指数、指标贡献度，通过最小方差法对贫困综合类型分类，并对指标贡献度和贫困综合类型进行空间分布特征分析。主要得到的结论如下。

1）通过对贫困村空间分布特征分析，发现武陵山片区内贫困特征在精准扶贫战略实施初期存在两个基本现象：①存在空间效应。贫困呈现集聚分布模式，呈现"大分散，小集中"的空间格局，并存在四个贫困集聚中心；总体趋势呈现西北高东南低。②存在多尺度背景效应。在尺度效应下，贫困村拥有最大贫困差异，应作为致贫因素探究的基本研究单元。因此，有必要构建顾及空间效应和多尺度背景效应的多尺度空间回归模型。

2）通过对贫困村多尺度空间建模分析，发现贫困村、县域和省域三个行政尺度均对贫困产生影响，并且影响程度依次降低；不同尺度上致贫因素存在差异，顾及空间多尺度效应的回归模型拟合效果更好。贫困村层面致贫因素依次为地形类型、通路率、人均耕地面积、劳动力比例和安全饮用水比例；县域层面致贫因素依次为人均收入、通客运班车的行政村比例、植被覆盖率、人均地方生产总值和地形起伏度；省域层面致贫因素依次为公路线网密度、森林覆盖率和农业增加值。

3）通过对贫困贡献度及贫困综合类型分析，发现生态维度为主要致贫维度，并且多数地区为多因素致贫类型。通过计算综合贫困指数，发现在不同尺度上，生态指标对贫困贡献度最大，其次为与农户生产生活、可持续发展直接相关的社会经济指标；对于贫困综合类型的划分，贫困村、行政县、省域分别可以划分为五类、四类和两类；多因素类型是主要贫困类型。贫困村层面上，贫困综合类型的空间分布格局呈现聚集特征。

7 贫困县多维贫困度量与减贫发展监测

根据我国政府"区域发展带动扶贫开发,扶贫开发促进区域发展"的减贫与发展思路,把贫困县作为制定和实施扶贫攻坚工程的基础,识别其贫困程度和贫困类型,提高因地制宜制定反贫困对策工作的"瞄准度",是实现国家面向21世纪全面脱贫战略决策的先决条件和国家"精准扶贫"战略实施的前提与保障。尽管国内外学者逐渐认识到贫困具有多维性、动态性、复杂性及地域性,部分学者还考虑到自然环境对贫困的影响,开始从经济、社会、环境等多个维度分析贫困机理和演变特征,然而这些研究由于切入点不同,贫困度量的指标体系构建尚不能全面反映国家精准扶贫和乡村振兴战略实施的核心需求,贫困特征的多角度定量探析尚需进一步深入完善;时空数据分析方法的应用存在不足,仍以截面描述分析为主;且由于数据获取限制,大都对某些局部县市区域或者几个片区进行研究,迄今仍缺少从国家层面上对国家扶贫开发主战场——连片特困区贫困县贫困动态演进特征的整体把握和分析。

在此背景下,本章综合考虑贫困的多维性、动态性、复杂性以及地域性,构建精准脱贫背景下的县级多维贫困监测模型,引入GIS空间计量和演化树模型等方法,系统测算全国14个连片特困区及贫困县的贫困程度,并多尺度多角度揭示全国贫困县的贫困分布空间格局、贫困结构的时空演化特征,全面把握中国多维贫困现状以及时空演化规律,为全面脱贫提供精准监测贫困对象减贫发展水平的辅助决策支持。

7.1 研究区与数据

本章选择《中国农村扶贫开发纲要(2011—2020年)》中规划的连片特困区(后文简称片区)作为研究区,共覆盖全国21个省级行政单元的680个片区贫困县。为了保证地理单元的连续性,便于后续分析对比,补充了国家过往划定的44个其他类型贫困县(非片区贫困县),共计724个县(市),占全国县的比例为25.3%,面积占全国的42.55%。14个片区均位于我国的中部和西部地区,主要分布在高原或山脉上,且大部分都是《全国生态脆弱区保护规划纲要》所确定的生态脆弱区。研究区整体上社会经济发展水平落后,贫困程度深,内部发展差异大,是我国贫困的重灾区,能更好地反映全国贫困状况。

本章所采用的基础设施、社会保障、教育医疗、经济发展等社会经济发展监测数据来自国务院扶贫开发领导小组办公室2010~2012年片区贫困县监测数据,生态环境数据来自于环境保护部[①]同期《中国环境状况公报》。基础地理数据主要包括国家1:25万基础地理数据、1:10万土地利用数据、90m分辨率的数字高程模型数据。数据使用前均进行

---

① 现为生态环境部。

了坐标系转换、地理配准、数据连接等预处理工作。

7.2 研究方法

借鉴相关研究,设计体现经济状态(贫困表象)、社会状态(生活保障能力)和生态环境状态(区域发展潜在能力)的县级多维贫困度量指标体系,构建县域贫困测度模型,并结合利用地统计方法,从自然、社会、经济三个维度对多维贫困特征进行综合度量和多尺度分类分析,多角度揭示全国贫困县贫困程度和贫困类型的分布特征。

7.2.1 基于综合贫困指数的县级多维贫困度量

7.2.1.1 县级多维贫困度量指标体系

全面系统的区域贫困测量分析需综合反映当地区域发展的自然现状、社会现状和经济现状(王艳慧等,2017)。为了响应国家精准扶贫战略,综合揭示14片区贫困县的贫困程度及其分异特征,本章从经济、社会、自然环境三个向度入手,可以得到自然致贫指数(natural poverty index, NPI)、社会致贫指数(social poverty index, SPI)和经济消贫指数(economic poverty index, EPI)3个子系统,共同构成综合贫困指数(poverty index, PI)。同时,每个子系统包括不同的维度,而维度则由不同的指标构成。综合考虑全面性、目的性、科学性、层次性、可操作性等评价指标选取基本要求,并响应指标的表征性和一致性要求,利用R聚类–变异系数方法对候选指标进行筛选(Wang and Chen, 2017),最终形成如表7-1所示的由3个向度、10个维度、29个指标共同组成的系统性县级多维贫困度量指标体系。其中,自然环境向度主要反映地形条件、区位优势以及生态环境;社会向度主要表征基础设施、文化教育、人口特征、卫生医疗以及社会保障等;经济向度主要涉及经济发展以及扶贫绩效等。这些指标基本覆盖了精准扶贫《中国农村扶贫开发纲要(2011—2020年)》核心监测指标,既充分考虑了空间因素对贫困发生的影响,又充分反映了区域的可持续发展能力和综合发展状况,兼具典型性和代表性。

表7-1 贫困县测算指标体系及其权重

向度	维度	评价指标	维度权重	指标的AHP主观权重	指标的EVM客观权重	基于博弈论的指标组合权重
自然环境	地形条件	平均海拔高度*	0.3	0.1200	0.3221	0.2223
		平均坡度(°)*		0.0900	0.1586	0.1247
		地形起伏度*(m)		0.0900	0.1387	0.1146
	区位优势	距最近地级以上市区的距离(km)	0.4	0.2000	0.0892	0.1439
		行政区域内路网密度(km/km²)		0.2000	0.1050	0.1519
	生态环境	生态敏感性*	0.3	0.0900	0.0260	0.0604
		生态修复力		0.0900	0.0627	0.0785
		生态压力度*		0.1200	0.0977	0.1036

续表

向度	维度	评价指标	维度权重	指标的AHP主观权重	指标的EVM客观权重	基于博弈论的指标组合权重
社会	人口特征	人口密度*（人/km²）	0.05	0.0325	0.0147	0.0222
		少数民族人口比例*		0.0175	0.1986	0.1223
	基础设施	通电行政村比例	0.3	0.0750	0.0319	0.0501
		安全饮用水行政村比例		0.0900	0.0945	0.0926
		通水泥/沥青公路行政村比例		0.0900	0.1041	0.0982
		通广播电视行政村比例		0.0300	0.0327	0.0316
		通宽带行政村比例		0.0150	0.1592	0.0985
	文化教育	幼儿园或学前班覆盖率	0.25	0.0800	0.0315	0.0519
		高中阶段毛入学率		0.1100	0.0334	0.0657
		文化/体育活动广场覆盖率		0.0600	0.1762	0.1273
	卫生医疗	卫生室覆盖率	0.3	0.1500	0.0645	0.1005
		每千人拥有卫生床位数		0.1500	0.0102	0.0691
	社会保障	每千人拥有社会福利院床位数	0.1	0.0400	0.0325	0.0537
		参加新型农村合作医疗保险比例		0.0300	0.0089	0.0178
		参加新型农村社会养老保险比例		0.0300	0.0070	0.0167
经济	经济发展	地方财政一般预算收入（万元）	0.7	0.2100	0.0360	0.1059
		地区生产总值（万元）		0.2100	0.1387	0.1673
		农民人均纯收入（元）		0.2800	0.0855	0.1636
	扶贫绩效	有经营农家乐的行政村比例	0.3	0.0900	0.1818	0.1449
		有农民专业合作经济组织的行政村比例		0.0900	0.4296	0.2932
		有贫困村互助资金组织的行政村比例		0.1200	0.1284	0.1250

注：*为正向指标，数值越大，对贫困的促进作用越强；反之为负向指标，数值越大，对贫困的减缓作用越强。

7.2.1.2 贫困指标标准化处理

由于每个指标的量纲不同，需要对指标进行标准化处理。为了使测量结果更加符合社会现实、更能反映各个研究单元的相对发展差异，本研究参考国家扶贫规划纲要、经济发展纲要等相关研究方法，采用分级（1~5级）赋值的方法对指标进行标准化处理。正向指标数值越大，等级越高，表示贫困程度越深；负向指标数值越大，等级越小，表示贫困程度越低。指标等级的划分首先采用等间距的方式，即将极差平均划分等级，为确保数据间的差异性，当某个等级比例高于50%时，再采用等频率分段法进行等级划分。

7.2.1.3 权重设定

本节采用基于博弈论思想的主客观组合赋权的方法确定指标的权重（陈烨烽等，

2016）。即运用层次分析法对各指标进行主观赋权，运用熵值法进行客观赋权，然后基于博弈论思想在两者之间寻找一致和妥协，即使得组合权重与各基本权重之间的偏差之和达到最小，最终得到的优化组合权重既考虑了决策者意向、顾及了研究区实际状况，又反映了评价指标的客观属性，减少了信息损失。

7.2.1.4 综合指数计算

首先对 NPI、SPI、EPI 进行加权计算。其计算公式如下：

$$\text{NPI} = \sum_{i=1}^{n} I_i \omega_i \tag{7-1}$$

式中，NPI 代表自然致贫指数；n 代表子系统内指标的数量；I_i 代表第 i 指标经标准化后的值；ω_i 代表第 i 指标的权重。SPI、EPI 的计算方法与 NPI 相同。

通过综合指数法聚合 NPI、SPI、EPI 得到表征区域综合贫困程度的 PI，其计算公式如下：

$$\text{PI} = \omega_{\text{NPI}}\text{NPI} + \omega_{\text{SPI}}\text{SPI} + \omega_{\text{EPI}}\text{EPI} \tag{7-2}$$

式中，ω_{NPI}、ω_{SPI}、ω_{EPI} 分别代表自然致贫指数、社会致贫指数以及经济消贫指数的权重值。

各指标的贫困贡献度（C_i）的计算公式如下：

$$C_i = \frac{\omega_D \omega_i I_i}{\text{PI}} \tag{7-3}$$

式中，ω_D 代表第 i 指标所在子系统的权重，即 ω_{NPI}、ω_{SPI}、ω_{EPI}；ω_i 代表第 i 指标在子系统内的权重值；I_i 同上；PI 为综合贫困指数。

7.2.2 基于最小方差模型（LSE）的贫困类型度量

本节基于最小方差模型（LSE）辨识各贫困县的显著性致贫因素和贫困类型，模型的原理是寻找实际分布与理论分布之间的最小偏差，进而确定其贫困类型和显著性致贫因素。其公式如下：

$$S^2 = \frac{1}{n}\sum_{i=1}^{n}(x_i - y_i)^2 \tag{7-4}$$

式中，S^2 代表方差；x_i 代表将贫困县的向度/维度贡献度由大到小排列后的第 i 位的向度/维度贡献度；y_i 代表理论模型向度/维度贡献度由大到小排列后的第 i 位向度/维度贡献度。LSE 的具体流程如下：

定义理论模型，在向度层面，可以将贫困类型划分为主导型（自然因素主导型、社会因素主导型、经济因素主导型）、协同作用型（自然-社会协同型、自然-经济协同型、社会-经济协同型）、社会-自然-经济综合型。该理论模型假设如下：如果为主导型，表明只有一个向度致贫且贡献度为 1，其余向度贡献度都为 0；若为协同型，则只有两个向度致贫且贡献度各为 0.5，其余向度贡献度为 0；综合型，三个向度都是致贫向度，贡献度三等分。在维度层面，根据致贫维度的个数对贫困类型进行细分，共划分为 10 种类型

(单因素型、双因素型、三因素—十因素型)。模型的理论假设和向度层面类似,假设存在 N ($1 \leq N \leq 10$) 个致贫维度,则每个维度的贡献度均为 $1/N$,其余维度的贡献度为 0。最后根据向度和维度的划分结果,判断贫困县点的组合类型。

计算过程如下:根据式 (7-3) 分别计算得到每个指标的贡献度,经加和得到每个县的维度贡献度和向度贡献度,并按贡献度大小进行降序排列,再分别计算排序后实际贡献度与每个理论模型贡献度的方差。最后确定与实际贡献度分布方差最小的向度理论模型和维度理论模型,组合后即为贫困县的贫困类型。

7.2.3 贫困空间分布格局分析方法

7.2.3.1 空间自相关分析

空间自相关分析可以揭示空间单元的相关观测值之间潜在的相互依赖性,分为全局空间自相关和局部空间自相关。本小节通过全局 Moran' I 指数和 LISA 聚类图来分析贫困的空间自相关效应和其空间分析性,全局 Moran' I 指数越高,表示贫困的空间依赖程度越强。局部空间关系可以分为 4 种类型:高-高贫困区 (HH)、低-低贫困区 (LL)、高-低贫困区 (HL)、低-高贫困区 (LH),分别揭示区域自身贫困与周围相邻地区贫困程度的显著空间正相关 (贫困程度相似) 或负相关 (贫困程度相异) 聚集关系。

7.2.3.2 加权核密度模型

本小节提取贫困县的几何中心点作为统计对象,以贫困县贫困程度作为权重,引入加权核密度模型揭示 14 连片特困区贫困县的空间分布密度,并利用自然断点法将加权核密度划分为三个等级的贫困核心区域,以期更加科学合理地分析贫困县的贫困空间分布异质性 (陈烨烽等,2016)。其公式如下:

$$P(x) = \frac{1}{h^2} \sum_{i=1}^{n} \left\{ K\left[\frac{d(x, x_i)}{h} \right] \right\} \tag{7-5}$$

式中, n 表中半径为 r 的圆范围内所包含的事件数量; K 函数表示空间权重函数; h 表示距离阈值即 r; $d(x, x_i)$ 表示两点间的欧式距离。

7.2.3.3 演化分析方法

本小节基于生命演变与进化思想,构建演化树描述 14 个片区贫困县的动态演进过程,反映不同贫困结构的贫困县的演化路径。作为一种基于数据重构反映演化格局的方法,演化树又称系统发生树,其核心理念是:个体状态变化形成状态空间的演化路径,多个个体的演化路径产生状态空间的层次结构。演化树通过分类、编码、建树等流程,建立了属性状态空间和时空格局之间的映射关系,反映了属性值由量变到质变导致状态变化的时空格局。基于此原理,本研究构建的减贫演化树建模过程如下:

1) 分类。采用 k-means 聚类算法对贫困县或片区进行聚类,将其划分为不同的贫困结构类型,这种划分方式会极大地避免主观条件的约束,仅根据数据的统计学特征进行分类,将演化规律放大,通过挖掘每种分类的特征,使演化规律更具有实际的意义。

2)编码。每个贫困县或片区都分配一个三位数代码。第一位、第二位、第三位数字分别为2010年、2011年、2012年的贫困等级。

3)建树。每一类贫困县或片区组成一根树干,树干的上下位置根据贫困指数的大小进行排列,越靠近上层,树干的贫困指数越小,每一个个体作为一个树叶分布在树干上,贫困指数越小的树叶,其位置越靠近主干,同一个树枝上,靠近树干的贫困县具有向远离树干的贫困县发展演化的趋势。

在一定时间内,该模型可以根据片区或贫困县在演化树上的位置对其在扶贫开发中的减贫发展趋势进行预测,但在扶贫开发过程中,各片区或贫困县在各维度的发展情况存在较大的差异,各维度发展不均衡,导致贫困结构发生变化,相应的演化路径也会发生变化。因此,必须结合各维度的发展状况才能实现准确预测。

7.3 基于截面数据的贫困县度量与分析

以2012年典型年份为例,以县作为评价单元,系统剖析研究区当年的贫困现状及其多尺度空间分布格局。

7.3.1 多尺度贫困现状分析

利用上述多维贫困度量模型计算得到区域综合贫困程度度量值 PI 及每个子系统(自然、社会、经济)的评价值。将各评价值按等间距的方式划分为4个等级(低度、较低、中度以及高度),以更方便突出各级贫困的空间聚集情况,结果如图7-1所示。

7.3.1.1 全国尺度

2012年,全国14个连片特困区的724个贫困县中,304个县的 PI 分布在 0.500~0.600,另外有134个县的 PI 小于0.500,有286个县的 PI 大于0.600。贫困程度表现为较低贫困和中度贫困多、低度贫困和高度贫困少的"橄榄型"分布结构。综合贫困程度最低的贫困县是大别山区的潜山县,$PI=0.296$;综合贫困程度最高的贫困县是西藏地区的嘉黎县,$PI=0.893$,两者差距较大,说明在研究区内贫困程度存在较大的差异。

7.3.1.2 片区尺度

各片区按照 PI 值由小到大进行排序,结果如表7-2所示。贫困程度排名前3位的是西藏地区、四省藏区和新疆南疆三地州,这三个片区地跨6个省级行政单元,面积约为275.4万 km^2,约占我国陆地面积的28.7%,同时,其地处内陆深处,受自然环境的约束,经济发展落后,所以一度长期保持较高的贫困程度,也是中央的扶贫重点,且在2011年之前就已明确实施特殊政策,其脱贫力度也远大于其他片区。具有较高贫困程度的是乌蒙山区、滇西边境山区、六盘山区和滇桂黔石漠化区,PI 值属于 0.500~0.600,这4个片区共有274个贫困县,占研究区总数的37.85%,曾是国家扶贫攻坚的难点。处于较低贫

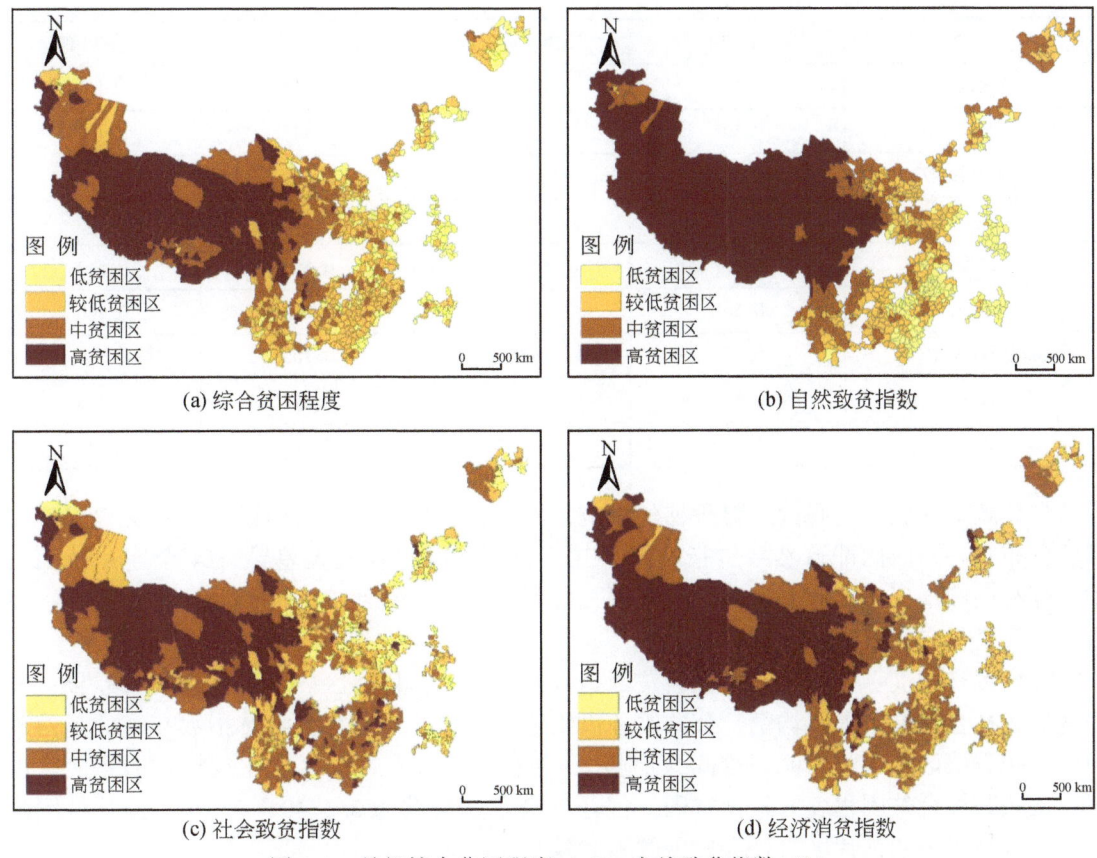

图 7-1 县级综合贫困程度（a）、自然致贫指数（b）、
社会致贫指数（c）和经济消贫指数（d）空间分布

困程度的片区是大兴安岭南麓山区、吕梁山区、秦巴山区、武陵山片区，这 4 个片区的 PI 值十分接近，表明其具有相同的贫困程度；这 4 个片区均处于省级边界地带，远离经济中心，如秦巴山区处于陕西、河南、四川、重庆、湖北和甘肃接壤地带，经济发展发展滞后，受经济中心的带动作用较小。低贫困程度的片区是燕山-太行山区、大别山区和罗霄山区，这 3 个片区的地形同样以山地为主，产业基础薄弱，经济发展落后，但与其他的片区相比，发展条件和潜力均优于其他片区。

表 7-2 研究区片区层面上贫困特征度量值

片区名	自然致贫指数	社会致贫指数	经济消贫指数	综合 PI 值
大别山区	0.333	0.470	0.424	0.399
罗霄山区	0.351	0.445	0.555	0.429
燕山-太行山区	0.457	0.419	0.487	0.451
武陵山区	0.398	0.574	0.540	0.490
秦巴山区	0.481	0.480	0.531	0.492

续表

片区名	自然致贫指数	社会致贫指数	经济消贫指数	综合 PI 值
吕梁山区	0.481	0.459	0.573	0.495
大兴安岭南麓山区	0.505	0.523	0.447	0.498
滇桂黔石漠化区	0.416	0.583	0.629	0.521
六盘山区	0.512	0.516	0.562	0.525
滇西边境山区	0.527	0.552	0.555	0.542
乌蒙山区	0.501	0.607	0.600	0.560
新疆南疆三地州	0.762	0.569	0.705	0.685
四省藏区	0.767	0.656	0.672	0.708
西藏地区	0.829	0.717	0.812	0.788

自然致贫向度：受我国地势阶梯的影响，自然致贫指数由东向西逐渐变大，也呈现阶梯状分布；各片区内部自然致贫指数差异较小，片区间存在较大差异。14 个连片特困区中，存在西藏地区、四省藏区、新疆南疆三地州 3 个高自然致贫片区，以及大别山区和罗霄山区两个低自然致贫片区。

社会致贫向度：各片区间的社会贫困指数差异较大，且片区内部也存在较大差异，表明各地区社会发展水平不均衡，公共服务供给存在较大差异。社会致贫指数较高的是西藏地区、四省藏区和乌蒙山区，较低的是燕山-太行山区和罗霄山区。比较特殊的是武陵山区，虽然其综合贫困程度为较低贫困，但是社会致贫指数为 0.5740，在 14 个连片特困区中排名较高，表明该片区受社会发展的限制较大。

经济消贫向度：14 个片区贫困县之间的经济发展存在较大差异，依然存在西藏地区、四省藏区、新疆南疆三地州 3 个高经济消贫区，其经济发展条件较差，导致经济消贫作用相对较弱。经济消贫指数较低的是大别山区、大兴安岭南麓山区、燕山-太行山区，其发展条件和潜力相对较好，扶贫绩效佳。

7.3.1.3 省级尺度

14 个连片特困区共涉及 21 个省级行政单元，全部位于中西部地区，按照 2012 年的综合贫困程度进行排列，排序结果如表 7-3 所示。西藏自治区是当时贫困程度最深的省级行政区，也是唯一一个全区均为贫困县的省级行政，且高度贫困县占到全区的 84.93%。贫困县数量较多的省还有云南省、甘肃省和贵州省，其中，云南省贫困县数量最多。这些地区因为贫困县数量较多，所以扶贫的难度较大，其经济发展缓慢，在贫困陷阱中难以自拔。内部贫困程度差异较大的是四川省和甘肃省，同时包括低度、较低、中度、高度 4 种贫困程度的贫困县，且中度贫困县和高度贫困县的比例大，整体的贫困程度较高。贫困程度最低的是安徽省，不仅贫困县的数量较少，且以低度贫困县为主；其贫困县全部属于大别山区，位于安徽省西部。处于较低贫困水平的地区还有江西省和河北省，分别属于罗霄山区和燕山-太行山区，其境内均没有中度贫困县和高度贫困县，而且整体数量上也比较少，所以扶贫的难度也相对较小。

表 7-3 各省级行政单元贫困县统计表

省级行政单元	PI 值	研究区内各省的数量（个）	低度贫困县比例（%）	较低贫困县比例（%）	中度贫困县比例（%）	高度贫困县比例（%）
安徽省	0.3718	12	91.67	8.33	0.00	0.00
江西省	0.4164	18	88.89	11.11	0.00	0.00
河北省	0.4313	22	50.00	50.00	0.00	0.00
河南省	0.4381	27	62.96	33.33	3.70	0.00
吉林省	0.4412	5	60.00	40.00	0.00	0.00
重庆市	0.4522	12	50.00	50.00	0.00	0.00
湖北省	0.4548	28	46.43	46.43	7.14	0.00
山西省	0.4714	21	14.29	85.71	0.00	0.00
黑龙江省	0.4717	11	18.18	72.73	9.09	0.00
陕西省	0.4788	46	26.09	50.00	23.91	0.00
湖南省	0.4927	39	20.51	66.67	12.82	0.00
宁夏回族自治区	0.4996	7	14.29	71.43	14.29	0.00
广西壮族自治区	0.5063	42	14.29	59.52	26.19	0.00
贵州省	0.5288	69	8.70	43.48	47.83	0.00
内蒙古自治区	0.5429	9	0.00	44.44	55.56	0.00
云南省	0.5481	97	0.00	46.39	50.52	3.09
甘肃省	0.5608	63	6.35	38.10	52.38	3.17
新疆维吾尔自治区	0.6850	23	0.00	13.04	52.17	34.78
四川省	0.6967	64	7.81	18.75	26.56	46.88
青海省	0.6984	36	0.00	11.11	44.44	44.44
西藏自治区	0.7878	73	0.00	0.00	15.07	84.93

7.3.2 贫困空间格局分析

7.3.2.1 贫困空间异质性格局

2012 年贫困程度的加权核密度分布图如图 7-2 所示。可以看出，在滇西边境山区与滇桂黔石漠化区的交界地带、四省藏区与六盘山区的交界地带、乌蒙山区、武陵山区存在明显的贫困集聚现象。同时，根据加权核密度模型计算结果，14 个片区存在 2 个"一级核心"、5 个"二级核心"以及多个"三级核心"，呈现出不同量级、"星点"式贫困核心分散分布的空间异质性格局。其中，第一个"一级核心"出现在武陵山区与滇桂黔石漠化区的交界处，同时处在贵州省和湖南省的交界处。分析其产生原因：一方面贵州、湖南的贫困人口规模大、贫困程度高，辐射地区多为山地地形且少数民族人口众多，另一方面处于省际交界地带，远离经济中心，受经济中心辐射带动作用小，经济发展滞后。第二个"一级核心"位于六盘山区与四省藏区的交界处，同时也位于青海省和甘肃省的交界地带，在地形地貌上位于青藏高原和黄土高原的交界处，同时也在我国地势第一阶梯和第二阶梯的交界线上，行政边缘化、经济边缘化、地理边缘化的叠加效应明显。同时地处我国西北偏远的干旱半干旱地区，生态环境脆弱，水土流失严重，自然灾害频发，自然条件成为经济发展的先天性障碍。5 个"二级核心"分别位于滇西边境山区、滇桂黔石漠化区、乌蒙山区、六盘山区、西藏地区境内。"三级核心"则多分布在其余片区内。分析"核心"的成因，一是贫困县集中分布且数量较多；二是贫困程度较高，如西藏地区，虽然贫困县的密度较小，但由于贫困程度较高依旧形成了一个"二级核心"。

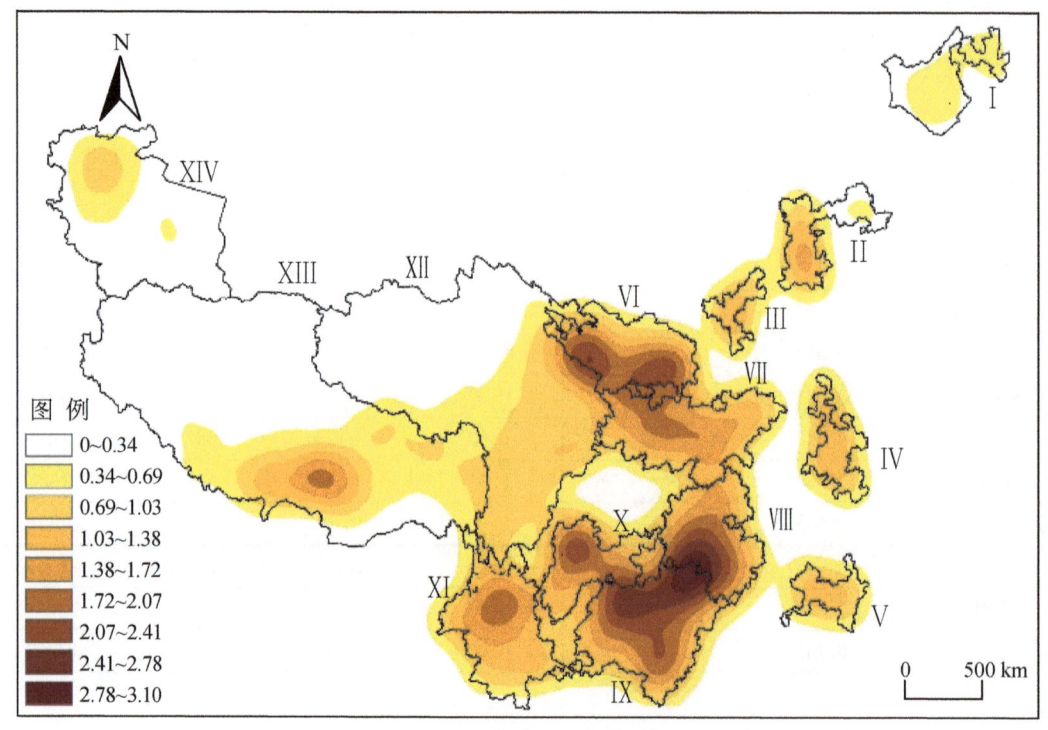

图 7-2　2012 年贫困程度的加权核密度分布图

7.3.2.2　贫困空间依赖性格局

全局空间自相关分析计算结果如表 7-4 所示。PI 的全局 Moran's I 指数为 0.41，且通过显著性检验，表明 14 个连片特困区内贫困县的多维贫困存在较强的空间依赖性。自然致贫指数全局 Moran's I 指数最大，说明自然致贫指数的空间依赖性最强，地区发展较难突破自然环境的约束，产生空间贫困陷阱，出现持续的贫困状况。社会致贫指数和经济消贫指数虽然也有聚集趋势，但聚集程度不如自然致贫指数和综合贫困指数。

表 7-4　片区县贫困综合指数空间自相关检验

测算指标	Moran's I	Z
综合贫困指数	0.41	45.87

续表

测算指标	Moran's I	Z
自然致贫指数	0.54	60.49
社会致贫指数	0.28	31.24
经济消贫指数	0.23	25.73

经局部空间自相关方法得到LISA图，如图7-3所示，整个研究区内综合贫困指数PI整体西高东低的"阶梯状"分布格局，没有低–高贫困区类型，主要是高–高贫困区和低–低贫困区，并且这两种类型以胡焕庸线为界，划分明显。高–高贫困区主要分布在西藏地区、新疆南疆三地州、四省藏区、乌蒙山区；低–低贫困区主要分布在燕山–太行山区、大别山区、秦巴山区、罗霄山区、武陵山区；高–低贫困区只有六盘山区的彬县（现为彬州市）。自然贫困指数的局部聚集特征和综合贫困指数相似，都是只有高–高贫困区和低–低贫困区两种类型，不同的是两种类型的胡焕庸线分界更加显著。同时低–低贫困区的分布向南偏移，主要分布在大别山区、罗霄山区、武陵山区、滇桂黔石漠化区；高–高贫困区分布的范围更广，整个西藏地区、新疆南疆三地州和四省藏区大部分地区都是高–高贫困区。社会致贫指数和经济消贫指数则四种类型都存在，表现为高–高贫困区、低–低贫困区集中式分布，低–高贫困区、高–低贫困区离散夹杂式分布。

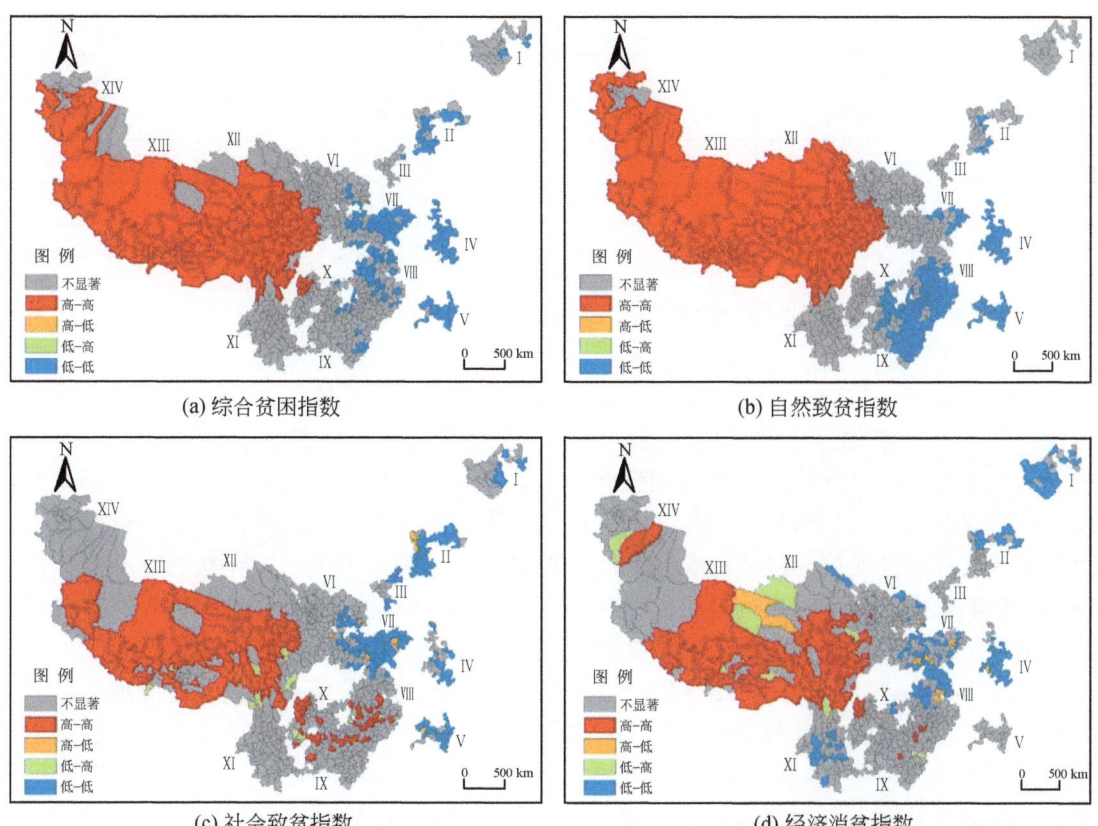

图7-3 片区县综合贫困指数（a）、自然致贫指数（b）、社会致贫指数（c）、
经济消贫指数（d）空间自相关空间分布

7.3.3 研究区贫困类型

本小节通过 LSE 模型对 2012 年贫困县的贫困类型进行分类，分类结果如表 7-5 所示，共产生 9 种组合类型。在向度层面，贫困县的类型分为两种，分别是自然-社会协同作用型和自然-社会-经济综合型，协同型贫困县有四省藏区的祁连县、武陵山区的长阳土家族自治县、秦巴山区的城口县、西藏自治区的拉萨市市区、新疆南疆三地州的叶城县等 12 个县，综合型贫困县有 712 个，占全部县的 98.34%，说明研究区贫困县的贫困不仅仅只源于经济发展落后，更多的是受到自然、社会等资源禀赋的约束。在维度层面对贫困类型进行细分，由表 7-5 可知，致贫维度的数量在 5~10，即贫困县的致贫维度至少有 5 个，且全部是自然-社会-经济综合型贫困县，说明目前我国贫困县的贫困状况是多种因素共同作用的结果。类型数量最多的是七因素综合型，共有 387 个县，占全部的 53.45%，数量最少的是十因素综合型，仅有 1 个县，为乌蒙山区的大方县。各类型贫困县的空间分布如表 7-5 所示，由于七因素综合型和八因素综合型为主要贫困类型，呈现连片分布，而其他贫困类型数量较少，空间分布比较分散。

表 7-5　不同类型贫困县数量统计表

贫困县类型	贫困县数量	贫困县类型	贫困县数量
六因素自然-社会协同型	3	七因素综合型	387
七因素自然-社会协同型	4	八因素综合型	189
八因素自然-社会协同型	5	九因素综合型	43
五因素综合型	6	十因素综合型	1
六因素综合型	86		

7.3.4 主致贫因素分析

在维度层面，将 2012 年贫困县的各致贫因素按照致贫贡献度由大到小排列，依次是区位优势、地形条件、扶贫绩效、基础设施、经济发展、生态环境、文化教育、人口特征、医疗卫生、社会保障。结果表明虽然经济发展对贫困依然有重要的影响，但是生态环境、自然禀赋恶劣恶化所导致的生态贫困已经成为我国大部分地区贫困的区域性特征，而且随着扶贫开发的实施，经济消贫的速度会越来越慢，医疗卫生、文化教育、社会保障对贫困的影响逐渐增强。为更好地研究致贫因素对贫困的影响，本小节选择前 6 个致贫因素作为主致贫因素进行分析，其致贫贡献度空间分布如图 7-4 所示。

从图 7-4（a）可以看出，2012 年 14 个连片特困区的区位条件对该片区发展有较大的影响。尤其是大兴安岭南麓山区，整体呈现较高的贡献度，同时区位条件贡献度较高的贫困县多位于连片特困区的边界处，同时也是个各省的边界，远离经济中心，发展动力较小；同时这些地区多分布在高原或山脉，恶劣的地貌环境增加了修建道路的成本和难度，道路密度都比较低，交通闭塞。

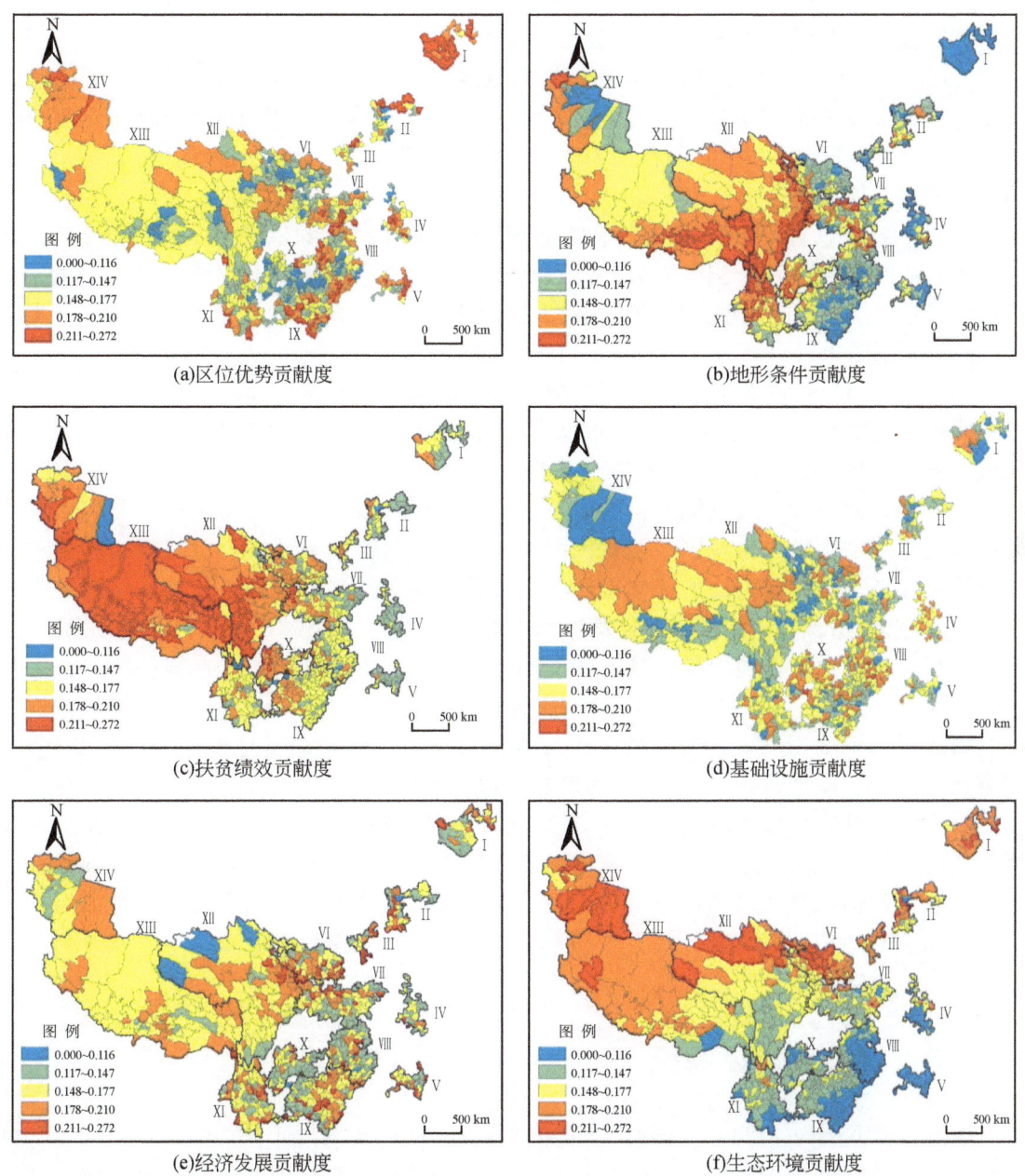

图 7-4 主要致贫因素空间分布

由图 7-4（b）可知，在研究区内，2012 年地形条件贡献度主要呈现西高东低的趋势，贡献度较高的地区主要分布在西藏高原和云贵高原。对比图 7-4（b）、图 7-4（a）、图 7-4（f）不难发现，地形条件与生态环境、区位优势等因素息息相关，地形条件较差的地区往往是生态脆弱地区，同时自然灾害频发，基础设施建设成本较高，导致这类地区受到自然环境的约束，容易产生持续贫困的空间贫困陷阱。

分析图 7-4（c）发现，2012 年扶贫绩效的贡献度呈现东高西低的趋势，与地形条件贡献度的趋势正好相反。贡献度较低的区域主要位于西藏、新疆和青海，其一直是我国的扶贫开发重点，受到的扶持力度也比较大，所以其扶贫绩效相对其他地区普遍较好。

据图7-4（d）所示，2012年基础设施贡献度的空间分布没有明显的规律，贡献度较高的片区是西藏地区、四省藏区、武陵山区、滇西边境山区和乌蒙山区。这些地区不仅地形条件较差，而且经济发展比较落后，所以基础设施建设的难度较大，无法保证通电、通路，造成地区贫困。

对图7-4（e）进行分析，2012年受经济发展影响较严重的地区主要是四省藏区、六盘山区、秦巴山区的交界地区，西藏地区、四省藏区、滇桂黔石漠化区受经济发展的影响也比较严重。这些地区地理区位相对偏远，交通比较闭塞，经济发展潜力比较低，长期陷入空间贫困陷阱中。

从图7-4（f）可以看出，2012年，胡焕庸线能够很好地刻画生态环境贡献度的空间分布特征：胡焕庸线以西生态环境的贡献度都比较高，胡焕庸线以东生态环境的贡献度比较低，呈现出西高东低的"阶梯状"分布格局。

由上文分析可知，区位优势、地形条件等自然环境因素已经成为主要致贫因素，由此产生的生态贫困已成为我国区域贫困的主要类型。尽管国家精准扶贫战略实施进程中地方扶贫业务工作主要关注的依然是经济发展，但随着扶贫开发的进行，经济消贫的效果会越来越差，自然环境以及社会发展对贫困的影响会越来越明显，所以在扶贫开发中，应充分重视生态环境保护，减少贫困地区因自然灾害、环境恶化造成的损失，逐步消除"生态劣势"。对于自然环境恶劣的地区，伴随国家推进新农村建设、整村推进和小城镇建设的策略，可以对符合条件的村落和农户实行有效的易地搬迁和小村镇建设，围绕新的集中居住地形成一定人口规模的村镇，调整农业生产结构，提高农民经济收入。对于经济发展比较落后的地区，应该充分利用地方特色，发展特色产业，拓宽农民增收渠道，建立农民实用技术培训机构，提高贫困人口增收能力。同时政府应加强社会扶贫引导，鼓励脱贫互助和自我反贫困，提高经济消贫能力。对社会发展较为滞后的地区，应加快基础建设，改善公共卫生和人口服务管理、完善社会保障制度，减少因公共服务缺失造成的贫困。

7.3.5 贫困总体特征

通过上述方法构建体现经济状态（贫困表象）、社会状态（生活保障能力）和自然环境状态（区域发展潜在能力）的县级多维贫困度量模型，基于2012年的片区贫困县监测数据，从地形条件、区位优势、生态环境、人口特征、基础设施等10个维度系统剖析贫困县的贫困程度、贫困类型、致贫原因及其空间分布特征。得到以下结论：

1）2012年的贫困现状。全国尺度下，我国贫困县呈较低贫困和中度贫困多、低度贫困和高度贫困少的"橄榄型"分布结构。片区尺度下，各片区综合贫困程度排名依次为：西藏地区>四省藏区>新疆南疆三地州>乌蒙山区>滇西边境山区>六盘山区>滇桂黔石漠化区>大兴安岭南麓山区>吕梁山区>秦巴山区>武陵山区>燕山-太行山区>罗霄山区>大别山区。省级尺度下，贫困程度较深的是西藏自治区、青海省、四川省、新疆维吾尔自治区、甘肃省、云南省；贫困程度较低的是安徽省、江西省；贫困县数量最多的是云南省，最少的为吉林省。东西部存在较大的差异，同时存在贫困分布广、扶贫难度大等特点，所以需要社会各界参与扶贫，根据贫困分布差异统筹资源分配，加强东西部扶贫协作。

2) 2012 年的贫困空间分布格局。全国 14 个片区贫困县存在较强的全局聚集特性，局部空间依赖性格局为高-高、低-低集中式分布，低-高、高-低离散夹杂式分布，且表现为西高东低的"阶梯状"格局。同时存在 2 个"一级核心"、5 个"二级核心"以及多个"三级核心"的贫困聚集分布区，呈现出不同量级、"星点"式贫困核心分散分布的空间异质性格局，胡焕庸线两侧的贫困分布特征差异明显。

3) 2012 年的贫困类型和主要致贫因素。七因素综合型贫困县数量最多，其他类型贫困县数量较少，空间分布也比较分散。区位优势、地形条件等自然环境因素已经成为主要致贫因素，由此产生的生态贫困已成为我国大部分地区贫困的区域性特征。

本节通过对 2012 年全国贫困县贫困特征的探析，可以帮助各级政府部门在宏观上把握全国各片区的总体贫困分异规律，在省级中观层面及县级微观层面有利于采取针对性的帮扶措施，实现"对症下药"。与基于收入的评价方法相比，多维评价结果更接近真实的贫困现状，加入自然环境等非可控因素，不仅可以实现对贫困现状的评价，还可以体现出贫困的脆弱性，对于自然环境较差的地区，其贫困发生的可能性大，且应对贫困的能力弱，为贫困脆弱区。不同于其他的多维评价方法，本节划分的 10 个维度能更加详细地反映各行业发展状况，其分析结果能为行业扶贫提供决策支持，更好地服务于"三位一体"的大扶贫开发格局。本研究基于贫困县得到了全国的贫困分布特征，结果与基于贫困村的探测结果基本吻合，验证了结果的真实性和有效性，说明本研究可以为更好地解决"扶持谁"以及"先扶谁"的贫困县精准扶贫工作提供技术方法支持和业务实践帮助，为实施国家精准扶贫战略提供导向支持。

7.4 基于面板数据的贫困县监测与分析

基于 2010~2012 年的贫困县监测面板基础数据，以县作为评价单元，系统剖析研究时间区间内研究区减贫发展现状及其多尺度时空分布格局。

7.4.1 多尺度综合贫困分析

利用县级综合贫困指数度量模型计算得到 2010~2012 年的 PI。将贫困程度按贫困级别进一步细分为低度贫困（1~3 级）、较低贫困（4 级）、中度贫困（5~6 级）以及高度贫困（7~10 级）。

2010~2012 年全国 14 个连片特困区 724 个贫困县的平均 PI 值分别为 0.539、0.509、0.474，PI 持续下降，整个研究区的贫困状况逐渐好转。从 PI 的统计分布来看，PI 大致符合正态分布，且 2010~2012 年正态分布曲线的标准差 σ 分别为 0.0931、0.0984、0.0988，PI 值的离散程度逐年增大，即各县之间的贫困差异逐渐扩大。2010 年的正态分布曲线峰值最高，峰值位于 PI = 0.520 处，其频数为 80，2011 年的正态分布曲线与 2010 年相比，变化主要体现在峰值的降低,即离散程度的变化,说明减贫的速度存在较大差异,表现为局部突出减贫;2012年与2011年相比,主要表现为正态分布曲线的平移,说明整个研究区各县的减贫比较均衡,表现为全局均衡减贫。从空间分布上来看,PI值的空间分布呈现西高东低的"阶梯状"分布格局,且2012年的阶梯状分布特征最为明显,随着各县PI值的降低,各县的减贫速度存在差异,这种空间分布特征逐渐变弱。

以2010年的PI值对各片区由小到大进行排序,结果如表7-6所示,贫困程度最高的是西藏地区,且2010~2011年、2011~2012年的环比减贫速度都处于较低水平,新疆南疆三地州与四省藏区同样是高贫困片区,但新疆南疆三地州连续两年一直保持超过5.00%的减贫速度,而四省藏区2010~2011年的环比减贫速度仅有2.40%,所以在2011年新疆南疆三地州反超了四省藏区。秦巴山区、罗霄山区、吕梁山片区和滇黔桂石漠化区连续两年持续保持较高减贫速度,处于稳定减贫状态。大别山区、乌蒙山区的环比减贫速度略有下降,大别山片区主要是因为整体处于较低贫困水平,减贫的难度较大,速度减慢。其他片区的环比减贫速度都在持续加快。

表7-6 各片区贫困指数统计表

片区	2010年综合贫困指数	2011年综合贫困指数	2012年综合贫困指数	2010~2011年环比减贫速速(%)	2011~2012年环比减贫速速(%)
大别山区	0.407	0.369	0.345	9.35	6.71
罗霄山区	0.438	0.414	0.391	5.48	5.66
燕山-太行山区	0.454	0.432	0.397	4.83	8.09
大兴安岭南麓山区	0.465	0.442	0.397	4.88	10.25
吕梁山区	0.487	0.453	0.422	6.99	6.80
滇西边境山区	0.496	0.468	0.439	5.61	6.20
秦巴山区	0.501	0.460	0.427	8.21	7.13
武陵山区	0.504	0.481	0.442	4.55	8.11
六盘山区	0.522	0.493	0.454	5.59	7.84
滇桂黔石漠化区	0.558	0.509	0.470	8.74	7.67
乌蒙山区	0.565	0.528	0.503	6.57	4.78
四省藏区	0.620	0.605	0.576	2.40	4.79
新疆南疆三地州	0.627	0.591	0.560	5.69	5.17
西藏地区	0.699	0.695	0.650	0.66	6.52

从省级尺度来看(表7-7),受到"中部崛起"国家战略的推动,中部地区的减贫速度普遍较高,基本保持在7%~10%,且环比减贫速度逐年加快。西部地区由于基础较差,整体减贫速度较慢,与中部地区有一定的差距,但期间也有了大幅度的提升。同一片区的不同地区减贫速度存在较大差异,主要源于行政分割,不同地区之间扶贫政策和发展方向都不相同,使得贫困状况存在较大差异。

表 7-7　各省级行政单位贫困指数统计表

省级行政单元	2010年综合贫困指数	2011年综合贫困指数	2012年综合贫困指数	2010~2011年环比减贫速速（%）	2011~2012年环比减贫速速（%）
安徽省	0.366	0.323	0.302	11.59	6.74
吉林省	0.416	0.401	0.336	3.62	16.30
江西省	0.423	0.398	0.379	5.94	4.74
黑龙江	0.431	0.404	0.365	6.21	9.65
河南省	0.437	0.401	0.372	8.21	7.25
河北省	0.441	0.420	0.385	4.83	8.24
山西省	0.451	0.415	0.384	8.09	7.50
重庆市	0.467	0.423	0.380	9.42	10.19
湖北省	0.483	0.449	0.411	7.02	8.46
宁夏回族自治区	0.484	0.465	0.421	3.92	9.50
陕西省	0.484	0.449	0.413	7.20	8.15
湖南省	0.504	0.488	0.450	3.17	7.66
云南省	0.514	0.479	0.453	6.67	5.47
内蒙古自治区	0.521	0.499	0.456	4.34	8.57
广西壮族自治区	0.543	0.499	0.455	8.09	8.94
甘肃省	0.555	0.521	0.479	6.02	8.16
贵州省	0.558	0.517	0.481	7.49	6.92
青海省	0.600	0.590	0.564	1.66	4.34
新疆维吾尔自治区	0.626	0.591	0.560	5.69	5.16
四川省	0.646	0.619	0.589	4.21	4.90
西藏自治区	0.700	0.695	0.650	0.65	6.52

7.4.2　各维度减贫发展态势

在维度层面，将10个维度按照致贫贡献度由大到小排列，依次是经济发展、扶贫绩效、文化教育、基础设施、地形条件、医疗卫生、区位优势、生态环境、社会保障、人口特征。结果表明，虽然经济发展对贫困依然有重要的影响，但是生态环境、自然禀赋恶劣恶化所导致的生态贫困已经逐渐成为我国大部分地区贫困的区域性特征，而且随着扶贫开发的实施，经济消贫的速度会越来越慢，医疗卫生、文化教育、社会保障对贫困的影响逐渐增强，生态环境等自然条件成为减贫的关键。本研究选择经济发展、扶贫绩效、文化教育、基础设施、医疗卫生、生态环境、社会保障、人口特征共8个发生显著变化的维度进行研究，并利用组合分类方法将各维度划分为8种类型，其类型分布结果如图7-5所示。

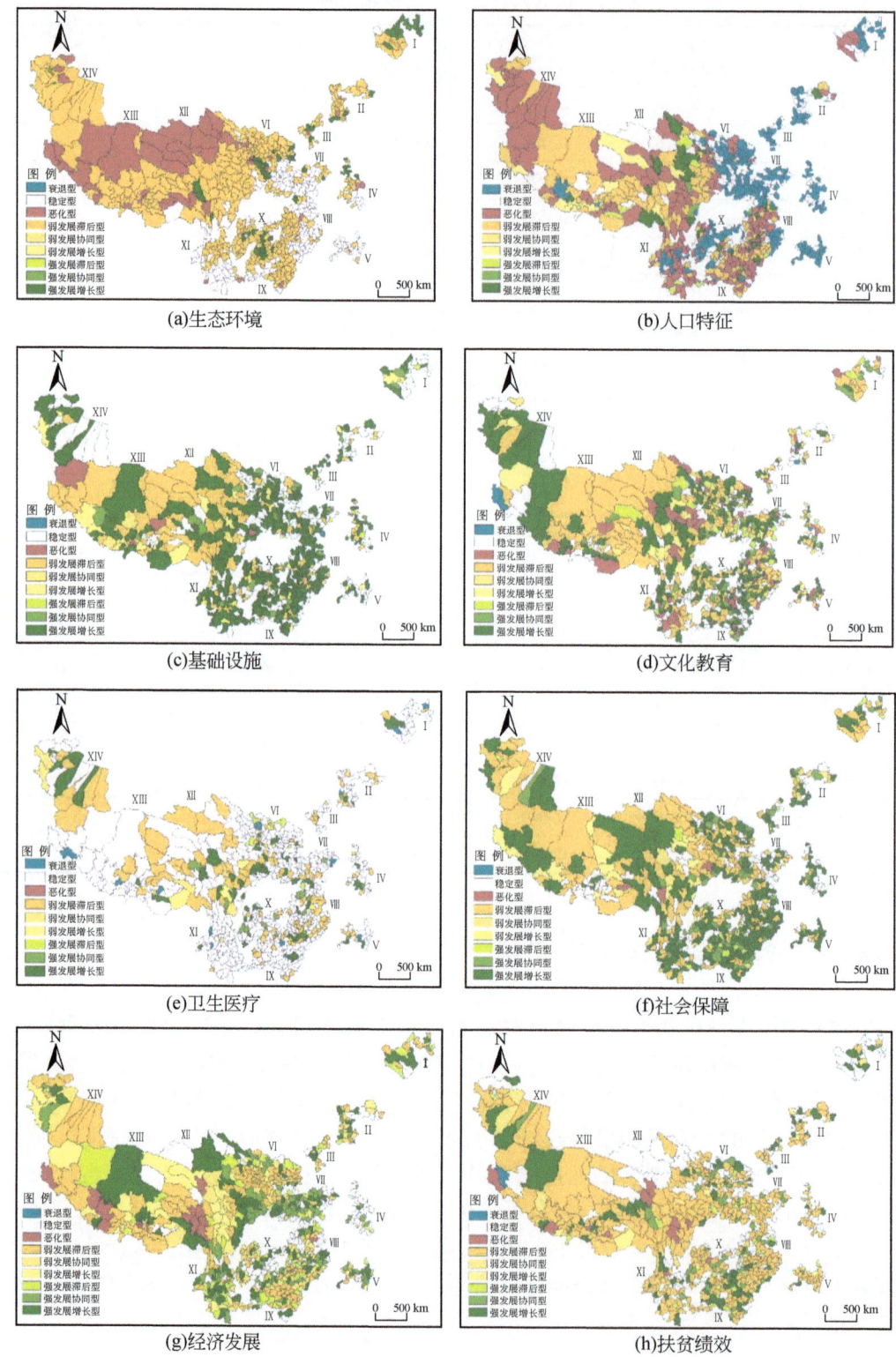

图 7-5 维度减贫类型空间分布

整体上来看，各个片区基础设施的致贫贡献度都显著减小，地形条件、区位优势、经济发展、扶贫绩效的致贫贡献度显著增加。但在其他维度，各片区具有明显的差异。

1）生态环境。14个片区的贫困县以弱发展滞后型为主，环境质量保持缓慢提升，但也存在持续恶化型，主要分布在四省藏区的青海省和西藏地区，这些贫困县的自然环境基础较差，且在研究期内生态环境质量有持续下降的趋势，在扶贫过程中应充分重视生态环境保护，减少贫困地区因自然灾害、环境恶化造成的损失，逐步消除生态劣势。

2）人口特征。研究区内以衰退型和恶化型为主，主要源于贫困地区人口增长和劳动力流失，贫困地区人口的快速增长形成人口数量挤压贫困，同时劳动力流失，农村发展失去活力。在扶贫中应加强人口服务管理，同时注重提升农村吸引力，激发农村发展活力。

3）基础设施。以强发展增长型为主，基础设施一直处于优先发展的状态，在扶贫开发过程中，应该继续保持发展劲头。四省藏族聚居地和西藏地区的发展速度明显低于其他片区，在发展中应重视农民生活的硬件条件建设，通路通电，以此带动其他条件发展。基础较好的是燕山-太行山区，其主要受京津冀的影响，在发展中应注意城乡一体化发展，缩小城乡差距，促进区域减贫。

4）文化教育。整体具有较高的致贫贡献度，说明教育文化事业还很薄弱，各类型的分布在空间上没有显著的规律，属于夹杂式分布，但可以看出东西部文化教育水平存在较大的差异，同时还存在衰退型和恶化型，在扶贫开发中应加大发展教育文化事业，提高整体文化教育水平。

5）社会保障。以强发展类型为主，社会保障也是以往扶贫工作的重点。发展速度大致由东南向西北逐渐递减，滇黔桂石漠化区、武陵山片区的发展速度较快，西部片区的部分地区的发展速度较慢，稳定型主要分布在西藏地区和秦巴山区，西藏地区由于早期就实施了特殊政策，所以社会保障的发展早于其他的片区。我国社会保障发展起步较晚，尤其是农村社会保障，随着国家的不断投入，农村社会保障进入高速发展时期，在今后的扶贫开发中，应继续完善社会保障体系，建立健全社会保障制度。

6）医疗卫生。贫困区内农村医疗卫生发展状况基本相同，西藏地区、四省藏区和新疆南疆三地州的发展状况较差一些。医疗卫生以稳定型为主要类型，说明医疗卫生的发展处于滞后的状态。在扶贫开发中应注重改善公共卫生，不仅实现覆盖率的提升，更要实现医疗卫生质量的提升。

7）经济发展。经济发展维度的致贫贡献度越来越高，随着扶贫开发的实施，经济消贫的速度会越来越慢，所以现阶段减贫不能仅依靠经济发展，应该注重全面发展，用多维方法解决多维贫困。

8）扶贫绩效。全局以弱发展滞后型为主，稳定型主要分布在四省藏区的青海地区和大兴安岭南麓山区，各个地区实施的扶贫政策具有较大的差异。从扶贫绩效的类型分布来看，特定的扶贫方法只适用于特定的地区，应该深入贯彻构建"三位一体"的大扶贫开发格局的战略，专项扶贫、行业扶贫与社会扶贫相结合。

7.4.3 贫困时空格局演化分析

2010~2012年PI的全局Moran's I指数分别为0.38、0.37、0.34，且通过显著性检

验，表明 14 个连片特困区内贫困县的多维贫困存在较强的空间依赖性，且依赖性水平有减小的趋势，说明贫困整体上表现为分散过程。经局部空间自相关方法得到 2010~2012 年的 LISA 图，如图 7-6 所示，整个研究区内 PI 呈现整体西高东低的"阶梯状"分布格局，以高-高贫困区和低-低贫困区为主要类型，并且这两种类型以胡焕庸线为界，划分明显。高-高贫困区主要分布在西藏地区、新疆南疆三地州、四省藏区、乌蒙山区；低-低贫困区主要分布在燕山-太行山区、大别山区、秦巴山区、罗霄山区、武陵山区。

2010~2012 年的加权核密度分析结果如图 7-7 所示，呈现出不同量级、"星点"式贫困核心分散分布的空间异质性格局。可以看出，在滇西边境山区与滇桂黔石漠化区的交界地带、四省藏区与六盘山区的交界地带、乌蒙山区、武陵山区存在一级和二级密度核心，随着减贫的进行，贫困分布密度逐渐下降，并有逐渐向贫困核心收缩的趋势，局部表现为由外向内聚集的过程。通过以上分析，将贫困空间变化总结为"大分散，小聚集"。

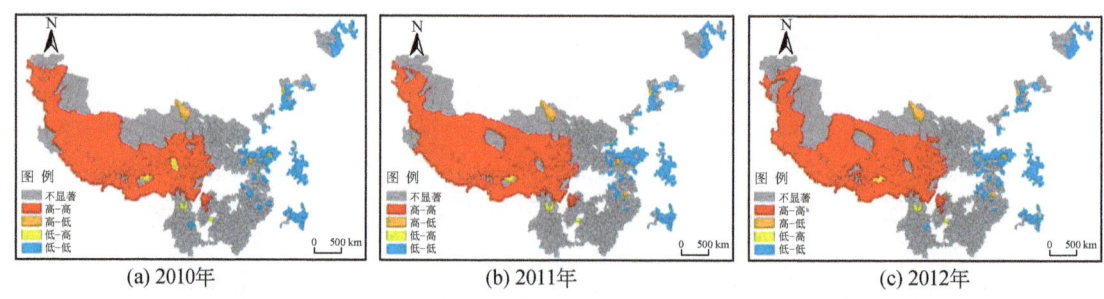

图 7-6　2010~2012 年 PI 空间自相关分布图

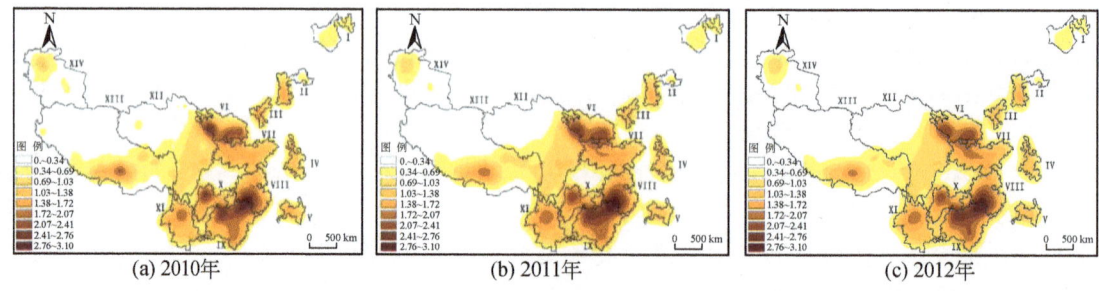

图 7-7　2010~2012 年的加权核密度分布图

7.4.4　减贫与发展演化分析

以 14 个片区为研究对象，根据表 7-8 所示的贫困结构聚类中心将其聚为 4 类，建模后得到片区减贫与发展演化树，如图 7-8 所示。可以看出，空间上邻近的片区和贫困县往往具有相同的演化路径。

表 7-8　聚类中心

维度	I	II	III	IV
地形条件	7.44%	11.11%	4.09%	8.49%

续表

维度	I	II	III	IV
区位优势	7.62%	8.42%	9.28%	10.92%
生态环境	5.06%	3.93%	7.93%	10.00%
人口特征	1.21%	3.62%	0.66%	5.36%
基础设施	8.70%	11.58%	8.74%	7.09%
文化教育	11.62%	11.56%	12.17%	9.30%
医疗卫生	9.15%	8.09%	9.10%	9.20%
社会保障	5.41%	4.49%	6.00%	4.05%
经济发展	26.70%	22.61%	27.35%	21.19%
扶贫绩效	17.58%	15.22%	14.68%	14.39%

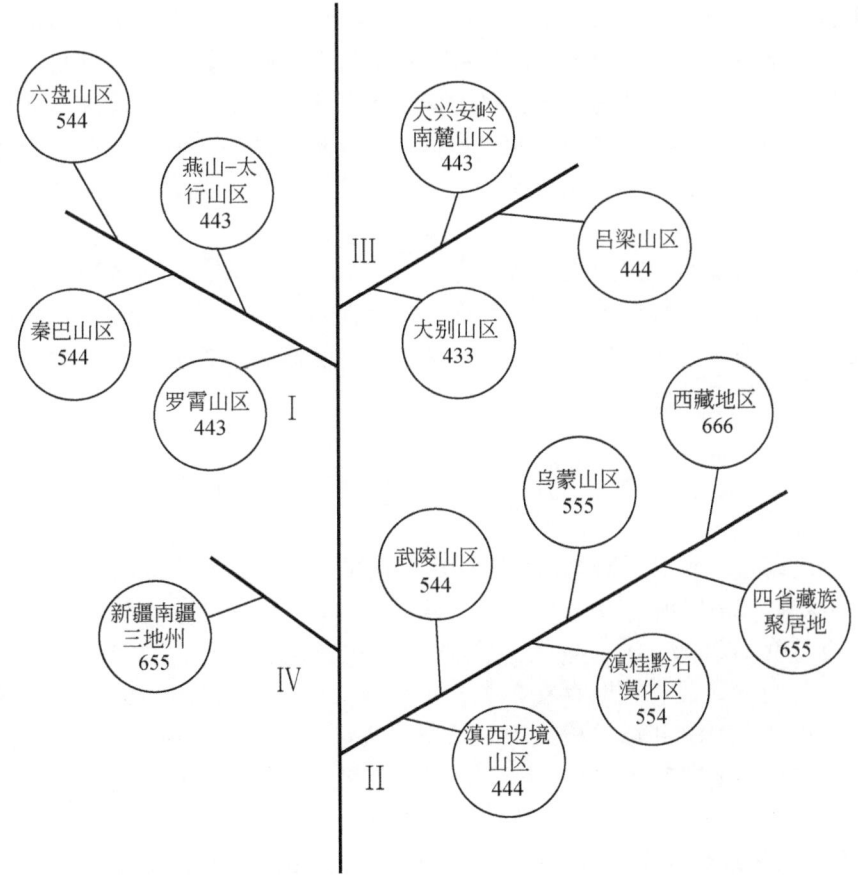

图 7-8　贫困片区演化树模型

类型 I 的主要特征是经济发展和扶贫绩效的致贫贡献度高，主要包括六盘山区、秦巴山区、燕山-太行山区、罗霄山区，这四个片区在贫困结构上相同，在一定时间内，将按相同的路径进行演化。并且这四个片区在基础设施、文化教育、卫生医疗等社会发展方面相对水平较高，并且处于优先发展的状态，所以在经济发展方面的致贫贡献度较高，且贡献度不断增加，因此在一定时间内贫困类型不会发生变化，演化沿着既定的方向进行。

类型Ⅱ是主要的分布类型，其主要特点是地形条件、基础设施的致贫贡献度较高，经济发展和扶贫绩效的致贫贡献度较低，其总体贫困程度较高。主要包括滇西边境山区、武陵山区、滇桂黔石漠化区、乌蒙山区、四省藏区、西藏地区。该贫困类型由于自然环境和社会发展方面的水平较差，在这两方面的致贫贡献度较高，所以其在经济发展方面的贡献度较低。在一定时间内，片区在树干上保持相同的演化趋势，但随着扶贫开发的进行，各维度发展不平衡，贫困结构发生变化。滇桂黔石漠化区在基础设施、社会保障方面发展迅速，经济发展的致贫贡献度不断增加，滇桂黔石漠化区由类型Ⅱ转变为类型Ⅰ。武陵山区在演化树上的位置与滇桂黔石漠化区邻近，同时武陵山区在地形条件维度的贡献度也相对较低，在基础设施方面发展较快，虽然在2012年时类型并未发生改变，但随着扶贫开发的进行，也会由类型Ⅱ转化为类型Ⅰ。

类型Ⅲ包括大别山区、大兴安岭南麓山区和吕梁山区，其主要特征是地形条件、人口特征的致贫贡献度较低，而文化教育和经济发展的致贫贡献度较高。类型Ⅲ与类型Ⅰ的主要区别在于类型Ⅲ在地形条件的致贫贡献度低于类型Ⅰ，但随着基础设施、文化教育等社会因素的发展，地形条件等自然因素的致贫贡献度会越来越高，所以类型Ⅲ会逐步向类型Ⅰ转化。2012年大别山片区首先转化为类型Ⅰ，随着片区不断地发展，大兴安岭南麓山区和吕梁区也会转化为类型Ⅰ。

类型Ⅳ只包括新疆南疆三地州片区，主要特征是区位优势、人口特征和生态环境具有较高的致贫贡献度，而基础设施、文化教育、社会保障、扶贫绩效的致贫贡献度较低。与类型Ⅱ较为相似，但不同的是生态环境的致贫贡献度远高于类型Ⅱ，在基础设施、文化教育等社会因素维度相对较好。

7.5 总体减贫与发展特征

综合上述研究，得到以下研究区该时间区间内的总体减贫与发展特征：

1）贫困状况。2010年、2011年、2012年全国14个连片特困区716个贫困县的平均PI值分别为0.539、0.509、0.474，研究区内贫困状况显著改善；空间分布上呈现西高东低的"阶梯状"分布格局，同时存在多级分布密度"核心"。2010~2011年减贫模式为局部突出减贫，2011~2012年减贫模式为全局均衡减贫；贫困分布密度逐渐下降，整体表现为分散过程，局部逐渐向贫困核心收缩，表现为聚集的过程，空间变化模式总结为"整体分散，局部聚集"。

2）贫困结构和致贫因素。将贫困县的各致贫因素按照致贫贡献度由大到小排列，依次是经济发展、扶贫绩效、文化教育、基础设施、地形条件、医疗卫生、区位优势、生态环境、社会保障、人口特征；片区内各维度发展不均衡，基础设施、社会保障得到显著改善，致贫贡献度逐渐降低，医疗卫生、文化教育发展相对缓慢，对贫困的影响逐渐增强；经济发展对贫困依然有重要的影响，但经济消贫的速度越来越慢，研究区内生态环境逐渐改善，"生态减贫"将成为减贫的趋势，人口特征虽然致贫贡献度最小，但一直处于上升状态。

3）结合演化树模型和各维度发展状况对各片区分析发现,在研究期内,滇黔桂石漠化区和大别山区贫困类型发生变化,武陵山区、大兴安岭南麓山区和吕梁山片区出现类型转化的趋势,其他片区沿着既定的路径演化。

综上可以看出,研究期内,中国东西部贫困状况和减贫速度存在较大差异,呈现出贫困分布广、扶贫难度大等特点,因此需要社会各界参与扶贫,积极践行专项扶贫、行业扶贫与社会扶贫"三位一体"的大扶贫开发格局,根据贫困分布差异统筹资源分配,加强东西部扶贫协作。而各片区发展状况不同,贫困结构存在较大差异,整体上来看,社会保障和基础设施的致贫贡献度显著减小,在扶贫开发过程中,应该继续保持发展劲头,继续完善社会保障体系,建立健全社会保障制度。在扶贫开发中应注重提升农村吸引力,激发农村发展活力,实现城乡一体化发展,缩小城乡差距,促进区域减贫;加大发展教育文化事业,提高整体文化教育水平;改善公共卫生,实现医疗卫生质量的提升。另外,经济发展对贫困依然有重要的影响,但由生态环境、自然禀赋恶劣恶化所导致的生态贫困已经逐渐成为我国大部分地区贫困的区域性特征,经济消贫的速度会越来越慢,医疗卫生、文化教育、社会保障对贫困的影响逐渐增强,生态环境等自然条件成为减贫的关键,"生态减贫"将成为减贫的趋势。因此,在扶贫过程中应充分重视生态环境保护,减少贫困地区因自然灾害、环境恶化造成的损失,逐步消除"生态劣势"。

7.6 本章小结

为全面掌握全国贫困状况,阐释贫困演化机理和时空过程,本章构建体现经济状态、社会状态和自然环境状态的县级多维贫困度量模型,基于2010~2012年的片区贫困县监测数据,从地形条件、生态环境、基础设施等10个维度系统剖析贫困县的贫困结构和致贫因素,对多维贫困的时空空间格局演化进行了分析,并通过演化树模型实现了14个片区的演化预测。研究结果可以多尺度多角度系统揭示研究区内连片特困区及贫困县的多维贫困程度和致贫原因,为更加精准地全面把握研究区贫困县的贫困区划特征和指导研究区脱贫及生态重建提供了较为翔实的实证依据,也为精准扶贫、全面脱贫的国家扶贫战略实施提供了贫困监测的辅助决策技术支撑。

8 基本公共服务视角下的贫困县减贫与发展监测

如果说多维贫困是福利的被剥夺，那么基本公共服务的保障与完善可看作福利的获得。基本公共服务和具有针对性的社会服务能够帮助贫困人口打破内外困境，拓展贫困人口的可行能力，提升贫困人口的福祉水平。而农村公共服务供给的匮乏将制约贫困人口素质的提高，公共服务的基础设施不完备、结构不合理致使贫困人口在义务教育、公共医疗、社会保障等多方面的公共需求远远得不到满足，造成"整村推进"等扶贫开发措施难以深入实施推进。因此，基本公共服务资源配置不合理、体系不健全，不仅难以保障发展成果惠及全民，不利于社会和谐稳定，而且还会制约经济社会健康协调可持续发展。而基本公共服务的供给水平如果不断提高，服务可得性、可及性大幅提升，城乡就业、基本养老保险制度、最低生活保障制度、基本医疗卫生制度逐步实现统筹，共同富裕的短板将得以补齐，使得贫困人口的"获得感"不断提升。

因此，相比于开发项目扶贫的"强干预"和"硬干预"，增加具有减贫效应的公共服务供给更多地属于"软性干预"，且这种"软性干预"对于提升贫困群体的生活质量和发展能力极其重要。而基本公共服务与经济之间存在着密切联系，区域经济为基本公共服务提供物质条件和财力基础，基本公共服务则为经济创造良好的社会基础。对当时正在实施的精准扶贫与乡村振兴战略而言，减少经济贫困，提高农民收入水平是实施乡村振兴战略的前提条件，而保障民生，提升农村基本公共服务水平则是实施乡村振兴战略的根本目标。

在此背景下，如何客观综合评判贫困地区的基本公共服务发展水平及其与经济发展的关系俨然成为一个亟待研究的重要议题。本章对此展开研究，以扶贫攻坚主战场中的集中连片特殊困难地区作为研究区，采用各级扶贫办农村社会发展专项监测数据，结合研究区区位条件设计面向精准扶贫机制的连片特困地区贫困县农村基本公共服务-县域经济发展综合评价模型，并借助 GIS 空间分析方法、计量地理方法，从全国-片区-省-县尺度评价研究区农村基本公共服务综合发展水平，多角度评价研究区基本公共服务与县域经济二者间的协调及同步发展程度，以期为促进农村基本公共服务与县域经济协调发展提供技术支持与辅助决策参考，为指导县域发展、缩小区域发展差距、制定差异化扶贫政策及优化配置扶贫资源提供瞄准贫困对象贫困特征的依据。

8.1 研究区与数据

本章以国家划定的集中连片特困区作为研究区，共覆盖 21 个省级行政单元，724 个片区县，其中包含 510 个国家级贫困县，分别位于胡焕庸线两侧。在全国排名较低的 600 个县中，连片特困区包含 521 个，占比为 86.8%。这些地区农民人均纯收入为 2676 元，仅相当于全国平均水平的一半。贫困人口多、贫困程度高是这些贫困地区的主要特征，大多数贫困人口集中在山区、丘陵地区和限制开发区。由于受到自然、社会、历史等诸多复杂致贫因素的制约，贫困的持久性、代际传递现象依然存在。

从历史上看，这14个片区大多属于革命老区、民族地区和边疆地区。从自然地理的角度看，其中大部分地区主要集中在青海高原、荒漠化地区、黄土高原和西南岩溶等自然条件恶劣的地区。根据中国反贫困战略的原则，经过几十年的发展，贫困地区农村居民的温饱问题已基本解决，在教育、医疗卫生、公共服务、环境保护等方面取得了一定成绩。然而，基本公共服务发展不健全、不平衡的等问题仍然存在。

从地理意义上考虑，片区所辖县的地理位置大致围绕在胡焕庸线两侧，胡焕庸线是区域地理学研究中重要的自然和人文特征标识线，不仅是我国人口分界线，也与降水分界线、地貌分界线、文化景观分界线等存在某种程度的重合。因此，本章兼顾胡焕庸线作为选择研究区的重要参考。

本章所使用的数据包括研究区社会经济数据和基础地理数据。社会经济数据主要来自国务院扶贫开发领导小组办公室发布的连片特困区分年度贫困县农村社会经济发展统计监测专项资料，数据包含了2010~2012年全国14个连片特困区728个片区县的农村反贫困特殊社会经济数据，涵盖县级统计尺度上的经济数据以及县域统计规模的教育、文化、基础设施、医疗卫生、生产生活条件、社会保障等社会公共服务领域基本信息数据等，还有部分社会经济数据来自研究区所辖各地区统计年鉴，包括人均可支配收入、人均纯收入等指标数据。基础地理数据来自国家1:25万基础地理空间信息数据库。

首先在计算分析之前要对这两部分数据进行预处理，包括投影转换处理、地理配准以及裁剪。消除不合理的公共服务指标数据和社会经济数据，对于数据进行筛选及Max-Min标准化等处理，操作平台为Excel、SPSS。并将公共服务指标数据和社会经济数据和相应的地理空间数据进行匹配，使社会经济数据具有空间性，操作平台为Excel和ArcGIS。

8.2 研究思路与技术流程

尽管目前已经存在大量公共服务发展水平及其与经济发展水平间关系分析的研究，同时评价指标也由单一逐渐转变为综合，评价方式也由定性逐渐转变为定量。随着GIS与RS技术的发展，空间计量分析愈发受到基本公共服务研究者的重视，不断补充着传统统计分析的研究模式。但就针对基本公共服务的研究，研究视角主要为社会学、政治学、财政学、行政学、经济学等，研究对象包括公共服务设施布局、制度体系、供给途径、非均等化的成因、满意度调查等。大多研究以城乡基本公共服务为主，多集中在城乡统筹协调发展的均衡问题上，主要针对省市级大尺度行政单元的整体分析，跨区域的研究较少，且主要围绕城市及城乡一体化方面。而以农村为核心的基本公共服务评价文献欠缺，农村基本公共服务均衡化发展、评估体系等方面研究较少，甚至处于空白，不足以体现精准扶贫战略实施初期农村社会基本公共服务与经济发展的非均质性。同时，也很少把空间分析方法加入基本公共服务与经济协同关系的分析当中，中国贫困县基本公共服务发展的不平衡水平仍是一个谜。针对精准扶贫和乡村振兴建设背景的中国农村基本公共服务的综合理论和实践没有取得显著突破，且缺乏多年份的差异分析。而以县域经济为切入点，能更加细致全面地揭示区域内经济发展差异的演变机制。

因此，本章拟针对中国贫困地区基本公共服务发展评价的研究空白，设计构建面向《中国农村扶贫开发纲要（2011—2020年）》精准扶贫机制的连片特困地区贫困县农村基本公共服务综合评价指标体系，以期以点带面地展现贫困地区农村基本公共服务的发展状况。并借助GIS计量分析方法、综合数理分析和空间分析方法，从全国–片区–省–县多尺度多角度揭示2010~2012年全国14个连特困区农村基本公共服务的时空分异特点。在此基础上，构建农村基本公共服务与县域经济协同发展评价模型，基于灰色关联度、Tapio脱钩模型和加权Voronoi圈层结构，集成宏观与微观相统一、定性与定量分析相结合的视角评价《中国农村扶贫开发纲要（2011—2020年）》实施以来连片特困区农村基本公共服务与相应县域经济之间的协调发展程度，以期为促进农村基本公共服务与县域经济协调发展提供技术支持与辅助决策参考，为我国农村贫困地区提供更全面和详细的基本公共服务综合评价。在满足监测《中国农村扶贫开发纲要（2011—2020年）》实施农村反贫影响和构建中国新农村需要的同时，为后续制定差异化扶贫政策及优化配置扶贫资源提供瞄准贫困对象贫困特征的前瞻性依据。

本章要解决的关键问题是基本公共服务的评价单元、评价指标、县域经济的衡量指标、对基本公共服务时空特征的定量描述及其与县域经济关系的定量研究。针对上述问题，拟定的技术路线如图8-1所示。首先收集研究区公共服务数据和社会经济统计数据，在前期收集资料的基础上，经过数据预处理后，构建基于贫困地区的农村基本公共服务–县域经济综合评价模型，基于博弈论的主客观赋权方法测度连片特困区农村基本公共服务综合指数，利用GIS空间分析方法和数理统计方法，从全国–片区–省–县多尺度多角度评价2010~2012年全国14个片区农村基本公共服务的时空发展格局及分异特征。并运用灰色关联度、脱钩模型和圈层结构，剖析农村基本公共服务与当地县域经济发展情况之间的协同发展关系。

8.3 模型构建与分析方法

本节将探讨基本公共服务的评价方法，包括农村基本公共服务评价指标体系与模型的构建、县域经济评价模型的构建、农村基本公共服务发展的时空分异分析以及县域经济协调评价的方法。在时空分异分析方面，主要采用空间自相关分析、基尼系数、泰尔指数等方法，结合统计分析与ArcGIS的空间分析，对连片特困区农村基本公共服务时空演变进行分析。利用灰色关联分析方法衡量片区整体经济与农村基本公共服务各因素间的关联程度，并引入Tapio脱钩模型进一步剖析县域农村基本公共服务与经济发展间的协调同步发展程度，基于构建的加权Voronoi圈层结构进一步探究研究区各个圈层农村基本公共服务与经济发展的关系。

8.3.1 农村基本公共服务与县域经济指标评价体系构建

《国家基本公共服务体系"十二五"规划》认定基本公共服务一般包括保障基本民生需

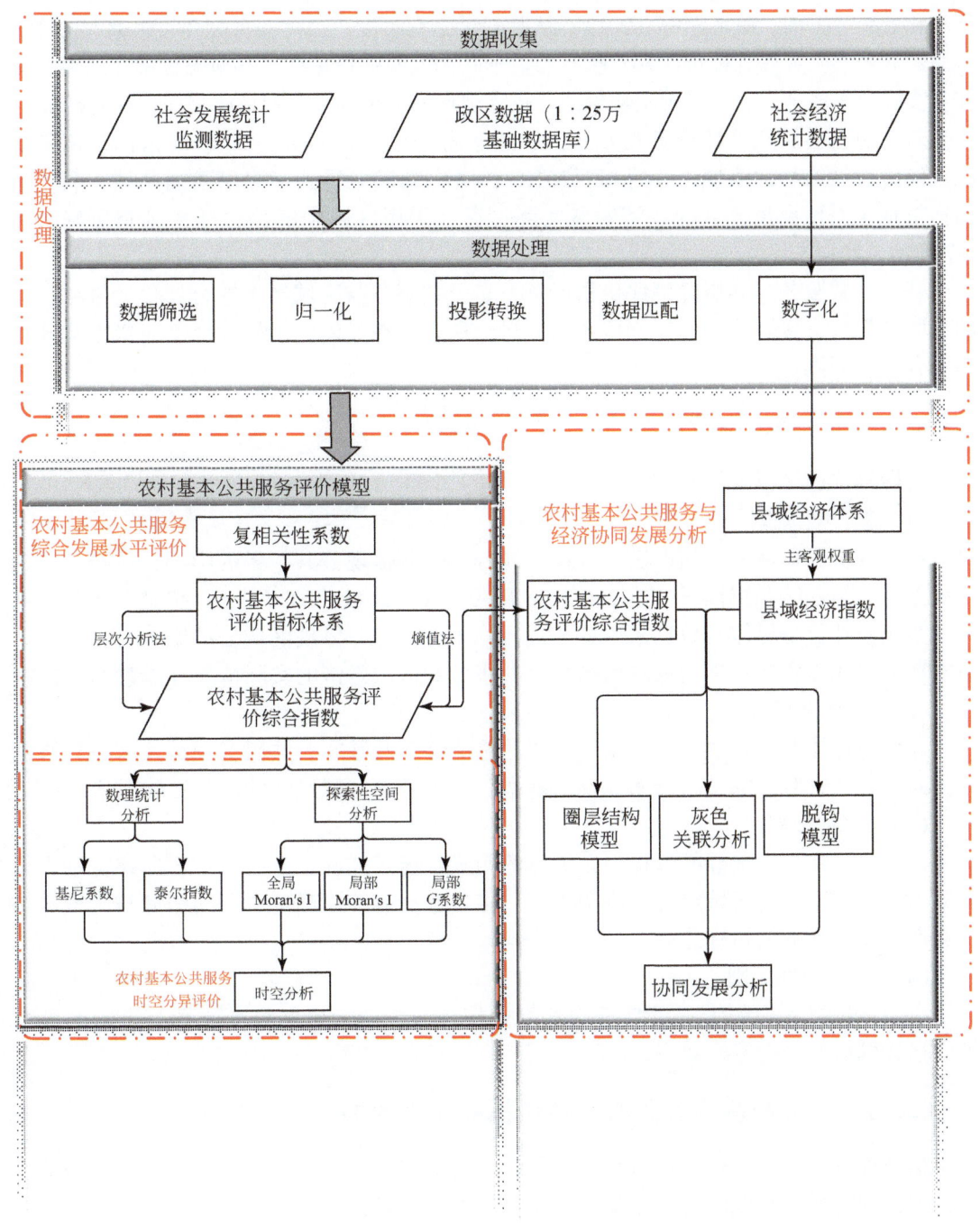

图 8-1 技术路线图

求的教育、就业、社会保障、公共卫生、计划生育、住房保障、文化体育等领域的公共服务（迟瑶和王艳慧，2016）。安体富和任强（2008）从基础教育、社会保障、基础设施、环境保护等方面构建一套基本公共服务指数，用以对基本公共服务进行评价和度量；刘德吉

(2010)基于区域和城乡的差异视角,建立了一套基本公共服务评价指标体系,包含投入、产出和效果等方面。王肖惠等(2013)从基础设施完善度、公用服务完备度和环境友好度3方面建立公共服务综合评价体系。已有的关于基公共服务指标体系的研究涵盖了省际、城乡和县级政府等多个层面,呈现出从单纯考核客观指标测量到主客观指标综合测评的趋势。

对于过往县域经济评价研究方面,有些学者采用人均GDP单一经济指标来衡量研究区域经济发展格局的演变(李晔等,2010);考虑其发展受到诸多因素的制约,利用单一指标很难全面地衡量区域的经济发展实际情况,采用区域经济综合指数具有更好的效果(李静怡,2014)。

基本公共服务与县域经济评价指标体系是公共服务与区域经济综合评价的基础,指标的选取结果会直接影响整套评价体系的质量,所以,在具体的指标设计上应遵循构建指标体系合理性原则。

8.3.1.1 指标筛选原则

指标筛选遵循以下原则。

(1)科学性原则

建立评价指标体系应当严谨、合理,充分反映和体现公共服务的内涵,从科学的角度系统而准确地理解和把握《中国农村扶贫开发纲要(2011—2020年)》扶贫背景下公共服务的实质;评价指标体系数据来源要准确,除了能够充分体现区域公共服务与区域经济的基本特征,还需要能够确切反映出区域公共服务和区域经济的实际情况(李静怡,2014)。

(2)完整性原则

评价指标体系的建立覆盖面要广,要尽量能够涉及基本公共服务领域及区域经济的各个方面,能够客观、综合、全面地反映基本公共服务与区域经济的综合发展现状。

(3)目的性原则

评价体系在指标选择的过程中必须目的明确、定义准确,有针对性,即评定基本公共服务的优劣程度及与区域经济的协调程度,尽量选择能够体现基本公共服务与区域经济之间会产生相互影响的指标。

(4)可操作性原则

在指标选取的过程中,需要考虑其可操作性,包括指标的可获取性、指标的可量化性、指标的可操作性等。

8.3.1.2 农村基本公共服务评价指标体系的构建

结合现有的研究工作以及相关文献资料,借鉴国内外学者的研究报告,遵循指标的筛选原则,同时参考精准扶贫所涉及的对农村基本公共服务发展的监测指标数据,构建了包含7个维度,共21个指标的农村基本公共服务评价指标体系,基本覆盖了《中国农村扶贫开发纲要(2011—2020年)》的核心监测指标,且剔除了指标间复相关系数大于0.6的指标,并满足指标表征性和一致性要求。各指标的描述性信息见表8-2,这是现阶段贫困地区成员共同需求的最基本的公共服务,也是政府面向公众提供农业生产和农民生活的基础性服务。每个维度指标内部分别设置了若干评价指标,并对其进行评价。

8.3.1.3 区域经济评价指标体系的构建

研究区域涵盖多个省级行政单元，数据的搜集存在一定困难，同时各地区间存在数据范式的差异，为统一标准，本章的区域经济数据主要采用国务院扶贫开发领导小组办公室的检测数据，并经过指标筛选和整理，最终构建了一套包括人均地区生产总值、人均财政一般预算收入、人均财政一般预算支出、人均纯收入与人均可支配收入5个指标的连片特困地区县域经济发展水平评价指标体系，见表8-2。

其中，前三项是从政府角度衡量当地经济综合发展实力的指标，以统计资料中的地方生产总值和地方财政一般预算收入、支出与地区总人口数之比计算。这两个指标本身是总体性数据，但是由于其他指标均为平均性，为保持指标的一致性，进行了平均处理；人均纯收入与人均可支配收入指标表征个人性质的收入，人均可支配收入指的是个人收入中，扣除各项税款及非商业性费用后的余额，可衡量居民实际生活水平。

8.3.2 评价指标综合指数的测定

8.3.2.1 指标标准化

由于指标的量纲不同，在构建贫困地区农村基本公共服务评价指标体系的过程中不能直接用于计算，需要对指标进行标准化处理。本章通过线性变换将原始数据转换为无量纲的数值，从而解决各项不同指标值的同质化问题。本章采用线性变换（0-1标准化）的方法对原始数据进行标准化，公式如下：

$$x' = \frac{x - x_{\min}}{x_{\max} - x_{\min}} \tag{8-1}$$

式中，$x_{\max}$、$x_{\min}$ 分别为样本的最大值与最小值。

8.3.2.2 评价权重确定方法

主观法和客观法是常用的确定权重方法。过往研究中，大多数研究采用主观、客观单一赋权方法，曾宝富（2010）、杨帆和杨德刚（2014）等采用客观赋权法，郭晗和任保平（2011）、王新民和南锐（2011）、彭尚平等（2010）等研究使用主观赋权法分别在不同研究区内对当地基本公共服务进行分析评价。主观赋权法虽然可以体现决策者的重视程度，但是主观性强并过度依赖于专家经验和已有知识来确定指标的重要程度。客观赋权法利用数据本身对数据进行赋权，赋权结果与客观实际可能存在一定的偏差；结合主观赋权法与客观赋权法的优点，组合权重能更好地扬长避短，在一定程度上削弱二者的缺点，既针对地区特点给予偏好，不会损失信息，又不失客观性（钱乐毅，2014）。因此，本章选用典型的主观赋权法——层次分析法和典型的客观赋权法——熵值法相结合的主客观综合赋权方法进行指标赋权。

（1）层次分析法

层次分析法是常用的主观赋权法之一，其将决策目标系统地划分成多个层次，进行定量与定性的权重计算。这种方法适合进行因子间内在关系的分析，相对于仅依靠专家打分的主观赋权法来说，更便于为难于完全定量的复杂系统提供决策参考。其基本原理及计算步骤如下。

1）构建层次结构模型。首先，需要对问题的层次进行梳理，构造一个递阶的层次结构模型。层次大致可以概括为最高层（目标层）、中间层（准则层）、最底层（方案层）三类。本章指标体系目标层为农村基本公共服务综合指数，指标体系准则层为农村基础教育、农村环境保护、农村公共安全、农村公共文化、农村公共卫生、农村社会保障、农村基础设施7个维度指标，将7个维度下的21个基础指标作为指标体系的方案层。再以县域指数为决策的目标层，考虑5个基础指标因素准则作为方案层的决策对象。

2）构造判断矩阵 A。根据各层次要素的重要程度，进行1~9的标度划分，把两两因素放在一起相互比较。即1表示两个元素重要性相同；3表示前者比后者重要一点；5表示前者比后者明显重要；7表示前者较后者更重要；9表示前者较后者极端重要。当以上五个等级不够时可以采用中间标度。

3）计算一致性。判断是否符合一致性标准，以判断以上得出的权重是否合理。

$$CI = \frac{\lambda_{max} - n}{N - 1} \quad (8-2)$$

$$CR = \frac{CI}{RI} \quad (8-3)$$

式中，CR 表示一致性比例；CI、RI 表示一致性指标，由表8-1得到对应的 RI。如表8-1所示，n 代表的是指标的个数，λ_{max} 由 $|A-\lambda|=0$ 计算，即判断矩阵的最大特征向量，也就是权重向量。当 CR<0.10 时，接受判断矩阵一致性，否则修正判断矩阵。

表8-1　一致性指标

n	1	2	3	4	5	6	7	8	9	10	11	12	13	14
RI	0	0	0.52	0.89	1.12	1.24	1.36	1.41	1.46	1.49	1.52	1.54	1.56	1.58

（2）熵值法

熵值法是体系无序度的量度，表示一种能量在空间中分布的均匀程度。熵值越大，涵盖的信息越少；熵值越小，涵盖的信息越多。作为一种客观赋权方法，它通过计算指标的信息熵来判断其离散程度，根据指标的相对变化程度对系统整体的影响来决定指标的权重，相对变化程度大的指标对综合评价的影响大，具有较大的权重，此方法现广泛应用在统计学等各个领域。

计算第 j 项指标下第 i 个研究单元的指标值的权重 y_{ij}，由此建立数据的权重矩阵 $Y = \{y_{ij}\}_{m \times n}$

$$y_{ij} = \frac{x'_{ij}}{\sum_{i=1}^{m} x'_{ij}} \quad (8-4)$$

计算第 j 项指标的信息熵值的公式为

$$e_j = -K \sum_{i=1}^{m} y_{ij} \ln y_{ij} \quad (8-5)$$

式中，K 为常数，$K = \dfrac{1}{\ln m}$

故其信息效用值为

$$d_j = 1 - e_j \tag{8-6}$$

第 j 项指标的权重为

$$\omega_j = \dfrac{d_j}{\sum_{i=1}^{m} d_j} \tag{8-7}$$

（3）博弈论组合权重

博弈论组合赋权的基本思想是在不同的权重之间寻求一致或者妥协，即最小化权重与权重之间的偏差，得到一组优化权重值（钱乐毅，2014）。其具体公式如下。

利用层次分析法确定的指标主观权重向量为

$$\omega = (\omega_1, \omega_2, \cdots, \omega_m) \tag{8-8}$$

由熵权法确定的客观权重向量为

$$\mu = (\mu_1, \mu_2, \cdots, \mu_m) \tag{8-9}$$

优化模型的矩阵形式如下：

$$\begin{pmatrix} \mu \cdot \mu^{\mathrm{T}} & \mu \cdot \omega^{\mathrm{T}} \\ \omega \cdot \mu^{\mathrm{T}} & \omega \cdot \omega^{\mathrm{T}} \end{pmatrix} \begin{pmatrix} \alpha_\mu \\ \alpha_\omega \end{pmatrix} = \begin{pmatrix} \mu \cdot \mu^{\mathrm{T}} \\ \omega \cdot \omega^{\mathrm{T}} \end{pmatrix} \tag{8-10}$$

式中，α_μ 表示层次分析法得出的主观权重的组合权重值；α_ω 表示熵权法得出的客观权重的组合权重值。故组合权重值为

$$w = \alpha_\mu \cdot \mu + \alpha_\omega \cdot \omega \tag{8-11}$$

计算如表 8-2 所示。

表 8-2 集中连片特困地区农村基本公共服务及县域经济综合评价指标权重

维度		评价指标及单位	剔除前复相关	是否保留	剔除后复相关	主观权重	客观权重	组合权重
农村基本公共服务（A）	农村基础教育	有幼儿园或学前班的行政村比率/%	0.435	保留	0.425	0.118	0.065	0.100
		学前三年教育毛入园率/%	0.567	保留	0.550	0.237	0.042	0.126
		高中阶段教育毛入学率/%	0.660	剔除				
	农村环境保护	森林覆盖率/%	0.539	保留	0.516	0.044	0.044	0.054
		有生产生活垃圾集中堆放点的行政村比率/%	0.563	保留	0.541	0.009	0.069	0.061
		有垃圾填埋场地的行政村比率/%	0.525	保留	0.493	0.009	0.040	0.037
		有专职保洁员的行政村比率/%	0.687	剔除				
	农村公共安全	有警务室的行政村比率/%	0.512	保留	0.486	0.031	0.097	0.093
		有社区民警的行政村比率/%	0.502	保留	0.497	0.031	0.091	0.088
	农村公共卫生	有卫生室的行政村比率/%	0.440	保留	0.423	0.031	0.033	0.040
		千人卫生机构床位数	0.498	保留	0.478	0.031	0.003	0.014
	农村社会保障	千人社会福利院床位数	0.523	保留	0.503	0.020	0.008	0.014

续表

维度		评价指标及单位	剔除前复相关	是否保留	剔除后复相关	主观权重	客观权重	组合权重
农村基本公共服务（A）	农村社会保障	千人参加新型农村合作医疗保险数	0.338	保留	0.301	0.100	0.010	0.047
		千人参加新型农村社会养老保险数	0.288	保留	0.254	0.100	0.044	0.076
		有社区服务中心的行政村比率/%	0.449	保留	0.390	0.020	0.062	0.059
		有贫困村互助资金组织的行政村数比率/%	0.635	剔除				
	农村公共文化	有文化/体育活动广场的行政村比率/%	0.582	保留	0.468	0.006	0.057	0.049
		有健身器材的行政村比率/%	0.636	剔除				
		通广播电视的行政村比率/%	0.541	保留	0.531	0.028	0.019	0.027
		通宽带网络的行政村比率/%	0.583	保留	0.568	0.028	0.068	0.067
	农村基础设施	通水泥/沥青公路的行政村比率/%	0.574	保留	0.553	0.075	0.058	0.078
		通电的行政村比率/%	0.560	保留	0.556	0.032	0.015	0.025
		通客运班车的行政村比率/%	0.542	保留	0.517	0.014	0.059	0.055
		饮用入户管道水的行政村比率/%	0.468	保留	0.456	0.032	0.057	0.060
		有设施农业大棚的行政村比率/%	0.660	剔除				
		有设施畜牧业大棚的行政村比率/%	0.442	保留	0.375	0.007	0.059	0.052
县域经济（B）	县域经济发展水平评价体系	人均地区生产总值	0.564	保留	0.564	0.375	0.142	0.289
		人均财政一般预算收入	0.371	保留	0.371	0.121	0.057	0.099
		人均财政一般预算支出	0.454	保留	0.454	0.074	0.194	0.147
		人均纯收入	0.555	保留	0.555	0.215	0.232	0.247
		人均可支配收入	0.366	保留	0.366	0.215	0.375	0.325

8.3.2.3 农村基本公共服务综合指数

农村基本公共服务综合指数的核心是以定量的手段从相对角度评价贫困区域基本公共服务整体发展水平；采用综合指数可以对农村基本公共服务进行综合评价，综合指数越大表明该区域的基本公共服务整体水平发展越好，越小则表明该区域的基本公共服务整体水平发展越差。

基于上述的工作，已经获得了农村基本公共服务的指标体系、组合权重分布、标准化数据值。通过综合指数法计算表征各县农村基本公共服务发展水平的农村基本公共服务综合指数（rural basic public services，RBPS），由下面公式得到：

$$\text{RBPS}_i = \sum_{j=1}^{n} x_{ij} w_j \tag{8-12}$$

式中，x_{ij} 为标准化后的 i 县域第 j 个农村基本公共服务指标度量值；w_j 为第 j 类指标的权重值；n 为基础指标的数目，此处 $n=21$；RBPS_i 为 i 县域农村基本公共服务的综合指数，各片区/省的农村基本公共服务综合指数值为其所辖县域综合指数的均值。

为了精确度量不同片区间及同一片区内不同贫困县间基本公共服务的相对发展水平，

借鉴基于标准差的分级方法，以片区发展均值为参照，对贫困县农村基本公共服务综合指数 RBPS 进行分级，以体现各片区及贫困县间的相对发差异，公式如下：

$$D = \frac{\text{RBPS}_i - \overline{\text{RBPS}}}{\sigma} \tag{8-13}$$

式中，$\overline{\text{RBPS}}$ 为三年农村基本公共服务综合指数平均值；σ 为标准差；D 为等级指数。以 1 个标准差为单位，划分为 4 个等级，分别为相对富集区（$D \geq 1$）、相对均衡区（$0 \leq D < 1$）、相对短缺区（$-1 \leq D < 0$）、相对严重短缺区（$D < -1$）。

8.3.2.4 县域经济指数的确定

基于数据的标准化值，通过组合权重法对县域经济指标进行集成获得权重分布，由式（8-14）的综合指数法得到县域经济综合指数（RE）。通过下述公式计算：

$$\text{RE}_i = \sum_{j=1}^{n} y_{ij} u_j \tag{8-14}$$

式中，y_{ij} 为第 i 县第 j 个经济指标的标准化值；u_j 为第 j 类经济指标的权重；n 为经济指标的个数；RE_i 为 i 县域经济综合指数，各片区/省的县域经济综合指数值为其所辖县域综合指数的均值。

8.3.3 农村基本公共服务时空分异分析方法

本研究结合数理统计方法与空间探索方法，对全国连片特困区农村基本公共服务进行分析。

8.3.3.1 空间自相关分析

空间统计分析通过空间位置建立数据间的统计关系，分析空间单元之间的空间依赖、空间关联或空间自相关程度。空间自相关是空间单元属性值聚集特性的一种度量，能检验某一要素的属性值在不同空间位置上是否显著地与其相邻空间点属性值的关联特性（孙林等，2016）。主要有全局空间自相关和局部空间自相关两类，全局空间自相关用于探测研究区域的整体空间分布模式，局部空间自相关则体现某一空间单元与邻近单元之间的相关关系。

全局 Moran's I 指数为常用的全局空间自相关指标，可以探索具有相近观察值的地区间是否在空间上聚集现象。局部自相关指标常用的有局部 Moran's I 指数和局部 G 系数，局部 Moran's I 指数侧重于识别聚集区域的中心，而局部 G 系数侧重于识别聚集区域的范围。为了准确反映连片特困地区内不同时期的农村基本公共服务在空间分布上的聚集程度差异。本研究将结合 GIS 地统计方法中的全局 Moran's I 指数与局部 G 系数分别测算了片区内农村基本公共服务的整体空间聚集分布特征和局部聚集中心差异。

全局空间自相关指数 Global Moran's I 指数计算公式为

$$I = \frac{N \sum_i \sum_j W_{ij}(x_i - \bar{x})(x_j - \bar{x})}{\left(\sum_i \sum_j w_{ij}\right) \sum_i (x_i - \bar{x})^2} \tag{8-15}$$

局部自相关指标 Local Moran's I 指数计算公式为

$$I_i = \frac{\sum_{i=1}^{n}\sum_{j=1}^{n} W_{ij}(x_i - \bar{x})(x_j - \bar{x})}{\frac{1}{n}\sum_{i=1}^{n}(x_i - \bar{x})^2} \tag{8-16}$$

式中，N 表示县级单元的数量；W_{ij} 为权重矩阵；x_i 表示对象 i 的值，即 i 县域农村基本公共服务综合指数测算值；$\bar{x}$ 表示所有对象的平均值，即农村基本公共服务综合指数测算值均值。I 值介于 –1~1，大于 0 表示存在空间正相关，反之为负相关，等于 0 表示不存在空间相关性。

局部 G 系数最早由 Ord 和 Getis 提出，主要原理是基于距离权重矩阵，评价局部区域的空间自相关性，能探测出局部地区是否存在高值聚集与低值聚集，计算公式为式（8-17），标准化公式为式（8-18）：

$$G_i^* = \frac{\sum_{j}^{n} W_{ij}x_j}{\sum_{j}^{n} x_j} \tag{8-17}$$

$$Z(G_i^*) = \frac{G_i^* - E(G_i^*)}{\sqrt{\mathrm{VAR}(G_i^*)}} \tag{8-18}$$

W_{ij} 是 i、j 单元之间的距离权重，显著的正值 $Z(G_i^*)$ 表示单元 i 的相邻单元观测值较高，说明是高值聚集区；显著的负值 $Z(G_i^*)$ 表示单元 i 的相邻单元观测值低，即低值聚集区。

8.3.3.2 基尼系数

衡量发展差异的统计指标主要有绝对差异指标中的极差、标准差、加权标准差和相对差异指标中的极值差率、变异系数、加权变异系数、基尼系数和泰尔指数。本章选用基尼系数和泰尔指数两种差异指标来综合衡量连片特困区农村基本公共服务的发展差异水平。

基尼系数是 1943 年美国经济学家阿尔伯特·赫希曼根据洛伦兹曲线所定义的判断收入分配公平程度的重要分析指标，常用来综合考察地区居民收入的分配差异状况。目前，基尼系数广泛地应用于社会贫富差距的分析中，但从目前研究来看，较少采用基尼系数对公共服务进行分析评价。本研究选用基尼系数，用来衡量不同截面数据下研究区各片区间农村基本公共服务发展的均衡程度以及各维度指标间的发展差异。如式（8-19）所示，基尼系数是比例数值，其取值 G 在 0~1，取值越大，差距越大；处于 0.2 以下，表示发展较为均衡；处于 0.3~0.4 为正常状态；达到 0.6 以上表示发展差距悬殊（迟瑶和王艳慧，2016）。

$$G = \sum_{i=1}^{n} Y_i X_i + 2\sum_{i=1}^{n-1} Y_i(1 - V_i) - 1 \tag{8-19}$$

式中，Y_i 为各县域人口数占总人口数的比例；X_i 为各县域农村基本公共服务维度值占总维度值的比例；n 为县级单元的数量；V_i 为按各县的基本公共服务综合指数值（RBPS）从小到大的顺序排序后,从第 1 个县到第 i 县累计的各县 RBPS 数值之和占全部县 RBPS 值之和的比值。

8.3.3.3 泰尔指数

泰尔指数是 1967 年由荷兰经济学家泰尔(H. Theil)提出的基于信息论中的熵概念来衡量不平等的系数,广泛应用于区域差异研究中。本章利用泰尔指数的可分解性,将全国 14 个片区农村基本公共服务总差异($T_{总}$)分解为区域间差异($T_{间}$)和区域内差异($T_{内}$),进一步细化分析各片区之间以及各片区内部在农村基本公共服务领域上的整体差异程度。

$$T_{总} = T_{间} + T_{内} \quad (8\text{-}20)$$

$$T_{间} = \sum_{i=1}^{n} Y_i \log \frac{Y_i}{P_i} \quad (8\text{-}21)$$

$$T_{内} = \sum_{i=1}^{n} Y_i \left(\sum_{j} Y_{ij} \log \frac{Y_{ij}}{P_{ij}} \right) \quad (8\text{-}22)$$

式中,n 表示分类后的类数,Y_i 表示 i 片区农村基本公共服务综合指数占研究区总和的比例;P_i 表示 i 片区人口占研究区总人口的比例;Y_{ij} 为 i 片区内 j 县市农村基本公共服综合指数务占该区域总和的比例;P_{ij} 为 i 片区内 j 县市人口占该区域总人口的比例。

泰尔指数的取值范围介于 0~1,泰尔指数越小,表明片区农村基本公共服务综合指数的差异越小,区域内的基本公共服务发展越均衡;反之,则表明片区农村基本公共服务综合指数差距越大,区域发展越不均衡。

8.3.4 农村基本公共服务与县域经济协同发展的关系

8.3.4.1 灰色关联分析

因素分析中常常采用数理统计中的回归分析、主成分分析等统计方法,而这些方法往往要求大量数据且样本需要服从特定的概率分布,大都只适用于少因素且呈线性相关的研究中,对于多因素的、非线性的研究则难以处理。而灰色系统理论弥补了数理统计方法所导致的遗憾,对样本量的多少和样本有无规律同样适用。灰色关联分析根据序列曲线几何形状的相似程度来判断其关系是否紧密,曲线越接近,相应序列间关联度越大(穆瑞和张家泰, 2008)。关联分析是发展态势的量化分析方法,目的是揭示因素间关系的强弱程度。引入灰色关联分析方法衡量片区所辖县域经济与农村基本公共服务各因素间的关联程度的大小。

设系统行为序列可表示为

$$\begin{aligned} X_0 &= (x_0(1), x_0(2), \cdots, x_0(n)) \\ X_1 &= (x_1(1), x_1(2), \cdots, x_1(n)) \\ &\cdots \\ X_i &= (x_i(1), x_i(2), \cdots, x_i(n)) \end{aligned} \quad (8\text{-}23)$$

对于 $\xi \in (0, 1)$,令

$$\gamma\left[x_{0}(k), x_{i}(k)\right] = \frac{\min_{i}\min_{k}|x_{0}(k)-x_{i}(k)| + \xi \max_{i}\max_{k}|x_{0}(k)-x_{i}(k)|}{|x_{0}(k)-x_{i}(k)| + \xi \max_{i}\max_{k}|x_{0}(k)-x_{i}(k)|}$$

(8-24)

$$\gamma(X_{0}, X_{i}) = \frac{1}{n}\sum_{k=1}^{n}\gamma(x_{0}(k), x_{i}(k)) \tag{8-25}$$

式中，ξ 为分辨系数；$\gamma(X_0, X_i)$ 为 X_0 与 X_i 的灰色关联度；$\gamma(x_0(k), x_i(k))$ 为关联系数。

8.3.4.2 脱钩模型

"脱钩"一词最初来源于物理学研究领域，表示相互联系的变量之间响应关系淡化甚至完全脱离的现象（仲伟周等，2010）。经济合作与发展组织（Organization for Economic Cooperation and Development, OECD）提出"脱钩"概念以探讨如何阻断经济增长与资源消耗或环境压力之间的关联性，并逐步拓展到资源环境、环境经济、农业政策发展等领域的研究中。脱钩模型是测度经济发展与其他因素的量化工具（肖宏伟等，2012），主要有OECD脱钩指标和Tapio脱钩指标两种构建模式（Tapio, 2005）。

OECD 把脱钩定义为经济增长与环境冲击耦合关系的破裂，并把脱钩分为绝对脱钩和相对脱钩；Tapio 脱钩模型在 OECD 的基础上发展而来，综合总量变化和相对量变化两类指标，以时期为时间尺度动态反映变量间脱钩关系，有效缓解了 OECD 脱钩模型在基期选择上的高度灵敏性和极端性所导致的偏差，进一步提高了脱钩关系测度和分析的客观性与准确性（肖宏伟等，2012）。

Tapio 脱钩模型是具有时间尺度特征的弹性分析方法，且不受统计量纲变化的影响。本研究引入该模型剖析县域农村基本公共服务与经济发展间的脱钩背离关系，以便评判《中国农村扶贫开发纲要（2011—2020年）》实施以来二者的协调及同步发展程度。模型结构为

$$EC_t = \frac{\Delta RBPS_t}{\Delta RE_t} = \frac{(RBPS_{ts}-RBPS_{te})/RBPS_{te}}{(RE_{ts}-RE_{te})/RE_{te}} \tag{8-26}$$

式中，$\Delta RBPS_t$、ΔRE_t 分别为 t 时期片区农村基本公共服务综合指数和县域经济变化率；$RBPS_{te}$、$RBPS_{ts}$ 分别为 t 时期始年和末年农村基本公共服务综合指数；RE_{te}、RE_{ts} 分别为 t 时期始年和末年县域经济水平。参考关于 Tapio 的研究，根据 EC_t 脱钩程度及其含义将二者协同发展程度划分为3个大类8个小类，如表8-3所示。

表8-3 基于脱钩模型的协同发展状态

脱钩程度	分类依据			差异类型	含义
负脱钩	$\Delta RBPS_t>0$	$\Delta RE_t>0$	$EC_t>1.2$	扩张负脱钩	公共服务增长型
	$\Delta RBPS_t>0$	$\Delta RE_t<0$	$EC_t<0$	强负脱钩	经济受损型
	$\Delta RBPS_t<0$	$\Delta RE_t<0$	$0<EC_t<0.8$	弱负脱钩	经济滞后型

续表

脱钩程度	分类依据			差异类型	含义
脱钩	$\Delta RBPS_t>0$	$\Delta RE_t>0$	$0<EC_t<0.8$	弱脱钩	经济增长型
	$\Delta RBPS_t<0$	$\Delta RE_t>0$	$EC_t<0$	强脱钩	公共服务受损型
	$\Delta RBPS_t<0$	$\Delta RE_t<0$	$EC_t>1.2$	衰退脱钩	公共服务滞后型
连结	$\Delta RBPS_t>0$	$\Delta RE_t>0$	$0.8<EC_t<1.2$	增长连结	协同发展型
	$\Delta RBPS_t<0$	$\Delta RE_t<0$	$0.8<EC_t<1.2$	衰退连结	协同共损型

8.3.4.3 基于 Voronoi 图的空间客体影响范围界定

空间客体影响范围界定的合理性对制定城市和区域经济发展规划有着重要的基础理论作用。如果仅以空间客体所在的行政区单元或自然地理单元作为城市空间影响范围是不符合各种社会活动空间行为规律的。本章引入加权 Voronoi 图在点状空间客体应用的方法来界定连片特困区所辖地区的腹地影响范围以及规划重点建设的中心县市对周围邻近区域的辐射带动效能，并基于辐射范围的圈层结构探究片区内农村基本公共服务与县域经济间的相关性。

Voronoi 图是计算几何中的一种几何结构，也是对空间的一种剖分方式。目前，广泛应用在国内外城市地理和城市规划的研究。Voronoi 图是一组空间对象的 Voronoi 区域组成的集合，在二维空间中又被称为泰森多边形或 Voronoi 多边形（陈军和崔秉良，1997）。设平面上的一个控制点集 $P=\{p_1, p_2, \cdots, p_n\}$，其中任意两点都不共位，即 $p_i \neq p_j$（$i \neq j$，$1 \leq i, j \leq n$），且任意四点不共圆。则任意点 p_i 的 Voronoi 图定义为

$$T_i = \{x : d(x, p_i) < d(x, p_j) p_i, p_j \in P, p_i \neq p_j\} \tag{8-27}$$

式中，T_i 表示一个凸多边形；d 表示欧氏距离。

每个空间客体可根据自身特征划分为点状空间客体、线状空间客体和面状空间客体，采用常规 Voronoi 图、线 Voronoi 图、面 Voronoi 图来界定它们各自客体的空间影响范围；常规 Voronoi 图在划分城市空间辐射范围时反映的是在每个城市综合实力相等情况下的一种理想状态，加权 Voronoi 图作为常规 Voronoi 图的扩展，通过引入权重系数使得相邻城市间的影响关系不再是一条直线，而是更能体现城市间相关影响关系的弧线（王新生等，2003；胡平等，2015）。

8.4 连片特困区农村基本公共服务综合发展水平评价

基于上述工作，为了验证农村基本公共服务评价指标体系的适用性，选择《中国农村扶贫开发纲要（2011—2020 年）》中规划的 14 个集中连片特困区进行实证分析。以 728 个扶贫重点县的调查数据为测算样本，建立以贫困县为计算单元的基于贫困地区的农村基本公共服务指标体系，采用博弈论的主客观权重测度研究区农村基本公共服务综合发展水平，从全国-片区-省-县多角度评价农村基本公共服务的发展差异，以期以点带面地展现贫困地区农村基本公共服务的发展状况，为扶贫攻坚时期基本公共服务的资源优化配置决

策提供参考与依据。

8.4.1 全国尺度农村基本公共服务格局分析

应用上述评价指标和方法，通过构建的面向《中国农村扶贫开发纲要（2011—2020年）》扶贫开发战略的农村基本公共服务评价指标体系，以728个扶贫重点县的调查数据为测算样本，采用博弈论的主客观权重方法计算2010~2012年全国14个集中连片特困区农村基本公共服务综合发展水平指数（RBPS），研究区整体及各片区贫困县综合发展时空展布特征如下。

如图8-2所示，全国尺度层面上，贫困县农村基本公共服务综合指数整体呈正态分布，综合指数整体呈"中间大，两头小"的分布结构。其中2010年农村基本公共服务综合指数主要集中分布在0.36~0.56，2011年集中在0.44~0.60，2012年集中在0.52~0.68，随着时间变化指数逐渐向右偏移。我国14个集中连片特困区所辖贫困县的农村基本公共服务发展水平更多处于中等程度，低等程度和高等程度的贫困县数量较少。

2010~2012年，农村基本公共服务综合指数分布峰值点略高于标准正态分布曲线，公共服务发展水平处于中值的贫困县数量较多，而处于高值的数量相对较少。2010年综合指数值达到0.48的贫困县有84个，2011年发展至93个，截至2012年综合指数处于0.48左右的贫困县减少到51个，而2012年处于0.64的贫困县增至89个。农村基本公共服务综合指数分布峰向右偏离标准正态分布曲线峰值，14个片区所辖贫困县的农村基本公共服务发展水平较好。整体而言，我国14个片区贫困县农村基本公共服务综合指数处于中等发展水平，且随着时间变化，向中高程度发展水平推移。

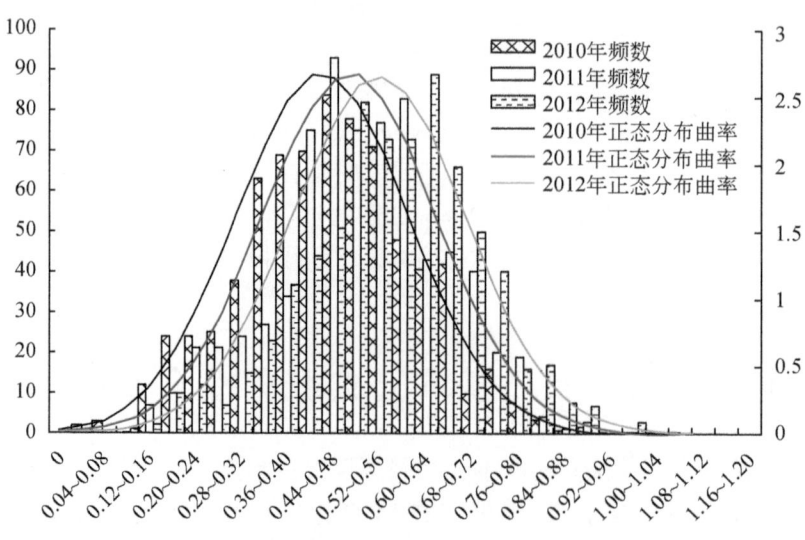

图8-2 2010~2012年农村基本公共服务综合指数分布图

为了更好地评价2010~2012年全国14个片区不同时间不同片区间及同一片区内不同县域间基本公共服务的相对发展水平，利用农村基本公共服务综合指数（RBPS）标准差的分级方法对 14 个片区内各县农村基本公共服务总体发展水平进行分级评价，将其综合指数划分为相对富集区、相对均衡区、相对短缺区、相对严重短缺区 4 个等级，其分布如图 8-3 所示。连片特困区农村基本公共服务的整体分布在空间上分异程度明显，各县域间基本公共服务的发展呈现显著的差异性。从整体来看，2010 年、2011 年、2012 年片区的农村基本公共服务水平均呈现出明显的西低东高的态势。2010 年 14 个片区农村基本公共服务综合发展水平以相对短缺区和相对严重短缺区为主，大致分布于胡焕庸线的西侧，这也标志着我国的人口和贫困人口分布存在着显著差异。而 2011 年 14 个片区内农村基本公共服务综合发展水平处于相对短缺区、相对严重短缺区和相对均衡区、相对

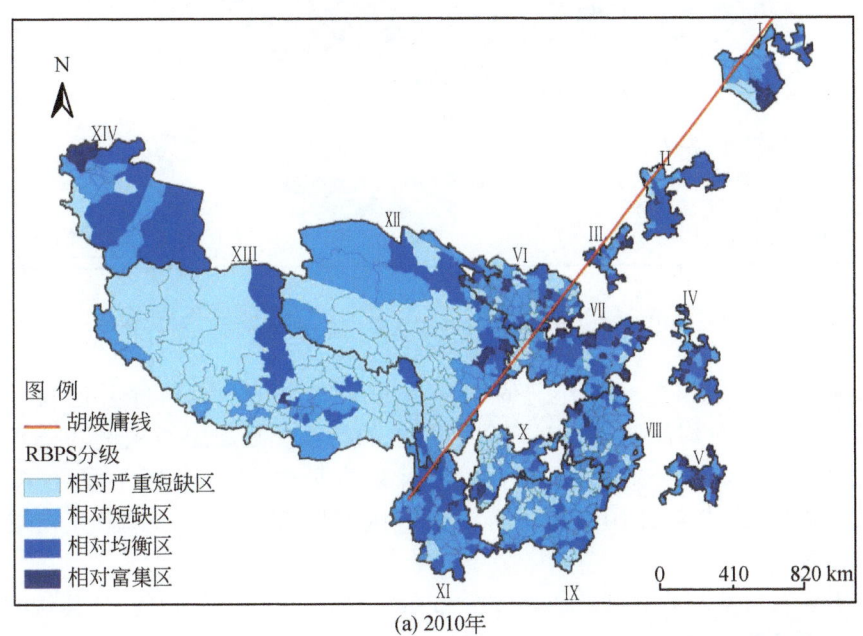

(a) 2010年

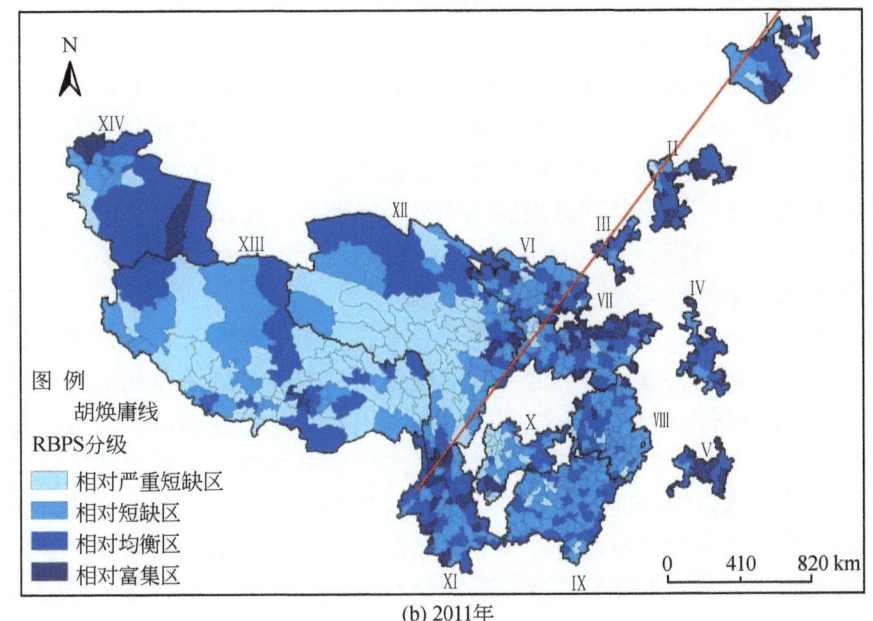

(b) 2011年

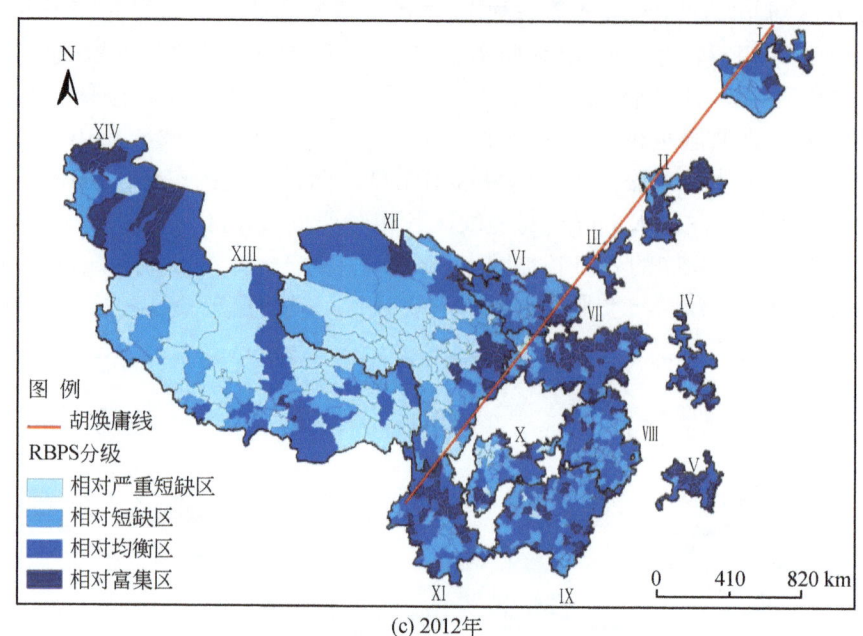

(c) 2012年

图 8-3　2010~2012 年 14 个片区农村基本公共服务综合指数分级

富集区的县域数量大致相同，分别位于胡焕庸线的两侧。2012 年 14 个片区农村基本公共服务的分布呈现以相对均衡区、相对富集区为主的状态，胡焕庸线东侧的公共服务发展则明显高于西部。2010~2012 年，片区农村基本公共服务发展水平不断提高，且 2011~2012 年的增速快于 2010~2011 年，表明国家扶贫事业在公共服务领域的发展建设已取得初步成绩。

连片特困区农村基本公共服务的整体分布在空间上分异程度明显，各县域间基本公共服务的发展呈现显著的差异性。从整体来看，2010 年、2011 年、2012 年片区的农村基本公共服务水平均呈现出明显的西低东高的态势。2010 年，14 个片区所辖县域农村基本公共服务综合发展水平最低值为 0.019，大致分布在胡焕庸线的西侧。2011 年，14 个片区县域农村基本公共服务综合指数最高值由 0.949 过渡到 0.985，主要分布在片区的东侧。2012 年，14 个片区农村基本公共服务综合指数最高值达到 1.028，最低值增至 0.08，分布于片区东西两侧，东侧的公共服务发展则明显高于西部。2010~2012 年，片区农村基本公共服务发展水平不断提高，且 2011~2012 年的增速快于 2010~2011 年，表明国家扶贫事业在公共服务领域的发展建设已取得初步成绩。

单从片区不同等级区域空间分布的绝对位置来看，相对富集区主要集中分布在片区的南部和东南部，该区域农村基本公共服务发展程度高。2010~2011 年相对均衡区分布较为零散，直到 2012 年片区内已有 40.66% 的县市处于基本公共服务相对均衡区，发展水平高于其周边地区且连接成片；2010 年片区所辖 40.52% 的县域处于相对短缺区，主要分布在片区的西部，整体大致以中心向四周递减。其农村基本公共服务发展水平低，区域内基础设施相对薄弱，公共服务建设亟待进一步完善，截至 2012 年下降到 26.92% 且零散分布在片区内。从各等级空间分布的相对位置来看，相对均衡区集中在相对富集区的两翼，使得这两个区域较为集中地呈片状分布，集聚现象明显；相对严重短缺区总体被相对短缺区包围，形成一个较为明显的低值区域。

从表 8-4 可以看出，我国 14 个片区基本公共服发展格局变化不大，具有明显变化的区县约为总数的 1/3。处于农村基本公共服务综合指数相对富集区的评价单元的个数由 54 个增加到 104 个，再增加到 171 个，公共服务能力提升相对较快。相对严重短缺区由 169 个减少到 65 个，农村基本公共服务发展有所好转，整体朝正向转变。

表 8-4 2010～2011 年及 2011～2012 年农村基本公共服务综合指数分级数量变化

2010～2011 年	相对富集区	相对均衡区	相对短缺区	相对严重短缺区	2011～2012 年	相对富集区	相对均衡区	相对短缺区	相对严重短缺区
相对富集区	49	5	0	0	相对富集区	90	11	3	0
相对均衡区	50	149	11	0	相对均衡区	68	178	14	1
相对短缺区	5	100	189	1	相对短缺区	12	100	138	6
相对严重短缺区	0	7	56	106	相对严重短缺区	1	7	41	58

8.4.2 片区尺度农村基本公共服务格局分析

从片区尺度分析（图 8-4），不同连片特困地区间的基本公共服务发展存在显著差异。按 2010～2012 年基本公共服务平均综合指数从大到小排列，罗霄山区>燕山-太行山区>大别山区>秦巴山区>吕梁山区>滇西边境山区>新疆南疆三地州>大兴安岭南麓山区>六盘山区>武陵山区>滇桂黔石漠化区>乌蒙山区>四省藏区>西藏地区。

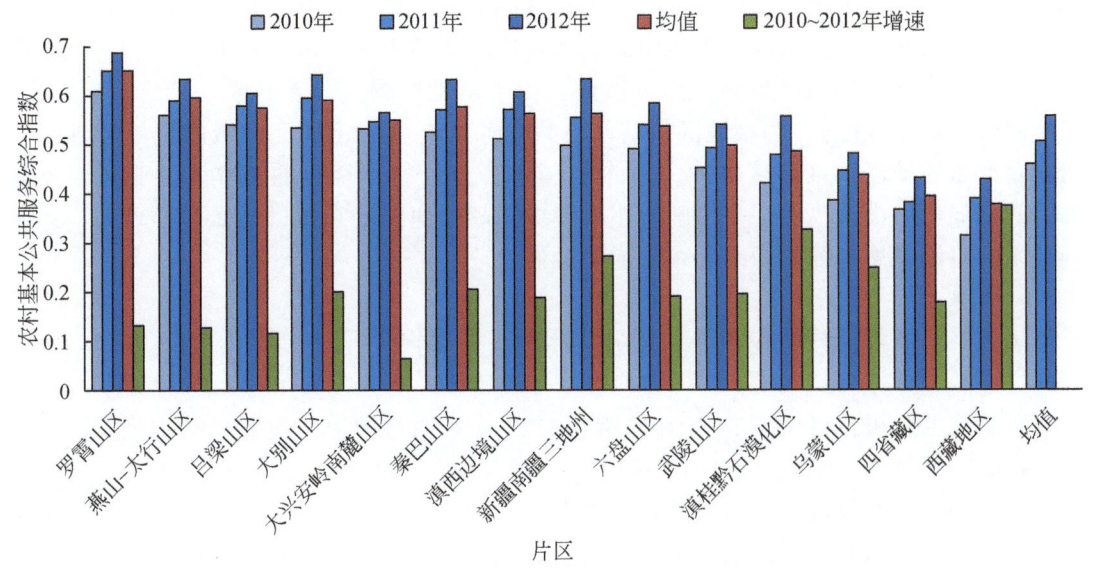

图 8-4 2010～2012 年片区农村基本公共服务综合指数及增速

分析表明：2010～2012年，各片区农村基本公共服务发展水平均在不断提升，2010年、2011年、2012年的均值分别为0.458、0.506、0.556，2010～2011年、2011～2012年的环比增速分别为0.048和0.050，表明2011～2012年的环比增速快于2010～2011年，表明国家对该项事业的发展建设愈发重视。罗霄山区、燕山—太行山区、大别山区所辖县农村基本公共服务平均发展水平相对于其他片区发展较好。这3个片区相对靠近东部沿海地区，由于沿海区域经济发展优势的空间溢出效应带动其发展，发展情况相对较优。其中在14个连片特困区中，罗霄山区公共服务的发展水平历年均最高，这受惠于"中部崛起"国家战略的不断深化。

乌蒙山区、四省藏区、西藏地区所辖县域农村基本公共服务平均发展水平相对较差，这3个片区都深入内陆，气候和自然环境恶劣多变，山高路险，交通不便，土地贫瘠，尤其是自然灾害频发，生活环境的恶劣导致扶贫政策难以深入、基础设施覆盖方面存在一定劣势。西藏地区整体发展最弱，与其他片区相比存在明显差距；虽期间有了较大幅度的提升，但源于该片区基础较差，这些地区长期处于贫困状态。

秦巴山区、吕梁山区、滇西边境山区、新疆南疆三地州、大兴安岭南麓山区、六盘山区、武陵山区、滇桂黔石漠化区这些片区虽然相对于乌蒙山区、四省藏区、西藏地区农村基本公共服务的发展较好，但优势不大，多为山区、内陆地区，存在交通不便的天然劣势，必须大力发展扶贫事业以带动地方经济，扩大公共服务覆盖率。2010年大兴安岭南麓片区基本公共服务发展较好，但2010～2012年增速最低，源于其地处东北老工业地区。因此，东北地区等老工业基地体制性、结构性等深层次矛盾需要进一步解决。2010年吕梁山区公共服务发展稳定，但由于其自然条件恶劣、生态环境脆弱、水土流失严重等，2012年农业基础设施建设滞后，被其他片区反超。

截至2012年，罗霄山区内已有近63%的县市处于基本公共服务相对富集区，明显高于其周边地区。秦巴山区发展相对较好，但片区内等级格局分布差异较大；而包括罗霄山区在内的六盘山区、大别山区、吕梁山区、大兴安岭南麓山区、滇西边境山区、武陵山区内已无基本公共服务相对严重短缺区，然而，由于基础薄弱，四省藏区（即青海、甘肃、四川、云南、藏东地区）、西藏地区的基本公共服务即使发展迅速，区域内仍然存在大面积的相对严重短缺区，且连接成片。整体上，14个连片特困地区的基本公共服务发展东高西低的格局依然没有改变。高值区域主要集中于胡焕庸线的东侧，大致呈沿西北—东南走向递增并且沿胡焕庸线从西南到东北递增的态势。

8.4.3 省级尺度农村基本公共服务格局分析

从省级尺度分析，将全国14个片区所辖的21个省级行政单元按农村基本公共服务平均综合指数降序排列，从表8-5可以看出，农村基本公共服务发展较差的地区主要为西藏、青海、四川、内蒙古、贵州、甘肃、湖南，平均综合指数都低于研究样本的总体平均水平。2010年，研究区21个省级行政单元中有13个省级行政单元平均发展水平超过均值，而截至2012年已经有14个省级行政单元超过全国片区基本公共服务发展的平均水平。

表 8-5 2010~2012 年片区内各省级行政单元农村基本公共服务综合指数及排名

省级行政单元	2010 年 综合指数	2010 年 排名	2011 年 综合指数	2011 年 排名	2012 年 综合指数	2012 年 排名
江西	0.6604	1	0.6931	1	0.7205	1
吉林	0.6322	2	0.6386	2	0.5386	14
山西	0.5787	3	0.6206	5	0.6625	4
河北	0.5786	4	0.5991	8	0.6395	7
宁夏	0.5700	5	0.5997	7	0.6445	6
安徽	0.5686	6	0.6363	3	0.6880	2
陕西	0.5643	7	0.6032	6	0.6696	3
河南	0.5633	8	0.6208	4	0.6581	5
黑龙江	0.5602	9	0.5761	9	0.6240	9
重庆	0.5218	10	0.5493	11	0.6152	10
湖北	0.5078	11	0.5453	12	0.6149	11
新疆	0.4972	12	0.5537	10	0.6337	8
云南	0.4865	13	0.5431	13	0.5814	13
广西	0.4543	14	0.5021	14	0.5989	12
湖南	0.4378	15	0.4622	17	0.5204	15
甘肃	0.4365	16	0.4834	15	0.5191	16
贵州	0.3975	17	0.4715	16	0.5184	17
内蒙古	0.3810	18	0.4053	19	0.4554	19
四川	0.3767	19	0.4206	18	0.4829	18
青海	0.3683	20	0.3817	21	0.4267	21
西藏	0.3132	21	0.3879	20	0.4300	20
均值	0.498		0.538		0.583	

其中,江西省处于罗霄山区以内,区域内对应片区贫困县发展水平整体较高,历年来均排前列,相较于其他地区更接近于沿海经济发达区域,受大环境发展优势的推动,带动了当地公共服务的整体发展。青海和西藏内所辖的片区贫困县发展水平整体最低,其同处世界的第三极——青藏高原,由于地理位置、民族等,生存发展紧密相连,相互牵动彼此影响。2011~2012 年,吉林省下辖贫困县基本公共服务的发展水平排名明显下降,从第 2 等级下降到 14 等级,与安徽省显著提高的发展水平形成了鲜明的对比。农村基本公共服务发展水平较优的江西、吉林、河北、宁夏、安徽都位于一个片区内,而地处四省藏区、乌蒙山区、秦巴山区 3 个片区交界的边缘区的四川农村基本公服务发展较差,由于受到不同片区的不同政策影响,难以按照同一模式推进公共服务发展,省域内部发展的不均衡性清晰可见。14 个片区所辖 21 个省级行政单元的农村基本公共服务发展水平在逐年递增,

但又伴随着明显的不均衡性。

8.4.4 县级尺度农村基本公共服务格局分析

分县来看，如图 8-5 所示，2010~2012 年，农村基本公共服务发展水平最低值均分别在西藏地区的聂荣县（2010 年、2011 年）、噶尔县（2012 年），最高值则分别对应于秦巴山区的栾川县（2010 年）、汝阳县（2011 年、2012 年）。2010 年，14 个片区所辖县域农村基本公共服务综合发展水平最低值为 0.019，大致分布在片区的西侧。2011 年，14 个片区县域农村基本公共服务综合指数最高值由 0.949 过渡到 0.985，主要分布在片区的东侧。2012 年，14 个片区农村基本公共服务综合指数最高值达到 1.028，最低值增至 0.08，分布于片区东西两侧。2010~2012 年，基本公共服务最高和最低值的差距悬殊，分别为超过 55 倍、50 倍和 22 倍，不同片区所辖县域的农村基本公共服务综合指数差距明显，高低差值悬殊，但呈现出差距逐步缩小趋势。2010~2012 年片区内所辖县域的基本公共服务综合指数超过平均得分的县级行政单元分别有 366 个、375 个、377 个，占比分别达到 50.3%、51.5%、51.8%。总体而言，农村基本公共服务发展质量虽然总体不高，但农村基本公共服务评价单元整体向高值偏移，整体都在朝良性方向发展，综合指数逐渐呈现高多低少的趋势；虽然县域间发展并不均衡，但高低悬殊在逐渐缩小。

在县级比较中，国家级贫困县的农村基本公共服务综合发展水平明显低于片区县的发展程度，高低差距逐年降低，二者整体发展水平均在逐年提高。2010 年国家级贫困县和片区县农村基本公共服务发展水平以相对短缺区和相对严重短缺区为主，而截至 2012 年已从相对严重短缺区、相对短缺区过渡到相对均衡区、相对富集区。

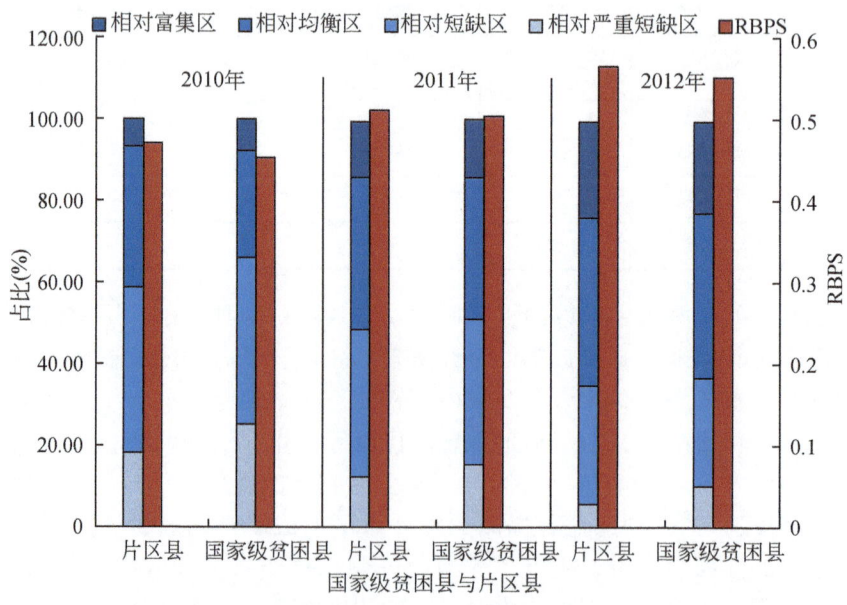

图 8-5　2010~2012 年国家级贫困县与片区县农村基本公共服务综合指数对比

8.5 连片特困区农村基本公共服务时空分异分析

在上节研究结果的基础上，借助 GIS 的空间分析能力，结合全局 Moran's I 指数、局部 Moran's I 指数、局部 G 系数的空间自相关分析方法，采用基尼系数与泰尔指数相综合的数理统计分析方法，从片区-省-县多尺度多角度全面评价 2010~2012 年连片特困区农村基本公共服务的时空分异特征及发展差异水平。

8.5.1 农村基本公共服务空间分异特征分析

8.5.1.1 农村基本公共服务全局依赖性

基于农村基本公共服务维度指标指数和综合指数利用全局空间自相关方法得到全局 Moran's I 指数，对目标要素的每个空间要素进行分析，邻近要素将分配 1 作为权重，没有共同边缘的要素单元（贫困县）分配值为零，将不参与计算，并增加序列数量到 999 以提高结果的稳定性。结果显示，2010~2012 年 14 个片区所辖贫困县农村基本公共服务综合指数的全局 Moran's I 指数分别为 0.3854、0.3957、0.3787，且在 1% 的显著水平拒绝原假设，表明 14 个片区所辖县农村基本公共服务综合发展水平整体上存在较强的空间依赖性，在空间上呈现明显的正相关集聚态势，但三年间整体变化并不显著。

表 8-6 2010~2012 年 14 个片区农村基本公共服务全局 Moran's I 指数

年份	农村基础教育	农村环境保护	农村公共安全	农村公共文化	农村公共卫生	农村社会保障	农村基础设施	综合指数
2010	0.3485	0.3259	0.1377	0.2834	0.1991	0.1315	0.4135	0.3854
2011	0.3315	0.3214	0.1519	0.3118	0.1962	0.1457	0.4012	0.3957
2012	0.3015	0.3036	0.1648	0.2924	0.1347	0.1447	0.3992	0.3787

从表 8-6 得出，2010~2012 年 14 个片区所辖县域在农村基础教育、农村环境保护、农村公共安全、农村公共文化、农村公共卫生、农村社会保障、农村基础设施方面的发展均具有空间集聚性，各县域之间的联系密切。其中，县域农村公共安全与农村社会保障的发展具有较弱的空间自相关性，而农村基础设施分布呈高度空间集聚态势。

8.5.1.2 农村基本公共服务综合发展水平的空间分异

全局 Moran's I 指数揭示了 14 个连片特困区 2010~2012 年农村基本公共服务综合指数整体空间集聚程度，而局部 G 系数能较准确地探测出聚集区域，从而进一步揭示出空间集聚效应具体位置的分布。图 8-6（a）~图 8-6（c）依次为 2010 年、2011 年、2012 年 14 个片区农村基本公共服务局部 G 系数测算结果，依据显著性水平将集聚区域测算结果细分为显著高值聚集、较显著高值聚集、空间聚集不显著、较显著低值聚集、显著低值聚集五类。2010~2012 年的局部 G 系数测算结果表明片区农村基本公共服务空间集聚格局变化并不显著。

空间分布的角度来看，高值聚集区多分布于胡焕庸线东南侧，低值聚集区多分布于胡焕庸线西北侧，整体呈现显著的西低东高的空间异质分布。其中，显著高值集聚区域主要集中在Ⅴ罗霄山区，片区内农村基本公共服务发展程度最高。Ⅶ秦巴山区的东北侧分布显著高值集聚区域，区域内差异明显，东北部区域农村基本公共服务发展水平明显好于西部，已带动周围区域基本公共服务的整体发展。Ⅱ燕山-太行山区、Ⅳ大别山区内局部区域呈显著高值聚集和较显著高值聚集，Ⅲ吕梁山区、Ⅵ六盘山区内部零散分布着高值聚集区。ⅩⅢ西藏地区是主要的显著低值聚集区，农村基本公共服务发展水平不足，需要区域间协作以改善农村公共服务总体质量；Ⅻ四省藏区的西南部分显著低值聚集区，且连接成

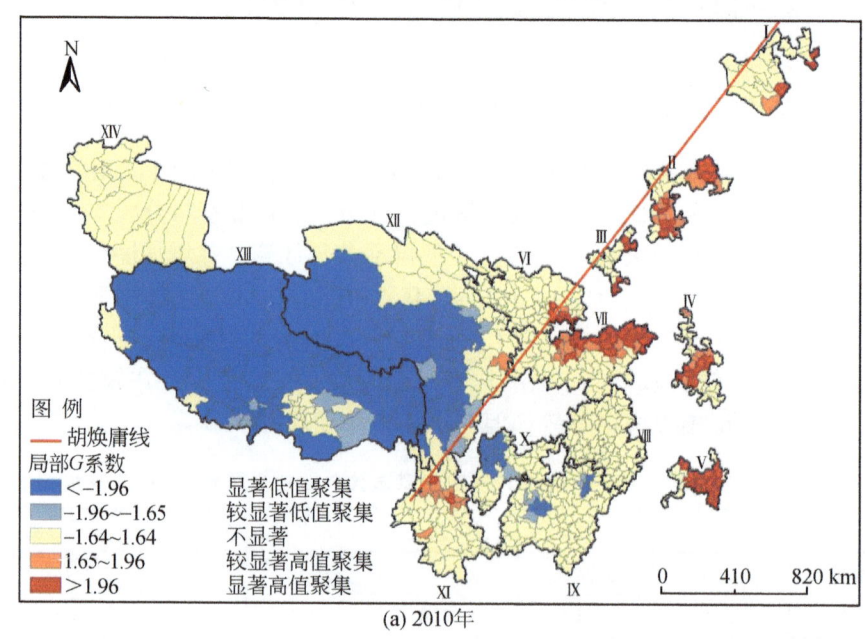

(a) 2010年

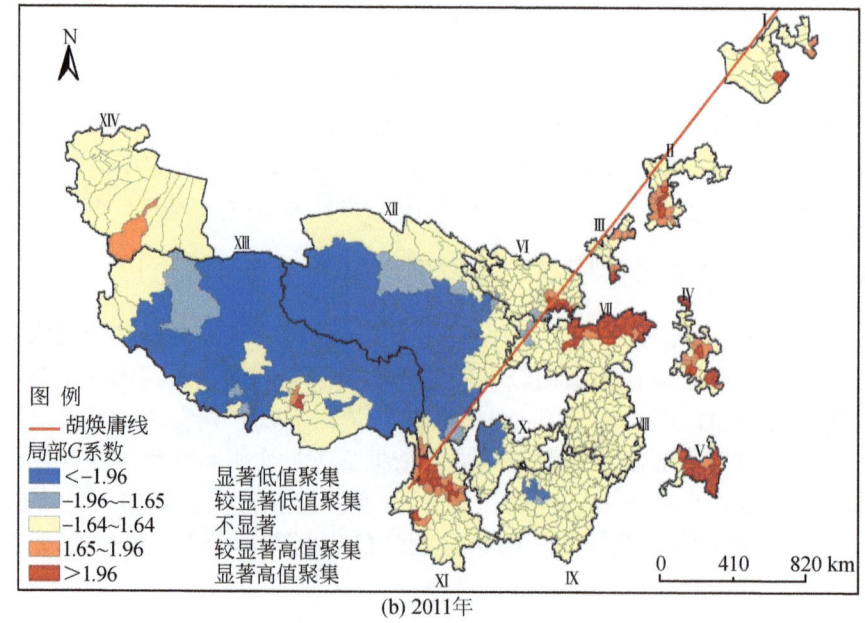

(b) 2011年

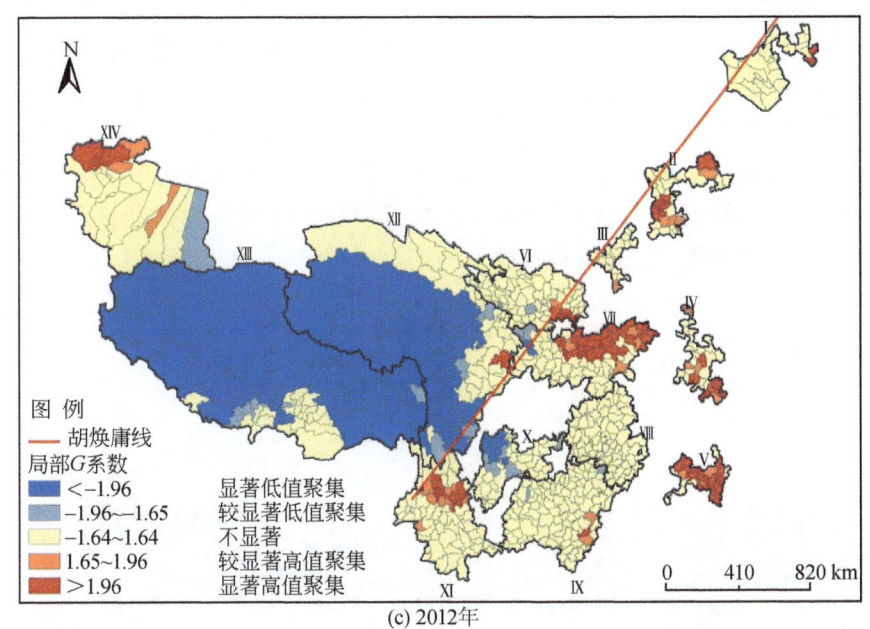

(c) 2012年

图 8-6　2010~2012 年 14 个片区农村基本公共服务综合指数的空间集聚

片，这两个特殊类型贫困片区形成了全国 14 个片区的低值塌陷区，公共服务的资源配置急需给予进一步重点倾斜。Ⅷ武陵山区、ⅩⅣ新疆南疆三地州片区未呈现显著聚集效应，要加大区域投入力度以改善农村公共服务总体质量，基础设施均衡化配置成为首要任务。

从时间发展上来看，2010~2012 年，片区农村基本公共服务空间集聚格局变化并不显著。Ⅹ乌蒙山区低值聚集区集中在西北一侧，且随着时间低值聚集区范围有所缩小。Ⅸ滇黔桂石漠化区的显著低值集聚区逐步转化为较显著高值集聚区，低值集聚区域范围进而缩小至不存在。2012 年与 2010 年相比，秦巴山区高值聚集区有所扩大，显著高值集聚区剧增且仍然集中在东北部，且随着高值集聚区进一步移动，到 2012 年连接成片，形成了中心围绕的高值区，区域内农村基本公共服务的整体发展增强，东部区域内农村基本公共服务的整体发展增强，辐射带动其周边县市致使高值集聚区剧增，区内基础设施均衡化配置成为首要任务。Ⅴ罗霄山区显著高值集聚区逐年成片扩张。片区基本公共服务综合指数的局部 G 系数，从空间上展布了 14 个片区高值集聚区与低值集聚区的主要分布特征，更加清晰地表达出了大范围的集聚状态，进一步印证了高低值分别集中在胡焕庸线两侧，片区整体呈现显著西低东高的空间异质分布。

8.5.1.3　农村专项基本公共服务发展的空间分异

局部 Moran's I 指数通常用 LISA 聚类图表示，在结合局部空间关系显著性的同时，能在图上反映每个区域观察值与其周边观察值的联系，更加准确地识别出聚集区域中心。采用局部 Moran's I 指数进一步测算 14 个片区农村基本公共服务各维度的空间聚集分布特征，详细地表达基础教育、公共文化、社会保障在空间上的聚集发展程度，清晰地反映出片区所辖各县域间发展的相关态势，聚集程度如图 8-7 所示。

1) 农村基础教育：东部高，西部低。如图 8-7 所示，2010 年，"高–高" 区集聚在燕山–太行山区、大别山区、罗霄山区、滇西边境山区，至 2012 年，逐步扩张至滇黔桂石漠化区，所辖区域教育文化水平高于周边地区。秦巴山区所辖县域零星分布着具有异质性的 "低–高" 区，区域基础教育发展水平明显低于周围县市，呈现出 "冷点" 现象。2010 年，"低–低" 区成片集聚在西部一侧的四省藏区和西藏地区，基础教育水平普遍偏低；随着时间推移，2012 年 "低–低" 区域明显缩小，应及时加大向低聚集区教育资源配置的倾斜力度、优化师资队伍结构，以促进基础教育的均衡发展。

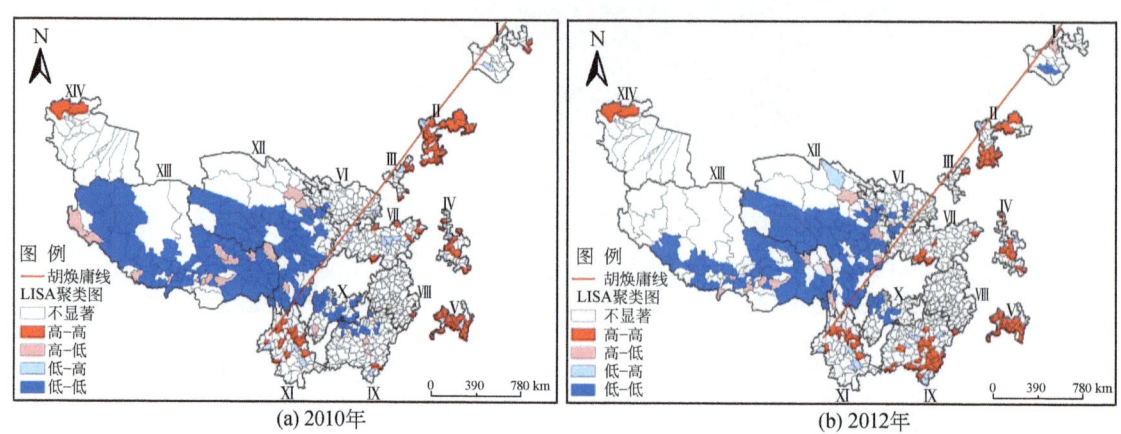

图 8-7　农村基础教育的 LISA 聚类图

2) 农村环境保护：如图 8-8 所示，南部高，西部低。2010～2012 年，"高–高" 区域以罗霄山区、秦巴山区、武陵山区、滇西边境山区所辖县域为中心显著集聚于南部，这个集聚区生态环境最好；"低–低" 区主要分布在四省藏区、西藏地区和新疆南疆三地州片区内，成片地显著集中在西部。

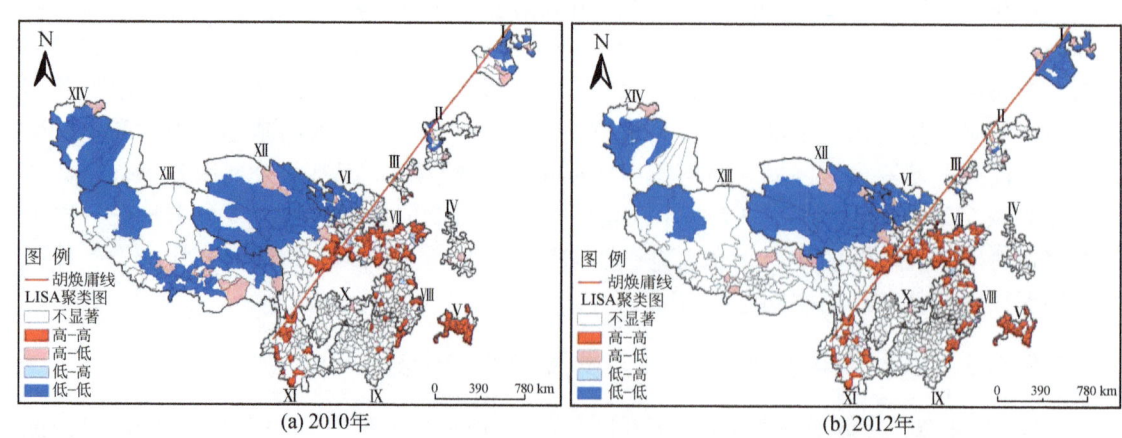

图 8-8　农村环境保护的 LISA 聚类图

3) 农村公共安全：如图 8-9 所示，2010～2012 年，14 个片区所辖县域在公共安全服务发展方面呈较弱的空间集聚性，"低–低" 区零散分布在片区，而 "高–高" 主要集聚在新疆南疆三地州。只有确保新疆南疆三地州的安全稳定,才能确保全疆、全社会和全国的和谐稳定,对其公共安全服务的重视具有重大意义。

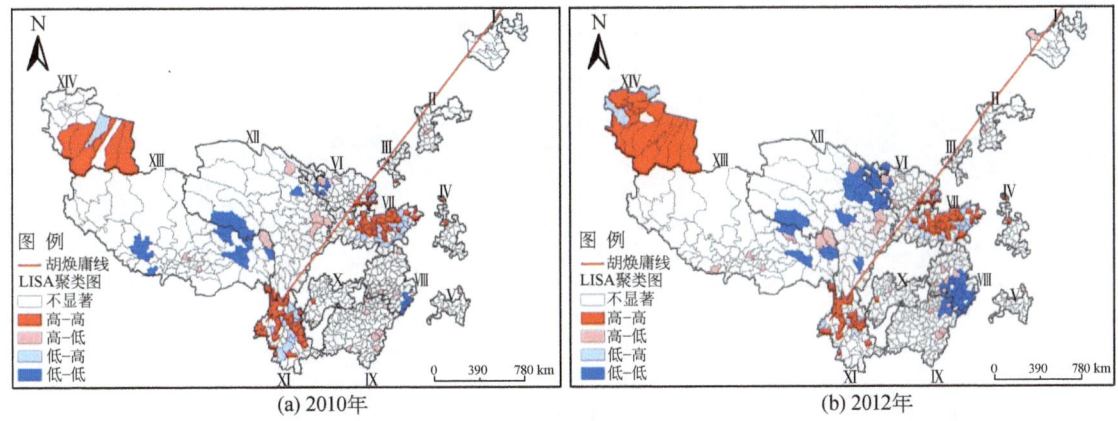

图 8-9　农村公共安全的 LISA 聚类图

4)农村公共文化:西低东高。如图 8-10 所示,"高–高"区域以燕山–太行山区、吕梁山区、秦巴山区、大别山区、罗霄山区为中心显著集聚于胡焕庸线以南的东部地区,这个集聚区公共文化发展得最好;"低–低"区以四省藏区为中心,成片地显著集中在片区的西部,此区域公共文化水平整体明显落后,需要进一步加强公共文化的投入力度,满足当地居民对于公共文化的需求,提高片区的社会信息化程度。

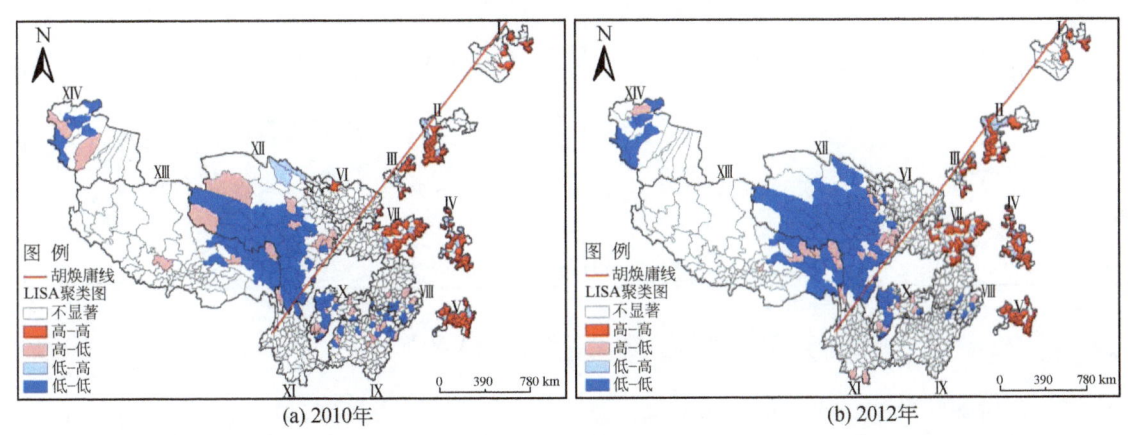

图 8-10　农村公共文化的 LISA 聚类图

5)农村公共卫生:西部低。如图 8-11 所示,以新疆南疆三地州、四省藏区所辖县域为中心的"低–低"区显著集聚于西部地区,区域内医疗卫生资源配置不合理,急需加快高水平医疗卫生设施的建设;以西藏地区所辖县域为中心的"低–高"区发展具有异质性,形成医疗卫生水平的塌陷,是西藏地区卫生医疗服务发展的软肋,急需配置合理的卫生医疗总体资源,健全医疗保险体制以满足城镇居民的基本医疗需求。

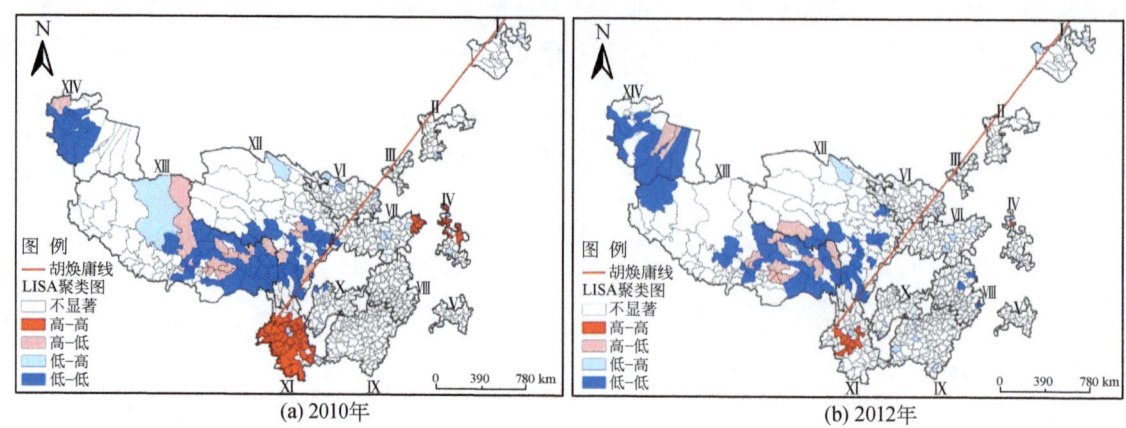

图 8-11 农村公共卫生的 LISA 聚类图

6)农村社会保障:东南部高。如图 8-12 所示,以秦巴山区东侧、武陵山区北侧、大别山区为中心的"高–高"区集聚在片区东部,此集聚区社会保障水平相对较高,保障体系完备;以四省藏区所辖县域为中心的"高—低"区发展具有异质性,形成社会保障发展的塌陷;2010~2012 年,"低–低"区分布零散,由滇桂黔石漠化区转移至四省藏区,区域在社会保障上的发展严重滞后,急需完善社会保障体系,进一步健全社会保障体制。

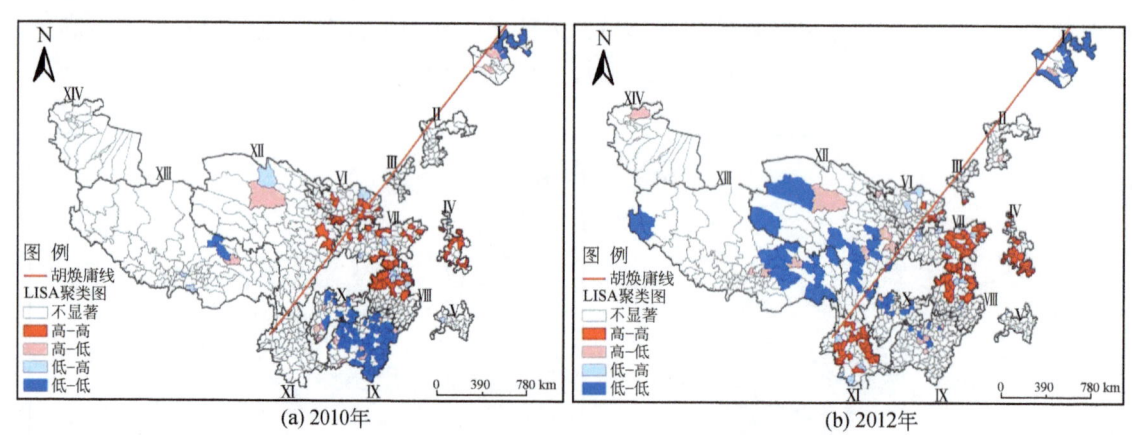

图 8-12 农村社会保障的 LISA 聚类图

7)农村基础设施:西部低、东部高。如图 8-13 所示,农村基础设施的发展分布呈高度空间集聚态势,2010 年,"高–高"区集聚在大兴安岭南麓山区、燕山–太行山区、吕梁山区、六盘山区、秦巴山区、大别山区、罗霄山区,至 2012 年,有微小扩张,所辖区域基础设施配备较为完备。2010~2012 年,"低–低"区成片集聚在西部一带的四省藏区和西藏地区,区域内农村基础设施未达到均等化,需要继续加强交通服务的发展,全面提高电网通达水平、输送能力、供电质量,应形成较为完善的交通网络,加快其他交通方式的发展以满足居民出行需要。

8 基本公共服务视角下的贫困县减贫与发展监测

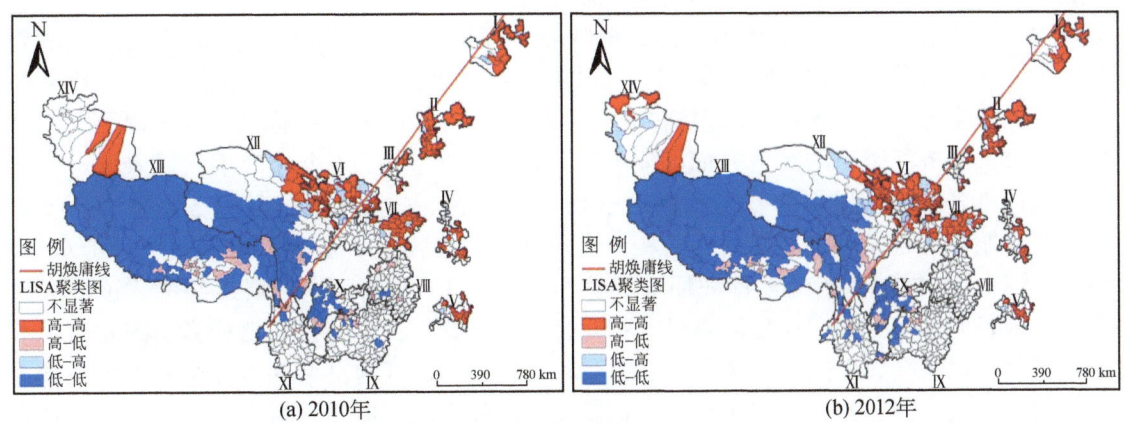

(a) 2010年　　　　　　　　　　　　　(b) 2012年

图 8-13　农村基础设施的 LISA 聚类图

8.5.2　农村基本公共服务差异特征分析

8.5.2.1　基于基尼系数的农村基本公共服务差异特征分析

就农村基本公共服务整体的差异性而言，如图 8-14 所示，2010~2012 年，14 个连片特困区的基尼系数的差距呈现不断缩减之势，研究区不同片区间农村基本公共服务发展差异逐渐缩小。但就农村基本公共服务维度指标的差异性而言，从图 8-14 可以清晰地看出，片区农村基本公共服务维度指标的基尼系数存在显著差异。

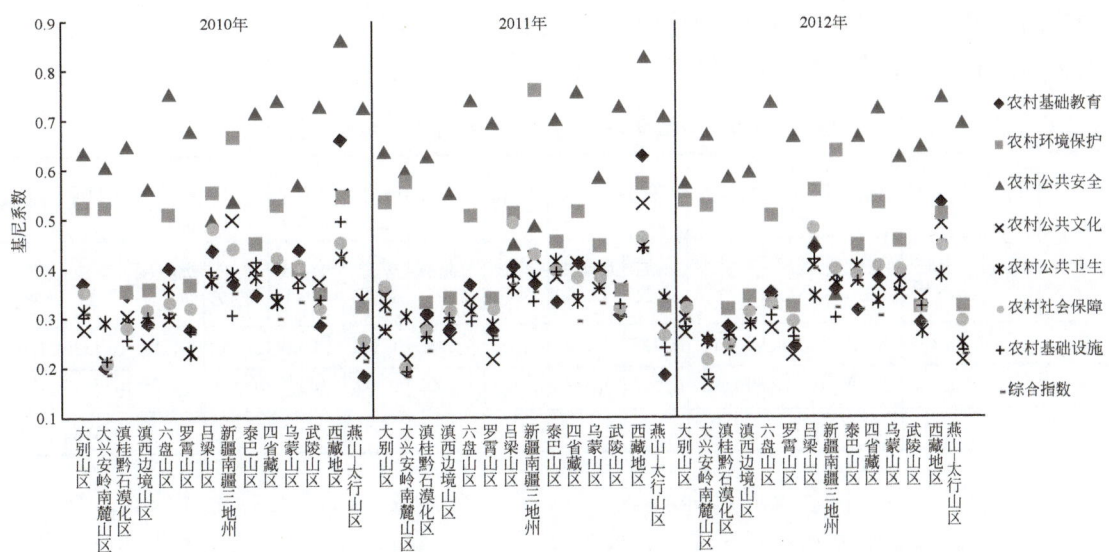

图 8-14　2010~2012 年片区农村基本公共服务维度指标的基尼系数

分片区比较，西藏地区的基尼系数最大，各维度之间的基尼系数差异显著，异质性明

249

显，源于该片区地处"高""寒"气候较恶劣的自然环境，缺乏生产生活条件，自然灾害频发，造成片区内部发展极其不均衡，但随着时间的变化，指标间差异有逐步降低的趋势。大兴安岭南麓片区内部环境保护、公共安全指标的基尼系数达到 0.5~0.6，环境保护、公共安全等资源在各片区未得到合理的配置，但片区内其他指标处于 0.3 以下，片区内县域公共服务所覆盖的其他方面的发展已经渐入佳境，在 14 个片区中发展最好。吕梁山片区内部各项维度指标的基尼系数处于 0.5 及以下，农村基本公共服务总体发展差异小，公共服务综合发展水平逐渐趋于相对稳定状态，急需进一步提升公共服务供给水平；燕山-太行山区内部在基础教育和环境保护两方面是 14 个片区中发展最好的，该地区教育、环境资源体系完善，在片区内得到相对合理的配置。大别山区、滇桂黔石漠化区、滇西边境山区以及乌蒙山区内各维度基尼系数相对较小，片区内县域基本综合发展水平趋于相对均等，表明其已初步实现相对均衡化发展。新疆南疆三地州农村环境保护的发展存在较大差异，且无明显改善，但在公共安全方面发展相对较好，片区内发展及其不均衡。六盘山区、罗霄山区、秦巴山区、四省藏区、武陵山区在农村基础教育、农村环境保护、农村公共文化、农村公共卫生、农村社会保障、农村基础设施指标的基尼系数处于 0.3~0.5，除公共安全服务发展差异明显外，其他方面发展已经渐入佳境。

如表 8-7 所示，从引发社会公共服务体系发展差异的内部不同维度来看，农村公共安全服务基尼系数最大，2010~2012 年片区及所辖县域的基尼系数达到 0.6 以上，说明该维度的发展极化特征突出、发展差距悬殊，地域分异明显，是片区内部农村基本公共服务差异性产生的主要原因，急需改善县域间公共安全服务设施的薄弱环节，但 2012 年农村公共安全服务基尼系数有缓解之势。农村环境保护的基尼系数处于 0.4 左右，资源在各片区均未得到相对合理的配置；而片区整体所辖县域内农村基础教育、农村公共卫生、农村公共文化、农村社会保障、农村基础设施的基尼系数在 0.3~0.4，资源在各片区均得到相对合理的配置，片区县域间发展较为均衡，地域发展差异不大，除农村公共安全在内的农村基本公共服务发展水平初步实现相对均衡化。

表 8-7 2010~2012 年农村基本公共服务基尼系数及其分解

年份	综合指数基尼系数	农村基础教育		农村环境保护		农村公共安全		农村公共文化		农村公共卫生		农村社会保障		农村基础设施	
		基尼系数	贡献度(%)	基尼系数	贡献度(%)	基尼系数	贡献度(%)	基尼系数	贡献度(%)	基尼系数	贡献度(%)	基尼系数	贡献度(%)	基尼系数	贡献度(%)
2010	0.304	0.305	10.98	0.366	13.17	0.727	26.18	0.307	11.04	0.374	13.46	0.366	13.18	0.333	11.98
2011	0.300	0.308	11.29	0.370	13.55	0.726	26.58	0.319	11.68	0.356	13.02	0.331	12.12	0.321	11.76
2012	0.291	0.311	12.24	0.333	13.09	0.648	25.49	0.313	12.32	0.336	13.22	0.283	11.14	0.318	12.50

从农村公共服务体系发展内部的不同指标贡献度来看，14 个片区整体农村基础教育的贡献度最低，基尼系数在 0.3 左右，发展相对均衡；农村公共安全的贡献度最大，是影响片区当时农村基本公共服务差异性的主要原因，其基尼系数达到 0.6 以上，说明 14 个片区公共安全服务发展差距悬殊、极化特征明显。而其他指标的基尼系数在 0.3~0.4，表示地域差异不大，资源在各片区内及片区间得到相对合理的配置。

结果表明，自 2010 年起，随着《中国农村扶贫开发纲要（2011—2020 年）》的实施，特殊的农村扶贫政策有效缓解了我国农村贫困地区面临的贫困问题，促进了农村内部协调和谐发展，公共服务均衡发展取得明显进步。反映出近些年国家对农村基本公共服务发展的重视，各项基本公共服务设施稳步提升，总体资源在片区得到合理的配置，部分精准扶贫策略初见成效。然而，并不是所有地区的基本公共安全服务都能得到保证，贫困人口的生活水平得不到地方政府的支持力度，尚需进一步重视。应多予以生活水平上的资金补助，努力提高农村居民的最低生活水平。因此，后期需要针对不同片区区位现状以及片区内基本公共服务的发展情况，因地制宜地制定相应的差异化扶持政策。

8.5.2.2 基于泰尔指数的农村基本公共服务差异特征分析

就农村基本公共服务整体差异性而言，如表 8-8 所示，2010～2012 年，各片区整体区域泰尔指数的变化均极其微小且仍逐年递减，与基尼系数反映的规律相似，表明经过 3 年的上升发展，全国 14 个片区农村基本公共服务发展差异逐渐缩小，趋于较低水平的均衡状态。

表 8-8　2010～2012 年片区农村基本公共服务综合指数泰尔指数及其分解

年份	片区总差异	片区内差异		片区间差异
	泰尔指数	贡献率	泰尔指数	贡献率	泰尔指数
2010	0.1001	92.55%	0.0926	7.45%	0.0075
2011	0.0958	92.24%	0.0884	7.76%	0.0074
2012	0.0949	92.38%	0.0876	7.62%	0.0072

从分解情况来看，如表 8-9 所示，片区的农村基本公共服务总差异和各片区内差异的变动轨迹较相似且两者的泰尔指数较接近，片区内差异对片区总差异的贡献率均在 90% 以上，是构成片区总差异的主要影响因素；而片区间差异的泰尔指数较小，且相对片区内差异的贡献率而言，其对总差异的贡献率非常小且均在 10% 以内，可以看出，片区间差异是片区总差异的次要影响因素，其对总差异的影响比片区内差异要小。各片区间农村基本公共服务综合指数的差异相对较小，片区内部农村基本公共服务发展的差异相对较大。片区内、片区间泰尔指数也在减小，与片区总差异的泰尔指数变化规律相同。表明各片区间已初步形成统一的规划联动，这也正是国务院提出连片特困区扶贫攻坚规划的初衷所在。

表 8-9　2010～2012 年区域内农村基本公共服务综合指数泰尔指数

年份	大别山区	武陵山区	乌蒙山区	秦巴山区	六盘山区	滇桂黔石漠化区	滇西边境山区	新疆南疆三地州	罗霄山区	吕梁山区	燕山-太行山区	四省藏区	西藏地区	大兴安岭南麓山区
2010	0.0094	0.0095	0.0086	0.0179	0.0068	0.0061	0.0039	0.0032	0.0024	0.0016	0.0014	0.0013	0.0013	0.0011
2011	0.0095	0.0100	0.0082	0.0177	0.0065	0.0060	0.0042	0.0031	0.0023	0.0015	0.0015	0.0013	0.0015	0.0010
2012	0.0090	0.0083	0.0089	0.0166	0.0072	0.0060	0.0043	0.0027	0.0022	0.0020	0.0014	0.0014	0.0010	0.0011

各片区对比分析，其中大兴安岭南麓山区的泰尔指数最小，说明其内部农村基本公共服务整体发展差异相对较小，综合发展水平相对较为均衡。秦巴山区的泰尔指数最大，基尼系数差异显著，说明片区内农村基本公共服务的发展水平非常不均衡，异质性显著。该片区集革命老区、大型水库库区和自然灾害易发多发区于一体，内部差异大、致贫因素复杂，是14个片区中涉及省级行政单元最多的片区，由于其内部受各省级行政单元不同基础条件、发展战略、经济政策等影响，片区内部发展差异明显。

8.6 连片特困区农村基本公共服务与县域经济关系分析

利用灰色关联分析方法探测片区整体经济与农村基本公共服务各因素间的关联程度，引入 Tapio 脱钩模型进一步剖析县域农村基本公共服务与经济发展间的协调同步发展程度。并基于构建的加权 Voronoi 圈层结构进一步探究空间范围各个圈层农村基本公共服务与经济发展的关系。

8.6.1 县域经济与农村基本公共服务的关联特征分析

8.6.1.1 县域经济与农村基本公共服务的整体关联分析

通过 Spearman 等级相关系数检验全国 14 个连片特困区所辖县农村基本公共服务和县域经济之间的相关性，得到 2010 年 Spearman 相关系数为 0.185，2011 年为 0.201，2012 年为 0.234，两者之间呈现弱线性相关，但相关性有递增之势，整体发展格局存在不均衡性和不稳定性。

利用灰色关联分析能进一步探究公共服务指标因素与经济间关联程度的大小。如表 8-10 所示，对所得关联度数据从大到小依次进行排序：农村基本公共服务综合指数>农村公共卫生>农村基础设施>农村社会保障>农村公共文化>农村基础教育>农村环境保护>农村公共安全，本研究取 $\xi=0.5$ 进行计算。

表 8-10 2010~2012 年县域经济与农村基本公共服务各指标的关联度

年份	农村基础教育	农村环境保护	农村公共安全	农村公共卫生	农村社会保障	农村公共文化	农村基础设施	综合指数
2010	0.832	0.818	0.696	0.857	0.855	0.841	0.856	0.880
2011	0.831	0.802	0.676	0.861	0.848	0.832	0.850	0.873
2012	0.834	0.793	0.677	0.869	0.858	0.829	0.850	0.874

县域经济对农村基本公共服务综合发展影响最为显著，其次是公共医疗卫生，再次是基础设施，与经济关联度最小的是农村公共安全服务。农村基本公共服务综合发展水平受到诸多因素影响，但受县域经济的影响最大。公共服务发展扶持主要来自国家和地方政府，区域经济是影响并制约农村公共服务发展的主要原因。

8.6.1.2 县域经济与农村基本公共服务的区域性关联分析

从表 8-11 所示的灰色关联分析的评价结果来看，罗霄山区以关联度 0.7460 位居第一位，高于其他 13 个片区，片区内基本公共服务发展水平最高且与经济协调发展。大兴安岭南麓片区的关联度相比其他地区较为落后，区域内经济发展与公共服务间存在不平衡性，其地处东北老工业基地，急需发展特色优势产业、促进经济发展以推进基本公共服务均等化的实施。西藏地区、四省藏区内经济与基本公共服务县域的关联度适中，但并不一定意味着区域内经济与公共服务的发展程度高，源于其基底较差，对应的基本公共服务也较为落后，经济与公共服务可能均处于相对缓慢发展当中。

表 8-11 2010～2012 年 14 个片区县域经济与农村基本公共服务综合指数的关联度

年份	罗霄山区	秦巴山区	新疆南疆三地州	武陵山区	乌蒙山区	滇西边境山区	西藏地区	四省藏区	大别山区	滇桂黔石漠化区	燕山-太行山区	六盘山区	吕梁山区	大兴安岭南麓山区
2010	0.7460	0.7333	0.6953	0.6868	0.6808	0.6792	0.6740	0.6703	0.6694	0.6606	0.6557	0.6556	0.6436	0.5862
2011	0.7401	0.7366	0.6656	0.6674	0.6939	0.6769	0.6866	0.7000	0.6754	0.6428	0.6772	0.6589	0.5977	0.5887
2012	0.7244	0.7263	0.6511	0.6669	0.6376	0.7065	0.7186	0.6708	0.6207	0.6774	0.6733	0.7063	0.5772	0.6250

前文所提到的农村基本公共服务发展较好的燕山-太行山区、大别山区、吕梁山区的关联度并不高，其区域公共服务发展水平相较于经济发展有所超前，地区经济的发展水平并没有决定着该地区基本公共服务发展质量，但公共服务的建设力度在一定程度上取决于地区的经济发展水平，且大多数片区的关联度随时间有所减弱，两者发展有失衡之势，应及时协调区域经济与公共服务共同发展。

8.6.2 农村基本公共服务与县域经济的脱钩关系分析

8.6.2.1 农村基本公共服务与县域经济的整体脱钩关系分析

以《中国农村扶贫开发纲要（2011—2020 年）》的初步实施阶段 2010～2012 年为时间尺度，探究全国 14 个连片特困地区内农村基本公共服务与县域经济发展的脱钩程度，能进一步揭示片区所辖县域农村基本公共服务与县域经济的协同发展状态。整体来看，如图 8-15 所示，2010～2012 年全国 14 个片区所辖县大部分的农村基本公共服务与县域经济之间发展呈以弱脱钩为主的态势，且成片汇集聚拢发展。这些区域均隶属经济增长型，占据 14 个片区所辖县的比例高达 65.25%，公共服务与县域经济两者发展水平均在提高，但基本公共服务增长速度滞后于经济增长速度。处于扩张负脱钩的县域和处于增长连结的县域数量大致相等，分别占 14 个片区所辖县域的 15.80% 和 10.44%，这些区域基本公共服务与县域经济均稳步发展，而前者基本公共服务的发展水平快于县域经济。处于公共服务受损的强脱钩型和经济受损的强负脱钩型县域零星分布在研究区内，这些县域只关注于公共服务或经济的单一发展，严重偏离协同发展轨道。

农村贫困及其时空分布的多尺度多维度探测

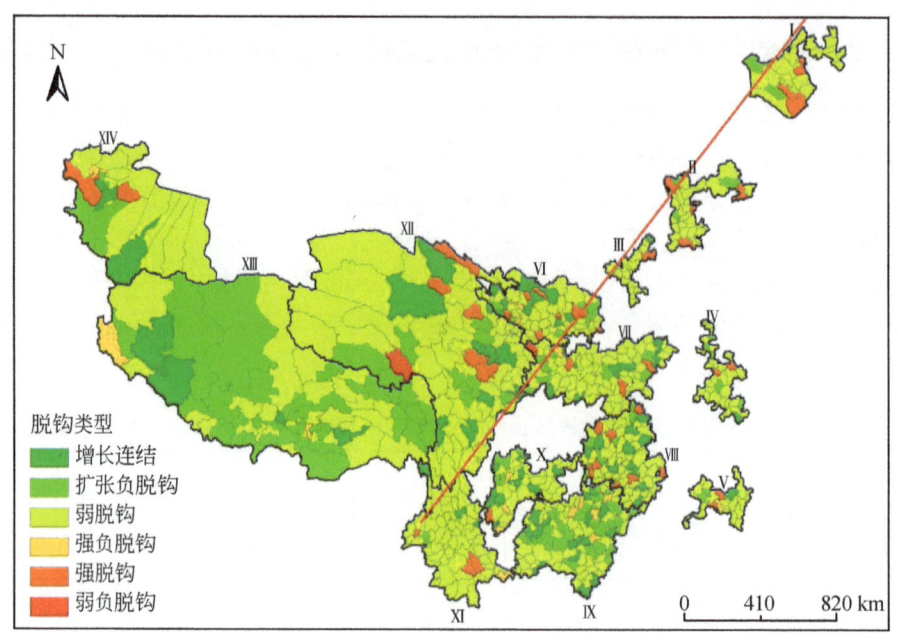

图 8-15　2010～2012 年农村基本公共服务与县域经济的脱钩关系

8.6.2.2　农村基本公共服务与县域经济的区域性脱钩关系分析

2010～2012 年，研究区涉及的 14 个片区各自公共服务与经济发展均以弱脱钩为主。如表 8-12 所示，分片区看，滇西边境山区、吕梁山区、大别山区、大兴安岭南麓山区、燕山-太行山区、秦巴山区处于经济增长型弱脱钩状态的县分别占各自片区所辖县 87.5%、85.0%、77.78%、77.27%、75.76%、74.03%，相比之下这些片区更接近东部沿海地区，受到经济资源优渥区域的辐射带动，这些片区所辖县域的农村基本公共服务发展水平与县域经济发展水平均在提高，但经济发展速度高于公共服务发展增速。其他片区所辖县处于弱脱钩状态的占比也达到 50% 以上。

表 8-12　2010～2012 年 14 个片区县域所处脱钩类型比例　　　　　　　　单位：%

片区	增长连结	扩张负脱钩	弱脱钩	强负脱钩	强脱钩	弱负脱钩
滇桂黔石漠化区	16.00	27.00	52.00	5.00	0.00	0.00
武陵山区	16.42	8.96	62.69	0.00	11.94	0.00
四省藏区	12.00	12.00	68.00	0.00	6.67	1.33
六盘山区	13.04	10.14	60.87	4.35	11.59	0.00
乌蒙山区	20.45	11.36	61.36	4.55	2.27	0.00
秦巴山区	10.39	9.09	74.03	1.30	3.90	1.30
西藏地区	5.48	52.05	39.73	2.74	0.00	0.00
新疆南疆三地州	16.67	12.50	58.33	4.17	8.33	0.00

续表

片区	增长连结	扩张负脱钩	弱脱钩	强负脱钩	强脱钩	弱负脱钩
滇西边境山区	4.69	1.56	87.50	1.56	4.69	0.00
大别山区	2.78	13.89	77.78	0.00	5.56	0.00
罗霄山区	4.17	8.33	75.00	4.17	8.33	0.00
吕梁山区	5.00	0.00	85.00	0.00	10.00	0.00
燕山-太行山区	0.00	9.09	75.76	0.00	15.15	0.00
大兴安岭南麓山区	0.00	9.09	77.27	0.00	13.64	0.00

乌蒙山区、新疆南疆三地州、武陵山区、滇桂黔石漠化区所辖县域中，分别有超过15%的县域处于增长连结状态，区域内农村基本公共服务综合发展水平与县域经济发展水平均在提高，增长速率相近，属于同步协调发展；其他片区只有部分县域处于协同发展型的增长连结中，而燕山-太行山区和大兴安岭南麓山区内不含以增长连结类型为主的县域，急需进一步资源整合以协调区域内公共服务与经济二者发展。

西藏地区内52.05%的县域处于公共服务增长型的扩张负脱钩，农村基本公共服务与县域经济发展之间的脱钩弹性指标大于1，由于西藏地区的基础条件较差，难以推动经济发展，随着扶贫工作的深入推进，公共服务覆盖率扩大，其基本公共服务与县域经济发展水平均在提高，且农村基本公共服务的发展速度快于县域经济的发展速度。武陵山区、四省藏区、六盘山区、乌蒙山区、秦巴山区、新疆南疆三地州、大别山区、罗霄山区、燕山-太行山区、大兴安岭南麓山区处于扩张负脱钩状态的占比也达到10%左右。

武陵山区、六盘山区、吕梁山区、燕山-太行山区、大兴安岭南麓山区所辖县域的10%左右处于公共服务受损型的强脱钩状态，说明县域经济发展水平显著提升，但农村基本公共服务没有得到对应发展，县域内公共服务发展水平反而开始下降。滇桂黔石漠化区、六盘山区、乌蒙山区、罗霄山区、秦巴山区、西藏地区、新疆南疆三地州内部分县域处于强负脱钩状态，农村基本公共服务综合水平不断提升，县域经济发展水平反而下降。

此外，四省藏区青海省所辖的玉树县（现为玉树市）和秦巴山区的宕昌县处于经济滞后的弱负脱钩型，区域内农村基本公共服务综合水平与县域经济发展水平均在递减，经济递减速度更快。秦巴山区内农村基本公共服务与县域经济发展二者间的脱钩类型差异明显，以弱脱钩为主，还涵盖了增长连结、扩张负脱钩、强负脱钩、强脱钩、弱负脱钩5个类型，其农村基本公共服务与县域经济呈现多种不同发展方式，片区内公共服务与经济发展极不均衡。

在2010年之前的几年里，全国14个连片特困地区大多数县域的农村基本公共服务与县域经济均有所提高，主要处于经济增长型的弱脱钩结构，远未达到理想的协同发展型。同样，随着《中国农村扶贫开发纲要（2011—2020年）》的实施，片区农村基本公共服务与县域经济之间没有呈现公共服务滞后型的衰退脱钩和协同共损型的衰退连结现象，表明中国的扶贫工作取得初步成效。但是，我国长期存在的城乡二元结构以及公共服务供给的实际情况，加之财政转移支付制度和税收制度改革的激励机制不足，一些地方政府过度追求经济发展，忽视了基本公共服务的同步建设，造成农村基本公共服务水平仍旧偏低。尽管我国政府的相关政策提供支持，但广大农村贫困地区与城市地区之间仍存在裂痕，造成中国城乡公共服务供给的明显差异。由于我国经济改革和发展，农村人口获得共享资源较少，公共服务发展水平不可能表示县域内在经济发展质量。

因此，在后续的过程中，仍面临很多挑战。我国政府应当加大基本公共服务投入力度、增加基本公共服务供给、完善基本公共服务体系、合理配置公共服务资源，采取更加积极有效、针对性强的对策推动其发展以协调与经济之间的关系。对于只关注于公共服务或经济的单一发展偏离协同发展轨道的县域，应当增强政策及资金倾斜。

8.6.3 基于圈层结构的农村基本公共服务与县域经济相关分析

8.6.3.1 圈层结构的构建

加快中心县市和产业集聚区建设，提升辐射带动功能是《中国农村扶贫开发纲要（2011—2020年）》的重点规划部署。为了探究全国14个连片特困区基本公共服务和经济发展间的相互影响，根据上文所述方法，利用 ArcGIS 扩展插件构建中心县市及片区所辖省省会的加权 Voronoi 空间分割图。如图8-16所示，加权 Voronoi 图内凸多边形的中心点即中心县市以及片区所辖省省会，而切割线之间围成的凸多边形可理解为空间客体目标的空间辐射范围。Voronoi 图中各县市的行政边界与空间分割图并不重合，中心县市及片区所辖省省会的空间辐射范围是由弧线围成的凸多边形，能更加真实地表现出其空间辐射范围。基于影响范围的圈层结构，将14个片区728个县域空间划分为4个圈层，以中心县市所在的每个凸多边形区域为中心圈层，以距中心圈层最近的一层为内圈层，其次是中圈层，外圈层为距中心县市最远的一层。以距片区所辖省会所在的凸多边形最近的一层为内圈层，往外依次是中圈层、外圈层，以此探究各个圈层中农村基本公共服务与县域经济之间的关系。

8.6.3.2 圈层区域内农村基本公共服务与县域经济的相关分析

基于加权 Voronoi 的圈层结构，分别计算片区4个圈层区域的平均农村基本公共服务指数与平均县域经济指数的相关系数。由表8-13可看出，随着圈层辐射作用的减弱，越远离中心圈，平均县域经济指数越低，平均农村基本公共服务指数也越低，县域经济逐渐减弱，农村基本公共服务平均水平逐渐降低。两者的线性回归关系散点图如图8-17所示，2010~2012年各圈层结构农村基本公共服务指数与县域经济指数的相关系数（R）均达到0.9左右且通过检验，这两个变量具有显著的正相关关系。同时，对照三年农村基本公共服务综合指数与县域经济指数之间的相关系数，呈现出先增后减的趋势，说明地区经济发展与农村基本公共服务建设的协调发展稍微受阻。

8 基本公共服务视角下的贫困县减贫与发展监测

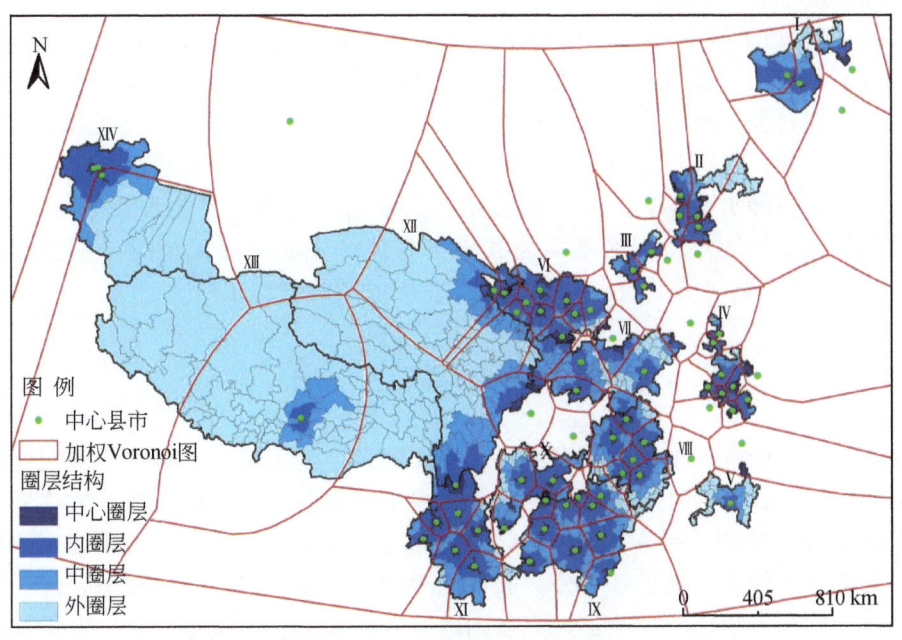

图 8-16 加权 Voronoi 的圈层结构

表 8-13 加权 Voronoi 各圈层结构中平均农村基本公共服务指数与平均县域经济指数

加权 Voronoi 圈层	2010 年		2011 年		2012 年	
	平均县域经济指数	平均农村基本公共服务指数	平均县域经济指数	平均农村基本公共服务指数	平均县域经济指数	平均农村基本公共服务指数
中心圈层	0.5160	0.3844	0.6068	0.5601	0.6985	0.7204
内圈层	0.4333	0.3487	0.5297	0.5153	0.6382	0.6996
中圈层	0.4177	0.3319	0.5197	0.4862	0.6086	0.6767
外圈层	0.3255	0.3091	0.3998	0.4681	0.4878	0.6143

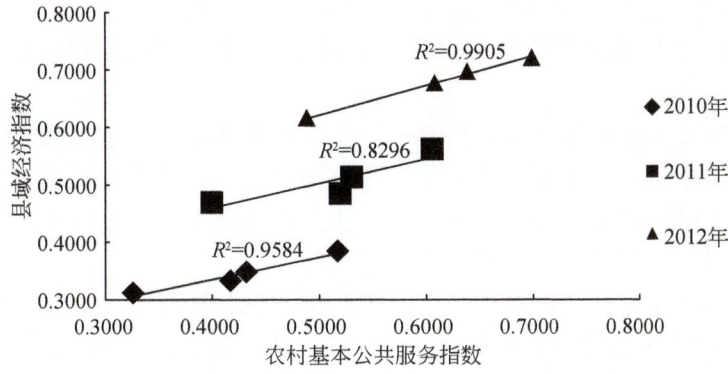

图 8-17 2010～2012 年圈层结构中平均农村基本公共服务指数与平均县域经济指数相关性

这可能是由于在过去相当长的一段时间内，基本公共服务供给的质量、数量等优势资源已聚集到相对发达地区，距离中心城市越近，经济越发达，区域内农村基本公共服务发展水平越好，距离中心城市越远的农村地区，中心城市对其的辐射越弱，公共服务供给呈现短缺现象，农村公共服务供给总量相对不足，导致欠发达地区农村公共服务水平明显低于发达地区。此外，各级政府过分关注城市而非农村，较少考虑农村民生项目，致使农村经济及公共服务发展水平落后。基于圈层结构的辐射效应测算公共服务与经济相关关系，能帮助政府机构了解连片特困区基本公共服务与经济发展的相关情况，更加有效地推进《中国农村扶贫开发纲要（2011—2020年）》监测的绩效管理工作。

8.7 本章小结

社会基本公共服务和地区经济发展存在密切联系，全面建成小康社会的宏伟蓝图使得同步协调发展地区经济与社会基础公共服务显得十分重要。然而精准扶贫战略实施初期农村公共服务的基础设施不完备，结构不合理等问题给扶贫措施的实施带来诸多不便。建立健全基本公共服务体系，促进基本公共服务均等化，是攻坚时期深化改革开放、加快转变经济发展方式的重大举措。因此，探究贫困地区农村基本公共服务的时空发展格局及其与经济发展间的关系对扶贫开发有借鉴意义，可为优化配置扶贫资源提供前瞻性依据。

本章以728个扶贫重点县的农村社会经济发展调查数据为测算样本来充分证明农村基本公共服务评价指标体系的适用性及研究方法的可行性。构建以贫困县为计算单元的农村基本公共服务县域经济发展综合评价体系，从空间和数理统计两方面采用全局自相关与局部自相关相结合、基尼系数与泰尔指数相结合的方法，从全国-片区-省-县多尺度多角度多时相地揭示14个片区2010~2012年研究区农村基本公共服务的综合发展水平及其时空分异特征；运用圈层结构、灰色关联度和脱钩模型系统剖析《中国农村扶贫开发纲要（2011—2020年）》实施以来其与县域经济二者之间的协同发展关系。通过以上研究，得到如下结论：

1）2010~2012年，全国连片特困区农村基本公共服务的发展呈现空间非均衡性和时间稳定性状态，各片区农村基本公共服务综合发展水平总体质量不高，全国-片区-省-县域间发展并不均衡，空间分异程度偏高，呈现出明显的西低东高的态势；但整体处于稳步上升的发展状态，从以相对短缺区、相对严重短缺区为主逐渐过渡到以相对均衡区、相对富集区为主。

2）2010~2012年，各片区农村基本公共服务整体维度差异呈缩减之势，整体处于较低水平的均衡状态。其中农村公共安全服务发展差距悬殊，地域分异明显，其他维度发展相对较好。片区内部差异是构成地区总差异的主要影响因素，秦巴山区内部的发展差异明显，西藏地区发展水平不均衡、异质性明显。

3）2010~2012年，县域内农村基本公共服务综合水平与县域经济发展水平呈弱线性的正相关关系，但随圈层空间辐射作用，公共服务发展水平随区域经济的减弱而降低，且整体呈现出以弱脱钩为主的协同特征，农村基本公共服务的发展滞后于县域经济的发展，远未达到理想的增长连结协同发展型。

9 总结与展望

9.1 总　　结

在扶贫攻坚取得全面胜利、保卫扶贫工作成果、防止返贫任务艰巨等新形势下，为了更高效解决贫困问题，大数据空间信息技术在扶贫开发领域的全面应用具备了坚实的需求基础。尤其是在当前更需要高效整合开发资源，深化大数据应用，这不仅仅是推动政府治理能力现代化的内在需要和必然选择，也是学术界和业务界精准扶贫议题和实践亟待解决的现实问题。

因此，本书针对国家"精准扶贫"战略对农户-村-县的多维多尺度贫困精准识别、度量与监测的业务需求，通过大数据空间信息技术在扶贫领域的创新性应用，结合空间贫困视角下的多维贫困理论，研究了空间贫困视角下的多尺度多维度贫困对象精准度量与动态监测评估的关键技术与方法体系，重点解决贫困县监测、贫困村和贫困农户精准识别、动态监测和致贫机理分析的具体技术问题，并进行实验验证分析。

在全面系统分析国内外相关领域研究现状的基础上，本书的主要研究工作可概括为三部分。

1) 多尺度多维度贫困度量与监测模型的设计与实现：集成社会、经济、自然环境的不同维度，构建了户、村、县不同尺度层面的多维度贫困度量与监测模型，重点研究解决了各模型中指标体系选取、贫困阈值设定、权重设计、贫困综合指数集成等关键技术问题，佐以揭示贫困户、贫困村、贫困县的多维减贫与发展状况，并尽量保证了模型的实用性、前瞻性和稳健性，为全面精准把握贫困现状提供了客观支撑。

2) 多尺度贫困空间分布格局探析：以点线面结合的方式选取典型研究区，采用数理统计学、ArcGIS 时空地统计方法、探索性空间数据分析方法等，从不同尺度、不同维度、不同视角分析了贫困分布"面上"的贫困全局特征和"点上"的贫困微观演变特征，分析并揭示了研究区农户-村-县-省-片区的多尺度多维度贫困分布空间格局及其时空分异特征，进而判断各研究对象的贫困分布动态演变趋势及时间累计下的空间效应，从而为把握空间贫困陷阱的形成和结构特点、探寻跳出空间贫困陷阱的理论途径提供克服贫困陷阱的区域发展调控的政策导向建议。

3) 空间贫困陷阱形成机制的多尺度探测及尺度效应分析：集成考虑了个体效应、背景效应和空间溢出效应，综合探测了不同尺度层面上的贫困显著性影响因素，揭示了不同层面影响因素的作用方向和作用强度及农户个体-村-县各层变量之间的交互作用，较好地弥补了传统空间回归模型只能揭示单一尺度层面贫困影响因素、而多层线性综合模型无法考虑影响因素空间滞后效应的不足，以及由个体自身特征所造成的变异和由个体所处环境所造成的变异。并采用区域贫困差异的尺度效应分析方法和空间分解方法，探究了贫困陷阱的形成与演化机理，剖析了不同尺度间贫困分布的集聚尺度和格局差异形成原因，探讨了不同因素在不同尺度层面间对自然-社会-经济耦合形成的贫困问题的作用机制。

上述从空间贫困视角切入的对县-村-农户不同层级贫困对象及其贫困特征的多尺度度量与监测研究，使得在贫困研究对象探究上，综合体现了从区域到人的微观化；在贫困本质与成因分析中，较为充分地揭示了从收入到能力的内生性及从个体到环境的外延性。

研究结果为提高扶贫开发举措的针对性和监测评估扶贫开发规划的实施效果提供了有效的辅助决策支持，并为脱贫的导向选择及扶贫政策普惠与精准的动态均衡把握提供了较为科学的决策依据。可有效应对贫困对象"是谁？在哪？为什么贫困"的实际业务问题，有助于克服扶贫对象瞄准的偏离和扶贫资源无法合理有效利用的不足，对克服动态贫困、提升稳定脱贫效果具有科学的参考价值，对后续扶贫资源的有效瞄准与优化配置、精准脱贫政策响应的效率和精度提升具有重要意义。

9.2 不足与展望

本书基于 GIS 时空大数据信息技术，较为系统地研究了空间贫困视角下的农村多尺度多维度贫困综合特征及其形成机制，可为新时期各级政府差异化扶贫政策的制定与实施提供科学参考。但是由于能力、时间、精力、条件等多方面限制，目前的研究还有一些明显的不足之处，相关研究议题的研究内容和研究方法还有待进一步深入挖掘，主要表现在如下方面。

(1) 数据可获取性

由于数据获取限制，社会经济指标的选取大都从官方提供的统计数据中进行筛选，在指标的全面性上存在不足，各专题指标体系的构建和研究区的选取并不尽善尽美，部分研究工作因缺少数据支撑尚未深度开展，且未能基于一套比较规范统一的户-村-县的多尺度多时相研究区数据集，进行基于统一研究区的全专题多尺度面板数据分析。

如对贫困脆弱性研究而言，由于数据的不充分，本研究尚未能基于面板数据进行长时间序列的时空监测与演变分析，贫困脆弱性分析只能在省级尺度上进行，贫困脆弱性影响因素在小范围上的针对性不强。如果数据允许的话，能在更多层次复合分类的基础上测度和分解子群脆弱性，将使瞄准目标更加具体，更具可操作性。而对贫困村的分布特征探测而言，由于数据源储备不足以及数据获取的限制，研究样本未涉及非贫困村，缺乏贫困村与非贫困村间的差异分析；缺乏多年份数据，未能进行基于面板数据的多尺度时空差异分析；在贫困特征分析部分显得不够完整，需要在后续研究中进一步改进。对贫困县的减贫与发展监测专题而言，受制于相关统计数据缺失的限制，研究资料年限较短，仅采用 3 年连续时间数据尚无法充分说明全国连片特困区综合减贫及农村基本公共服务发展的变化程度及趋势。后续将继续协调各方，利用更多途径努力搜集更多更全的贫困监测数据，弥补数据时效性及完备性方面的不足。

(2) 研究内容体系的充实性与完整性

受制于研究思路与时间、精力、数据的投入，本书关于农村贫困及其时空分布的多尺度多维度探测的研究内容体系的充实性与完整性还不足够完善，部分研究视角和研究议题未能系统深入地展开研究，相关专题的研究方向有待于进一步细化挖掘与落实。

同样以脆弱性测度为例，在测度和分解子群脆弱性时，当前仅选择了教育、职业等四个分类标准，事实上还有许多其他的分类角度值得关注，如是否属于少数民族地区、农村拥有耕地数量和有无土地、户主性别等；在进行贫困测算和耦合度分析时，尚未很好地揭示每个维度对贫困和脆弱性的作用关系。同样地，在基本公共服务评价方面，本研究当前对于农村扶贫的历史演化分析显得单薄，农村基本公共服务的时空差异实证研究有待深入；在农村基本公共服务与县域经济关系研究中，尽管已经采用了不同方法评价二者的相关性，但对公共服务的供给与经济发展的影响机理探究较少，且两者间的关系在贫困地区与城市发达地区会有一定差别，农村的基础投入的见效率一般要比城市慢，但本专题尚未从这角度进行探索分析，在以后的研究中应加入区域差异的研究，从而使整体分析更加全面。另外，部分专题有待进一步深入开展，如贫困村和贫困县的脆弱性测度及可持续发展能力评估，贫困风险的探测及对返贫的可能的影响机制等，减贫与发展的路径突破模拟与优化等，这些都将是未来值得深入探索的研究切入点。

(3) 研究方法体系的先进性和完备性

尽管在本书的相关研究中，已经较为充分、深入地梳理了国内外研究现状和发展趋势，并在此基础上采用了相对较为合理先进的研究方法与技术路线。但受囿于专业素养、知识体系、技术积累等方面的限制，整体上各研究专题的研究方法和技术路线的先进性、完备性等方面还有很多进一步完善的空间。

例如，贫困脆弱性的多维化测度，涉及选择合适的代理变量、确定测度和评估标准、测度方法等一系列问题，而本研究只是构建了五个不同维度的贫困脆弱性测算框架，对其中的很多指标尚未明确划分维度，在以后的研究中可以将维度划分得更详细，如教育维度、健康维度等；由于数据的不完善，构建的村级多维贫困指标体系，部分指标存在遗漏，部分维度的构成不够完善；同时，在对脆弱性指标得分进行分等定级的过程中，未能让更多的当地政府扶贫干部、村干部、村民等人员参与，指标得分的可信度仍然有待进一步提升；在贫困村空间分布特征分析部分，空间分析方法运用较为浅显，有待进一步深入挖掘贫困村的空间贫困特征，且整体上更多是针对全国尺度的空间格局分析，尚未对地区的贫困空间格局进行分析，在后续研究中需要收集更微观的数据，深入应用更多的空间分析方法，针对不同区划尺度进行详尽探测。另外，在致贫因素挖掘方面，本研究所构建的致贫因素探测模型只是基于理论条件，对实际贫困地区的适用性需要进一步实验并修正；在致贫因素探究过程中，虽然考虑了其他尺度对贫困村贫困发生率的影响，将空间因子纳入模型，但在跨尺度研究方面，仍缺乏相关理论框架的深入梳理，尚需进一步挖掘更合适的模型方法来探究不同尺度间致贫因素的相互作用；未来研究中，应将尺度间相互作用作为重点研究内容之一，构建多尺度效应分析的理论框架并设计研究方法探测跨尺度机制；同时，在空间权重矩阵的选择上，可能存在更为合适的矩阵，需进一步探索和比较；且多层回归模型需要大量样本数据，以保证回归结果的稳健性，而此专题研究所选择的武陵山片区,包含的村、县、省数量有限,故在第二、第三层次上样本量数量受到限制,导致计算结果可能会不理想或与实际情况可能会存在一定的偏差,研究结果尚需进一步结合当地实际调研进行验证。而在基本公共服务监测方面,由于研究区域地跨多个地区,不同区域经济发展数据的统计口径不尽相同,为了使多年多地的经济数据统一,只选取 5 个具有代表性的经济指标用以衡量县域经济,这可能存在一定局限性,可能会对研究结果造成一定的影响。

针对这些当前研究存在的缺憾和不足,需要在后续工作中提升数据可获取性,完善研究内容体系,设计并采用更先进更科学的研究方法和技术路线,并补充开展针对性实地调研,对实验结果进行验证,综合提高研究思路的可行性、研究方法的先进性和研究结果的可靠性。为巩固脱贫成效、促进乡村振兴战略实施提供更为科学合理的决策技术支持。

参 考 文 献

阿马蒂亚·森.2002.以自由看待发展［M］.任赜,于真,译.北京:中国人民大学出版社.
阿玛蒂亚·森.2006.论经济不平等:不平等之再考察［M］.北京:社会科学文献出版社.
安体富,任强.2008.中国公共服务均等化水平指标体系的构建——基于地区差别视角的量化分析［J］.财贸经济,(6):79-82.
白美健,许迪,李益农,等.2006.畦面微地形空间变异性分析［J］.水利学报,37(7):813-819.
暴向平,薛东前,刘溪,等.2015.基于多尺度的西安市新城市贫困空间分布特征及其形成原因［J］.干旱区资源与环境,29(1):19-24.
蔡亚庆,王晓兵,杨军,等.2016.我国农户贫困持续性及决定因素分析——基于相对和绝对贫困线的再审视［J］.农业现代化研究,37(1):9-16.
曹诗颂,王艳慧,段福洲,等.2016.中国贫困地区生态环境脆弱性与经济贫困的耦合关系——基于连片特困区714个贫困县的实证分析［J］.应用生态学报,27(8):2614-2622.
陈灿平.2018.西部地区新生代农民工贫困脆弱性的评价——基于生计资本考察［J］.西南民族大学学报,(5):127-132.
陈昌盛,蔡跃洲.2007.中国政府公共服务:体制变迁与地区综合评估［M］.北京:中国社会科学出版社.
陈传波.2005.农户风险与脆弱性:一个分析框架及贫困地区的经验［J］.农业经济问题,(8):47-50.
陈辉,张全红.2016.基于多维贫困测度的贫困精准识别及精准扶贫对策——以粤北山区为例［J］.广东财经大学学报,(3):64-71.
陈军,崔秉良.1997.用Voronoi方法为MapInfo扩展拓扑功能［J］.武汉测绘科技大学学报,22(3):195-200.
陈立中.2008.转型时期我国多维度贫困测算及其分解［J］.经济评论,(5):5-10,25.
陈明星,李扬,龚颖华,等.2016.胡焕庸线两侧的人口分布与城镇化格局趋势——尝试回答李克强总理之问［J］.地理学报,71(2):179-193.
陈全功,程蹊.2010.空间贫困及其政策含义［J］.贵州社会科学,(8):87-92.
陈全功,程蹊.2011.空间贫困理论视野下的民族地区扶贫问题［J］.中南民族大学学报(人文社会科学版),31(1):58-63.
陈绍宽,韦伟,毛保华,等.2013.基于改进时空Moran's I指数的道路交通状态特征分析［J］.物理学报,62(14):519-525.
陈烨烽,王艳慧,王小林.2016.中国贫困村测度与空间分布特征分析［J］.地理研究,35(12):2298-2308.
陈烨烽,王艳慧,赵文吉,等.2017.中国贫困村致贫因素分析及贫困类型划分［J］.地理学报,72(10):1827-1844.
陈在余,王海旭,蒯旭光.2017.农户因病致贫的动态变化及其影响因素分析［J］.湖南农业大学学报(社会科学版),18(6):60-66.
陈忠文.2013.山区农村贫困机理及脱贫机制实证研究——一个交易成本视角［D］.武汉:华中农业大

学．

迟瑶，王艳慧，房娜．2016．连片特困区贫困县农村基本公共服务与县域经济时空格局演变关系研究［J］．地理研究，35（7）：1243-1258．

迟瑶，王艳慧．2016．武陵山片区扶贫重点县农村基本公共服务均衡化差异分析［J］．地球信息科学学报，（3）：298-306．

崔新新．2017．中国农村居民家庭贫困脆弱性研究——基于消费、健康维度［D］．烟台：山东工商学院．

代侦勇，姜婧，肖明科．2014．基于时空 Moran's I 指数的全国降雨量自相关分析［J］．华中师范大学学报（自然科学版），48（6）：923-929．

党云晓，张文忠，谌丽，等．2018．居民幸福感的城际差异及其影响因素探析——基于多尺度模型的研究［J］．地理研究，（3）：539-550．

邓维杰．2013．贫困村分类与针对行性扶贫开发［J］．农村经济，（5）：42-44．

邓雪，李家铭，曾浩健，等．2012．层次分析法权重计算方法分析及其应用研究［J］．数学的实践与认识，42（7）：93-100．

丁建军．2014a．多维贫困的理论基础、测度方法及实践进展［J］．西部论坛，24（1）：61-70．

丁建军．2014b．中国 11 个集中连片特困区贫困程度比较研究——基于综合发展指数计算的视角［J］．地理科学，34（12）：1418-1427．

董晓波，袁媛，杨立雄，等．2016．英国贫困线发展研究［J］．世界农业，（9）：174-178．

窦玥，戴尔阜，吴绍洪．2013．区域土地利用变化对生态系统脆弱性影响评估：以广州市花都区为例［J］．地理研究，31（2）：311-322．

杜国明，关桐桐，李冬梅，等．2018．黑龙江省贫困村空间分布特征［J］．经济地理，（3）：149-156．

杜国明，张树文，张有全．2007．城市人口密度的尺度效应分析：以沈阳市为例［J］．中国科学院研究生院院报，24（2）：186-192．

杜丽．2017．精准脱贫中产业扶贫的路径分析——以湖北省天门市 119 个贫困村脱贫实践为例［J］．农村经济与科技，28（22）：128-129．

杜茂华，杨刚．2010．基于锡尔系数和基尼系数法的重庆城乡发展差异分析［J］．经济地理，30（5）：773-777．

方茜．2014．基于 ISM 的基本公共服务与区域经济发展关系研究［J］．经济体制改革，1：49-52．

高鸿欣．2015．陇东地区多尺度贫困格局及空间分异机制研究［D］．兰州：兰州大学．

高军波，颜俊，张迁，等．2015．河南省公共服务与经济发展协调性动态评价［J］．信阳师范学院学报（自然科学版），（2）：186-190．

高军波，喻超，戈大专，等．2019．不同地理环境下农户致贫机理的多尺度比较——以河南省为例［J］．资源科学，41（9）：1690-1702．

高凯，周志翔，杨玉萍，等．2010．基于 Ripley K 函数的武汉市景观格局特征及其变化［J］．应用生态学报，21（10）：2621-2626．

高帅，毕洁颖．2016．农村人口动态多维贫困：状态持续与转变［J］．中国人口·资源与环境，26（2）：76-83．

葛莹，朱国慧，王华辰，等．2014．基于 Ripley's K 函数浙江城市空间格局及其影响分析［J］．地理科学，（11）：1361-1368．

郭晗，任保平．2011．基本公共服务均等化视角下的中国经济增长质量研究［J］．产经评论，（4）：95-103．

郭熙保，周强．2016．长期多维贫困、不平等与致贫因素［J］．经济研究，（6）：143-156．

国家统计局住户调查办公室．2012．中国农村 2011 贫困监测报告［M］．北京：中国统计出版社．

国家统计局住户调查办公室 . 2017. 中国农村贫困监测报告 2017［M］. 北京：中国统计出版社 .
国务院 . 2011. 中国农村扶贫开发纲要（2011-2020 年）［M］. 北京：人民出版社 .
国务院扶贫开发领导小组办公室（2016）. 2016. 中国扶贫开发年鉴 2016［M］. 北京：团结出版社 .
韩静舒，谢邦昌 . 2016. 中国居民家庭脆弱性及因病致贫效应分析［J］. 统计与信息论坛，31（7）：49-54.
韩增林，李彬，张坤领 . 2015. 中国城乡基本公共服务均等化及其空间格局分析［J］. 地理研究，（11）：2035-2048.
韩峥 . 2004. 脆弱性与农村贫困［J］. 农业经济问题，（10）：8-12.
何仁伟，方方，刘运伟 . 2019. 贫困山区农户人力资本对生计策略的影响研究——以四川省凉山彝族自治州为例［J］. 地理科学进展，38（9）：1282-1293.
何深静，左姣姣，朱寿佳，等 . 2014. 中国大城市贫困研究的多种测度与多层模型分析［J］. 人文地理，(6)：74-80.
何晓群，刘文卿 . 2007. 应用回归分析（第 2 版）［M］. 北京：中国人民大学出版社 .
侯亚景，周云波 . 2017. 收入贫困与多维贫困视角下中国农村家庭致贫机理研究［J］. 当代经济科学，(2)：116-123.
胡涤非，陈思茵 . 2019. 社会资本理论下个人慈善行为影响因素分析——基于多层线性模型的实证研究［J］. 北京交通大学学报：社会科学版，18（4）：101-109.
胡芳肖，熊欣，罗红荣 . 2012. 基于 Logistic 回归的陕西农村家庭致贫因素分析［J］. 社会保障研究，(1)：64-71.
胡洁怡，岳经纶 . 2015. 农村贫困脆弱性及其社会支持网络研究［J］. 行政论坛，(3)：19-23.
胡金焱 . 2015. 民间借贷、社会网络与贫困脆弱性［J］. 山东师范大学学报（人文社会科学版），60（4）：17-27.
胡平，唐斌，褚永彬，等 . 2015. 基于加权 Voronoi 图的四川主要城市空间影响范围分析［J］. 科技创新导报，(1)：31-34.
环境保护部 . 2008. 全国生态脆弱区保护规划纲要［R］. 北京：环境保护部 .
黄承伟，王小林，徐丽萍 . 2010. 贫困脆弱性：概念框架和测量方法［J］. 农业技术经济，(8)：4-11.
黄开腾，张丽芬 . 2018. 从贫困类型划分看精准扶贫分类扶持的政策调整［J］. 山东社会科学，(3)：74-80.
蒋丽，李锋，方健雯 . 2017. 城镇化能提升居民幸福感吗？——基于区域和个体层面的多层模型研究［J］. 公共行政评论，(6)：111-126.
蒋丽丽 . 2017. 贫困脆弱性理论与政策研究新进展［J］. 经济学动态，(6)：96-108.
康江江，丁志伟，张改素，等 . 2016. 中原地区人口老龄化的多尺度时空格局［J］. 经济地理，36（4）：29-37.
雷雳，张雷 . 2002. 多层线性模型的原理及应用［J］. 首都师范大学学报（社会科学版），(2)：110-114.
黎洁，邰秀军 . 2009. 西部山区农户贫困脆弱性的影响因素：基于分层模型的实证研究［J］. 当代经济科学，31（5）：110-115.
李伯华，陈佳，刘沛林，等 . 2013. 欠发达地区农户贫困脆弱性评价及其治理策略——以湘西自治州少数民族贫困地区为例［J］. 中国农学通报，29（23）：44-50.
李凤桃 . 2012. 谁是特困的贫困县—国家 14 个特困区 679 个贫困县名单披露［J］. 中国经济周刊，(10)：18-28.
李慧，王云鹏，李岩，等 . 2011. 珠江三角洲土地利用变化空间自相关分析［J］. 生态环境学报，20（12）：1879-1885.

李静怡, 王艳慧. 2014. 吕梁地区生态环境质量与经济贫困的空间耦合特征 [J]. 应用生态学报, 25 (6): 1715-1724.

李静怡. 2014. 连片特困区生态环境质量与经济贫困的耦合关系研究 [D]. 北京: 首都师范大学.

李理. 2014. 生态脆弱性约束下武陵山集中连片贫困区扶贫模式分析——以渝东南片区酉阳为例 [D]. 重庆: 重庆师范大学.

李丽, 白雪梅. 2010. 我国城乡居民家庭贫困脆弱性的测度与分解——基于CHNS微观数据的实证研究 [J]. 数量经济技术经济研究, (8): 61-73.

李丽. 2010. 中国城乡居民家庭贫困脆弱性研究 [D]. 大连: 东北财经大学.

李丽辉, 温涛, 刘达. 2018. 贝叶斯空间计量模型综述: 理论及其应用 [J]. 统计与信息论坛, 33 (3): 17-25.

李林玲. 2012. 社会支持视角下的农村低保户致贫原因探讨——以呼和浩特市章盖营村为例 [D]. 沈阳: 东北大学.

李龙娟. 2010. 西部农村贫困现状及对策研究 [D]. 重庆: 西南大学.

李敏纳, 覃成林, 李润田. 2009. 中国社会性公共服务区域差异分析 [J]. 经济地理, (6): 887-893.

李平. 2019. 东北贫困区多维致贫因素评价及实证分析 [J]. 统计与决策, (7): 93-96.

李齐云, 席华. 2015. 新农保对家庭贫困脆弱性的影响——基于中国家庭追踪调查数据的研究 [J]. 上海经济研究, (7): 46-54.

李帅, 魏虹, 倪细炉, 等. 2014. 基于层次分析法和熵权法的宁夏城市人居环境质量评价 [J]. 应用生态学报, 25 (9): 2700-2708.

李双成, 许月卿, 傅小锋. 2005. 基于GIS和ANN的中国区域贫困化空间模拟分析 [J]. 资料科学, 28 (4): 76-81.

李响, 齐文平, 谭畅, 等. 2019. 农村家庭多维贫困脆弱性度量及其空间分布——基于CHNS数据的实证分析 [J]. 高技术通讯, 29 (11): 1136-1147.

李小云, 董强, 饶小龙, 等. 2007. 农户脆弱性分析方法及其本土化应用 [J]. 中国农村经济, (4): 32-39.

李小云, 张雪梅, 唐丽霞. 2005. 当前中国农村的贫困问题 [J]. 中国农业大学学报, 10 (4): 67-74.

李小云, 张悦, 李鹤. 2011. 地震灾害对农村贫困的影响——基于生计资产体系的评价 [J]. 贵州社会科学, (3): 81-85.

李晔, 郭三党, 刘斌, 等. 2010. 区域农村经济发展水平的综合评价 [J]. 农业技术经济, (4): 92-99.

李远远, 云俊. 2009. 多属性综合评价指标体系理论综述 [J]. 武汉理工大学学报: 信息与管理工程版, 31 (2): 305-309.

李周, 孙若梅. 1994. 生态敏感地带和贫困地区的相关性研究 [J]. 农村经济与社会, (5): 49-56.

联合国开发计划署 (UNDP). 2014年人类发展报告: 全球仍有22亿贫困和准贫困人口 [R/OL]. https://news.un.org/zh/story/2014/07/218292.

联合国开发计划署. 2010. 中国人类发展报告. 2009/10: 迈向低碳经济和社会的可持续未来 [M]. 北京: 中国对外翻译出版公司.

联合国开发计划署驻华代表处组织. 1998. 《中国人类发展报告——人类发展与扶贫, 1997》——总论 [J]. 科技导报, (9): 59-61.

梁晨霞, 王艳慧, 徐海涛, 等. 2019. 贫困村空间分布及影响因素分析——以乌蒙山连片特困区为例 [J]. 地理研究, 38 (6): 1389-1402.

梁凡, 朱玉春. 2018. 资源禀赋对山区农户贫困脆弱性的影响 [J]. 西北农林科技大学学报: 社会科学版, 18 (3): 131-140.

廖翼，周发明，唐玉凤.2014.湖南县域经济差异变化的实证研究［J］.经济地理，（2）：35-41.

林文，邓明.2014.贸易开放度是否影响了我国农村贫困脆弱性——基于CHNS微观数据的经验分析［J］.国际贸易问题，（6）：23-32.

刘川林.2017.社会资本视角下川西贫困地区致贫因素及扶贫对策研究［D］.重庆：西南大学.

刘春芳，刘宥延，王川.2017.黄土丘陵区贫困农户生计资本空间特征及影响因素——以甘肃省榆中县为例［J］.经济地理，37（12）：153-162.

刘德吉.2010.公共服务均等化的评价体系构建［J］.江西行政学院学报，1：12-16.

刘福成.1998.我国农村居民贫困线的测定［J］.农村经济问题，（5）：52-55.

刘红云，孟庆茂.2002.教育和心理研究中的多层线性模型［J］.心理科学进展，10（2）：213-219.

刘慧.2016.实施精准扶贫与区域协调发展［J］.中国科学院院刊，（3）：320-327.

刘建平.2003.贫困线测定方法研究［J］.山西财经大学学报，25（4）：60-62.

刘金东，靳连峰.2011.基于泰尔指数嵌套分解的中国地区经济差异分析［J］.税收经济研究，（1）：87-93.

刘丽娜，李俊杰.2015.基于村级尺度的湖北武陵民族地区贫困现状及影响因素研究［J］.华中农业大学学报（社会科学版），（2）：126-132.

刘小鹏，李永红，王亚娟，等.2017.县域空间贫困的地理识别研究——以宁夏泾源县为例［J］.地理学报，72（3）：545-557.

刘小鹏，苏胜亮，王亚娟，等.2014b.集中连片特殊困难地区村域空间贫困测度指标体系研究［J］.地理科学，34（4）：447-453.

刘小鹏，苏晓芳，王亚娟，等.2014a.空间贫困研究及其对我国贫困地理研究的启示［J］.干旱区地理，37（1）：144-152.

刘彦随，周扬，刘继来.2016.中国农村贫困化地域分异特征及其精准扶贫策略［J］.中国科学院院刊，31（3）：269-278.

刘艳华，徐勇.2015.中国农村多维贫困地理识别及类型划分［J］.地理学报，70（6）：991-1007.

刘振锋，薛东前，庄元，等.2016.文化产业空间尺度效应研究——以西安市为例［J］.地理研究，35（10）：1963-1972.

龙开胜，朱婷婷.2019.农村居民收入变化对贫困的影响：基于省级面板数据［J］.农业现代化研究，40（6）：907-916.

陆大道，王铮，封志明，等.2016.关于"胡焕庸线能否突破"的学术争鸣［J］.地理研究，35（5）：805-824.

吕香亭.2009.综合评价指标筛选方法综述［J］.合作经济与科技，（6）：54.

罗庆，樊新生，高更和，等.2016.秦巴山区贫困村的空间分布特征及其影响因素［J］.经济地理，36（4）：126-132.

罗庆，李小建.2014.国外农村贫困地理研究进展［J］.经济地理，34（6）：1-8.

马慧强，韩增林，江海旭.2011.我国基本公共服务空间差异格局与质量特征分析［J］.经济地理，（2）：212-217.

毛婧瑶，葛咏，赵中秋，等.2016.武陵山贫困片区扶贫成效评价与空间格局分析［J］.地球信息科学学报，18（3）：334-342.

穆瑞，张家泰.2008.基于灰色关联分析的层次综合评价［J］.系统工程理论与实践，（10）：125-130.

宁方馨，王艳慧.2016.大别山连片特困区相对资源承载力评价［J］.地理与地理信息科学，32（4）：95-100.

欧海燕，黄国勇.2015.自然地理环境贫困效应实证分析：基于空间贫困理论视角［J］.安徽农业大学学报（社会科学版），24（1）：13-19.

潘竟虎，胡艳兴.2016.基于夜间灯光数据的中国多维贫困空间识别［J］.经济地理，36（11）：124-131.

潘竟虎，贾文晶.2014.中国国家级贫困县经济差异的空间计量分析［J］.中国人口·资源与环境，24（5）：153-160.

潘文卿.2012.中国的区域关联与经济增长的空间溢出效应［J］.经济研究，（1）：54-65.

裴银宝，刘小鹏，李永红，等.2015.六盘山特困片区村域空间贫困调查与分析——以宁夏西吉县为例［J］.农业现代化研究，36（5）：748-754.

彭尚平，谭雅丽，雷卫，等.2010.成都市城乡公共服务均等化的评价指标体系研究［J］.四川教育学院学报，26（12）：34-38.

齐文平，王艳慧，赵文吉，等.2018.虑及生态环境的十四片区贫困县多维贫困度量［J］.应用生态学报，29（11）：3760-3772.

祁新华，叶士琳，程煜等.2013.生态脆弱区贫困与生态环境的博弈分析［J］.生态学报，33（19）：6411-6417.

祁毓，卢洪友.2015."环境贫困陷阱"发生机理与中国环境拐点［J］.中国人口·资源与环境，25（10）：71-78.

钱乐毅.2014.基于GIS的多尺度多维贫困识别［D］.北京：首都师范大学.

乔家君，张羽佳.2014.农业型专业村发展的时空演化——以河南省南阳市专业村为例［J］.经济地理，34（4）：131-138.

谯博文.2014.武陵山片区交通优势度时空演变及其与经济发展耦合关系研究［D］.北京：首都师范大学.

邱雨菲.2019.中国省域农村贫困人口分布的时空演变特征及影响因素研究［D］.南昌：南昌大学.

曲玮，涂勤，牛叔文.2010.贫困与地理环境关系的相关研究述评［J］.甘肃社会科学，（1）：103-106.

任晓冬，高新才.2010.喀斯特环境与贫困类型划分［J］.农村经济，（2）：55-58.

沈小波，林擎国.2005.贫困范式的演变及其理论和政策意义［J］.经济学家，（6）：91-95.

世界银行.2001.2000/2001年世界银行发展报告：与贫困作斗争［M］.北京：中国财政经济出版社.

舒展，唐云霞，肖金光，等.2019.贫困人口因贫致病和因病致贫影响因素分析［J］.中国公共卫生，35（8）：953-958.

帅传敏，李文静，程欣，等.2016.联合国IFAD中国项目减贫效率测度——基于7省份1356农户的面板数据［J］.管理世界，（3）：73-86.

司俊霄，朱坚真.2017.基于均等化视域的农村基本公共服务研究综述［J］.岭南学刊，（1）：47-52.

宋扬，赵君.2015.中国的贫困现状与特征：基于等值规模调整后的再分析［J］.管理世界，（10）：65-77.

宋正娜，陈雯，车前进，等.2010.基于改进潜能模型的就医空间可达性度量和缺医地区判断［J］.地理科学，30（2）：213-219.

苏芳，徐中民，尚海洋.2009.可持续生计分析研究综述［J］.地球科学进展，24（1）：61-69.

苏静，肖攀，胡宗义.2019.教育、社会资本与农户家庭多维贫困转化——来自CFPS微观面板数据的证据［J］.教育与经济，（2）：17-27.

苏世亮，李霖，翁敏.2019.空间数据分析［M］.北京：科学出版社.

苏昕，赵琨.2019.发展性福利视域下中国贫困的可持续治理［J］.山西大学学报（哲学社会科学版），42（6）：73-79.

孙才志，王雪妮，邹玮.2012.基于WPI-LSE模型的中国水贫困测度及空间驱动类型分析［J］.经济地理, 32 (3): 9-15.

孙久文, 夏添. 2016. 中国扶贫战略与2020年后相对贫困线划定——基于理论、政策和数据的分析 [J]. 中国农村经济, (10): 98-113.

孙林, 王艳慧, 柯文俊, 等. 2016. 内蒙古自治区农村人口多维贫困特征测算与分析 [J]. 人文地理, (1): 108-115.

邰秀军, 罗丞, 李树茁, 等. 2009. 外出务工对贫困脆弱性的影响: 来自西部山区农户的证据 [J]. 世界经济文汇, (6): 67-76.

汤青. 2015. 可持续生计的研究现状及未来重点趋向 [J]. 地球科学进展, 30 (7): 823-833.

唐小梅. 2013. 整村推进扶贫模式政策实施中的问题与对策研究——以苍溪县天主村为例 [D]. 重庆: 西南大学.

滕德雄. 2014. 基于Bayesian的空间多层线性回归模型的参数估计及其应用 [D]. 乌鲁木齐: 新疆大学.

田伟. 2014. 连片特困区乡村多维贫困及综合治理研究——以湘西州永顺县高坪乡为例 [D]. 湖南: 吉首大学.

田亚平, 常昊. 2012. 中国生态脆弱性研究进展的文献计量分析 [J]. 地理学报, 67 (11): 1515-1525.

田宇, 丁建军. 2016. 贫困研究的多学科差异、融合与集成创新——兼论综合贫困分析框架再建 [J]. 财经问题研究, (12): 21-28.

田宇, 许建, 麻学锋. 2017. 武陵山片区多维贫困度量及其空间表征 [J]. 经济地理, 37 (1): 162-169.

万广华, 章元, 史清华. 2011. 如何更准确地预测贫困脆弱性: 基于中国农户面板数据的比较研究 [J]. 农业技术经济, (9): 13-22.

万广华, 章元. 2009. 我们能够在多大程度上准确预测贫困脆弱性? [J]. 数量经济技术经济研究, (6): 138-148.

汪三贵. 2016. 以精准扶贫实现精准脱贫 [J]. 中国国情国力, (4): 1.

汪应洛. 2003. 系统工程 (第二版) [M]. 北京: 机械工业出版社.

王贝贝, 孙家伟, 许开立, 等. 2016. 基于RS-SPA-Markov chain的生物质气化站安全评价与预测模型研究 [J]. 工业安全与环保, 42 (2): 59-62.

王成, 费智慧. 2015. 整村推进进程中搬迁农户相对剥夺感研究——以重庆市合川区大柱村为例 [J]. 西南大学学报: 自然科学版, 37 (4): 41-46.

王进, 周坤. 2017. 旅游扶贫中贫困人口的权力认知研究——基于"赋权-限权"角度 [J]. 旅游科学, 31 (5): 32-45.

王聚强. 2011. 新时期我国贫富差距问题研究 [D]. 保定: 河北大学.

王珂靖, 蔡红艳, 杨小唤. 2016. 多元统计回归及地理加权回归方法在多尺度人口空间化研究中的应用 [J]. 地理科学进展, (12): 1494-1505.

王立安, 许晓敏. 2018. 基于可持续生计资本框架的海岛地区农户生计脆弱性探析——以东海岛为例 [J]. 安徽农业科学, 46 (8): 211-214, 234.

王培安, 罗卫华, 白永平. 2012. 基于空间自相关和时空扫描统计量的聚集比较分析 [J]. 人文地理, (2): 119-127.

王士君, 田俊峰, 王彬燕, 等. 2017. 精准扶贫视角下中国东北农村贫困地域性特征及成因 [J]. 地理科学, (10): 1149-1158.

王素立, 刘永. 2012. 基于波动相关性及主分量变换的多元线性回归模型研究 [J]. 统计与决策, (22): 18-21.

王小林, Alkire S. 2009. 中国多维贫困测量: 估计和政策含义 [J]. 中国农村经济, (12): 4-10.

王小林. 2012. 贫困标准及全球贫困状况 [J]. 经济研究参考, (55): 41-50.

王晓玲.2013.我国省区基本公共服务水平及其区域差异分析［J］.中南财经政法大学学报,(3):23-29.

王肖惠,杨海娟,王龙升.2013.陕西省农村基本公共服务设施均等化空间差异分析［J］.地域研究与开发,(1):152-157.

王新民,南锐.2011.基本公共服务均等化水平评价体系构建及应用——基于我国31个省域的实证研究［J］.软科学,25(7):21-26.

王新生,刘纪远,庄大方,等.2003.Voronoi图用于确定城市经济影响区域的空间组织［J］.华中师范大学学报(自然科学版),(2):256-260.

王艳慧,李静怡.2015.连片特困区生态环境质量与经济发展水平耦合协调性评价［J］.应用生态学报,26(5):1519-1530.

王艳慧,钱乐毅,陈烨烽,等.2017.生态贫困视角下的贫困县多维贫困综合度量［J］.应用生态学报,28(8):2677-2686.

王艳慧,钱乐毅,段福洲,等.2014.村级贫困人口多维测算及其贫困特征分析——以河南省内乡县为例［J］.人口与经济,(5):114-120.

王艳慧,钱乐毅,段福洲.2013.县级多维贫困度量及其空间分布格局研究——以连片特困区扶贫重点县为例［J］.地理科学,33(12):1489-1497.

王永明,王美霞,吴殿廷,等.2017.贵州省乡村贫困空间格局与形成机制分析［J］.地理科学,37(2):217-227.

王泽宇,张震,韩增林等.2015.中国15个副省级城市经济转型成效测度及影响因素分析［J］.地理科学,35(11):1388-1396.

文琦,施琳娜,马彩虹,等.2018.黄土高原村域多维贫困空间异质性研究——以宁夏彭阳县为例［J］.地理学报,73(10):1850-1864.

邬建国.2004.景观生态学中的十大研究论题［J］.生态学报,24(9):2074-2076.

吴连霞,赵媛,管卫华.2016.江苏省人口城乡结构差异的多尺度研究［J］.长江流域资源与环境,25(1):25-38.

武鹏,李同昇,李卫民.2018.县域农村贫困化空间分异及其影响因素——以陕西山阳县为例［J］.地理研究,37(3):593-606.

习近平.2017-09-01.在深度贫困地区脱贫攻坚座谈会上的讲话［N］.人民日报,(2).

夏春萍,雷欣悦,王翠翠.2018.我国农村多维贫困的空间分布特征及影响因素分析——基于31省的多维贫困测度［J］.中国农业大学学报,24(8):229-238.

夏四友,赵媛,文琦,等.2018.喀斯特生态脆弱区贫困化时空动态特征与影响因素——以贵州省为例［J］.生态学报,39(18):6869-6879.

解垩.2014.中国老年家庭的经济脆弱性与贫困［J］.人口与发展,20(2):67-75.

肖宏伟,易丹辉,周明勇.2012.中国区域碳排放与经济增长脱钩关系研究［J］.山西财经大学学报,(11):1-10.

谢玲,李孝坤,任秋爽,等.2017.西南地区贫困乡村地域类型划分及减贫对策研究［J］.农业现代化研究,(5):818-826.

徐广才,康慕谊,贺丽娜,等.2009.生态脆弱性及其研究进展［J］.生态学报,29(5):2578-2588.

徐建华.2017.现代地理学中的数学方法(第三版)［M］.北京:高等教育出版社.

徐勇,段健,徐小任.2016.区域多维发展综合度量方法及应用［J］.地理学报,71(12):2129-2140.

徐志明.2009.脆弱性与贫困:江苏李庄村实证分析［J］.现代经济探讨,(7):44-47.

许剑辉,舒红,刘艳.2014.2000-2010年新疆雪灾时空自相关分析［J］.灾害学,29(1):221-227.

薛存金. 2005. 基于空间尺度的海洋信息提取 [D]. 武汉：武汉大学.

薛亮. 2014. 基于空间马尔科夫链的关中地区经济水平时空演变研究 [J]. 生产力研究, (1)：82-85.

闫庆武, 卞正富. 2008. 基于 GIS-SDA 的居民点空间分布研究 [J]. 地理与地理信息科学, 24 (3)：57-61.

杨帆, 杨德刚. 2014. 基本公共服务水平的测度及差异分析——以新疆为例 [J]. 干旱区资源与环境, (5)：37-42.

杨文. 2012. 社会资本能够降低中国农村家庭脆弱性吗？[J]. 贵州财经学院学报, (2)：86-92.

杨颖, 穆荣平. 2012. 基本公共服务与经济增长关系的理论与实证研究 [J]. 科学学与科学技术管理, 33 (11)：96-101.

杨云彦, 赵锋. 2009. 可持续生计分析框架下农户生计资本的调查与分析——以南水北调（中线）工程库区为例 [J]. 农业经济问题, (3)：58-65.

尧水根. 2016. 论精准识别与精准帮扶实践问题及应对 [J]. 农业考古, (3)：263-266.

叶阿忠. 2003. 非参数计量经济学 [M]. 天津：南开大学出版社.

尹超英, 邵春福, 王聘玺, 等. 2018. 基于多层模型的城市建成环境对通勤行为的影响 [J]. 交通运输系统工程与信息, 18 (2)：122-127.

于伯华, 吕昌河. 2011. 青藏高原高寒区生态脆弱性评估 [J]. 地理研究, 30 (12)：2289-2295.

袁磊, 杨昆. 2016. 土地利用变化驱动力多尺度因素的定量影响分析 [J]. 中国土地科学, (12)：63-70.

袁媛, 古叶恒, 陈志灏. 2016. 中国城市贫困的空间差异特征 [J]. 地理科学进展, 35 (2)：195-203.

袁媛, 王仰麟, 马晶, 等. 2014. 河北省县域贫困度多维评估 [J]. 地理科学进展, 33 (1)：124-133.

岳彩军. 2018. 基于 Markov-MCMC 估计的金融支持效率时空演变分析 [J]. 统计与决策. 34 (1)：152-156.

岳映平, 贺立龙. 2016. 精准扶贫的一个学术史注角：阿马蒂亚·森的贫困观 [J]. 经济问题, (12)：17-20, 56.

曾宝富. 2010. 中国区域基本公共服务均等化：变化趋势与影响因素 [D]. 广州：华南理工大学.

曾永明, 张果. 2011. 基于 GIS 和 BP 神经网络的区域农村贫困空间模拟分析——一种区域贫困程度测度新方法 [J]. 地理与地理信息科学, 27 (2)：70-75.

曾勇, 徐长乐. 2017. 基于灰色关联的贵州连片特困地区贫困影响因素分析 [J]. 世界地理研究, 26 (1)：158-167.

曾兆祥, 朱玉林. 2019. 我国固定资产投资对经济发展影响的区域性差异——基于省级面板数据 [J]. 经济数学, 36 (4)：88-93.

张爱真. 2011. Markov 链在工程预测中的应用 [J]. 制造业自动化, 33 (4)：106-108.

张东菊, 左平, 邹欣庆. 2015. 基于加权 Ripley's K-function 的多尺度景观格局分析——以江苏盐城滨海湿地为例 [J]. 生态学报, 35 (8)：2703-2711.

张国培, 庄天慧, 张海霞. 2010. 自然灾害对农户贫困脆弱性影响研究——以云南禄劝县旱灾为例 [J]. 江西农业大学学报（社会科学版), 9 (3)：10-15.

张国培, 庄天慧. 2011. 自然灾害对农户贫困脆弱性的影响——基于云南省 2009 年的实证分析 [J]. 四川农业大学学报, 29 (1)：136-140.

张建辰, 王艳慧. 2014. 基于土地利用类型的村级人口空间分布模拟——以湖北鹤峰县为例 [J]. 地球信息科学学报, 16 (3)：435-442.

张梦楠. 2017. 河北省燕山——太行山集中连片特困地区致贫因素分析及对策研究 [D]. 石家庄：河北地质大学.

张娜. 2018. 农村老年人日常生活家庭照料与社会照料关系研究——基于多层回归模型的分析 [J]. 中国

农业大学学报（社会科学版），35（6）：115-122.

张庆红.2015.新疆城镇贫困的测度及影响因素分析［J］.石河子大学学报（哲学社会科学版），29（1）：25-30.

张全红，周强.2014.中国多维贫困的测度及分解：1989-2009年［J］.数量经济技术经济研究，（6）：88-101.

张永丽，杨红.2018.西部贫困地区农户致贫因素分析——基于农村家庭结构转变视角［J］.社会科学，460（12）：14-24.

章元，许庆，邬璟璟.2012.一个农业人口大国的工业化之路：中国降低农村贫困的经验［J］.经济研究，（11）：76-87.

章元.2006.贫困的脆弱性研究综述［J］.经济学动态，（1）：100-104.

赵必华，周元宽.2019.大学生学校认同影响因素的多层线性模型分析［J］.复旦教育论坛，（4）：56-63.

赵丽坤.2008.整村推进扶贫模式的实证研究［D］.北京：中央民族大学.

赵显蕊.2015.基于村庄分类的西北贫困地区村庄适宜性规划方法研究——以甘肃省岷县为例［D］.西安：西安建筑科技大学.

赵一哲，赵慧珍.2015.基于马尔科夫链的陕西省县域金融效率的时空演变分析［J］.西部金融，（4）：30-34，46.

赵莹，刘小鹏，郭永杰.2015.集中连片特困地区多维贫困的度量及动态演变：以宁夏西吉县为例［J］.宁夏大学学报：自然科学版，36（1）：73-78.

赵莹.2015.基于地理资本的集中连片特困地区空间贫困陷阱研究：以宁夏隆德县为例［D］.银川：宁夏大学.

赵跃龙，刘燕华.1996.中国脆弱生态环境分布及其与贫困的关系［J］.地球科学进展，11（3）：245-251.

赵芸，唐旭清.2019.基于层次结构数据的多元线性回归问题分析［J］.数据采集与处理，34（5）：883-892.

郑长德，单德朋.2016.集中连片特困地区多维贫困测度与时空演进［J］.南开学报（哲学社会科学版），（3）：135-146.

郑品芳，刘长庚.2018.贫困户精准识别困境及识别机制构建［J］.经济地理，（4）：176-182.

中共中央，国务院.2018.中共中央国务院关于实施乡村振兴战略的意见［M］.北京：人民出版社.

钟少颖，何则.2016.基于DEA与ESDA的中国国家级贫困县发展效率的测度与时空演化研究［J］.中国人口·资源与环境，26（10）：130-136.

仲伟周，孙耀华，庆东瑞.2012.经济增长、能源消耗与二氧化碳排放脱钩关系研究［J］.审计与经济研究，（6）：99-105.

周杰文，张璐.2011.中部地区经济差异的空间尺度效应分析［J］.地理与地理信息科学，27（1）：49-52.

周君璧，施国庆.2017.农村家庭贫困脆弱性与扶贫对象精准确定［J］.贵州社会科学，（9）：145-151.

周侃，王传胜.2016.中国贫困地区时空格局与差别化脱贫政策研究［J］.中国科学院院刊，31（1）：101-111.

周丽，谢舒蕾.2016.基于空间马尔科夫链的农村经济发展水平分析——以四川省为例［J］.中国农业资源与区划，（12）：186-191，208.

周扬，李宁，吴文祥，等.2014.1982-2010年中国县域经济发展时空格局演变［J］.地理科学进展，1：102-113.

周圆圆 . 2013. 地理空间溢出、禀赋条件差异与区域贫困集聚——基于空间计量模型的实证分析 [J]. 科学决策,(6):13-23.

周志峰,梅树江,周洁,等 . 2014. 基于时空重排扫描统计量的深圳市流行性腮腺炎聚集性研究 [J]. 中华疾病控制杂志,11:1087-1090.

朱姝,冯艳芬,王芳,等 . 2018. 粤北山区相对贫困村的脱贫潜力评价及类型划分——以连州市为例 [J]. 自然资源学报,33(8):1304-1306.

邹薇,方迎风 . 2011. 关于中国贫困的动态多维度研究 [J]. 中国人口科学,(6):49-59.

邹薇,方迎风 . 2012. 中国农村区域性贫困陷阱研究——基于"群体效应"的视角 [J]. 经济学动态,(6):3-15.

邹薇,方迎风 . 2013. 健康冲击、"能力"投资与贫困脆弱性:基于中国数据的实证分析 [J]. 社会科学研究,(4):1-7.

2015. United States [J]. The Millennium Development Goals Report.

2017. 2016 年国民经济和社会发展统计公报,中华人民共和国国家统计局 [R].

Agovino M. 2014. Do "good neighbors" enhance regional performances in including disabled people in the labor market? A spatial Markov chain approach [J]. Annals of Regional Science, 53 (1): 93-121.

Ahn S C, Lee Y H, Schmidt P. 2013. Panel data models with multiple time- varying individual effects [J]. Journal of Econometrics, (174): 1-14.

Ahreum. 2019. Analysis of Multivariate Binary Random Effect Models using Hierarchical Likelihood Approach [J]. Journal of The Korean Data Analysis Society, 21 (4): 1655-1663.

Alkire S, Foster J, Santos M E. 2011. Where did identification go? [J]. Journal of Economic Inequality, 9 (3): 501-505.

Alkire S, Foster J. 2011a. Counting and multidimensional poverty measurement [J]. Journal of Public Economics, 95 (7-8): 476–487.

Alkire S, Foster J. 2011b. Understandings and misunderstandings of multidimensional poverty measurement [J]. The Journal of Economic Inequality, 9 (2): 289-314.

Alkire S, Foster J. 2008. Counting and Multidimensional Poverty Measurement [J]. OPHI Working Papers Series.

Alkire S, Santos M E. 2014. Measuring acute poverty in the developing world: Robustness and scope of the multi-dimensional poverty index [J]. World Development, 59: 251-274.

Alkire S, Seth S. 2013. Multidimensional poverty reduction in India between 1999 and 2006: Where and how? [J]. OPHI working paper no. 60. University of Oxford: Oxford Poverty and Human Development Initiative (OPHI).

Alkire S, Roche J M, Vaz A. 2017. Changes over time in multidimensional poverty: methodology and results for 34 countries [J]. World Development, 94: 232-249.

Alkire S, Foster J. 2011. Understandings and misunderstandings of multidimensional poverty measurement [J]. Journal of Economic Inequality, 9 (2): 289-314.

Amartya S E N. 1983. Poverty and Famines: An Essay on Entitlement and Deprivation [M]. Oxford: Oxford University Press.

Amin S, Rai A S, Topa G. 2003. Does microcredit reach the poor and vulnerable? Evidence from northern Bangladesh [J]. Journal of development Economics, 70 (1): 59-82.

Anand S, Sen A. 1997. Concepts of human development and poverty: A multidimensional perspective [D]. New York: UNDP.

Andrew G. 2006. Multilevel (hierarchical) modeling: what it can and cannot do [J]. Technometrics, 48 (3): 432-435.

Aristondo O. 2018. Poverty Decomposition in Incidence, Intensity and Inequality. A Review [J]. Hacienda Publica Espanola-Review of Public Economics, 225 (2): 109-130.

Babones S, Moussa J S, Suter C. 2016. A poisson-based framework for setting poverty thresholds using indicator lists [J]. Social Indicators Research, 126: 711-726.

Bailey M J, Malkova O, McLaren Z M. 2019. Does access to family planning increase children's opportunities: Evidence from the war on poverty and the early years of title X [J]. Journal of Human Resources, 54 (4): 825-856.

Battiston D, Cruces G, Lopez-Calva L F, et al. 2013. Income and beyond: Multidimensional poverty in six Latin American countries [J]. Social Indicators Research, 112 (2): 291-314.

Behruz MY, Mehdi C, Zahra Y. 2012. Analysis of the Factors Affecting the Spatial Distribution of Poverty in Rural Areas, By Emphasizing on the Economic-social Characteristics, Case Study: Mahmoudabad Village, Shahin Dej Town Ship [J]. Geography and Territorial Spatial Arrangement, 4 (13): 83-95.

Benson C, Clay E J. 2000. Developing Countries and the Economic Impacts of Natural Disasters [M]. Washington, DC: World Bank, 11-21.

Besag J. 1977. Comments on Ripley's paper [J]. Journal of Royal Statistic Society: Series B, 39: 193-195.

Betti G, Soldi R, Talev I. 2016. Fuzzy multidimensional indicators of quality of life: the empirical case of macedonia [J]. Social Indicators Research, 127: 39-53.

Betti G, Gagliardi F, Lemmi A, et al. 2015. Comparative measures of multidimensional deprivation in the European Union [J]. Empirical Economics, 49 (3): 1071-1100.

Bhatti S, Nitin K T, Masahiko N, et al. 2016. Spatial Interrelationships of Quality of Life with Land Use/Land Cover, Demography and Urbanization [J]. Social Indicators Research, 132 (3): 1193-1216.

Bird K, Shepherd A. 2003. Livelihoods and Chronic Poverty in Semi-arid Zimbabwe [J]. World Development, 31 (3): 591-610.

Bird K, McKay A, Shinyekwa I. 2007. Isolation and poverty: the relationship between spatially differentiated access to goods and services and poverty [J]. Paper prepared for the CPRC international workshop Understanding and Addressing Spatial Poverty Traps, 29 March 2007. Stellenbosch, South Africa.

Bourguignon F, Chakravarty S R. 2003. The measurement of multidimensional poverty [J]. The Journal of Economic Inequality, 1 (1): 25 – 49.

Canavire-Bacarreza G, Robles M. 2017. Non-parametric analysis of poverty duration using repeated cross section: an application for Peru [J]. Applied Economics, 49 (22): 2141-2152.

Cao M T, Xu D D, Xie F T, et al. 2016. The influence factors analysis of households' poverty vulnerability in southwest ethnic areas of China based on the hierarchical linear model: A case study of Liangshan Yi autonomous prefecture [J]. Applied Geography, 66 (8229): 144-152.

Carneiro D M, Bagolin I P, Tai S H T. 2016. Poverty determinants in Brazilian Metropolitan Areas from 1995 to 2009 [J]. Nova Economia, 26 (1): 69-96.

Cavapozzi D, Han W, Miniaci R. 2015. Alternative weighting structures for multidimensional poverty assessment [J]. The Journal of Economic Inequality, 13: 425-447.

Celidoni M. 2012. Vulnerability to poverty: an empirical comparison of alternative measures [J]. Applied Economics, 45 (12): 1493-1506.

Ceriani L, Gigliarano C. 2015. An inter-temporal relative deprivation index [J]. Social Indicators Research, 124: 427-443.

Chakraborty A, Datta G S, Mandal A. 2019. Robust hierarchical bayes small area estimation for the nested error linear regression model [J]. International Statistical Review, 87: 158-176.

Chakravarty S R, Deutsch J, Silber J. 2005. On the watts multidimensional poverty index and its decomposition [J]. World Development, 36 (6): 1067-1077.

Chang K-T. 2004. Introduction to Geographic Information Systems [M]. 2nd ed. New York: McGraw-Hill.

Chaudhuri S, Christiaensen L. 2002. Assessing Household Vulnerability to Poverty: Illustrative examples and Methodological Issues [J]. Presentation at the IFPRI-Word Bank Conference on "Risk and Vulnerability Estimation and policy applications." (11). 23-24.

Chaudhuri S, Jalan J, Suryahadi A. 2002. Assessing household vulnerability to poverty from cross-sectional data: a methodology and estimates from Indonesia [R]. New York: Columbia University Department of Economics, 1-25.

Chaudhuri S. 2003. Assessing vulnerability to poverty: concepts, empirical methods and illustrative examples [R]. New York: Columbia University Department of Economics.

Chen D R, Truong K. 2012. Using multilevel modeling and geographically weighted regression to identify spatial variations in the relationship between place-level disadvantages and obesity in Taiwan [J]. Applied Geography, 32 (2): 737-745.

Chen K M, Leu C H, Wang T M. 2019. Measurement and Determinants of Multidimensional Poverty: Evidence from Taiwan [J]. Social Indicators Research, 145 (2): 459-478.

Chen S K, Wei W, Mao B H, et al. 2013. Analysis on urban traffic status based on improved spatio-temporal Moran's I [J]. Acta Physica Sinica, 62 (14): 148901.

Chen X W, Pei Z Y, Chen A L, et al. 2015. Spatial distribution patterns and influencing factors of poverty - A case study on key country from national contiguous special poverty-stricken areas in China [J]. Procedia Environmental Sciences, 26: 82-90.

Chen Y F, Wang Y H, Wang X L. 2016. Measurement and spatial analysis of poverty-stricken villages in China [J]. Geographical Research, 35 (12): 2298-2308.

Chen Y H, Ge Y. 2015. Spatial point pattern analysis on the villages in China's poverty-stricken areas [J]. Procedia Environmental Sciences, 27: 98-105.

Chen Y, Wang Y G, Zhao W Z, et al. 2017. Contributing factors and classification of poor villages in China [J]. Acta Geographica Sinica, 72 (10): 1827-1844.

Chiang W L, Chiang T L. 2018. Risk factors for persistent child poverty during the first five years of life in Taiwan Birth Cohort Study [J]. Child Indicators Research, 11 (3): 885-896.

Chou W L, Wang Z. 2009. Regional inequality in China's health care expenditures [J]. Health Economics, 18: S137-S146.

Curtis K J, Voss P R, Long D D. 2012. Spatial variation in poverty-generating processes: Child poverty in the United States [J]. Social Science Research, 41 (1): 146-159.

CYPAD. 2018. China's Yearbook of Poverty Alleviation and Development in 2018 [M]. Beijing: Tuanjie Press.

Cyr J F. 2005. At risk: Natural hazards, people's vulnerability and disasters' [J]. Journal of Homeland Security and Emergency Management, 2 (2): 4.

Dadashpoor H, Khalighi N. 2016. Investigating spatial distribution of regional quality of life (RQoL) in Iran between 1996 and 2011 [J]. Social Indicators Research, 127 (3): 1217-1248.

Deal K H, Bennett S, Mohr J J, et al. 2011. Effects of field instructor training on student competencies and the supervisory alliance [J]. Research on Social Work Practice, 21 (6): 712-726.

Deaton B, Niman E. 2011. An empirical examination of the relationship between mining employment and poverty in the appalachian region [J]. Applied Economics, 44 (3): 303-312.

Deng W J. 2014. Difficulties, countermeasures and path choices of targeted poverty reduction [J]. Rural Economy, 6: 78-81.

Dercon S, Krishnan P. 2014. Vulnerability, seasonality and poverty in Ethiopis [J]. The Journal of Development Studies, 36 (6): 25-53.

Dhamija N, Bhide S. 2013. Poverty in rural india: variations in factors influencing dynamics of chronic poverty [J]. Journal of International Development, 25: 674-695.

Ding J J, Leng Z M. 2018. Regional poverty analysis in a view of geography science [J]. Acta Geographica Sinica, 73 (2): 232-247.

Du G M, Jiang Y Y, Sun X B, et al. 2018. County level poverty pattern and influencing factors in Heilongjiang Province [J]. Research of Agricultural Modernization, 39 (3): 460-467.

Dutta I, Foster J, Mishra A. 2011. On Measuring Vulnerability to Poverty [J]. Social Choice and Welfare, (37): 743-761.

Eakin H, Lerner A M, Manuel D, et al. 2016. Adapting to risk and perpetuating poverty: Household's strategies for managing flood risk and water scarcity in Mexico City [J]. Environmental Science and Policy, (66): 324-333.

Emily J C, Deborah J S, Rupendra N S. 2012. Capacity for freedom- using a new poverty measure to look at regional differences in living standards within Australia [J]. Geographical Research, 50 (4): 411-420.

Epprecht M, Muller D, Minot N. 2011. How Remote Are Vietnam's Ethnic Minorities? An analysis of spatial patterns of poverty and inequality [J]. The Annals of Regional Science, 46 (2): 349-368.

Espinoza- Delgado J, López- Laborda J. 2015. Nicaragua: Evolución de la pobreza multidimensional, 2001-2009 [J]. CEPAL Review, 121 (121): 31-53.

FAO (Barbara H, Ergin A, MirellaSalvatore and Mario B). 2006. A geospatial framework for the analysis of poverty and environment links [J]. Environment and Natural Resources Working Paper No. 25.

Feng X L, Zhu J, Zhang L, et al. 2010. Socio- economic disparities in maternal mortality in China between 1996 and 2006 [J]. Bjog An International Journal of Obstetrics and Gynaecology, 117 (12): 1527-1536.

Foster J, Greere J, Thorbecke E. 1984. A class of decomposable poverty measures [J]. Journal of the Econometric Society, 52 (3): 761-766.

Fu W J, Jiang P K, Zhou G M, et al. 2014. Using Moran's I and GIS to study the spatial pattern of forest litter carbon density in a subtropical region of southeastern China [J]. Biogeosciences, 11: 2401-2409.

Gaiha R, Katsushi I. 2008. Measuring Vulnerability and Poverty Estimates for Rural India [J]. Research Paper No. 2008/40. United Nations.

Gans H J. 1972. The positive functions of poverty [J]. American Journal of Sociology, 78 (2): 275-289.

Getis A, Ord J K. 1992. The analysis of spatial association by distance statistics [J]. Geographical Analysis, (24): 189-206.

Gina P. 2014. Transport, (im) mobility and spatial poverty traps: issues for rural women and girl children in sub - Saharan Africa [J]. International workshop on "Understanding and addressing spatial poverty traps". Cape Town.

Goodchild F, Anselin L, Appelbaum P, et al. 2000. Toward spatially integrated social science [J]. International Regional Socience Review, 23 (2): 139-159.

Guanpeng D, Jing M, Ran W, et al. 2019. Electric vehicle charging point placement optimisation by exploiting spatial statistics and maximal coverage location models [J]. Transportation Research Part D, (67): 77-88.

Guanpeng D, Richard H, Kelvyn J, et al. 2015. Multilevel modelling with spatial interaction effects with application to an emerging land market in Beijing, China [J]. PLoS One, 10 (6): e0130761.

Guanpeng D, Richard H. 2015. Spatial autoregressive models for geographically hierarchical data structures [J]. Geographical Analysis, 47: 173-191.

Guedes G R, Brondizio E S, Barbieri A F, et al. 2012. Poverty and inequality in the rural Brazilian Amazon: A multidimensional approach [J]. Human Ecology, 40 (1): 41-57.

Guo Y Q, Chang S S, Sha F, et al. 2018. Poverty concentration in an affluent city: Geographic variation and correlates of neighborhood poverty rates in Hong Kong [J]. PLoS One, 13 (2): e0190566.

Harris C D. 1954. The market as a factor inthelocalization of production [J]. Annuals of the American Geographies, 44: 35-48.

Haviari S, Chollet F, Polazzi S, et al. 2018. Effect of data validation audit on hospital mortality ranking and pay for performance [J]. BMJ Quality and Safety, 28 (6): bmjqs-2018-008039.

Hentschel J, Lanjouw J O, Lanjouw P, et al. 2000. Combining census and survey data to trace the spatial dimensions of poverty: A case study of Ecuador [J]. The World Bank Economic Review, 14: 147-165.

Higgs G, LangfordM, Norman P. 2015. Accessibility to sport facilities in Wales: A GIS-based analysis of socio-economic variations in provision [C]. Geoforum. 62: 105-120.

Higgs G, White S D. 1997. Changes in service provision in rural areas. Part 1: The use of GIS in analysing accessibility to services in rural deprivation research [J]. Journal of Rural Studies, 13 (4): 441-450.

Hong Z X. 1996. Case influence analysis of LSE-based unbiased estimated covariance matrix in multilinear model [J]. Journal of Suzhou University, 12 (2): 45-50.

Hyungsik R, Matthew S, Martin W. 2018. Estimation of random coefficients logit demand models with interactive fixed effects [J]. Journal of Econometrics, (206): 613-644.

Ibrahim I, Baiquni M, Ritohardoyo S, et al. 2016. Analysis of the factors affecting the poverty in rural areas around gold mine areas in West Sumbawa Regency [J]. Journal of Degraded and Mining Lands Management, 3 (3): 585-594.

Islam A, Maitra P. 2013. Health shocks and consumption smoothing in rural households Does microcredit have a role to play? [J]. Journal of Development Economics, 97 (2): 232-243.

Jalan J, Ravallion M. 1997. Spatial poverty traps [J]. The World Bank Policy Research Working Paper 1862.

Jalan J, Ravallion M. 2002. Geographic poverty traps? A micro model of consumption growth in rural China [J]. Journal of Apply Economics, (17): 329-346.

Jiang Y, Huang C, Yin D, et al. 2020. Constructing HLM to examine multi-level poverty-contributing factors of farmer households: Why and how? [J]. PLoS One, 15 (1): e0228032.

Junhui Q, Liangjun S. 2016. Shrinkage estimation of common breaks in panel data models via adaptive group fused Lasso [J]. Journal of Econometrics, (191): 86-109.

Kang H. 2010. Detectingagglomeration processes using space-time clustering analyses [J]. The Annals of Regional Science, 45: 291-311.

Kang J, Ning Y, Wei Y, et al. 2017. The spatio-temporal evolution and influencing factors of peasants' income in contiguous destitute areas [J]. China Population, Resources and Environment, (11): 86-94.

Kazuhiko K. 2016. Simulation studies comparing dagum and singh-maddala income distributions [J]. Computational Economics, 48 (4): 593-605.

Kim R, Mohanty S K, Subramanian S V. 2016. Multilevel geographies of poverty in India [J]. World Development, 87: 349-359.

Kumaral P H T, Gunewardena D N B. 2017. Disability and poverty in Sri Lanka: a household level analysis [J]. Sri Lanka Journal of Social Sciences, 40 (1): 53-69.

Kühl J. 2003. "Disaggreating household Vulnerability- Analyzing Fluctuations in Consumption Using A Simulation Approach" [R] Copenhagen: Institute of Economics, University of Copenhagen.

Labar K, Bresson F. 2011. A multidimensional analysis of poverty in China from 1991 to 2006 [J]. China Economic Review, 22 (4): 646-668.

Lee N, Moon H R, Weidner M. 1957. Analysis of interactive fixed effects dynamic linear panel regression with measurement error [J]. Economics Letters, (117): 239-242.

Lee Y, Noh M. 2012. Modelling random effect variance with double hierarchical generalized linear models [J]. Statistical Modelling, 12 (6): 487-502.

Leisering L, Leibfried S, Dahrendorf R, et al. 1999. Time and Poverty in Western Welfare States: United Germany in Perspective [M]. Cambridge: Cambridge University Press.

Li Y Y, Yun J. 2009. Synthetic research on the theory of multi- attribute comprehensive evaluation index system [J]. Journal of Wuhan University of Technology (Information and Management Engineering), 31 (2): 305-309.

Li Y, Wei Y D. 2014. Multidimensional Inequalities in Health Care Distribution in Provincial China: A Case Study of Henan Province [J]. Tijdschrift Voor Economische En Sociale Geografie, 105 (01): 91-106.

Ligon E, Schechter L. 2004. Evaluating different approaches to estimating vulnerability [J]. Social Protection Discussion Paper Series, 65.

Liu D D, Zhao Q, Guo S L, et al. 2019. Variability of spatial patterns of autocorrelation and heterogeneity embedded in precipitation [J]. Hydrology research, 50 (1): 215-230.

Liu X H, Kyriakidis P C, Goodchild M F. 2008. Population-density estimation using regression and area-to-point residual kriging [J]. International Journal of Geographical Information Science, 22 (4): 431-447.

Liu X, Su S, Wang Y, et al. 2012. The index system of spatial poverty of village level to monitor in concentrated contiguous areas with particular difficulties [J]. Scientia Geographica Sinica, 34 (4): 447-453.

Liu Y S, Fang F, Li Y H. 2014a. Key issues of land use in China and implications for policy making [J]. Land Use Policy, 40 (1): 6-12.

Liu Y, Lu S, Chen Y. 2013. Spatio-temporal change of urban-rural equalized development patterns in China and its driving factors [J]. Journal of Rural Studies, 32 (32): 320-330.

Liu Y, Shuai C, Cheng X, et al. 2017. Spatiotemporal Changes of Poverty in the Three Gorges Reservoir Region: Perspective of Ecological Poverty Reduction [J]. Economic Geography, 37 (7): 156-165.

Liu Y, Xu Y. 2015. Geographical identification and classification of multi-dimensional poverty in rural China [J]. Acta Geographica Sinica, 70 (6): 993-1007.

Liu Y, Zhou Y, Liu J. 2016. Regional differentiation characteristics of rural poverty and targeted poverty alleviation strategy in China [J]. Bulletin of Chinese Academy of Sciences, 31 (3): 269-278.

Loy A, Hofmann H. 2014. HLMdiag: A suite of diagnostics for hierarchical linear models in R [J]. Journal of Statistical Software, 56 (5).

Lu C. 2012. Poverty and development in China: alternative approaches to poverty assessment [J]. New York: Routledge.

Lu X, Su L J. 2016. Shrinkage estimation of dynamic panel data models with interactive fixed effects [J]. Journal of Econometrics, (190): 148-175.

Ma Z B, Chen X P, Chen H. 2018. Multi-scale Spatial Patterns and Influencing Factors of Rural Poverty: A Case Study in the Liupan Mountain Region, Gansu Province, China [J]. Chinese Geographical Science, 28 (2):

296-312.

Maasoumi E, Xu T. 2015. Weights and substitution degree in multidimensional well-being in China [J]. Journal of Economic Studies, 42 (1): 4-19.

Mansuri G, Healy A. 2001. Vulnerability Prediction in Rural Pakistan [J]. The World Bank.

Massimiliano A, Alessandro C, Luigi P. 2016. Location matters for pro-environmental behavior: A spatial Markov Chains approach to proximity effects in differentiated waste collection [J]. Annals of Regional Science, 56 (1): 295-315.

McCulloch N, Calandrino M. 2003. Vulnerability and chronic poverty in rural Sichuan [J]. World Development, 31 (3): 611-628.

Mennis J. 2003. Generating surface models of population using dasymetric mapping [J]. The Professional Geographer, 55 (1): 31-42.

Michael, Goodchild. 2004. The validity and usefulness of laws in geographic information science and geography [J]. Annals of AAG, 94 (2): 300-303.

Miller H J. 2004. Tobler's first law and spatial analysis [J]. Annals of AAG, 94 (2): 269-277.

Ministry of Environmental Protection. 2008. Outline of national ecological fragile zone protection plan [D]. Beijing: Ministry of environmental protection of China.

Moralesramos E. 2009. The evolution of fuzzy multidimensional poverty in Mexico, 1994-2006 [C] // Banco de México.

Murayama Y, Thapa R B. 2011. Spatial analysis and modeling in geographical transformation process: GIS-based applications [J]. Springer.

Myrdal G. 1957. Economic Theory and Under-de-veloped Region [M]. London: Duckworth.

Neutens T, Delafontaine M, Scott D M, et al. 2012. A GIS-based method to identify spatiotemporal gaps in public service delivery [J]. Applied Geography, 32 (2): 253-264.

Niebles J C, Li F F. 2007. A Hierarchical Model of Shape and Appearance for Human Action Classification [C] // 2007 IEEE Computer Society Conference on Computer Vision and Pattern Recognition (CVPR 2007), USA. IEEE: Minneapolis, Minnesota..

Okwi P, Ndeng'e G, Kristjanson P. 2007. Spatial determinants of poverty in rural Kenya [J]. Proceedings of the National Academy of Sciences, 104: 16679-16774.

Oliveria C, Antunes C H. 2011. A multi-objective multi-sectoral economy-energy-environment model: application to Portugal [J]. Energy, 36: 2856-2866.

Olivia S, Gibson J, Rozelle S, et al. 2011. Mapping poverty in rural China: How much does the environment matter? [J]. Environment and Development Economics, 16: 129-153.

Ord J K, Getis. 1995. Local Spatial Autocorrelation Statistics: Distribution Issues and an Application [J]. Geographical Analysis, 27 (4): 286-306.

Ou H Y, Huang G Y. 2015. An empirical analysis of natural geography environment and poverty effect: From the perspective of space poverty theory [J]. Journalof Anhui Agricultural University (Social Sciences Edition), 24 (1): 1319.

Park E Y, Nam S J. 2018. Influential Factors of Poverty Dynamics among Korean Households that Include the Aged with Disability [J]. Applied Research In Quality Of Life, 13 (2): 317-331.

Park E Y, Nam S J. 2020. Multidimensional poverty status of householders with disabilities in South Korea [J]. International Journal of Social Welfare, 29: 41-50.

Pritchett L, Suryahadi A, Sumarto S. 2000. Quantifying vulnerability to poverty: a proposed maeasure, applied to indonesia [J]. Policy Research Working Paper 2437.

Qi D, Wu Y. 2015. A multidimensional child poverty index in China [J]. Children and Youth Services Review, 57: 159-170.

Qu W, Tu Q, Niu S W. 2013. Research review on relations between poverty and geographical environment [J]. Gansu Social Science, (1): 103-106.

Qu X, Lee L f, Yu J H. 2017. QML estimation of spatial dynamic panel data models with endogenous time varying spatial weights matrices [J]. Journal of Econometrics, 197: 173-201.

Radke J, Mu L. 2000. Spatial Decompositions, Modeling and Mapping Service Regions to Predict Access to Social Programs [J]. Geographic Information Sciences, 6 (2): 105-112.

Rank M R, Hirschl T A. 1999. The economic risk of childhood in America: Estimating the probability of poverty across the formative years [J]. Journal of Marriage and Family, 61 (4): 1058-1067.

Raudenbush S W, Bryk A S. 1986. A hierarchical linear model: A review [J]. Sociology of Education, 59: 1-17.

Ravallion M, Datt G, van de Walle D, et al. 1991. Quantifying the Magnitude and Severity of Absolute Poverty in the Developing World in the mid-1980s [J]. World Development Report.

Ravallion M. 2011. On multidimensional indices of poverty [J]. Journal of Economic Inequality, 9 (2): 235-248.

Ravi K, Lyn S. 1999. The evolution of thinking about poverty: Exploring the interactions: General Information [J]. 55 (6): 957-996.

Reinhold K, Hans-Friedrich E, Jørgen L. 2011. Spatial point pattern analysis and industry concentration [J]. Annual Regional Science, 47: 311-328.

Ren Q, Huang Q X, He C Y, et al. 2018. The poverty dynamics in rural China during 2000-2014: a multi-scale analysis based on the poverty gap index [J]. Journal of geographical science, 28 (10): 1427-1443.

Ren Z, Ge Y, Wang J, et al. 2017. Understanding the inconsistent relationships between socioeconomic factors and poverty incidence across contiguous poverty-stricken regions in China: Multilevel modeling [J]. Spatial Statistics, 21: 406-420.

Ricard G G, Agustí P F. 2013. Unravelling the linkages between water, sanitation, hygiene and rural poverty: the WASH poverty index [J]. Water Resources Management, 27: 1501-1515.

Ripley B. 1977. Modelling spatial patterns [J]. Journal of the Royal Statistical Society B, 39 (2): 172-212.

Romanee T, Samarakoon L, Shrestha R, et al. 2012. Using GIS and spatial statistics to target poverty and improve poverty alleviation programs: a case study in northeast Thailand [J]. Spatial Analysis, (5): 157-182.

Rowntree B S. 1901. Poverty: A Study of Town Life [J]. London: Macmillan, 103.

Schmid C H, Brown E N. 2000. Bayesian hierarchical models [J]. Numerical Computer Methods, Part C, (321): 305-330.

Sen A. 1981. Poverty andfamines: anessayonentitlement anddeprivation [M]. Oxford: Clarendon Press.

Sen A. 1982. Poverty and Famines: AnEssayon Entitlements and Deprivation [M]. Oxford: Clarendon Press.

Sen A. 1985. A sociological approach to the measurement of poverty: A reply to Professor Peter Townsend [J]. Oxford Economic Paper, 37 (4): 669-676.

Sen A. 1999. Development as Freedom [M]. Oxford: Oxford University Press.

Shen S, Li C, Si Y. 2016. Spatio-temporal autocorrelation measures for nonstationary series: a new temporallydetrended spatio-temporal Moran's index [J]. Physics Letters A, 380 (1-2): 106-116.

Silverstro M, Francesco C, Paola P. 2010. A fuzzy approach to the small area estimation of poverty in Italy [J].

Decision Technologies, (4): 309-318.

Skare M, Prziklas Druzeta R, Skare D. 2018. Measuring poverty cycles in the US 1959-2013 [J]. Technological and Economic Development of Economy, 24 (4): 1737-1754.

Sowunmi F A, Akinyosoye V O, Okoruwa V O, et al. 2012. The landscape of poverty in Nigeria: A spatial analysis using senatorial districts-level data [J]. American Journal of Economics, 2 (5): 61-74.

State Council of China. 2011. Chinarural poverty alleviation and development program (2011-2020) [J]. Beijing: The State Council of China.

State Council of China. 2015. The Decision of The CPC Central Committee and The State Council on Winning The Battle Against Poverty [J]. Beijing: The State Council of China.

Su L J, Jin S N, Zhang Y H. 2015. Specification test for panel data models with interactive fixed effects [J]. Journal of Econometrics, 186: 222-244.

Su L J, Yang Z L. 2015. QML estimation of dynamic panel data models with spatial errors [J]. Journal of Econometrics, 185: 230-258.

Sumner A, Mallett R. 2013. Capturing multidimensionality: what does a human wellbeing conceptual framework add to the analysis of vulnerability? [J]. Social Indicators Research, 113 (2): 671-690.

Sun R. 2012. ImprovingTapio decoupling measurement method and its applications [J]. Technoeconomics and Management Research, (8): 7-11.

Sun X J, Guo, Y J. 2018. Theways of educational targeted poverty alleviation for the poor in rural areas in Chongqing [J]. Educatiional Sciences-Theory and Practice, 18 (6): 2718-2725.

Suryahadi A, Sumarto S, Pritchett L. 2003. Evolution of poverty during the crisis in Indonesi [J]. Asian Economic Journal, 17 (3): 221-241.

Tapio P. 2005. Towards a theory of decoupling: degrees of decoupling in the EU and the case of road traffic in Finland between 1970 and 2001 [J]. Transport Policy, 12 (2): 137-151.

Tate R. 2004. Interpreting hierarchical linear and hierarchical generalized linear models with slopes as outcomes [J]. Journal of Experimenta Education, 73 (1): 71-95.

The World Bank. 2007. More Than A Pretty Picture: Using Poverty Maps to Design Better Policies and Interventions [J]. Washington D. C.

Thongdara R, Samarakoon L, Shrestha R P, et al. 2015. Using GIS and spatial statistics to target poverty and improve poverty alleviation programs: A case study in northeast Thailand [J]. Applied Spatial Analysis and Policy, 5 (2): 157-182.

Tobler W R. 1970. A computer movie simulating urban growth in the Detroit region [J]. Economic Geography. (46): 234-240.

Townsend P. 1970. Measures of Income and Expenditure as Criteria of Poverty [M]. London: Heinemann.

UNDP. 2004. Human Development Report [M]. Oxford: Oxford University Press.

UNDP. 2011. Human Development Index [J]. http: //hdr. undp. org/en/statistics/.

UNDP. 2013. Human Development Report 2013 [M]. New York: United Nations Development Program.

Wang B, Cheng J, Zhou X. 2017b. A multiple hierarchical structure strategy to quantized control of Markovian switching systems [J]. Applied Mathenatics and Computation, 373: 125037.

Wang C J, Nie Z L. 2011. Study on theequalization of basic public services in China [R]. International Conference on Management and Service Science. IEEE, 1-5.

Wang J F, Ge Y, LiL F, et al. 2012b. Spatiotemporal data analysis in geography [J]. Acta Geographica Sinica, 69 (9): 1326-1345.

Wang J F, Liu X H, Peng L, et al. 2012a. Cities evolution tree and applications to predicting urban growth [J]. Population and Environment, 33 (2-3): 186-201.

Wang J, Yuan F. 2012. Comprehensive evaluation of compactness based on the cities evolution tree model—A case of Changjiang river delta [J]. Resources And Environment In The Yangtze Basin, 23 (6): 741-750.

Wang X L, Zhang X Y. 2009. Towards 2030: China's Poveerty and Global Poverty Governance [J]. Beijing: Social Sciences Academic Press.

Wang X L, Alkire S. 2009. Multidimensional poverty measurement in China: Estimation and policy implications [J]. Chinese Rural Economy, (12): 4-23.

Wang Y H, Liang C X, Li J C. 2009. Detecting village-level regional development differences: A GIS and HLM method [J]. Growth and Change, 50: 222-246.

Wang Y H, Meng H, Ren R H. 2014. MTFCAM_ based spatial accessibility to the educational resources from the primary schools in the impoverished mountain areas [J]. Energy Education Science and Technology Part A: Energy Science and Research, 32: 5859-5870.

Wang Y H, Qian L Y. 2017. A PPI-MVM model foridentifying poverty-stricken villages: A case study from Qianjiang District in Chongqing, China [J]. Social Indicators Research, 130 (2): 497-522.

Wang Y H, QianL Y, Chen Y F, et al. 2017a. Multidimensional and comprehensive poverty measurement of poverty-stricken counties from the perspective of ecological poverty [J]. Chinese Journal of Applied Ecology, 28 (8): 2677-2686.

Wang Y, Chen Y, Chi Y, et al. 2018. Village-level multidimensional poverty measurement in China: Where and how [J]. Journal of Geographical Sciences, 28 (10): 1444-1466.

Wang Y, Chen Y. 2017. Using VPI to measure poverty-stricken villages in China [J]. Social Indicators Research, 133 (3): 833-857.

Wang Y, Chi Y. 2008. Measuring spatiotemporal changes of rural basic public service in poverty-stricken area of China [J]. International Regional Science Review, 41 (5): 510-539.

Wang Y, Li H. 2016. Modeling comprehensive dispersion of the administrative villages and its association with economic poverty: A case study from poverty-stricken mountainous county, China [J]. Social Indicators Research, 127 (1): 1-25.

Wang Y, Liang C, Li J. 2019. Detecting village-level regional development differences: A GIS and HLM method [J]. Growth and Change, 50: 222-246.

Wang Y, Wang B. 2016. Multidimensional poverty measure and analysis: A case study from Hechi city, China [J]. SpringerPlus, 5 (1): 1-25.

Ward P S. 2016. Transientpoverty, poverty dynamics, and vulnerability to poverty: An empirical analysis using a balanced panel from rural China [J]. World Development, 78: 541-553.

Wu C, Ren F, Hu W, et al. 2019. Multiscale geographically and temporally weighted regression: exploring the spatiotemporal determinants of housing prices [J]. International Journal of Geographical Information Science, 33 (3-4): 489-511.

Wu L, Jin L S. 2018. Influence of eco-compensation on peasant households' livelihood in poverty-stricken regions in Guizhou province [J]. Journal of Arid Land Resources and Environment, 32 (8): 1-7.

Xu H. 2014. Comparing spatial and multilevel regression models for binary outcomesin neighbothood studies [J]. Modeling Strategies, 44 (1): 229-272.

Yang F, ChenL Z, Zhuang T H. 2017. Study on multidimensional poverty measurement and spatiotemporal evolution based on the sustainable livelihood framework —Take Sichuan Tibetan areas counties as an example [J]. Soft

Science, 31 (10): 38-42.

Yang J, Mukhopadhaya P. 2016. Disparities in the level of poverty in china: Evidence from china family panel studies 2010 [J]. Social Indicators Research, 132: 411-450.

Yang Y. 2015. Bayesian quantile regression for hierarchical linear models [J]. Journal of Statistical Computation and Simulation, 85 (17): 3451-3467.

Ye X Q, Xu J, Wu X J. 2018. Estimation of an unbalanced panel data Tobit model with interactive effects [J]. Journal of Choice Mpdelling, (8): 108-123.

Ye Y, Gates R, Qin B. 2013. Coordinatedurban- rural development planning in China [J]. Journal of the American Planning Association, 79 (2): 125-137.

Yoo M P, Youngho K. 2014. A spatially filtered multilevel model to account for spatial dependency: application to self-rated health status in South Korea [J]. International Journal of Health Geographics, 13 (1): 6-32.

Yuan Y, Smith R M, Limp W F. 1997. Remodeling census population with spatial information from landSat TM imagery [J]. Computers, Environment and Urban Systems, 21 (3-4): 245-258.

Yue W, Zhang Y, Ye X, et al. 2014. Dynamics of multi-scale intra-provincial regional inequality in Zhejiang, China [J]. Sustainability, 6 (9): 5763-5784.

Zhang Q H, Zhou Q. 2012. On the dynamic multidimensional measurement and decomposition of China's poverty: 1989-2009 [J]. The Journal of Quantitative and Technical Economics, (6): 88-101.

Zhang X P, Kanbnr R. 2001. What difference do polarization measures make? An application to China [J]. Journal of Development Studies, 37 (3): 85-98.

Zhang X, Kanbur R. 2005. Spatial inequality in education and health care in China [J]. China Economic Review, 16 (2): 189-204.

Zhang Y, Wan G. 2008. Can We Predict Vulnerability to Poverty? [J]. Working Paper.

Zhao Y, Liu X P, Guo Y J. 2015. Measurement on the multidimensional poverty in concentrate contiguous destitute areas and its dynamic evolution trend—taking Xiji county of Ningxia for example [J]. Journal of Ningxia University (Natural Science Edition), 36 (1), 73 – 78.

Zheng C D, ShanD P. 2016. The multidimensional measurement of poverty and its spatial-temporal evolution in contiguous destitute areas [J]. Nankai Journal: Philosophy, Literature and Social Science Edition, (3): 135-146.

Zhong S Y, He Z. 2016. Measuring and space-time evolution of national-level poverty counties development efficiency in China based on DEA and ESDA [J]. China Population, Resources And Environment, 26 (10): 130-136.

Zhou Y, Guo Y Z, Liu Y S, et al. 2018. Targeted poverty alleviation and land policy innovation: Some practice and policy implications from China [J]. Lsnd Use Policy, (74): 53-65.

后 记

本书是在国家自然科学基金项目（41771157）、国家重点研发计划项目（2018YFB0505400）、全国统计科学研究重点项目（2018LZ27）、北京市长城学者资助项目（CIT&TCD20190328）、首都师范大学交叉科学研究院引导课题、首都师范大学青年燕京学者项目等受资助项目的部分研究成果基础上编撰而成的。无论是在项目研究工作中，还是在书稿的整理撰写过程中，都得到了很多单位和专家学者、同事、学生、朋友的帮助。

感谢国家自然科学基金委员会、科学技术部、国家统计局、北京市教育委员会、首都师范大学等单位对本专题相关研究的大力支持。衷心感谢项目执行过程中校内外各位专家对本研究学术上的指导、支持和鼓励。衷心感谢所有参与项目研究工作的同事和研究生们，正是他们的努力付出才使得研究工作顺利进行。特别感谢段福洲、胡卓玮、胡德勇、李家存、邓磊、宫兆宁等诸位老师对本研究的全力支持，他们对研究工作的多次指导使课题组受益匪浅，保障了研究的顺利开展。

感谢陈烨烽、王白雪、梁晨霞、蒋跃文等课题组研究生为本书专题研究工作所付出的辛苦努力。在课题组老师的顶层设计与具体指导下，大家各司其职，从资料收集到数据处理，从模型凝练到案例验证，每一个环节的小小推进，每一个专题的小小进展，都凝聚了大家不畏辛苦和疲劳的心血与汗水，并为研究提供了很多实验素材，为本书的出版打下了坚实的基础。感谢课题组所有研究生对本书的文图排版与加工处理所做的工作。特别感谢银朵朵、蔡本和、于碧波等研究生对本书的图文排版与加工处理所做的大量事务性工作。

全书由王艳慧负责大纲的拟定与撰写、统稿、修改。各章具体分工如下：第1章、第2章、第9章由王艳慧、赵文吉负责撰写；第3章、第4章由王白雪负责撰写；第5章由陈烨烽负责撰写；第6章由梁晨霞、蒋跃文负责撰写；第7章由齐文平负责撰写；第8章由迟瑶负责撰写。

在此，向所有曾为本书的研究和出版提供帮助的朋友们致以诚挚的谢意！

作 者

2021 年 3 月